Katharina Inhetveen

Musiksoziologie
in der Bundesrepublik Deutschland

Katharina Inhetveen

Musiksoziologie in der Bundesrepublik Deutschland

Eine kritische Bestandsaufnahme

Westdeutscher Verlag

Die vorliegende Schrift ist eine aktualisierte und erweiterte Fassung der Arbeit, die 1995 unter dem Titel „Zum Stand der Musiksoziologie in der Bundesrepublik Deutschland seit 1945 – eine Literaturanalyse" dem Fachbereich 12 – Sozialwissenschaften der Johannes Gutenberg-Universität Mainz vorlag.

ISBN-13:978-3-531-13023-1   e-ISBN-13:978-3-322-87301-9
DOI: 10.1007/978-3-322-87301-9

http://www.westdeutschervlg.de

Umschlaggestaltung: Horst Dieter Bürkle, Darmstadt
Satz: O. G. Schwenk, Mainz

Gedruckt auf säurefreiem Papier

Softcover reprint of the hardcover 1st edition 1997

Mein Dank gilt vor allem Frau Universitätsprofessorin Dr. Birgitta Nedelmann, die mir bei der Betreuung dieser Arbeit so viel Aufmerksamkeit und Unterstützung zukommen ließ.

Nicht zuletzt geht es in meinem vorliegenden Beitrag um Musik, und so danke ich an dieser Stelle außerdem Hans Dirr, Dorit Peschel, Harald Heinl und Michael Form; sie lehrten mich seit meiner Kindheit vieles, begeisterten mich für verschiedenste Musiken und gaben meinem Interesse immer neue Nahrung.

Inhaltsverzeichnis

1 Einleitung

Die vorliegende Arbeit beschäftigt sich mit der musiksoziologischen Forschung in der Bundesrepublik Deutschland innerhalb der Disziplin Soziologie. Zentral ist die Frage, inwieweit und in welcher Weise sich bundesdeutsche Fachsoziologen mit Musik als wissenschaftlichem Gegenstand befassen.

Nach einer quantitativen Einschätzung der soziologischen Beiträge, die sich mit Musik beschäftigen, wird die Literatur inhaltlich analysiert. Neben einführenden und allgemeinen Schriften sowie Arbeiten, die sich mit musiksoziologischen Klassikern befassen, liegt eine große Gruppe von Beiträgen vor, die spezielle Fragestellungen zum Bereich Musik und Gesellschaft thematisieren; in der vorliegenden Arbeit soll ein kritischer Überblick gegeben werden über Schwerpunkte, Eigenheiten und Forschungslücken dieser Literatur. Ein Anliegen der Arbeit ist auch das Aufzeigen von Differenzen und Widersprüchen innerhalb der Musiksoziologie, sowohl im generellen Ansatz als auch bei der Einschätzung einzelner theoretischer und methodischer Probleme und empirischer Sachverhalte.

Zudem sollen Literaturhinweise zu den behandelten Themengebieten der Musiksoziologie gegeben werden. Es wird dazu auch auf Veröffentlichungen hingewiesen, die außerhalb der Soziologie entstanden sind. Das Stichwortverzeichnis gibt Aufschluß darüber, wo Literatur zu einzelnen Themen und von bestimmten Autoren angesprochen wird. Die Arbeit soll so auch dazu beitragen, die soziologische Forschung zur Musiksoziologie besser zu dokumentieren, denn bisher sind gerade nach Fachzugehörigkeit spezifizierte bibliographische Nachweise nur verstreut vorhanden (s.a. Pkt. 1.2, Pkt. 2.5). Allerdings muß darauf hingewiesen werden, daß die Literaturliste keinesfalls vollständig ist, da die systematische Recherche sich auf die bundesdeutsche Soziologie beschränkte. Dennoch kann hoffentlich ein Einstieg in die einzelnen Themengebiete möglich gemacht werden, wenn auch fachübergreifende Literaturrecherchen noch zu leisten sind.

Die Darstellung soll anhand der Eckpunkte erfolgen, zwischen denen sich das Feld musiksoziologischer Untersuchungen aufspannt: Zunächst wäre dabei die Musik zu nennen. Dieser Begriff soll hier umfassend verstanden werden: Er beinhaltet neben schriftlich fixierten Musikwerken etwa auch Improvisationen oder Musiken, die ohne Notenschrift überliefert werden; außerdem wird unter diesem Punkt auch technisch-musikalisches Material wie Tonsysteme, Kompositions- und Spieltechniken oder Instrumente thematisiert. Vom Versuch einer Definition von Musik soll abgesehen werden, da eine Musikdefinition für die Zwecke dieser Arbeit nicht notwendig zu sein scheint[1].

Als zweiter thematischer Angelpunkt ist der gesellschaftliche Kontext musikalischen Handelns zu nennen: Es werden in diesem Zusammenhang spezifische gesellschaftliche Strukturen angesprochen, wobei allgemeine soziale Eigenheiten einer Gesellschaft, Kultur, Epoche oder Gruppe als variabel aufgefaßt werden und nicht in anthropologisch orientierten Thesen fußen.

Außerdem fungieren die Sphären der Produktion und der Rezeption als Anknüpfungspunkte für eine Reihe musiksoziologischer Fragestellungen, zumal diese Bereiche sich auch im Musikleben von Gesellschaften wie der bundesrepublikanischen empirisch unterscheiden lassen, wenngleich sie in Wechselwirkung miteinander stehen und es Grenzfälle von Positionen oder musikalischen Aktivitäten gibt, die sich nicht eindeutig einer Sphäre zuordnen lassen. Maßgebliches Kriterium für die Produktionsseite soll hier sein, daß an der Entstehung und Vermittlung eines musikalischen Produktes mitgewirkt wird; zur Rezeptionsseite wird empfangendes Verhalten gerechnet, bei dem nicht gleichzeitig musiziert wird.

Ziel der Arbeit ist es vor allem, einen Eindruck über die Beschäftigung der bundesdeutschen Soziologie mit der Musiksoziologie insgesamt zu vermitteln - es geht also nicht primär um die Darstellung der einzelnen Beiträge, um eine Aneinanderreihung von Inhaltsangaben. Da die Ausführungen sich an den genannten inhaltlichen Elementen orientieren, die zu Analysezwecken einzeln thematisiert, aber in der Literatur nur in einigen Fällen so isoliert behandelt werden, kommt es zu mehrfachem Eingehen auf einzelne Arbeiten in verschiedenen Zusammenhängen. Dennoch bleibt zu hoffen, daß neben einem Gesamtüberblick über die Disziplin Musiksoziologie in der Bundesrepublik Deutschland auch ein Eindruck zumindest von einem Teil der Veröffentlichungen vermittelt werden kann.

Weiter wird die Musiksoziologie als Teilgebiet des Fachs Soziologie zumindest ansatzweise untersucht. Gefragt wird dabei auch, welche Stellung die Musiksoziologie insgesamt und ihre verschiedenen Ansätze und Fragestellungen innerhalb der bundesdeutschen Soziologie einnehmen und wo Gründe für die Situation zu vermuten wären.

---

1   In diesem Zusammenhang sei auf Ausführungen Reiner Nikettas hingewiesen, der unter Bezugnahme auf Child darstellt, daß für Forschungen zur Ästhetik eine Kunstdefinition nicht unbedingt notwendig ist (vgl. Niketta 1987, S. 11 f., S. 15).

Zentral für die Analyse ist damit zunächst soziologische Literatur, nur diese geht auch in die quantitative Auswertung ein. Zugehörigkeit zur Disziplin Soziologie ist auch für die Auswahl der ausgewerteten Zeitschriften ausschlaggebend. Anhand der besprochenen Themengebiete soll aber auch auf Beiträge aus anderen Fachgebieten eingegangen werden, die den soziologischen Arbeiten vergleichend oder ergänzend gegenübergestellt werden; dasselbe gilt für Literatur aus anderen Staaten. Vielleicht können so auch Anknüpfungspunkte für Vergleiche mit den Gesamtbeiträgen anderer fachlicher oder regionaler Ursprungs angedeutet werden; aufschlußreich wäre sicher auch ein Vergleich mit anderen Teilgebieten der Soziologie, denn erst in Relation zu anderen Bereichen ließe sich die Stellung der Musiksoziologie eigentlich beurteilen. Die Durchführung solcher komparativer Analysen steht noch aus.

1.1 Kriterien der Literaturauswahl

Die Musiksoziologie ist eine Grenzgängerin - schon ihr Name weist auf die mögliche Zuordnung zu (mindestens) zwei Fächern hin, und auch in der Literatur wird diese Eigenheit immer wieder besprochen (vgl. Fuchs 1992, S. 85; Rotter 1992, S. 87-89; Silbermann 1979a, S. 186 f.; s.a. Pkt. 2.4). Während andere Bindestrich-Soziologien wenigstens ohne größere Schwierigkeiten der akademischen Disziplin Soziologie zugerechnet werden können, werden, was die Musiksoziologie angeht, schon an diesem Punkt Zweifel wach: Die Literaturrecherche zu den Stichworten "Musiksoziologie" und "Musik - Gesellschaft" ergibt eine Vielzahl von Titeln; bei näherem Hinsehen zeigt sich jedoch, daß nur der kleinere Teil seinen Ursprung bei der Soziologie hat, an ihren Instituten entstanden ist, von SoziologInnen geschrieben wurde. Gängig scheint die Einordnung der Musiksoziologie als Teilgebiet oder gar Hilfswissenschaft der Musikwissenschaft[2]. Unter "musiksoziologisch" laufen außerdem Beiträge zum Bereich Musik - Gesellschaft aus Pädagogik, Psychologie, Publizistik, Sprachwissenschaft und anderen Fachrichtungen. Der Begriff "Musiksoziologie" ist inflationiert und wird in so weitem Sinn gebraucht, daß er nicht viel aussagt. Ähnliches äußert *Dieter Pfau* zu den Beiträgen der Zeitschrift International Review of the Aesthetics and Sociology of Music (im folgenden: IRASM). Er spricht von einem "heterogen-bunten Feld (...) an Aktivitäten, die sich offensichtlich alle unter dem wenig trennscharfen Oberbegriff Musiksoziologie einreihen" (Pfau 1991, S. 413).

---

2   Siehe dazu z.B. Berten 1951, S. 8-10; Ehlers 1985, S. 171; Elste 1975, S. 9; Mersmann 1975; Neitzert 1990, S. 9 f.; Ruf 1989, S. 176; Silbermann 1957, S. 24 f.; Silbermann 1979a, S. 188 f.; s.a. Blaukopf 1995, S. 4.

Inhaltlich können diese vielfältigen Arbeiten spezifisch soziologische Beiträge sein oder auch wenig mit Soziologie zu tun haben. Allein die Menge der Veröffentlichungen gibt allerdings keinen Aufschluß darüber, inwieweit sich die bundesdeutschen SoziologInnen fachlich mit Musik auseinandergesetzt haben.

Um sich mit dieser Frage zu beschäftigen, war neben der Literatursuche vor allem eine Literaturauswahl nötig. Dieser Auswahl lag das Bemühen zugrunde, alle genuin soziologischen Arbeiten zu berücksichtigen, die sich mit Musik befassen. "Genuin soziologisch" meint hier, daß ein Beitrag direkt dem Fach Soziologie zugeordnet werden kann. Da sich bei der Literatursuche zeigte, daß nicht nur ein großer Teil der Veröffentlichungen zum Bereich "Musik und Gesellschaft" anderen Fachdisziplinen zuzurechnen ist, sondern auch Arbeiten mit explizitem semantischen Bezug zur "Musiksoziologie", im Titel, in Kapitelüberschriften oder im Text, sich als beispielsweise musikwissenschaftlich oder pädagogisch erweisen können, mußten für die Auswahl der Arbeiten hier andere als nominale Kriterien gelten[3]. Es wurde dafür die Fachzugehörigkeit der AutorInnen gewählt. Mit dieser Abgrenzung kann über die Frage Aufschluß gewonnen werden, inwieweit sich die bundesdeutsche Soziologie *als Disziplin* mit Musiksoziologie beschäftigte. Es wird dabei in Kauf genommen, daß nicht alle, vielleicht nicht einmal die Mehrzahl der musiksoziologisch relevanten Arbeiten in die Auswahl Eingang fanden. Dies spiegelt die marginale Position der Musiksoziologie innerhalb des Faches Soziologie ebenso wider wie die Randstellung der bundesdeutschen Soziologie innerhalb der Musiksoziologie und weist insofern auf die Ergebnisse dieser Arbeit hin. Aus dem gleichen Grund, sich auf Soziologie als akademische Disziplin zu konzentrieren, wurden bei der Literaturrecherche die wichtigsten bundesdeutschen *soziologischen* Fachzeitschriften ausgewertet und nicht solche, die tatsächlich ein Forum für musiksoziologische Forschung bieten, aber fachfremd sind (zu nennen ist hier etwa IRASM).

Im einzelnen wurde das Kriterium der Fachzugehörigkeit wie folgt angewandt:

Wissenschaftliche Abschlußarbeiten mußten im Fach Soziologie geschrieben sein. Wenn das Fach nicht explizit erwähnt war, wurde es - soweit möglich - über die Fachzugehörigkeit der betreuenden bzw. prüfenden Professoren und Professorinnen bestimmt.

---

3 Monica Steegmanns Dissertation "Das Solistenkonzert im rheinischen Musikleben der Gegenwart. Eine musiksoziologische Untersuchung" ist beispielsweise eine musikwissenschaftliche Arbeit (vgl. Steegmann 1973). Die Dissertation von Heinz Sommerer weckt schon im Titel durch den falschen Gebrauch des Wortes "soziologisch" (statt "sozial") Zweifel an der soziologischen Fachkundigkeit des Autors (vgl. Sommerer 1993).

Andere Monographien und Sammelbandbeiträge mußten von Wissenschaftle-rInnen verfaßt sein, die eine soziologische Ausbildung haben (Studium der Sozio-logie im Haupt- oder Nebenfach) und sich dem Gebiet von der Soziologie aus nä-hern. Ausgeschlossen wurden auch AutorInnen, die Musikwissenschaft studiert ha-ben und innerhalb dieses Faches etwa Lehraufträge für Musiksoziologie haben[4].

Bei Aufsätzen in Zeitschriften war ebenso die Fachzugehörigkeit der Autor-rInnen ausschlaggebend (s.a. Pkt. 1.2).

In die Arbeit einbezogen wurden schließlich alle Rezensionen in soziologi-schen Zeitschriften, die ein musikbezogenes Buch behandeln. Das besprochene Werk mußte dabei nicht soziologisch sein, die Plazierung in einer Fachzeitschrift war ausschlaggebend.

In die Literaturauswahl fanden außerdem nur strikt musikbezogene Arbeiten Eingang. Beiträge zur Kunstsoziologie allgemein blieben außenvor, ebenso litera-tursoziologische Arbeiten, die gesungene Texte, aber nicht die Musik behandeln, die Trägerin dieser Texte ist[5]. Auch Beiträge zu (musik-)soziologischen Klassikern wie *Georg Simmel, Max Weber* oder *Theodor W. Adorno* wurden nur einbezogen, wenn sie sich direkt auf die musiksoziologischen Arbeiten des behandelten Wis-senschaftlers beziehen.

Weiterhin galt die Beschränkung auf die bundesdeutsche Soziologie. Berück-sichtigt wurden in Deutschland veröffentlichte Arbeiten von in Deutschland leben-den AutorInnen, ausländische Zeitschriften wurden nicht systematisch ausgewertet. Österreich und die Schweiz wurden ebenso ausgeklammert wie die DDR.

Während für die Schweiz ohnehin nicht viele Literaturangaben vorlagen, gibt es eine Fülle musiksoziologischer Literatur aus Österreich. Nicht zuletzt ist dieser Umstand wohl dem Institut für Musiksoziologie der Hochschule für Musik und darstellende Kunst in Wien zu verdanken, von dessen MitarbeiterInnen relativ vie-le Veröffentlichungen vorliegen[6].

Recht zahlreich sind auch die Arbeiten zur Musiksoziologie aus der DDR, insbesondere solche zur populären Musik[7]. Sie wurden nicht berücksichtigt, weil

---

4   Zu diesen gehört beispielsweise Peter Rummenhöller (vgl. Rummenhöller 1978, Umschlagrück-
     seite).
5   Ein Beispiel hierfür ist Hans-Norbert Fügens Beitrag "Triviallyrik - Küchenlieder" in der KZfSS
     (vgl. Fügen 1969). In diesem Artikel wird Musik nicht thematisiert, und in der Erwiderung von
     Rudolf Schenda wird er explizit der Literatursoziologie zugeordnet (vgl. Schenda 1970, S. 140).
6   Silbermann erwähnt 1971 übrigens auch ein "Centre de Sociologie de la Musique" an der Freien
     Universität Brüssel (vgl. Silbermann [Rez.] 1971a, S. 418). Speziell musiksoziologische Einrich-
     tungen an Universitäten und Hochschulen sind insgesamt aber eine Seltenheit.
7   Allerdings wurden die Arbeiten aus der DDR nicht dahingehend überprüft, ob sie nach den oben
     genannten Kriterien der Soziologie zuzurechnen sind - ich beziehe mich hier nur auf die Hinwei-
     se, die im Lauf der Literaturrecherche auftauchten. Einen Eindruck können die Zahlenverhältnis-
     se bei den insgesamt zum Bereich Musik und Gesellschaft erfaßten deutschen Hochschulschriften

das eine eingehendere Auseinandersetzung mit Soziologie in der DDR erfordert hätte. Musik galt in der DDR als gesellschaftspolitisch sehr relevant (vgl. z.B. Leitner 1984), und die Arbeiten sind viel direkter als in der BRD (und anderen westlichen Ländern) mit der herrschenden Ideologie verknüpft. Sie können deshalb nicht ohne weiteres mit der westdeutschen Musiksoziologie zusammengefaßt werden, die Probleme wären hier sicher größer als bei einem Vergleich mit Österreich oder der Schweiz. Dennoch könnte die Musiksoziologie der DDR wohl lohnendes Material bieten, dessen Auswertung noch aussteht.

Aus praktischen Gründen wurden auch die Arbeiten ausgegrenzt, die seit der Wiedervereinigung an Hochschulen in den neuen Bundesländern entstanden. Seither sind nur wenige Jahre vergangen, und es war kaum nachprüfbar, inwieweit etwa Dissertationen noch bei Bestehen der DDR konzipiert und begonnen wurden[8]. Die betreffenden Titel wurden deshalb generell nicht in die Literaturauswahl aufgenommen. Daß durch diese Ausgrenzung wohl auch Material unberücksichtigt blieb, das zweifellos der bundesdeutschen Soziologie zuzurechnen ist, mußte in Kauf genommen werden.

Ausgenommen aus der regionalen Beschränkung sind deutschsprachige Arbeiten von Wissenschaftlern, die durch den Nationalsozialismus zur Emigration aus Deutschland gezwungen waren. Dies gilt insbesondere für *Paul Honigsheim*, der nicht wie etwa *Theodor W. Adorno* und *Alphons Silbermann* relativ frühzeitig aus dem Exil nach Deutschland zurückkehrte (vgl. Maier 1980).

Zeitlich eingegrenzt wurde die berücksichtigte Literatur auf die Jahre 1945 bis 1994, also auf den Zeitraum seit Ende des Zweiten Weltkriegs. Für die regionale Eingrenzung vor Gründung der Bundesrepublik Deutschland gilt eine Beschränkung auf die Gebiete, die später die Bundesrepublik bildeten - relevant ist dies lediglich für *Adornos* "Philosophie der neuen Musik" (Adorno 1989), die zuerst 1949 in Tübingen erschien (vgl. InformationsZentrum Sozialwissenschaften 1994, Dokumentnr. 018506).

In die Literaturauswahl wurden im übrigen keine Wiederveröffentlichungen bereits erfaßter Beiträge, etwa in Sammelbänden, aufgenommen, soweit sie als unveränderte oder gekürzte Abdrucke erkennbar waren. Wo mehrere Auflagen von Büchern existieren, wurde nur jeweils eine berücksichtigt. So wurde nach Möglichkeit jeder Titel nur einmal gezählt. Zur Information sind aber wichtige Wie-

---

geben: Von insgesamt 96 Arbeiten waren 34 in der DDR bis 1989 und 10 weitere ab 1990 an den Hochschulen in den neuen Bundesländern entstanden (vgl. Pkt. 1.2).

8   Nur wenige Fälle waren so eindeutig wie die Dissertation von Gisa Jähnichen, der Studienaufenthalte in Südvietnam zwischen 1983 und 1989 zugrundeliegen und die außerdem schon am 9. 11. 1990 vorgelegt wurde (vgl. Jähnichen 1990).

derveröffentlichungen, über die die Texte zugänglich sind, im Literaturverzeichnis angegeben.

Letztlich blieben bei der Literaturauswahl einige Grenzfälle und Arbeiten, zu denen die zur Zuordnung nötigen Angaben fehlten. Als besonders schwierig erwies es sich, die Fachrichtung von AutorInnen zu ermitteln, die dem akademischen Mittelbau angehören[9]. In mehreren Fällen wurden deshalb Einzelentscheidungen getroffen. Wo auf solche Grenzfälle rekurriert wird, wird jeweils darauf hingewiesen und die Entscheidung bezüglich der Literaturauswahl kurz erläutert.

Zitationsgrundlage waren bei *Theodor W. Adorno* jeweils Erstauflagen, vom Autor bearbeitete Fassungen oder die bei Suhrkamp herausgegebenen Gesammelten Schriften beziehungsweise textidentische Einzelausgaben. In der Literaturauswahl unberücksichtigt blieben die kleineren Schriften des Autors, die als Musikalische Schriften V und VI in den Gesammelten Schriften erschienen (vgl. Adorno 1984a, b). *Adorno* selbst nahm sie in keines seiner Bücher auf, sie wurden zu seinen Lebzeiten teils verstreut in Zeitungen und Zeitschriften, teils gar nicht veröffentlicht (vgl. Adorno 1984b, S. 635-654).

Georg Simmels "Psychologische und ethnologische Studien über Musik" werden nach dem Erstabdruck in der Zeitschrift für Völkerpsychologie und Sprachwissenschaft (Simmel 1882) zitiert. Zugänglich ist der Text momentan in einem älteren Sammelband (vgl. Simmel 1975). In der Georg Simmel Gesamtausgabe wird er 1997 in Band 1 erscheinen (vgl. Simmel 1997).

1.2 Vorgehensweise bei der Literaturrecherche

Zur Erfassung der Zeitschriftenartikel wurden folgende Fachzeitschriften durchgesehen:

Kölner Zeitschrift für Soziologie, später Kölner Zeitschrift für Soziologie und Sozialpsychologie (im Folgenden: KZfSS), Jahrgänge 1 (1948/49) bis 46 (1994), Zeitschrift für Soziologie, Jahrgänge 1 (1972) bis 23 (1994), Soziale Welt, Jahrgänge 1 (1949/50) bis 45 (1994), Leviathan, Jahrgänge 1 (1973) bis 22 (1994) und Berliner Journal für Soziologie, Jahrgänge 1 (1991) bis 4 (1994). Ausgewertet wurden über die SOLIS-Recherche des Informationszentrums Sozialwissenschaften (s.u.) auch die Mitteilungen des Instituts für Sozialforschung an der Johann Wolfgang Goethe-Universität Frankfurt am Main. Außerdem wurde die Soziologische

---

9   Im Gegensatz zu ProfessorInnen sind sie nicht in Kürschners Gelehrtenkalender erfaßt (vgl. Kürschner 1987; Kürschner 1992) und haben auch oft nicht so zahlreich veröffentlicht, daß beispielsweise über den Klappentext eines Buches auf das Fach zu schließen wäre.

Revue, Jahrgänge 1 (1978) bis 17 (1994) nach musikbezogenen Rezensionen durchgesehen.

Musiksoziologische Hochschulschriften wurden ermittelt über das Jahresverzeichnis der deutschen Hochschulschriften (1944/45 bis 1971) und über die Reihe H der Deutschen Bibliographie. Die Hinweise unter dem Stichwort Musik wurden jeweils durchgesehen. Erfaßt wurden Titel mit inhaltlichem Bezug zum Bereich Musik - Gesellschaft sowie die Arbeiten, die auch unter den Stichworten "Soziologie" und/oder "Gesellschaft" bzw. in der Reihe H unter Rubrik 14 (Soziologie, Gesellschaft) eingetragen waren. So wurden 52 Titel ermittelt, die in der BRD beziehungsweise nach der Wiedervereinigung in den alten Bundesländern entstanden sind (vgl. FN 7)[10].

Schwierigkeiten traten bei der fachlichen Zuordnung der Arbeiten auf. In den Hochschulschriftenverzeichnissen ist nur in den seltensten Fällen das Fach angegeben, in dem die Arbeit geschrieben wurde. Das gleiche gilt für *Richard Schaals* Verzeichnisse musikwissenschaftlicher Dissertationen, mit dessen Hilfe sonst einige Titel hätten ausgeschlossen werden können (vgl. Schaal 1963; Schaal 1974) und *Martin Elstes* Verzeichnis deutschsprachiger Musiksoziologie (vgl. Elste 1975)[11].

Zur fachlichen Zuordnung mußten daher die Arbeiten einzeln besehen werden. Die nicht veröffentlichten Arbeiten wurden in der Deutschen Bibliothek in Frankfurt eingesehen[12]. In fast allen Fällen war es so möglich, das Dissertationsfach direkt oder über die Fachzugehörigkeit der betreuenden ProfessorInnen festzustellen.

Nicht berücksichtigt wurden unveröffentlichte Diplom- und Magisterarbeiten, da sie, soweit sie nicht in die Verzeichnissen der Hochschulschriften aufgenommen sind.

---

10   Die Hochschulschriftenverzeichnisse erheben Anspruch auf Vollständigkeit - daß dieser nicht in allen Fällen erfüllt werden kann, darauf weist etwa das (bisherige) Fehlen von Freia Hoffmanns Habilitation hin, die 1987 an der Universität Oldenburg angenommen und 1991 veröffentlicht wurde (vgl. Hoffmann 1991, S. 2).

11   Schaal versteht unter "dem Begriff 'musikwissenschaftlich' (...) nicht nur die Arbeiten des engeren Fachgebietes (...), sondern auch die einschlägigen Dissertationen der Nachbardisziplinen" (Schaal 1963, S. 9); entsprechendes gilt für den Fortsetzungsband (vgl. Schaal 1974, S. 7 f.). Elste ordnet die Musiksoziologie von vornherein implizit, aber deutlich der Musikwissenschaft zu, und seine Auswahlprinzipien lassen ein breites Feld von Arbeiten unterschiedlicher Disziplinen zu, so wurden etwa Titel mit semantischem Bezug zur Musiksoziologie aufgenommen (vgl. Elste 1975, S. 9-11).

12   Ausnahmen bilden dabei fünf Dissertationen, die auch in der Deutschen Bibliothek nicht vorhanden sind. Es handelt sich um die Arbeiten von Rolf Benz (1961), Frank Mund (1993), Heinz Sommerer (1993), Reinhart Stephani (1952) und Günther Wille (1953). Den Titeln nach ist es bei allen Arbeiten eher unwahrscheinlich, daß es sich um Dissertationen im Fach Soziologie handelt (vgl. Benz 1961; Mund 1993; Sommerer 1993; Stephani 1952; Wille 1953).

Zehn deutsche soziologische Lexika und Wörterbücher wurden auf Artikel zur Musiksoziologie hin überprüft. In acht davon finden sich entsprechende Beiträge von unterschiedlicher Länge, ein weiteres enthält einen Artikel zur "Soziologie der Kunst, Musik und Literatur" (Honigsheim 1958), und das zehnte beinhaltet in zwei Beiträgen auch Anmerkungen zur Musik (vgl. Keiter 1956, S. 698 f.; Zwilgmeyer 1956, S. 1174 f., S. 1188; s.a. Kap. 2)[13].

Weiterhin wurde vom InformationsZentrum Sozialwissenschaften in Bonn eine Recherche zur Musiksoziologie in der Datenbank SOLIS durchgeführt. Dabei wurden "Musikbegriffe als Schlagworte oder Musiksoziologie in den freien Texten (...) mit der Klasse "P" (Soziologie) oder "K01413" (Kunstsoziologie) verbunden" (Lossow 1994). Es ergaben sich 294 Nachweise, von denen nach den oben genannten Kriterien schließlich 45 berücksichtigt wurden[14].

Einige weitere Nachweise ergaben sich auch aus bibliographischen Angaben in der untersuchten Literatur, wobei hier nicht systematisch recherchiert wurde: Es wurde davon abgesehen, alle Titel aller Literaturlisten nach fachlicher und geographischer Herkunft zu überprüfen. Aufgrund des Eindrucks, der durch die stichprobenartigen Vergleiche der hier zugrundeliegenden Literaturliste mit den Angaben in einigen Veröffentlichungen entstand, scheinen jedoch keine relevanten Mengen an Literatur unberücksichtigt geblieben zu sein. Generell kann zwar kaum davon ausgegangen werden, daß die gesamte nach den dargestellten Kriterien zu berücksichtigende Literatur von der Recherche erfaßt wurde. Es bleibt jedoch zu hoffen, daß zumindest ein großer Teil der betreffenden Arbeiten berücksichtigt wurde und die dargestellten Ergebnisse der Literaturanalyse nicht in erheblichem Maß verzerrt sind.

Freundlicherweise erklärten sich Herr Dr. *Heine von Alemann*, Redaktionssekretär der Kölner Zeitschrift für Soziologie und Sozialpsychologie, und Herr Prof. Dr. *Alphons Silbermann* zu persönlichen Treffen bereit. Das Gespräch mit Herrn Dr. *von Alemann* fand am 15. Februar 1995, dasjenige mit Herrn Prof. Dr. *Silbermann* am 16. Februar 1995 in Köln statt.

---

13 Zwei der Lexikonartikel sowie ein Sammelbandbeitrag beschäftigen sich mit Kunstsoziologie und beschränken sich nicht auf Musiksoziologie. Sie wurden dennoch in die Literaturauswahl aufgenommen, da die Musiksoziologie jeweils separat und ausführlich behandelt wird (vgl. Honigsheim 1958; Institut für Sozialforschung 1956; Silbermann 1979a).

14 Das Ergebnis der Recherche liegt in einer Sammlung loser Blätter ohne Seitenangaben vor, es wird daher unter Zuhilfenahme der Dokumentnummer zitiert als "InformationsZentrum Sozialwissenschaften 1994, Dokumentnr. ....".

1.3 Ergebnisse der quantitativen Auswertung

Die erfaßte Literatur wurde einer quantitativen Untersuchung hinsichtlich Veröffentlichungsarten, Veröffentlichungszeitpunkt und Autorenschaft unterzogen. Aufgrund der insgesamt geringen Fallzahl und fehlenden Vergleichsdaten zu andern Ländern und Disziplinen sind die Ergebnisse meist von eher geringer Aussagekraft. Sie erlauben lediglich, einige Hypothesen hinsichtlich bestimmter Auffälligkeiten und Entwicklungstendenzen aufzustellen. Diese sollen kurz nachgezeichnet werden; das Zahlenmaterial ist im Anhang dargestellt.

Es lassen sich sieben Erscheinungsformen unterscheiden: Neben unveröffentlichten Arbeiten liegt die Literatur zur Musiksoziologie in Form von Monographien, Sammelbänden und Sammelbandbeiträgen, Zeitschriftenaufsätzen, Lexikonartikeln und Rezensionen vor. Insgesamt wurden 169 Beiträge erfaßt, die den Kriterien der Literaturauswahl entsprechen. Unter ihnen machen die Rezensionen mit gut einem Drittel den mit Abstand größten Anteil aus, gefolgt von den Monographien, die etwa ein Fünftel der Veröffentlichungen ausmachen (s. Anhang, Abb. 1). Ein beträchtlicher Teil der rezensierten Arbeiten entstammt nicht der bundesrepublikanischen Soziologie. Bleiben die Besprechungen, die an sich keine Arbeiten mit eigenständigem Inhalt darstellen, unberücksichtigt, so reduziert sich das Ergebnis der Literaturrecherche auf eine Zahl von 104 Titeln in fünzig Jahren; diese Arbeiten stammen von insgesamt knapp 50 Autoren, die häufig nur mit einer einzigen Arbeit vertreten sind.

Wird der Untersuchungszeitraum 1945-1994 in fünf Jahrzehnte unterteilt, so zeigt sich ein Einbruch der Veröffentlichungszahlen vom dritten zum vierten Zehnjahresabschnitt. Insbesondere die Zahl der Rezensionen verringert sich fast um die Hälfte (s. Angang, Abb. 2). Auch bei den Zeitschriftenaufsätzen zeigt sich ein deutlicher Einschnitt im vierten Zeitabschnitt; im fünften erscheinen wieder mehr Zeitschriftenbeiträge, allerdings sämtlich von anderen AutorInnen als die Aufsätze, die zwischen 1955 und 1974 erschienen (s. Anhang, Abb. 3).

Der Rückgang der Beiträge vom dritten zum vierten Zeitabschnitt zeigt sich drastischer als in der Gesamtdarstellung, wenn die Beiträge der KZfSS isoliert betrachtet werden: Wurden hier im Zeitraum 1955 bis 1964 23 Beiträge und in den folgenden zehn Jahren 26 abgedruckt, waren es in den folgenden zwei Zeitabschnitten nur fünf beziehungsweise sechs (s. Anhang, Abb. 4). Bei Außerachtlassen der Veröffentlichungen in der KZfSS relativiert sich das Bild; nach einem kaum nennenswerten Rückgang im vierten Zehnjahresabschnitt erhöht sich im fünften die Zahl der Veröffentlichungen sogar beträchtlich.

Die auffallend plötzlichen Veränderungen in den musiksoziologischen Beiträgen der KZfSS, die für den Rückgang der Veröffentlichungen in den Jahren 1975-

1984 verantwortlich sind, scheinen ihren zentralen Grund in personellem Wandel bei der Zeitschrift zu haben. Namentlich steht dies mit der Tätigkeit von *Alphons Silbermann* in Zusammenhang. In den drei Jahrzehnten von 1955 bis 1984 stammt jeweils der mit Abstand größte Teil der Beiträge in der KZfSS von diesem Autor (s. Anhang, Abb. 4). Insgesamt wurden in der KZfSS 61 Beiträge veröffentlicht, darunter 47 Rezensionen. Von *Silbermann* wurden davon vier Aufsätze und 38 Rezensionen verfaßt; von den übrigen neun Rezensionen sind drei Besprechungen von Büchern *Silbermanns* - für die er als Rezensent von vornherein nicht in Frage kommt. Nur sechs Besprechungen stammen also von anderen RezensentInnen und behandeln Bücher anderer Autoren; sie wurden in den Jahren 1952, 1964, 1966, 1993 und 1994 veröffentlicht. Damit hat *Silbermann*, abgesehen von Besprechungen seiner eigenen Bücher, über sechsundzwanzig Jahre hinweg alle musikbezogenen Rezensionen für die KZfSS verfaßt.

Wie aus dem Gespräch mit dem Redaktionssekretär *Heine von Alemann* hervorgeht[15], liegen die Gründe für diese herausragende Rolle *Silbermanns* für die Musiksoziologie in der KZfSS wahrscheinlich unter anderem in der Aufgabenverteilung der Zeitschrift - ebenso wie der quantitative Einschnitt bei deren musiksoziologischen Veröffentlichungen auch mit einer Veränderung dabei zusammenzuhängen scheint, wer bestimmte inhaltliche Bereiche abdeckte.

In den Jahren 1955 bis 1978 war *René König* alleiniger Herausgeber der KZfSS, von 1972 an unter Mitarbeit von *Günter Albrecht*, *Fritz Sack* und *Alphons Silbermann*. Für die Besprechungen galt, daß einzelne Mitarbeiter bestimmte Themengruppen betreuten und Besprechungen an Rezensenten delegierten. *Silbermann* war in diesem Sinne zuständig für die Bereiche Kunst und Massenkommunikation. Mindestens was die Musik angeht, scheint es charakteristisch für *Silbermanns* Rolle bei der Zeitschrift zu sein, daß über Jahrzehnte hinweg alle Rezensionen dieses Bereichs von ihm selbst verfaßt wurden. Auch hinsichtlich der zur Musiksoziologie erscheinenden Aufsätze war er einflußreich, so daß anzunehmen ist, daß über ihn auch Artikel anderer Verfasser zur Veröffentlichung gelangen - oder eben abgelehnt werden - konnten[16].

Mit dem Eintritt von *Friedhelm Neidhardt* in das Herausgebergremium 1979 änderte sich auch die Position *Silbermanns*, unter anderem blieb seine in der Praxis alleinige Zuständigkeit für die Bereiche Kunst und Massenkommunikation nicht in dieser Form erhalten (Gespräch von Alemann, 15. 2. 1995). Nach dem Ausscheiden *Königs* aus der Kölner Universität kam es zu einigen Veränderungen, in

---

15   Von Alemann ist seit 1977 Redaktionssekretär.

16   Im Gespräch bestätigte auch Silbermann, daß die Veröffentlichung von musiksoziologischen Artikeln in der KZfSS bis Mitte der 70er Jahre weitgehend ihm zu verdanken ist (Gespräch Silbermann, 16. 2. 1995).

deren Rahmen auch das von *Silbermann* geleitete Institut für Massenkommunikation abgebaut wurde (vgl. Silbermann 1989a, S. 497-503).

Der langjährige enge Zusammenhang des Bereichs Musiksoziologie mit der Person *Silbermanns* in der KZfSS läßt sich - mindestens - in zweierlei Weise interpretieren.

Zum einen bestand eine Art de facto-Monopol *Silbermanns* insbesondere auf musiksoziologische Rezensionen, so daß andere Wissenschaftler kaum die Möglichkeit hatten, in der KZfSS als Rezensenten aufzutreten. Für eine ganze Generation von Wissenschaftlern galt außerdem, daß nur solche musiksoziologischen Artikel in der Kölner Zeitschrift veröffentlicht werden konnten, die *Silbermann* guthieß.

Auf Seiten der LeserInnen ist das Resultat der alleinigen Zuständigkeit *Silbermanns*, daß alle Informationen und Urteile über musikbezogene Veröffentlichungen vieler Jahre auf ein und denselben Rezensenten zurückgehen, so daß auch auf längere Sicht kaum eine gewisse Bandbreite wissenschaftlicher Standpunkte Ausdruck finden konnte. Dadurch, daß *Silbermann* über einen so langen Zeitraum hinweg die Auswahl von Aufsätzen und zu rezensierenden Büchern und das Verfassen der Besprechungen allein abdeckte, konnte er in hohem Maß Rezensionsstränge bestimmen und die Außendarstellung der Musiksoziologie vor einem breiten soziologischen Publikum beeinflussen.

Andererseits stellt die Musiksoziologie von jeher eine marginale Teildisziplin dar, die keine große Anzahl an Veröffentlichungen aufzuweisen hat. Im Zusammenhang mit *Silbermanns* Tätigkeit erschienen in einer großen Fachzeitschrift regelmäßig musiksoziologische Beiträge - und es ist unsicher, ob andere, wäre *Silbermann* nicht gewesen, diesen Bereich behandelt hätten. Es ist fraglich, ob ein Abdecken musiksoziologischer Aufsätze und Rezensionen durch eine breite Auswahl an Autoren eine realistische Alternative gewesen wäre. Wahrscheinlicher ist, daß ohne das Engagement *Silbermanns*, so einseitig es auch auf sein eigenes musiksoziologisches Konzept ausgerichtet gewesen sein mag, die Musiksoziologie auch in der KZfSS kaum Beachtung gefunden hätte. Darauf weist auch der starke Rückgang an musiksoziologischen Veröffentlichungen in der Zeitschrift nach den organisatorischen Änderungen und dem Positionsverlust *Silbermanns* hin (s. Anhang, Abb. 3).

Von Alemann nennt im übrigen auf der Ausrichtung der Zeitschrift fußende Gründe für die heute seltenen Beiträge zur Musiksoziologie: Bei der Artikelauswahl ist unter anderem maßgeblich, inwieweit ein Aufsatz anschlußfähig an die soziologische Theorie und eine Thematik aktuell und weiterführend ist; zudem folgt die KZfSS einer empirisch-analytischen Leitlinie, für die Ideen- und Wissenssoziologie weniger zentral sind. Für den Bereich der Musiksoziologie führt *von Alemann* nun an, daß, in Fachzugehörigkeiten gedacht, hier meist ein Musikwissenschaftler die Soziologie anwendet und im Kontext der Musikwissenschaft präsentiert: Ein solches Vorgehen führt von der Fachsoziologie aus gesehen nicht weiter (Gespräch von Alemann, 15. 2. 1995).

Was nun die Aktualität einer Thematik betrifft sowie die Frage, inwieweit sie durch Forschung abgedeckt wird, fungiert die Artikelauswahl wohl teilweise auch als reproduzierender Mechanismus: Zu einem gewissen Grad sind sicher auch Veröffentlichungen in großen Fachzeitschriften ausschlaggebend dafür, ob ein Themengebiet rezipiert, ob darüber nachgedacht und dazu gearbeitet wird. Es stellt sich damit die Frage, wie ein marginales Teilgebiet der Soziologie wieder Interesse finden kann, wenn es durch auf Aktualität ausgerichtete Auswahlmechanismen tendenziell wenig Chancen auf Veröffentlichungen hat. Eine solche Stellung im Abseits könnte auch dazu beitragen, daß sich eben der von *von Alemann* beschriebene Musikwissenschaftler mit der Musiksoziologie befaßt, während ein Soziologe zu Themen tendiert, die eher veröffentlicht werden und Beachtung finden.

Ein Blick auf die letzten zehn Jahre ergibt, daß in jedem Jahr einige Arbeiten zur Musiksoziologie veröffentlicht wurden - es handelt sich jeweils um eine einstellige Zahl[17]. Dies läßt vielleicht die Vermutung zu, daß die Musiksoziologie momentan zwar eine marginale Teildisziplin mit nur wenigen einschlägigen Veröffentlichungen, aber doch kontinuierlich vorhanden ist. Ihre Voraussetzungen, sich innerhalb der bundesdeutschen Soziologie zu etablieren, sind allerdings nicht sonderlich gut.

---

17 Die Spitze 1992 mit neun Titel besagt keinen wirklichen Anstieg von Einzelveröffentlichungen; es handelt sich bei acht Angaben um Beiträge zu dem von Wolfgang Lipp herausgegebenen Sammelband zur Musiksoziologie (vgl. Lipp (Hg.) 1992; s.a. Anhang).

2 Allgemeine und einführende Schriften zur Musiksoziologie

Zu den allgemeinen und einführenden Schriften zählen hier alle Beiträge, die die Musiksoziologie als Disziplin behandeln, in denen Musiksoziologie selbst thematisiert und nicht eine inhaltlich musiksoziologische Fragestellung bearbeitet wird. Es kann sich dabei um Einführungen handeln, in denen LeserInnen an das Gebiet der Musiksoziologie herangeführt werden und ihnen ein erster Überblick verschafft werden soll - zu dieser Gruppe gehören insbesondere Lexikonartikel. Andere Beiträge problematisieren einen bestimmten Aspekt der Musiksoziologie als Gebiet der Wissenschaft, etwa ihre Ziele oder ihren interdisziplinären Charakter. Einige dieser Texte sind eher als Diskussionsbeiträge zu sehen, die eine gewisse Kenntnis der Musiksoziologie voraussetzen[18]. Wieder andere Arbeiten beschränken sich auf die Soziologie bestimmter Musikgattungen[19].

Aus der Kategorie allgemeiner und einführender Schriften ausgeschlossen wurden Sammelbände zur Musiksoziologie, die auch Beiträge verschiedener AutorInnen zu Spezialthemen enthalten. In diesem Fall wurden nur die allgemeinen Einzelbeiträge berücksichtigt. Außenvor blieben auch Einführungen zu Monographien, mit denen der Behandlung musiksoziologischer Spezialthemen ein Überblick über Musiksoziologie generell vorangestellt wird[20].

Nach diesen Kriterien wurden 18 Titel erfaßt, darunter acht Lexikonartikel, sechs Zeitschriftenaufsätze, zwei Sammelbandbeiträge und zwei Bücher.

Artikel zur Musiksoziologie wurden in acht der zehn besehenen soziologischen Lexika und Wörterbücher gefunden. Die Beiträge wurden verfaßt von *Ul-*

---

18   Dies gilt insbesondere für die Debatte zwischen Silbermann und Adorno, s.a. Pkt. 2.1, Pkt. 2.2.

19   Beispiele hierfür sind etwa Ekkehard Josts "Reflexionen über die Soziologie des Jazz" (Jost 1989) und Karl Gustav Fellerers "Soziologie der Kirchenmusik" (Fellerer 1963) (beides allerdings Arbeiten von Musikwissenschaftlern) oder Jochen Zimmers "Rock - Soziologie" (Zimmer 1981). Als sehr früher Beitrag wäre Georg Schünemanns Schrift "Zur Soziologie des Chorgesangs" (Schünemann 1929) zu nennen.

20   In der Einleitung zu Lutz Neitzerts "Die Geburt der Moderne, der Bürger und die Tonkunst" findet sich beispielsweise eine recht ausführliche Darstellung verschiedener musiksoziologischer Ansätze (vgl. Neitzert 1990, S. 7-26). Eine umfangreichere Einführung in musiksoziologische und -ethnologische Grundlagen seiner Arbeit gibt auch Detlev Schelsky (vgl. Schelsky 1991, S. 25-56).

rich Schmitz (Schmitz 1978), *Günter Hartfiel* (Hartfiel 1972), *Paul Honigsheim* (Honigsheim 1961), *Dieter Pfau* (Pfau 1991), *Frank Rotter* (Rotter 1989), *Helmut Schoeck* (Schoeck 1969) und *Alphons Silbermann* (Silbermann 1969a; Silbermann 1979a). Das neunte Lexikon beinhaltet einen weiteren Artikel von *Honigsheim* zur Kunst-, Musik- und Literatursoziologie, der relativ ausführlich auch die Musiksoziologie behandelt (vgl. Honigsheim 1958, v.a. S. 366-372). Im von *Werner Ziegenfuß* herausgegebenen Handbuch der Soziologie (Ziegenfuß 1956) schließlich findet sich zwar kein eigener Artikel zur Musiksoziologie, im Rahmen zweier Beiträge wird jedoch auf Musik eingegangen (vgl. Keiter 1956, S. 698 f.; Zwilgmeyer 1956, S. 1174 f. u. S. 1188)[21]. Der Umfang der Lexikonartikel variiert zwischen sieben Zeilen (vgl. Schmitz 1978) und 25 Seiten (vgl. Silbermann 1979a, S. 186-211)[22], an umfangreicheren Beiträgen sind außerdem die *Rotters* und *Pfaus* zu nennen (vgl. Rotter 1989; Pfau 1991).

Fünf der Zeitschriftenaufsätze erschienen in der KZfSS, der sechste in der Zeitschrift Soziale Welt (vgl. Bühl 1994). Ein Beitrag in der Kölner Zeitschrift wurde von *Theodor W. Adorno* verfaßt (Adorno 1967a), die vier anderen von *Alphons Silbermann* (Silbermann 1958; Silbermann 1962; Silbermann 1963a; Silbermann 1967). Einschränkend muß angemerkt werden, daß *Silbermanns* Artikel "Die Stellung der Musiksoziologie innerhalb der Soziologie und der Musikwissenschaft" (Silbermann 1958) praktisch vollständig enthalten ist in dem fünf Jahre später in der gleichen Zeitschrift veröffentlichten Text "Die Pole der Musiksoziologie" (Silbermann 1963a). Der frühere Text bildet Anfang und Schluß des späteren, wobei einige Formulierungen geringfügig geändert wurden (vgl. Silbermann 1958; Silbermann 1963a, S. 425-432 u. 441-448). Außerdem wurde der zweite Artikel um die Besprechung einiger wichtiger Musiksoziologen und eine Darstellung der Beziehung zwischen Musiksoziologie und Musikwissenschaft erweitert (vgl. Silbermann 1963a, S. 432-441)[23].

Die zwei Artikel in der KZfSS des Jahrgangs 1967 sind Bestandteil einer ausführlichen Debatte um Inhalte, Ziele und Methoden der Musiksoziologie. *Ador-*

---

21 Ein weiterer Wörterbuchartikel von Arnold Schering erschien erstmals 1931 und im Neudruck 1959 und fällt somit nicht in den zeitlichen Rahmen der hier berücksichtigten Literatur - interessehalber soll er jedoch genannt sein (vgl. Schering 1959).

22 Hier handelt es sich um den Abschnitt zur Musik innerhalb von Silbermanns viel umfangreicherem Artikel zur Soziologie der Künste, dem außerdem eine ausführliche Literaturliste angefügt ist (vgl. Silbermann 1979a, v.a. S. 308-345).

23 Bei Silbermanns Arbeiten scheint sich insgesamt die Frage zu stellen, ob im Laufe der Jahre eine Entwicklung, Veränderung oder Ausarbeitung seiner Standpunkte stattfindet. Auch an anderer Stelle sind immer wieder inhaltliche, oft auch wörtliche Wiederholungen festzustellen. Die Zahl der Veröffentlichungen sollte in diesem Fall wohl nicht vorbehaltlos dem inhaltlichen Beitrag des Autors zur Musiksoziologie gleichgesetzt werden (s.a. Pfau 1991, S. 412).

no und *Silbermann* waren die zentralen Vertreter der jeweiligen Standpunkte. In seinen "Thesen zur Kunstsoziologie" bezieht sich *Adorno* auf *Silbermann* (vgl. Adorno 1967a, S. 88 f., S. 91-93)[24]; *Silbermanns* "Anmerkungen zur Musiksoziologie" sind eine direkte Antwort auf *Adornos* Artikel (vgl. Silbermann 1967, S. 538). Insofern müssen die beiden Beiträge in ihrem Zusammenhang zueinander gesehen werden (s.a. Pkt. 2.2).

Es existieren einige Sammelbandbeiträge zur Musiksoziologie allgemein, in der Regel handelt es sich aber nicht um Originalbeiträge. Die "Texte zur Musiksoziologie", 1975 herausgegeben vom Musikwissenschaftler *Tibor Kneif*, enthalten so ausnahmslos Material, das bereits vorher veröffentlicht wurde. Darunter finden sich auch allgemeine Beiträge zur Musiksoziologie von *Siegfried Borris*, *Adorno* und *Silbermann* (vgl. Kneif (Hg.) 1975). Auch in anderen, nicht rein musiksoziologischen Sammelbänden wurden bereits erschienene Aufsätze von *Silbermann* nochmals abgedruckt (vgl. Silbermann 1989b, c; Silbermann 1965a).

Um Erstveröffentlichungen unter den Sammelbandbeiträgen scheint es sich nur zu handeln beim Beitrag des Frankfurter Instituts für Sozialforschung "Kunst- und Musiksoziologie" (Institut für Sozialforschung 1956), der sich im zweiten Teil mit Musiksoziologie befaßt, und bei den Aufsätzen im von *Wolfgang Lipp* herausgegebenen Sammelband "Gesellschaft und Musik. Wege zur Musiksoziologie" (Lipp (Hg.) 1992), der aber streng genommen kein unabhängiges Sammelwerk ist, sondern Beiheft der Zeitschrift Sociologia internationalis. Ausschließlich und übersichtartig mit Musiksoziologie als Disziplin befaßt sich hier lediglich *Lipps* Einführung (vgl. Lipp 1992a).

Unerwartet gering ist die Anzahl der Einführungen in Buchform, nur zwei Titel von Soziologen wurden hier erfaßt: *Silbermanns* "Wovon lebt die Musik? Die Prinzipien der Musiksoziologie" (Silbermann 1957) und *Adornos* "Einleitung in die Musiksoziologie" (Adorno 1975a)[25]. Beide Titel entstanden vor mehr als 25

---

24 Obgleich die Überschrift auf einen allgemein kunstsoziologischen Beitrag hinweist, geht es in Adornos Aufsatz praktisch durchgehend um Musik, daher wurde er in der Literaturauswahl berücksichtigt.

25 Die "Einleitung" Adornos ist eigentlich ein Sammelwerk und beinhaltet, wie auch der Untertitel ankündigt, zwölf Vorlesungen, großenteils zu Einzelproblemen. Der Text ist aber insgesamt als Einführung in die Musiksoziologie (und den Ansatz der Frankfurter Schule) gedacht und wird hier deshalb auch als Einführung behandelt (vgl. Adorno 1975a, S. 7 f.). Ein weiteres, relativ neues allgemeines Werk ist Gerhard Engels "Zur Logik der Musiksoziologie" (Engel 1990). Diese Arbeit wurde 1988 von der sozialwissenschaftlichen Fakultät der Universität Mannheim im Fach Wissenschaftslehre als Dissertation angenommen. Die Arbeit war ursprünglich als Dissertation im Fach Musikwissenschaft konzipiert (vgl. Engel 1990, S. XIV f.), und der Autor ordnet sich selbst in bezug auf die Soziologie die Position eines "philosophischen Zaungastes" (Engel 1990, S. XV) zu; aus diesen Gründen wurde dieses Buch hier nicht in die enge Auswahl

Jahren; zudem sind beide Arbeiten Entwürfe eines eigenen musiksoziologischen Konzepts des jeweiligen Autors, es sind keine überblickartigen Einführungen, die Einblicke in die Vielfalt bisheriger musiksoziologischer Forschung geben. Im Hinblick auf als musiksoziologische Lehrbücher verwendbare Werke besteht in der bundesrepublikanischen Soziologie ein absolutes Defizit. Bemerkenswerterweise liegt die Zahl der deutschsprachigen Einführungsbücher in die Musiksoziologie, die innerhalb anderer Disziplinen oder Länder entstanden, wesentlich höher (s.a. Pkt. 2.6).

2.1 Geschichte und Klassiker der Musiksoziologie

Die Geschichte der Musiksoziologie wird in den einführenden Schriften meist anhand einiger musiksoziologischer Klassiker dargestellt[26]. Drei Namen werden dabei auch in kurzen Lexikonartikeln meist genannt: *Georg Simmel*, *Max Weber* und *Theodor W. Adorno*.

Simmels "Psychologische und ethnologische Studien über Musik" (Simmel 1882) werden als erster rein musikbezogener Einzelbeitrag der Soziologie genannt; bei anderen Klassikern wie *Comte*, *Spencer*, *Durkheim* und *Pareto* findet Musik zwar Erwähnung, doch es wird im Rahmen allgemeinerer Schriften auf sie eingegangen (vgl. Silbermann 1979a, S. 189; Rotter 1989, S. 459)[27].

Der Aufsatz *Simmels* wird als grundlegend für die Musiksoziologie angesehen, da er die soziale Bedingtheit und Funktion musikalischen Verhaltens und damit seine Abhängigkeit von der spezifischen Kultur herausstellt und es mit anderen sozialen Beziehungen in Zusammenhang bringt (vgl. Rotter 1989, S. 459; Schoeck 1969, S. 236; Silbermann 1969a, S. 726; Silbermann 1979a, S. 189 f.). *Simmel* ist inspiriert von zeitgenössischen musikethnologischen Forschungen und geht auch anthropologischen Aspekten des Musizierens nach (vgl. Silbermann 1969a, S. 726). Gerade dieser letzte Punkt wurde nach *Pfau* von späteren Wissenschaftlern in seiner Relevanz nicht erkannt, und die mangelnde Rezeption wirkte sich nachteilig auf die Entwicklung der Musiksoziologie aus (vgl. Pfau 1991, S. 409 f.). Weiter wird *Simmels* Konzept zur Entwicklung der Musik vorgestellt: Ursprünglich ist sie rein affektiv; indem sie nach und nach ihren spontanen Charak-

---

soziologischer Literatur aufgenommen.

26 An dieser Stelle werden nur die Aspekte in den Arbeiten der Klassiker erwähnt, die in den allgemeinen Darstellungen besonders betont werden. Näheres zu Inhalt und Rezeption der Werke Simmels, Webers, Adornos und Luhmanns wird in Kapitel 3 ausgeführt.

27 Rotter geht näher auf Spencer ein, der seine Evolutionstheorie auch am Beispiel der Musik erläutert (vgl. Rotter 1989, S. 459), jedoch fehlt ein Literaturhinweis zu Spencer. Quellenangaben und ausführlichere Informationen gibt Kurt Blaukopf (vgl. Blaukopf 1984, S. 43-50).

ter durch Regelgebundenheit ersetzt, wird sie objektiver und zur Kunst (vgl. Rotter 1989, S. 459). *Silbermann* schließlich betont einige methodologische Implikationen von *Simmels* Studien für die Musiksoziologie: Es zeigt sich hier, daß musiksoziologische Forschung sowohl für musikalisch-technische Sachverhalte als auch für den sozialen Kontext musikalischen Geschehens Verständnis verlangt (vgl. Silbermann 1979a, S. 190). Außerdem geht aus *Simmels* Beitrag hervor, daß verschiedene Musiken ungeachtet ihrer ästhetischen Qualitäten zu betrachten sind (vgl. Silbermann 1969a, S. 726; Schoeck 1969, S. 236)[28].

Lediglich bei *Rotter* wird *Jules Combarieu* erwähnt, der wegen seiner soziologischen Werkanalyse von Bedeutung ist und (bereits vor *Weber*) die Bedeutung der Instrumentenbautechnik für die Musik hervorhebt (vgl. Rotter 1989, S. 459). Etwas ausführlichere Behandlung erfährt *Combarieu* übrigens im Einführungsbuch des österreichischen Musiksoziologen *Kurt Blaukopf* (vgl. Blaukopf 1984, S. 135-144, s.a. Pkt. 2.6).

Der nächste Schwerpunkt in der Geschichte der Musiksoziologie wird angesetzt bei *Max Webers* Fragment "Die rationalen und soziologischen Grundlagen der Musik" (Weber 1924)[29]. Der Autor untersucht in dieser universalhistorisch angelegten Arbeit die spezifisch abendländische Rationalisierung im Bereich der Musik, insbesondere im Hinblick auf Mehrstimmigkeit und Tonsysteme. Zentral ist bei der Analyse die Rolle der Notenschrift, des Instrumentenbaus und bestimmter gesellschaftlicher Gruppen (vgl. Rotter 1989, S. 459 f.; Pfau 1991, S. 410; Schoeck 1969, S. 236; Silbermann 1957, S. 62; Silbermann 1969, S. 725). *Rotter* nimmt Bezug auf *Webers* Unterscheidung einer Rationalisierung von innen (Temperierung) und außen (Instrumentenbau)[30]. Von Seiten der Frankfurter Schule wird

---

28 Silbermann sammelt hier mit dem Bezug auf einen soziologischen Klassiker wohl Punkte in seiner Diskussion mit Adorno, die sich unter anderem auf die Wertfreiheit in der (Musik-)Soziologie bezieht (s.a. Pkt. 2.2).

29 Diesen Titel erhielt die Schrift nach Max Webers Tod, wohl durch Marianne Weber und Theodor Kroyer, die die Erstausgabe edierten (vgl. Braun 1992, S. 137 f.). Dies ist insofern beruhigend, als es streng genommen "soziale" statt "soziologische" Grundlagen heißen müßte - was Webers Plan entspräche, über "gewisse *soziale* Bedingungen" zu schreiben (Max Weber, zit. n. Braun 1992, S. 138; Hervorhebung im Original durch Unterstreichung). Diese Verwechslung ist natürlich kein Einzelfall; auch Silbermann beklagt sich darüber und sieht sie als Zeichen fehlender Fachkundigkeit (vgl. Silbermann 1960, S. 350). Allerdings spricht er selbst an anderer Stelle von der "soziologischen Bedingtheit des musikalischen Schaffens" (Silbermann 1979a, S. 187) - da musikalisches Schaffen wohl kaum von irgendeiner Soziologie abhängig ist, liegt nahe, daß Silbermann hier *soziale* Bedingtheit meint. Umgekehrt schreibt Silbermann "sozial" statt "soziologisch", wenn von Gurvitchs "sozialem Ansatz (der Typologie der sozialen Formen)" (Silbermann [Rez.] 1973a, S. 659) die Rede ist - die Formen sind sicher sozial, der Ansatz wohl eher soziologisch.

30 Rotter muß widersprochen werden, wenn er die gleichschwebende Temperierung Andreas Werckmeister (1645 - 1706) zuschreibt (vgl. Rotter 1989, S. 459). Annähernd gleichschwebende Temperatur scheint es in Theorie und Praxis bereits im 16. Jahrhundert gegeben zu haben,

besonders herausgestellt, daß *Weber* erstens die Entwicklung der Musik mit dem gesellschaftlichen Ganzen in einen Sinnzusammenhang bringt und durch seine Schrift außerdem

> "den irrationalistischen Auffassungen von Musik wissenschaftlich der Boden entzogen [wurde], die (...) darauf hinauslaufen, die Musik sei vom Himmel gefallen und damit auch vor jeder rationalen und kritischen Besinnung gefeit" (Institut für Sozialforschung 1956, S. 100).

Hier werden Inhalte von *Webers* Studie als eine Grundlage für einen sozialkritischen Ansatz auch innerhalb der Musiksoziologie interpretiert. *Silbermann* dagegen sieht bei *Weber* Aspekte der empirischen und werturteilsfreien Musiksoziologie berührt. Im von *René König* herausgegebenen Handbuch der empirischen Sozialforschung widmet er der Studie denn auch einen dreiseitigen Exkurs (vgl. Silbermann 1969a, S. 725; Silbermann 1979a, S. 190-193).

Zur Rezeption *Webers* im weiteren Verlauf gibt es unterschiedliche Darstellungen: *Pfau* beklagt, daß bis auf *Kurt Blaukopf* (insbesondere mit der Soziologie der Tonsysteme) niemand auf *Weber* rekurriert[31]; auf die fehlende adäquate Rezeption führt er den Mangel an makrosoziologischem Bezug und großer Theorie in der Musiksoziologie zurück (vgl. Pfau 1991, S. 410). *Silbermann* nennt hingegen den 1933 aus Deutschland vertriebenen *Paul Honigsheim*, der besonders hinsichtlich der Werturteilsfreiheit in der Tradition *Webers* steht, aber hauptsächlich in den USA und kaum in Deutschland Einfluß hatte (vgl. Silbermann 1969a, S. 725; Silbermann 1979a, S. 196 f.). *Blaukopf* wird ebenfalls als Rezipient *Webers* angeführt (vgl. Silbermann 1957, S. 62 f.), Silbermann wirft ihm in späteren Beiträgen aber vor, "Webers Gedankengänge und Absichten nicht gänzlich durchschaut" zu haben (Silbermann 1979a, S. 195; vgl. Silbermann 1969a, S. 725). Einig scheinen sich die Autoren darin zu sein, daß die Rezeption *Webers* zumindest mangelhaft ist.

Werckmeister kann deshalb nicht als ihr Erfinder gelten; auf der anderen Seite gebrauchte Werckmeister auch eine mitteltönige Stimmung (vgl. Dahlhaus/Eggebrecht (Hgg.) 1989a, S. 233). Rotter hat diese Angabe wohl auch nicht von Weber übernommen, der im Zusammenhang mit der Durchsetzung (nicht Erfindung) der gleichschwebenden Stimmung nur den theoretischen Einfluß von Rameau und den praktischen der Bach-Familie nennt (vgl. Weber 1924, S. 77).

31   Auch Volker von Thienen stellt fest, daß Webers musiksoziologischer Ansatz "in Deutschland - mit Ausnahme der Arbeiten von Blaukopf - leider kaum aufgegriffen wurde" (Thienen 1988a, S. 147). Anzumerken bliebe, daß Blaukopf zwar auch in Deutschland veröffentlicht hat, aber selbst seit seinem Studium in Wien arbeitete, abgesehen von den Jahren 1938 bis 1947, die er in Paris und Jerusalem im Exil verbrachte (vgl. Zapotoczky 1984, S. 78). Wenn er sich als einer der wenigen auf Weber bezieht, kann die *bundesdeutsche* Musiksoziologie diese Beschäftigung mit dem Klassiker wohl kaum für sich verbuchen.

Wie *Weber* findet auch *Theodor W. Adorno* stets Erwähnung, wenn auf Klassiker der Musiksoziologie eingegangen wird. Auffallend ist hier die fast durchweg sehr kritische Darstellung. Positiv hervorgehoben werden *Adornos* große musikalische Sachkenntnis, seine "geistreichen Gedankengänge" (Silbermann 1979a, S. 201) und sein Einfluß auf das Publikum außerhalb der Soziologie (vgl. Pfau 1991, S. 412; Silbermann 1967, S. 538 f.; Silbermann 1979a, S. 123, S. 201).

Vor allem aber wird *Adorno* in mehreren Punkten ausführlich kritisiert. Mehrfach wird angezweifelt, ob seine Arbeiten überhaupt der Musiksoziologie zugerechnet werden dürfen. Während *Rotter* recht vorsichtig von der "Dominanz seiner [*Adornos*; K.I.] Musikphilosophie" spricht (Rotter 1989, S. 460), urteilt *Pfau* direkter: "*Adornos* Musiksoziologie ist strenggenommen keine 'Soziologie'" (Pfau 1991, S. 410). *Silbermann* ordnet *Adorno* als Sozialphilosophen ein, weit entfernt von der "wahren Kunstsoziologie" (Silbermann 1979a, S. 127; s.a. Niketta 1987, S. 46)[32]. Die Gründe für diese Einordnung liegen für *Silbermann* vor allem bei *Adornos* Sozialkritik und Wahrheitsauffassung, bei seinem ideologischen Apriorismus. Wahre Soziologie ist für *Silbermann* empirisch und werturteilsfrei, und beide Aspekte vermißt er bei *Adorno*. Er ist zudem nicht einverstanden mit dem Hauptansatzpunkt der musiksoziologischen Analyse bei *Adorno*, nämlich dem Werk, der musikalischen Faktur, die gesellschaftlich dechiffriert werden soll (vgl. Silbermann 1979a, S. 198-203; Silbermann 1967, S. 541-544)[33].

Pfau hebt bei der Einordnung *Adornos* weniger als *Silbermann* auf Methoden und Wertfreiheit ab, für ihn ist vor allem das Erkenntnisinteresse *Adornos*, nämlich das Gesellschaftliche im Werk selbst, kein genuin soziologisches (vgl. Pfau 1991, S. 411). Soziologische Fragestellungen gelten nach *Pfau* vielmehr dem "System- bzw. Handlungszusammenhang musikalischer Kommunikation" oder der "Genese bzw. Selbstorganisation des Sozialsystems Musik in seinen einzelnen Ausdifferenzierungen" (Pfau 1991, S. 410). *Pfau* wirft *Adorno* außerdem vor, seine Forderung nach soziologischer Werkanalyse selbst nicht überzeugend eingelöst zu haben. Ein weiterer Kritikpunkt ist *Adornos* Bevorzugung der sogenannten Ernsten, hohen oder Kunstmusik, bei der allein die Dechiffrierung adäquat möglich sein soll (vgl. Pfau 1991, S. 411 f.).

Einer ausführlichen Kritik wird *Adorno* als ein Vertreter modernistischer Musiksoziologie bei *Walter L. Bühl* unterzogen. *Bühl* fordert in seinem 1994 erschie-

---

32 An dieser Stelle nennt Silbermann Adorno nicht namentlich, doch an der Erwähnung etwa einer Deutung von Beethovens Missa solemnis ist deutlich zu erkennen, von wem die Rede ist (vgl. Silbermann 1979a, S. 210): Eben diesem Werk widmete Adorno einen Aufsatz (vgl. Adorno 1964, S. 167-185), worauf Silbermann im weiteren Verlauf auch rekurriert (vgl. Silbermann 1979a, S. 198 f.).

33 Zur Kontroverse Silbermann - Adorno s. Pkt. 2.2.

nenen Aufsatz "Musiksoziologie an der postmodernen Wende" (Bühl 1994) eine dem mittlerweile globalisierten Musikleben angemessene Musiksoziologie und kritisiert in diesem Rahmen die modernistische Musiksoziologie besonders im Hinblick auf den "Ästhetischen Essentialismus" (Bühl 1994, S. 343 f.). Dieser ist gekennzeichnet durch drei nach *Bühl* inzwischen unhaltbare Axiome, nämlich den Thesen von Rationalisierung, Autonomisierung und Individualisierung der Musik, wobei diese Begriffe mit einer modernistischen Auslegung verbunden sind, die ihrerseits zu kritisieren ist. Alle drei Thesen liegen auch in hohem Maß *Adornos* Arbeiten zugrunde, beispielsweise in seiner Konzentration auf Opus-Musik, denn der Werkbegriff selbst beinhaltet die "scheinbare Transzendierung aller gesellschaftlichen Schranken und Bedingungen" (Bühl 1994, S. 347). Soll das Werk an sich unabhängig vom Umfeld, von direkten Einflüssen bei Entstehung, Reproduktion und Rezeption auf seinen gesellschaftlichen Gehalt hin betrachtet werden, wie bei *Adorno* vorgesehen, muß seine Autonomie vorausgesetzt werden[34]. Nach *Bühl* ist die Musiksoziologie heute mit einer gesellschaftlichen und musikalischen Entwicklung konfrontiert, die neue Konzepte und Methoden erfordert. Auch in der Geschichte der Musiksoziologie kann so von einem Wendepunkt gesprochen werden, der nach *Bühl* ermöglichen sollte, nach der bisherigen philosophisch orientierten Beschäftigung mit Musik zu einer wirklichen Musik*soziologie* zu gelangen (vgl. Bühl 1994, S. 343-350, S. 358; s.a. Pkt. 2.2).

Insgesamt fällt auf, daß die historischen Übersichten zur Musiksoziologie sehr stark auf einzelne Wissenschaftler, oft sogar auf einzelne Werke rekurrieren. Es scheint schwierig, von umfassenderen, überindividuellen Entwicklungen und Tendenzen in der Musiksoziologie zu sprechen, da es insgesamt nur eine eher kleine und übersichtliche Anzahl an Personen gibt, die sich innerhalb der Soziologie überhaupt mit dem Gebiet befaßt haben. Selbst wo von Richtungen oder Schulen gesprochen wird, fallen im Endeffekt nur wenige Namen - und diese wiederholen sich von Fall zu Fall. Dies ist auch bei *Bühls* Aufsatz zu beobachten, der sich bei seiner Kritik der modernistischen Musiksoziologie überwiegend auf *Adorno* bezieht (vgl. Bühl 1994, S. 343-350)[35]. Es zeichnet sich schon an diesem Punkt der

---

34 Auch Habermas kritisiert, daß Adorno Kunst als autonom sieht, ohne diese (bürgerliche) Auffassung ausreichend zu reflektieren (vgl. Neitzert 1990, S. 14 f.). Volker von Thienen geht ebenfalls auf Adorno ein und stellt dabei die Frage, ob dessen "ästhetiktheoretische Ausrichtung am autonomen Kunstwerk (...) die neueren Strukturen von Musikproduktion und -rezeption *wirkungssoziologisch* wirklich in den Griff bekommt" (Thienen 1988a, S. 156). Insbesondere bezieht sich von Thienen auf Adornos Einschätzung des Jazz und weist auf dessen geringe Kenntnis dieser Gattung hin (vgl. Thienen 1988a, S. 155-157).

35 In anderen soziologischen Teildisziplinen können oftmals Schulen, Richtungen und Ansätze unterschieden werden, die jeweils durch eine Vielzahl von WissenschaftlerInnen vertreten werden.

Literaturanalyse ab, daß die bundesdeutsche Musiksoziologie eher aus disparaten Einzelleistungen besteht, als daß sie ein Feld von miteinander in Beziehung stehenden und intern differenzierten Forschungsrichtungen und Schulen darstellt.

In einen übergreifenden Zusammenhang ordnet *Silbermann* die Musiksoziologie ein, indem er sie abgrenzt von der Soziologie des Geistes, der Wissenssoziologie, der Kultursoziologie und der Sozialgeschichte der Musik (vgl. Silbermann 1957, S. 51-60; Silbermann 1958, S. 103-106; Silbermann 1963a, S. 426-433; Silbermann 1969a, S. 725 f.; s.a. Silbermann 1979a, S. 117-136)[36].

Weiterhin beschränken sich die Autoren fast durchgehend auf die Geschichte der deutschsprachigen Musiksoziologie, ohne dies jedoch ausdrücklich zu erwähnen. Auch in der neueren Literatur wird kaum oder gar nicht auf die (durchaus vorhandene) internationale Forschung eingegangen (vgl. z.B. Pfau 1991; Rotter 1989; Lipp 1992a). Eine Ausnahme bildet auch hier *Silbermann*, der unter anderem in Rezensionen die notwendige Rezeption etwa US-amerikanischer und französischer Literatur anmahnt (vgl. Silbermann 1979a, v.a. S. 206-210; Silbermann [Rez.] 1962a, S. 576; Silbermann [Rez.] 1962b, S. 85; Silbermann [Rez.] 1981a, S. 186 f.)[37].

2.2 Gegenstand, Methoden und Ziele der Musiksoziologie

Die Sicht von Gegenstand, Methodik und Zielsetzung der Musiksoziologie differiert von Autor zu Autor. Die generelle Gegenstandsbestimmung richtet sich meist auf den Bezug Musik - Gesellschaft (vgl. z.B. Adorno 1967a, S. 89 f., S. 93; Engel 1960, S. 9; Honigsheim 1961, S. 485; Lipp 1992a, S. 12; Silbermann 1967a, S. 544, s.a. Haselauer 1991, S. 461) und auf musikbezogenes soziales Handeln (vgl. Blaukopf 1984, S. 11, S. 18; Rotter 1989, S. 457). Während die Gegenstandsdefinitionen sich ähneln, können sie doch in ihrer Ausführung inhaltlich stark variieren. Womit Musiksoziologie (oder vielleicht besser: Musiksoziologien) sich befaßt, wird möglicherweise eher deutlich, wenn Forschungsschwerpunkte

---

36 Eine solche Einordnung findet dann wieder statt bei Gerhard Engel, der die Musiksoziologie in engem Zusammenhang mit der Wissenssoziologie verortet (vgl. Engel 1990, v.a. S. 2 f.; s.a. Pkt. 2.6).

37 Unter den 39 erfaßten Rezensionen von Silbermann sind zehn Besprechungen von Büchern in englisch und französisch; von den 26 von anderen Rezensenten besprochenen Büchern sind dagegen nur drei nicht in deutscher Sprache - eines davon ist zudem eine Übersetzung aus dem Deutschen von Silbermanns Einführungsbuch (vgl. Mueller [Rez.] 1964). Silbermanns Aufmerksamkeit gegenüber internationalen Veröffentlichungen wird vielleicht auch durch seine Biographie unterstützt: Er lebte unter anderem längere Zeit in Frankreich und Australien (vgl. Hänseroth 1984, S. 793; Silbermann 1989a).

und Teilgebiete erläutert werden, als bei allgemeinen Ausführungen (vgl. Pkt. 2.3). Entsprechend sind auch einige Einführungen aufgebaut, in denen die Annäherung an die Musiksoziologie zum großen Teil durch die Behandlung von Einzelproblemen erfolgt (vgl. Adorno 1975a; Karbusicky 1975a; Silbermann 1955).

Einige musiksoziologische Ansätze sind innerhalb der bundesdeutschen Soziologie kaum zu finden, etwa der marxistische (vgl. Silbermann 1969a, S. 726; Silbermann 1979a, S. 150-155; Neitzert 1990, S. 12 f.)[38].

Zentral dagegen sind vor allem zwei gegensätzliche Positionen, die immer wieder dargestellt werden und auf die sich viele Autoren bei der Darlegung ihrer Auffassung beziehen: Es sind dies der empirische Ansatz, der vor allem durch *Silbermann* vertreten wird, und *Adornos* musiksoziologisches Programm im Rahmen der Theorie der Frankfurter Schule (vgl. Bühl 1994, S. 350 f.; Neitzert 1990, S. 7-11; Pfau 1991, S. 410-412; Schelsky 1991, S. 27-30). Zwischen *Silbermann* und *Adorno* fand eine ausführliche Kontroverse statt, die 1967 durch zwei Beiträge in der KZfSS auch vor einem breiteren soziologischen Publikum ausgetragen wurde (vgl. Adorno 1967a; Silbermann 1967; s.a. Pkt. 2.2). Aufgrund ihrer augenscheinlichen Relevanz sollen die Positionen in ihrer Differenz hier kurz dargestellt werden[39].

Die Kontroverse Silbermann - Adorno

Für *Silbermann* ist der zentrale Gegenstand der Musiksoziologie das Musikerlebnis. Im Musikerlebnis manifestiert sich die Interaktion zwischen musikalischen Produzenten und Konsumenten; hierauf muß das Augenmerk sich richten, während sich die Musik selbst in ihrer Unbestimmtheit und Ungreifbarkeit der soziologischen Beobachtung und Analyse weitestgehend entzieht (vgl. Silbermann 1957, S. 72-74; Silbermann 1962, S. 325).

"Denn nicht jener vage Begriff "die Musik" ist es, der in der Mitte des Musiklebens steht, sondern das Musikerlebnis ist es, welches das Musikleben charakterisiert. Die Berührung von Produzent und Konsument, dieser durch Berührung oder Konflikt hergestellte Kontakt, diese sozialen Prozesse, diese sozialen Aktionen sind es, die zur Konkretisierung und damit zu einem bestimmten Gegenstand werden, um die sich die sozio-musikalischen Gruppen scharen, und welche die einzigen sind, die, nach den Methoden der Soziologie als soziologische Tatbestände Mittel-

---

38   Hier soll Marxismus im engen, orthodoxen Sinn gemeint sein und etwa von der Frankfurter Schule unterschieden werden, für die er natürlich auch eine wichtige Rolle spielt (vgl. Neitzert 1990, S. 12-14); Silbermann dagegen ordnet auch die Kritische Theorie unter dem marxistischen Ansatz ein (vgl. Silbermann 1979a, S. 151).

39   Zu seiner persönlichen Beziehung zu Adorno äußert sich Silbermann in seiner Autobiographie (vgl. Silbermann 1989b, S. 391 f., S. 430-435).

32

punkt und Ausgangspunkt unserer Betrachtungen sein dürfen und können" (Silbermann 1963, S. 443).

Musikalische Inhalte sind für *Silbermann* damit nicht Gegenstand der Musiksoziologie. Für das Musikerlebnis relevant sind vor allem sein Interaktionscharakter und seine Beobachtbarkeit mit Hilfe empirischer Methoden der Soziologie (vgl. Silbermann 1957, S. 70-72, S. 104, S. 146). Ansonsten bezeichnet der Begriff einen umfassenden sozialen Prozeß: Das Musikerlebnis wird zunächst von den musikalischen Produzenten geschaffen und kann dann auch verbreitet, erklärt und reproduziert werden (vgl. Silbermann 1957, S. 99 f.). Am Totalprozeß Musikerlebnis können auch Gewerkschaften, Genossenschaften und Assoziationen all derer beteiligt sein, die in irgendeiner Weise mit dem Musikgeschäft zu tun haben (vgl. Silbermann 1957, S. 171). Die Konsumenten des Musikerlebnisses schließlich sind durch ihre große Zahl von hohem Interesse für die Musiksoziologie (vgl. Silbermann 1957, S. 192). Der Begriff "Musikerlebnis" changiert in seiner Bedeutung, denn es kann wohl schwerlich davon gesprochen werden, daß ein Interaktionsprozeß von nur einer Seite produziert und von einer anderen dann konsumiert wird. Mit dem Konzept des Musikerlebnisses arbeitet *Silbermann* auf eine Kulturwirkekreissoziologie hin - wobei dieser Begriff vage und eine konkrete Umsetzung unklar bleibt (vgl. Silbermann 1957, S. 55; Silbermann 1959, S. 60 f.; Silbermann 1979a, S. 161).

Das Vorgehen musiksoziologischer Forschung skizziert *Silbermann* folgendermaßen: Zunächst ist mit Hilfe empirischer Methoden das Rohmaterial zu sammeln, das dann analysiert und abstrahiert wird; hierauf aufbauend werden schließlich Gesetze formuliert und getestet (vgl. Silbermann 1957, S. 53, S. 71)[40].

Drei Ziele der Musiksoziologie werden von *Silbermann* immer wieder (oft als Abschluß einer Darstellung der Musiksoziologie) postuliert: Zunächst soll der dynamische Charakter von Musik als sozialer Praxis dargestellt werden. Zweitens soll ein neuer, verständlicher und gültiger Annäherungsweg an die Musik geschaffen werden. Schließlich ist es auch Ziel, Gesetze der Vorhersage zu entwickeln, die unter bestimmten Ausgangsbedingungen im Musikleben gewisse Folgen erwarten lassen (vgl. Silbermann 1957, S. 71; Silbermann 1958, S. 114; Silbermann 1962, S. 334 f.; Silbermann 1963a, S. 445 f.; Silbermann 1969a, S. 727; s.a. Silbermann 1979a, S. 166). Außerdem sieht *Silbermann* durchaus eine gesellschaftskritische Wirksamkeit der Musiksoziologie vor, besonders in Form einer beraten-

---

40   Insbesondere für die Rezeptions- und Wirkungsforschung merkt übrigens von Thienen an, daß das musiksoziologische Instrumentarium ihren komplexen Anforderungen kaum gewachsen ist. Kompliziert wird die empirische Wirkungsforschung durch das schwierige Verhältnis von Musikwahrnehmung und sprachlichem Ausdruck der Befragten (vgl. Thienen 1988a, S. 160 f.).

den und planenden Funktion in Musikleben und Musikpolitik (vgl. Silbermann 1957, S. 4, S. 55, S. 219-222; s.a. Pkt. 7.3). Im Hinblick auf diese praxisorientierte Aufgabe kann beispielsweise auf *Silbermanns* Studie "Musik, Rundfunk und Hörer" hingewiesen werden, die im Auftrag des französischen Rundfunks durchgeführt wurde und deren Ergebnisse zuerst 1954 in Frankreich veröffentlicht wurden (vgl. Silbermann 1959, S. 4-12)[41].

Für *Adorno* ist Ausgangspunkt und hauptsächlicher Untersuchungsgegenstand der Musiksoziologie das Werk. Die musikalische Faktur ist nach *Adorno* gänzlich von Gesellschaftlichem durchzogen, auch die persönliche Leistung des Komponisten, "das Allersubjektivste an ihm, ist schließlich selbst noch gesellschaftlich" (Adorno 1959, S. 22 f.). Eben den sozialen Gehalt von Musik gilt es aufzuspüren:

> "[Musik] ist (...) gesellschaftlich in sich selbst. Gesellschaft hat sich in ihrem Sinn und dessen Kategorien sedimentiert, und ihn muß Musiksoziologie entziffern. Sie ist damit verwiesen auf das eigentliche Verständnis von Musik bis in die kleinsten technischen Zellen hinein. Nur dann gelangt sie über die fatal äußerliche Zuordnung geistiger Gebilde und gesellschaftlicher Verhältnisse hinaus, wenn sie in der autonomen Gestalt der Gebilde, als ihres ästhetischen Gehalts, eines Gesellschaftlichen innewird. Was an soziologischen Begriffen an die Musik herangetragen wird, ohne in musikalischen Begründungszusammenhängen sich auszuweisen, bleibt unverbindlich" (Adorno 1959, S. 11).

Soziologische Werkanalyse ist für *Adorno* der hauptsächliche Weg zu musiksoziologischem Erkenntnisgewinn. Erforderlich für diese Methode ist in jedem Fall umfassende musikalische Sachkenntnis, es bedarf "des vollen Verständnisses von Musik selbst in allen Implikationen" (Adorno 1975a, S. 13).

Weiter ist für die Gewinnung soziologischer Erkenntnisse am besten qualitativ hochwertige Musik geeignet, dagegen ist bei "simpler, regressiver, nichtiger (...) die Interpretation fragwürdig" (Adorno 1959, S. 29). Dennoch ist die sogenannte leichte Musik Gegenstand der von *Adorno* entworfenen Musiksoziologie, wenn auch nicht inhaltlich:

> "Kritische Musiksoziologie wird detailliert herauszufinden haben, warum die leichte Musik (...) heute ausnahmslos schlecht ist, schlecht sein muß. (...) Nichts anderes mehr leistet die U-Musik, als die psychologische Erniedrigung zu bestätigen, zu wiederholen, zu befestigen, welche letztlich die Einrichtung der Gesellschaft in den Menschen bewirkt. In ihr genießen, ohne es zu wissen, die Massen, die damit überschwemmt werden, wie sehr sie erniedrigt sind. (...) Bei der empirischen Forschung stünde es, Methoden zu entwickeln, die subtil genug sind, solchem Genuß nachzugehen (...)" (Adorno 1975a, S. 265).

---

41   Naheliegend scheint hier Adornos Einwand, daß ein gesellschaftskritisches Wirken der Musiksoziologie nur schwer mit der von Silbermann ebenfalls nachdrücklich geforderten Werturteilsfreiheit vereinbar ist (vgl. Adorno 1967a, S. 91).

Hier zeigt sich, daß die von *Adorno* immer wieder betonte Werkanalyse zur "gesellschaftlichen Dechiffrierung von Musik selbst" (Adorno 1959, S. 14) zwar zentral ist, sich Musiksoziologie für *Adorno* aber nicht in ihr erschöpft. Ebenso lehnt er Empirie nicht völlig ab, wie ihm etwa von *Silbermann* vorgeworfen wird[42].

Gerade im Hinblick auf die Frage, ob musikalische Inhalte Gegenstand der Musiksoziologie sein können oder sollen, wird immer wieder auf *Adorno* rekurriert (vgl. z.B. Engel 1990, S. 41; Lahusen 1991, S. 11 f.; Lentz 1984; Müller 1990; Neitzert 1990, S. 8-26).

Für *Adorno* ist in großer Musik neben gesellschaftlicher Wahrheit und richtigem Bewußtsein auch Ideologie in mehrfacher Hinsicht enthalten, wahr und falsch durchdringen einander:

> "Das affirmative Moment aller Kunst, und das von Musik zumal, ist Erbe des alten Zaubers; der Ton, mit dem jegliche Musik anhebt, hat bereits etwas davon, Utopie ebenso wie die Lüge, jene sei schon gegenwärtig. Erst durch die Explikation der Wahrheitsidee empfinge Musiksoziologie ihre theoretische Dignität" (Adorno 1975a, S. 264).

Musiksoziologie muß sich also auseinandersetzen mit Wahrem und Falschem, mit Ideologie und dem Verhältnis zwischen der Gesellschaft, wie sie ist, und der Gesellschaft, wie sie sein sollte (vgl. Adorno 1975a, S. 262-264). Sie muß damit zwangsläufig auch sozialkritisch sein, was sich für *Adorno* nicht mit Wertfreiheit vereinbaren läßt (vgl. Adorno 1959, S. 11; Adorno 1967a, S. 90-92).

Von *Silbermann* unterscheidet sich *Adorno* somit in mehrfacher Hinsicht: Hauptsächlicher Ansatzpunkt musiksoziologischer Forschung ist für *Silbermann* das Musikerlebnis, für *Adorno* das Werk. *Adorno* verwirft das Musik- oder Kunsterlebnis als musiksoziologische Grundkategorie: Zum einen ist es empirisch kaum faßbar, zum anderen ist es selbst vermittelt, nichts Ursprüngliches, sondern in hohem Maß gesellschaftlich bedingt (vgl. Adorno 1967a, S. 88 f.; Adorno 1975a, S. 268). *Silbermann* auf der anderen Seite spricht sich dagegen aus, musikalische Inhalte überhaupt zum Gegenstand der Musiksoziologie zu machen; der Grund hierfür ist der spekulative Charakter von Musik, die bis zu ihrer Objektivierung kei-

---

42 Bei einer solchen Anmerkung Silbermanns ist aus dem dort angeführten Adorno-Zitat ersichtlich, daß er sich gegen *Empirismus* ausspricht, was Silbermann (kaum nachvollziehbar) interpretiert als eine "generelle(n) Ablehnung empirischer Methoden in bezug auf die Musik" (Silbermann 1979a, S. 194).

nen soziologischen Realitätswert besitzt (vgl. Silbermann 1957, S. 72-74; Silbermann 1979a, S. 126)[43].

Auch hinsichtlich der Philosophie und ihrer Beziehung zur Musiksoziologie unterscheidet sich *Adorno* grundlegend von *Silbermann*: Er lehnt die strikte Trennung der Disziplinen und die "von *Silbermann* wie vielen anderen geforderte Eliminierung der philosophischen Dimension aus der Soziologie" (Adorno 1967a, S. 92) als der Sache unangemessen ab. Zur Reflexion und Interpretation empirischer Daten, die ja um weitergehender Erkenntnis willen und nicht als Selbstzweck erhoben werden, ist nach *Adorno* ein philosophischer Bezug nötig (vgl. Adorno 1967a, S. 92). *Silbermann* dagegen würdigt die Kunstsozialphilosophie und philosophische Ästhetik als verdienstvolle Disziplinen, in denen auch Werturteil und die Bezogenheit auf das Kunstwerk selbst einen legitimen Platz haben. Er legt jedoch größten Wert darauf, "sozialphilosophische Kunstanalysen, vor allem angesichts ihrer Prätention, die Kunstsoziologie zu repräsentieren, von wahren kunstsoziologischen Arbeiten abzugrenzen" (Silbermann 1979a, S. 122). Für Musiksoziologie in ihrer von *Silbermann* vorgesehenen empirischen Ausrichtung können philosophisch basierte Werturteile nur ein Beobachtungsgegenstand sein, eine erfaßbare soziale Tatsache, nicht aber Ziel und Ergebnis musiksoziologischer Forschung (vgl. Silbermann 1979a, S. 120-127)[44]. Zu *Silbermanns* Ablehnung von Werturteilen gehört auch, daß er sich gegen die unterschiedliche Behandlung sogenannter großer und leichter Musik ausspricht, wie sie bei *Adorno* zu finden ist (vgl. Silbermann 1962, S. 323 f.; Silbermann 1979a, S. 122). Bereits 1957, also bevor sich die Diskussion mit *Adorno* intensiviert, verurteilt *Silbermann* die Abwertung von Rock'n Roll- und Jazzpublikum (vgl. Silbermann 1957, S. 193 f., S. 207).

Unterschiedliche Standpunkte zeigen sich auch dort, wo *Silbermann* und *Adorno* die gleichen Begriffe mit unterschiedlichen Inhalten füllen; dies wird deutlich an einem Punkt, der für die wissenschaftliche Standortbestimmung zentral ist, bei der Auseinandersetzung mit Ideologie und Objektivität.

Für beide Autoren ist Objektivität etwas erstrebenswertes und Ideologie zu bekämpfen. *Silbermann* will Objektivität sichern durch empirische Basierung musiksoziologischer Arbeit (vgl. Silbermann 1957, S. 70 f.). Die vier grundlegenden Prinzipien sollen sein: "Objektivität, Genauigkeit, Überprüfung und Induktion"

---

43   Etwas unklar bleibt hier, was gemeint ist, wenn Musik sich objektiviert, indem sie "eine Atmosphäre annimmt" (Silbermann 1957, S. 73). Es ist nicht unmittelbar einleuchtend, daß bei einer Atmosphäre Beobachtbarkeit und Realitätswert gegeben sind.

44   Im Gespräch am 16. 2. 1995 ordnet Silbermann Adorno ein als einen Philosophen, der sich als Musiksoziologe ausgegeben hat. Etwas erstaunlich wirkt die schlafwandlerische Sicherheit, mit der Silbermann und andere eine derart scharfe Grenzlinie ziehen zwischen Soziologie und dem, was sich nicht Soziologie nennen darf (s.a. Pkt. 2.1).

(Silbermann 1979a, S. 156). Er fordert, die "Teile und Verbindungen des sozio-musikalischen Systems nur so zu beschreiben (...), wie sie objektiv bestehen" (Silbermann 1957, S. 145) und die "musiksoziologischen Erwägungen mit den Techniken der empirischen Sozialforschung zu verifizieren" (Silbermann 1979a, S. 201)[45]. Ideologie äußert sich für *Silbermann* in gesellschaftskritischem Apriorismus, Deduktion und Werturteil (vgl. Silbermann 1962, S. 323-326; Silbermann 1979a, S. 198-203)[46].

Adornos Ideologiebegriff entspricht dem der Kritischen Theorie. Ideologie ist hier das Gegenteil von Wahrheit und gesellschaftlich richtigem Bewußtsein, ist "gesellschaftlich notwendige[r] Schein" (Adorno 1959, S. 10). Durch den gesamt-gesellschaftlichen Verblendungszusammenhang, durch das falsche Bewußtsein der Menschen und die falschen bestehenden Verhältnisse läuft gerade empiristische Musiksoziologie Gefahr, selbst ideologisch zu sein und die herrschenden Verhältnisse zu stützen. Einen Ausweg bietet hier nur kritisch orientierte Musiksoziologie (vgl. Adorno 1959, S. 10 f.). Behandelt aber eine Musiksoziologie, die sich der Wertfreiheit verschrieben hat, empirisch erfaßte Daten nicht als gesellschaftlich bedingt, sondern als primär und essentiell, so geht sie umso leichter in die Falle der Ideologie:

> "Gerade durch ihre Neutralität geriete sie in überaus fragwürdige Wirkungszusammenhänge, den bewußtlosen Dienst für jeweils mächtige Interessen, denen dann die Entscheidung zufällt, was gut sei und was schlecht" (Adorno 1967a, S. 91).

Die vermeintliche Objektivität derer, die Werkanalyse als subjektivistisch und spekulativ ablehnen und sich in induktivem Vorgehen auf empirisches Material wie Umfragedaten stützen, hält *Adorno* für trügerisch, da das Erfaßte selbst nicht objektiv ist. Solche "Methodologie (...) verfiele erst recht dem Subjektivismus, dem Durchschnittswert ermittelter Meinungen" (Adorno 1975a, S. 13). Auch *Adornos* eigene Überlegungen zum Fetischcharakter der Musik können nicht durch empirische Umfragen verifiziert werden, denn der gesellschaftliche Schein durchdringt die erfaßbaren Daten, die Meinungen der Rezipierenden (vgl. Adorno 1958, S. 27 f.):

---

45   Hinsichtlich der Möglichkeiten, objektive Fakten objektiv zu beschreiben und Hypothesen zu verifizieren, ließen sich natürlich erkenntnistheoretische Diskussionen anstellen. Auf die damit zusammenhängende Problematik geht Silbermann nicht ein.

46   Neben Adorno kritisiert Silbermann unter anderem auch den frühen Blaukopf und Karbusicky als ideologisch (vgl. Silbermann 1957, S. 99; Silbermann 1979a, S. 203). Im Gespräch am 16. 2. 1995 nennt er die Bekämpfung von Ideologie als eines seiner Hauptanliegen.

"In der Musik wie sonstwo ist die Spannung von Wesen und Erscheinung derart angewachsen, daß überhaupt keine Erscheinung unvermittelt mehr zum Beleg des Wesens taugt. Die unbewußten Reaktionen der Hörer sind so dicht abgeblendet, ihre bewußte Rechenschaft orientiert sich so ausschließlich an den herrschenden Fetischkategorien, daß jede Antwort, die man erhält, vorweg mit der Oberfläche jenes Musikbetriebs konformiert, welche von der Theorie angegriffen wird, der die 'Verifizierung' gilt" (Adorno 1958, S. 27).

Objektiv dagegen ist für *Adorno* Werkanalyse, denn große Musik enthält nach *Adorno* auch Wahrheit, ist eine "Zone objektiven Geistes" (Adorno 1959, S. 11). Analysen von (durchaus zu ermittelnden) subjektiven Meinungen, Wirkungsmechanismen und objektive Werkanalysen sind von Musiksoziologie zueinander in Zusammenhang zu bringen (vgl. Adorno 1967a, S. 89; Adorno 1975a, S. 260-262).

Adorno wie *Silbermann* wollen also gegen Ideologie angehen, der eine durch Kritik, der andere durch Empirie und Wertfreiheit. Beide berufen sich dabei auf Objektivität und Wahrheit; die Punkte allerdings, wo sie sie jeweils verorten, sind einander diametral entgegengesetzt: Werkanalyse ist für *Adorno* objektiv und kann dem Erkennen von Wahrheit dienen - für *Silbermann* ist sie spekulativ und eine Brutstätte der Ideologie. Empirische Methoden, induktives Vorgehen und das Absehen von Werturteilen garantieren für *Silbermann* Objektivität - *Adorno* hält gerade den Empirismus für subjektivistisch und ideologisch.

Die Diskussionen zwischen *Silbermann* und *Adorno* basieren damit wohl auf unterschiedlichen Standpunkten hinsichtlich Weltsicht und Wissenschaftstheorie, so daß eine Annäherung von vornherein kaum wahrscheinlich war.

Einen dritten Ansatzpunkt nennt *Bühl* nach ausführlicher Kritik *Silbermanns* und vor allem *Adornos*: Er fordert eine Musiksoziologie, die der Oberflächlichkeit des Empirismus und ebenso der Spekulation und dem Apriori-Denken der kritisch-philosophischen Richtung durch vergleichende Methodik entgeht. In dieser Richtung gibt es bislang kaum Arbeiten, nur so aber ist adäquate Musiksoziologie möglich (vgl. Bühl 1994, S. 351, S. 358; s.a. Pkt. 2.1)[47].

2.3 Teilgebiete und Forschungsschwerpunkte

Das Feld der Musiksoziologie wird aus Darstellungen von einzelnen Forschungsgebieten ersichtlich, seien es Schwerpunkte bisheriger Arbeiten oder empfohlene Bereiche innerhalb eines Entwurfs von Musiksoziologie.

---

47   Die Forderung einer historisch und international vergleichenden Rezeptions- und Wirkungsforschung findet sich unter anderem auch bei von Thienen (vgl. Thienen 1988a, S. 162).

Rotter nennt zunächst die Rezeptionsforschung, bei der besonders den Aspekten Massenmedien und Hörerpräferenzen Aufmerksamkeit gewidmet wird. Der Bereich der Musikproduktion wird vor allem berufs- und organisationssoziologisch behandelt. Ein dritter Forschungsschwerpunkt ist die musikalische Sozialisation - meist als Sozialisation zur Musik, in einigen Fällen auch als Sozialisation durch Musik (vgl. Rotter 1989, S. 460 f.)[48].

Auch *Adorno* und *Silbermann* unterscheiden in Produktions- und Rezeptionssphäre, wobei die Reproduktion, die ausführenden oder interpretierenden MusikerInnen für *Adorno* zum Produktionsbereich gehören, für *Silbermann* zu dem der Rezeption. Beide Autoren sind letztlich an der Beziehung zwischen den Sphären interessiert, es soll sich also nicht um isolierte Forschungsbereiche handeln (vgl. Adorno 1967a, S. 89; Adorno 1975a, 258-269; Silbermann 1957, S. 98-100; s.a. Kap. 6 und 7)[49].

Pfau betont die thematische und methodische Bandbreite der empirischen Arbeiten zur Musiksoziologie, von denen jedoch ein beträchtlicher Teil innerhalb der Musikpädagogik (in Anlehnung besonders an psychologische Studien) und im außer-universitären Raum entstanden ist. Sie decken auch die von *Rotter* genannten drei Schwerpunkte ab: Neben der Sozialisation, die für die Musikpädagogik zentral ist, werden Studien zur Demographie von Musikkonsumenten oder zur Situation von Musikmarkt und Musikberufen genannt (vgl. Pfau 1991, S. 412 f.).

Eine weitere Gliederung des musiksoziologischen Arbeitsfeldes findet sich bei *Bühl*. Gegenüber der von ihm konstatierten Eindimensionalität modernistischer Musiksoziologie fordert er, daß "musiksoziologische Erklärungen (...) in Zukunft '*Mehrebenen*-Erklärungen' sein müssen" (Bühl 1994, S. 356). Dabei befaßt sich die Mikroebene mit individuellen Handlungen; für die Mesoebene sind situationale oder institutionelle Konfigurationen relevant - hier ist, auch in Zusammenarbeit mit der Geschichtswissenschaft, am leichtesten *Bühls* Forderung nach Historizität erfüllbar; auf der Makroebene wird gesellschaftlicher Strukturwandel behandelt, wobei es zentral ist, das gesamte globale Musikleben und nicht nur Teilbereiche zu untersuchen (vgl. Bühl 1994, S. 356-358). Obgleich es nun sicher möglich ist, viele musiksoziologische Arbeiten nach diesem Drei-Ebenen-Modell einzuordnen,

---

48 Vor allem Honigsheim hebt besonders die Sozialisation oder Erziehung durch Musik hervor (vgl. Honigsheim 1961, S. 486, S. 489); außerdem wäre hierzu ein Beitrag des Musikwissenschaftlers Günter Kleinen zu nennen (vgl. Kleinen 1985).

49 Pfau kritisiert, daß Silbermann die angestrebte strukturell-funktionelle Analyse des Kunstprozesses in seiner Totalität nie wirklich durchgeführt, sondern eher in Form empirischer Einzelstudien gearbeitet hat (vgl. Pfau 1991, S. 412).

ist *Bühls* Entwurf eher zukunftsorientiert und im Rahmen seiner Forderung nach einer zeitgemäßen, quasi postmodernistischen Musiksoziologie zu sehen[50].

2.4 Zur Interdisziplinarität

In einigen allgemeinen Schriften zur Musiksoziologie wird die Interdisziplinarität der Musiksoziologie betont, oft auch gefordert. Hauptsächlich wird dabei auf die Fächer Soziologie und Musikwissenschaft eingegangen, innerhalb derer die Musiksoziologie jeweils als Teilgebiet gelten kann (s.a. Pkt. 1.1). Die Zusammenarbeit dieser Fächer wird als problematisch erkannt. Als Gründe werden die historische Orientierung der Musikwissenschaft im Gegensatz zur Soziologie aufgeführt, beziehungsweise (in *Pfaus* Sichtweise) die langjährige Ausklammerung der historischen Dimension aus der Soziologie, sowie ein von *Silbermann* beschriebener Monopolanspruch der Musikwissenschaft auf alle wissenschaftliche Erforschung der Musik (vgl. Pfau 1991, S. 413 f.; Rotter 1992, S. 87-89; Silbermann 1958, S. 102; Silbermann 1979a, S. 186-189; s.a. Ruf 1989, S. 176). Eine Zusammenarbeit wird aber als wünschenswert angesehen - zumindest müssen beide Fächer berücksichtigt werden in der Weise, daß WissenschaftlerInnen für musiksoziologische Forschung sowohl soziologischen als auch musiktheoretischen Fachwissens bedürfen. So wird einerseits betont, daß für die Beschäftigung mit Musiksoziologie Verständnis der Musik unbedingt Voraussetzung ist (vgl. Adorno 1975a, S. 13; Silbermann 1957, S. 147; s.a. Pkt. 2.2, Pkt. 2.5, Kap. 4)[51]. Auf der anderen Seite werden "soziologisierende Musikwissenschaftler" (Neitzert 1990, S. 10) wegen mangelnder soziologischer Fachkundigkeit kritisiert (vgl. Pfau 1991, S. 413; Silbermann [Rez.] 1962b, S. 85; Silbermann 1979a, 187-189; Silbermann [Rez.] 1981a, S. 186)[52].

Interdisziplinäre Zusammenarbeit wird aber auch im Hinblick auf andere Fächer gefordert (vgl. Adorno 1967a, S. 92; Fuchs 1992, S. 85; Silbermann 1979a, S. 134-136). Hier ist zunächst der Bezug zur Psychologie zu nennen. *Adorno* etwa

---

50 Einzelne Themenschwerpunkte der hier angesprochenen Forschungsbereiche werden in den Kapiteln 4 bis 7 dieser Arbeit behandelt.

51 Implizit zeigt sich dieser Standpunkt auch bei Pfau, der die "Ausschaltung des Kommunikats" für unzulässig erklärt (Pfau 1991, S. 412).

52 Auch im Gespräch am 16. 2. 1995 erklärt Silbermann musikalisches Fachwissen für unabdingbar bei musiksoziologischer Arbeit, auch er selbst ist musikalisch ausgebildet und wollte Kapellmeister werden, was durch die Emigration verhindert wurde (vgl. Silbermann 1989b, S. 60, S. 91-108). Für Adorno stand übrigens ebenfalls Musik als Beruf zur Debatte (vgl. Müller 1990, S. 10) - tatsächlich könnten hier noch einige MusiksoziologInnen aufgelistet werden, die eine professionelle musikalische Ausbildung haben.

beschreibt psychologische Ansätze zur Rezeptionsforschung (Adorno 1975a, S. 266 f.). Er begrüßt auch ausdrücklich die empirische Untersuchung *Christian Rittelmeyers* am Marburger Psychologischen Seminar, die sich mit dem von *Adorno* theoretisch behandelten Zusammenhang zwischen autoritärer Persönlichkeit und Intoleranz gegenüber moderner Kunst befaßt - *Adorno* selbst schreibt eine entsprechende Vorbemerkung zu einem Artikel in der KZfSS, der die Studie vorstellt (vgl. Adorno 1975a, S. 267; Rittelmeyer 1969). Besonders stark psychologisch orientiert ist *Rotter* (vgl. Rotter 1977; Rotter 1985; Rotter 1989; Rotter 1992; s.a. Pkt. 3.4, Pkt. 5.5). Mit Musik in der Psychiatrie und den Implikationen der Musiktherapie für psychisch Kranke in Institutionen befaßt sich die soziologische Dissertation von *Franz Josef Friederich* (vgl. Friederich 1980). Auch *Pfau* betont schließlich die Relevanz psychologischer, neurophysiologischer und anthropologischer Arbeiten für die Musiksoziologie, auch wenn eine adäquate Integration noch nicht stattgefunden hat (vgl. Pfau 1991, S. 414; s.a. Niketta 1987, S. 47).

Weitere musiksoziologisch relevante Disziplinen sind vor allem Pädagogik, Publizistik, Geschichte, Philosophie, Semiotik, Ethnologie und Sprach- und Literaturwissenschaften.

Die Pädagogik ist besonders relevant für Fragen musikalischer Sozialisation (vgl. Pkt. 2.3), die Geschichte vor allem für Fragestellungen mit historischem Bezug und nicht zuletzt für musiksoziologische Untersuchungen zu Wandel und Entwicklung (vgl. Bühl 1994, S. 353; Pfau 1991, S. 413 f.).

Im Bereich der Ethnologie und auch der Sprachwissenschaften finden sich fruchtbare Ansätze für die Erforschung außereuropäischer Musik. Vor allem aber scheint gerade die Ethnologie zentral für eine vergleichende Methode, wie sie *Bühl* so vehement fordert. Wird wie in diesem Beitrag von einer zunehmenden Globalisierung und internationalen Vernetzung des Musiklebens ausgegangen, die eher mit zunehmender Interdependenz und Komplexität als mit Vereinheitlichung einhergeht, dann wird die isolierte Betrachtung kleiner Teilbereiche mit einem Konzept kultureller Homogenität immer schwieriger (vgl. Bühl 1994, S. 339, S. 356-358).

Sobald sich Musiksoziologie außerhalb des europäischen Kontextes bewegt, können die theoretischen und methodischen Ansätze der abendländischen Musiksoziologie unzulänglich werden, spätestens hier wird ihr Ethnozentrismus duch Inadäquanz offenbar[53]. Doch durch die weitgehende Beschränkung der Musiksoziologie auf die sogenannte Ernste Musik können bereits Probleme entstehen, wenn

---

53 Der österreichische Musikethnologe Gerhard Kubik geht mehrfach ein auf die Schwierigkeiten interkulturellen Verstehens und die Unangemessenheit europäischer Kategorien etwa für viele Musiken Afrikas (vgl. z.B. Kubik 1983, v.a. S. 322-326).

Popularmusik Gegenstand der Forschung ist - mindestens dann, wenn diese Forschung auch musikalische Inhalte ins Auge faßt. Nicht nur bei Arbeiten im außereuropäischen Bereich, sondern auch bei der Beschäftigung mit nichtetablierten innereuropäischen Musikkulturen kann Musikethnologie (und Ethnologie allgemein) zur adäquaten Behandlung des Gegenstands beitragen (vgl. Rospek 1991, S. 20 f.; Schelsky 1991, S. 42-56; s.a. Kaden 1989).

Die Interdisziplinarität der Musiksoziologie wird nicht nur in der Literatur immer wieder betont, sie zeigt sich auch in der breit gestreuten fachlichen Provenienz der Arbeiten, die unter Voraussetzung einer nicht zu engen Begriffsdefinition als musiksoziologisch einzuordnen wären (vgl. Pkt. 1.1 u. Pkt. 2.6). Auch bei den Dissertationen zu musiksoziologischen Themen läßt sich diese Bandbreite an Fächern feststellen[54].

Es wird hier deutlich, daß die Interdisziplinarität der Musiksoziologie nicht nur die zwei Fächer Soziologie und Musikwissenschaft betrifft, sondern sich auf eine Vielzahl von Disziplinen beziehen läßt. Darauf weist im übrigen schon die Lektüre der musiksoziologischen Klassiker *Simmel* und *Weber* hin: Hier finden sich neben Soziologie und Musikwissenschaft Aspekte der Geschichte, Ethnologie, Anthropologie, Akustik und Psychologie und außerdem eine vergleichende Vorgehensweise (vgl. Simmel 1882; Weber 1924; s.a. Pfau 1991, S. 409 f.; Schelsky 1991, S. 42). Auch *Honigsheim* fordert eine Interdisziplinarität, die historische und regionale Vergleiche möglich machen kann. Musiksoziologie setzt für ihn "das Erforschtsein der Musikgeschichte voraus, einschließlich der ethnologischen, und ist auf ihr aufgebaut" (Honigsheim 1961, S. 485)[55].

---

54 Hier seien als Beispiele genannt: Für die Psychologie und Sozialpsychologie die zahlreichen Arbeiten von Reiner Niketta (teils in Zusammenarbeit mit Eva Volke und anderen, s. Literaturverzeichnis) und den Autoren Rainer Dollase, Michael Rüsenberg und Hans J. Stollenwerk, die gemeinsam mehrere Untersuchungen veröffentlicht haben (vgl. Dollase/Rüsenberg/Stollenwerk 1974; Dollase/Rüsenberg/Stollenwerk 1977; Dollase/Rüsenberg/Stollenwerk 1978a, b, c; Dollase/Rüsenberg/Stollenwerk 1979; Dollase/Rüsenberg/Stollenwerk 1986); für die Musikgeschichte Dorothea Kollands aufschlußreiche Dissertation zur Jugendmusikbewegung (Kolland 1979); für die Pädagogik die Dissertationen von Peter Brünger, Said Khadiri und Helmut Voullieme (vgl. Brünger 1984; Khadiri 1963; Voullieme 1987; s.a. Zimmermann 1984); für Sprach- und Literaturwissenschaften die Dissertationen von Rolf Großmann, Birgit Rospek (die sich explizit auf Musiksoziologie bezieht, vgl. Rospek 1991, S. 20-23), Wilfried Schütte und Rüdiger Stellberg (vgl. Großmann 1991; Rospek 1991; Schütte 1988; Stellberg 1979). Dies ist wie gesagt nur eine Auswahl, der weitere Arbeiten und auch weitere Fächer hinzugefügt werden könnten.

55 Hier wie auch bei der Frage des Werturteils decken sich Honigsheims Ansichten mit dem Ansatz Max Webers. Auf eine mündliche Äußerung Webers bezieht er sich auch, wenn es um die Entstehung der Instrumentalmusik geht (vgl. Honigsheim 1961, S. 485, S. 492; s.a. Honigsheim 1958, S. 338; S. 372). An Simmel dagegen erinnern Honigsheims Aussagen über den Großstadtmenschen, der "in möglichst kurzer Zeit möglichst viele, schnell aufeinanderfolgende und recht grelle Reize auf sich wirken lassen will" (Honigsheim 1961, S. 492 f.), unter anderem durch Jazz und atonale Musik (vgl. Honigsheim 1958, S. 371 f.; Honigsheim 1961, S. 491-493; s.a.

Insgesamt scheint die Forderung nach interdisziplinär arbeitender Musiksoziologie plausibel und fruchtbar. Das Zusammenkommen verschiedener Fachrichtungen kann jedoch dann verwirren, wenn es nicht explizit geschieht, wenn unterschiedliche Bestandteile einer Arbeit unter dem Namen einer einzigen der beteiligten Disziplinen laufen. So macht *Rotters* Artikel "Musiksoziologie" (Rotter 1989), Beitrag zu einem Wörterbuch der Soziologie, etwas stutzig: Nach einigen Sätzen zur Gegenstandsdefinition schreibt der Autor anderthalb Spalten von "vorgeburtlicher Prägung", über "Achtmonatsangst"[56], "existentiell bedrohliche erste Individuationszumutung", die "nur regressiv aufgefangen" werden kann, über eine "halluzinierte mutternahe Hörwelt", die "psychosexuell dicht erlebt" wird und von der "Fetischqualität" der Musik (Rotter 1989, S. 458). Der Autor geht mit keiner Silbe darauf ein, daß er sich doch weit entfernt vom Bereich dessen, was etwa eine Studentin als Soziologie kennengelernt hat. Ebensowenig ist ersichtlich, inwieweit der Inhalt der Ausführungen anerkannt ist und auf wen sich *Rotter* bezieht (vgl. Rotter 1989, S. 457 f.)[57]. Gerade bei einem Lexikonbeitrag, der oftmals einen ersten Überblick über ein Gebiet bieten soll, kann eine nicht erläuterte Vermengung von Disziplinen verwirren und verzerrte Eindrücke vermitteln. Generell wäre zu fragen, inwieweit Fachgrenzen deutlich zu machen sind - auch wenn die "Arbeitsteilung der Disziplinen (...) ihnen von außen oktroyiert" ist (Adorno 1967a, S. 92; s.a. Adorno 1975a, S. 233), so haben die einzelnen Fächer inzwischen mindestens ein Jahrhundert eigene Geschichte. Es kann möglich sein, daß sie nicht mehr ohne weiteres kompatibel sind und daß interdisziplinäre Arbeit deshalb behutsam und offen unternommen werden muß.

Weiter ist eines doch auffällig, auch wenn man Interdisziplinarität als notwendig voraussetzt: Der genuin soziologische Anteil an der musiksoziologischen Literatur, verfaßt von Autoren und Autorinnen mit fachlicher Ausbildung in Soziologie, scheint gering, vor allem im Verhältnis zu den musikwissenschaftlichen Beiträgen (vgl. Pkt. 1.1) - kleiner wohl als in anderen Teilgebieten der

---

Simmel 1984, S. 192 f., S. 196).

56   Auch 1992 spricht Rotter von "Acht-Monats-Angst" (Rotter 1992, S. 96), meint damit aber wahrscheinlich das selbe wie 1985 mit "Sechs-Monats-Angst" (Rotter 1985, S. 47, ebenso S. 125). Möglicherweise standen Rotter für seine späteren Arbeiten neue Erkenntnisse der Säuglingsforschung zur Verfügung, was die Abweichung erklären könnte (s.a. Pkt. 3.4, Kap. 5: Exkurs).

57   Von den hier erfaßten soziologischen Autoren scheint Rotter sich am stärksten auf Psychoanalyse, Säuglingsforschung und die anderen Aspekte dieses Abschnitts zu beziehen. In seinen anderen Arbeiten ist der psychoanalytische Bezug aber explizit als solcher ausgewiesen (vgl. Rotter 1985, S. 6, S. 116, S. 122; Rotter 1992, S. 90, S. 95 f.).

Soziologie. Es würde sicher Verwunderung hervorrufen, wenn ein Großteil etwa der Arbeiten zur Industriesoziologie verfaßt wäre von Volks- und Betriebswirten, Schlossern und Verfahrenstechnikern - von denen die meisten auch ohne soziologische Ausbildung seien.

Zudem zeigt sich, daß einige musiksoziologische Texte (insbesondere das Fragment *Max Webers*, vgl. Weber 1924) den Lesenden mehr Verständnisschwierigkeiten bereiten als etwa Arbeiten zur Religionssoziologie oder Politischen Soziologie, obwohl Menschen (und wohl auch SoziologInnen) im Alltag ebenso mit Musik umgehen wie mit Religion oder Politik. In diesen Bereichen scheint jedoch das Allgemeinwissen meist zumindest zur Rezeption von Texten auszureichen, und partielle Wissenslücken verhindern nicht das Verständnis eines gesamten Textes. Dies gilt jedoch zumindest für den Teil musiksoziologischer Arbeiten, der musikalische Inhalte in die Argumentation einbezieht.

Es stellt sich also die Frage, ob und warum Musiksoziologie in besonderem Maße (also mehr als andere soziologische Teildisziplinen) gegenstandsbezogenes Fachwissen erfordert und dementsprechend von musikalisch nicht ausgebildeten SoziologInnen nicht bearbeitet wird - was die relativ geringe Zahl fachsoziologischer Arbeiten mitverursachen könnte (s.a. Niketta 1987, S. 5 f.).

Interdisziplinarität als besondere Notwendigkeit der Musiksoziologie

Einen Ansatzpunkt für die Erklärung der Sonderstellung von Musiksoziologie stellt der Kunstcharakter von Musik dar, der diese von den Gegenständen anderer Teilsoziologien unterscheidet. *Susanne K. Langers* Überlegungen zur repräsentativen und unübersetzbaren Symbolik der Kunst können zu einer möglichen Erklärung verhelfen für die Besonderheit von Musik als Gegenstand der Soziologie.

Bei der Frage nach dem entscheidenden Charakteristikum von Kunst, das sie von anderen Artefakten unterscheidet, lehnt *Langer* die Funktionslosigkeit als Kriterium ab (vgl. Langer 1984, S. 204)[58]. Spezifisch für Kunst ist dagegen die sinn-

---

[58]   Hier unterscheidet Langer sich von Simmel, der (wie viele andere, und gemäß der Kunstauffassung des 19. Jahrhunderts) in seinen späteren Arbeiten die Autonomie des Kunstwerks betont, dessen "Für-Sich-Sein" (Simmel 1922, S. 53). Kunst schließt für Simmel ein Benutzen aus, wie es Langer für die griechische Vase schildert (vgl. Langer 1984, S. 204): "Auf einem Kunstwerk zu sitzen, mit einem Kunstwerk zu hantieren, ein Kunstwerk für die Bedürfnisse der Praxis zu gebrauchen - das ist wie Menschenfresserei, die Entwürdigung des Herrn zum Sklaven - und zwar nicht eines Herrn, der es durch die zufällige Gunst des Schicksals, sondern von innen her, nach dem Gesetz seiner Natur ist" (Simmel 1990, S. 302). Zum Wandel in Simmels Kunstauffassung und kunstsoziologischer Fragestellung äußert sich übrigens K. Peter Etzkorn (vgl. Etzkorn 1964, S. 104-106). Auch an anderer Stelle wird der Komplex Kunstwerk und Funktion diskutiert, hingewiesen sei noch auf Adorno, der großen Wert legt auf die Unterscheidung zwi-

haltige Form, "die Vollkommenheit der Form, wodurch diese erst zu einer im künstlerischen Sinne 'bedeutungsvollen' wird" (Langer 1984, S. 207). Die Sinnbeilegung muß jedoch anders verlaufen als bei Symbolsystemen wie der Sprache: Einer musikalischen Struktur kann nicht *ein* bestimmter Sinn zugeschrieben werden, "die Musik besitzt wirklich alle Kennzeichen eines echten Symbolsystems außer einem: der feststehenden Konnotation" (Langer 1984, S. 235). Die Sinnhaftigkeit von Musik ist vieldeutig und wandelbar (vgl. Langer 1984, S. 233-236)[59]. Obwohl musikalische Symbole keine buchstäbliche Bedeutung haben, können sie als repräsentative Symbole Erfahrungen aus dem emotionalen Bereich übermitteln, die nicht durch Sprache kommunizierbar sind. Musikalische Symbolik ist unübersetzbar (vgl. Langer 1984, S. 228-231). Musik hat eben hierin ihre Stärke;

> "für die Fülle ihres wortlosen Wissens, ihres Wissens um emotionale und organische Erfahrung, Lebensimpulse, Gleichgewicht und Widerstreit, um das Wie des Lebens, Sterbens und Fühlens steht ihr eine Fülle möglicher Formen zu Gebote. Weil in der Musik die Sinnbeilegung niemals konventionalisiert wird, überdauert Bedeutung niemals den vorübereilenden Klang; die flüchtige Assoziation aber ist eine aufblitzende Einsicht. Wie die erste Wirkung, welche die Sprache auf die geistige Entwicklung ausübt, so besteht die bleibende Wirkung der Musik darin, daß Dinge begreifbar, nicht daß Aussagen gespeichert werden. Nicht zur Kommunikation, sondern zur Einsicht verhilft uns die Musik" (Langer 1984, S. 239).

Musik besteht also aus Symbolen, die etwas vermitteln, das durch diskursive Symbole nicht erfaßt werden kann. Das Vermittelte ist Gefühlen ähnlich. Bei einer Rezeption, die der Musik nicht analytisch begegnet und die symbolischen Formen nicht scheidet vom dem, was sie repräsentieren, werden Symbol und Gegenstand schnell verwechselt und vermischt. Dies kennzeichnet nach *Langer* das mythische Bewußtsein im Gegensatz zum wissenschaftlichen in seiner Art zu begreifen (vgl. Langer 1984, S. 239 f.).

Es könnte nun vermutet werden, daß eben hier auch ein tendenzieller Unterschied zwischen alltäglichem und wissenschaftlichem Umgang mit Musik liegt.

Wissenschaft kann zwar den nicht-diskursiven Gehalt von Musik auch nicht formulieren, sie kann sich aber mit den symbolischen Formen als solchen befassen, getrennt von dem durch sie Vermittelten. Musiktheorie, systematische und historische Musikwissenschaft stellt das Werkzeug für eine Annäherung an die Gestalt dieser Symbole. Ohne musikologisches Fachwissen kann eine Abstrahierung der Symbole vom Gegenstand kaum stattfinden, da ihre äußere Struktur nicht erfaßt werden und damit die Trennlinie zum Repräsentierten nicht gezogen werden

---

schen dem Gehalt eines Kunstwerkes und den Funktionen, die es durch Reproduktion und Konsumption bekommen kann (vgl. Adorno 1975a, S. 55-71; S. 262 f.).

59   Zu anderen Kunstgattungen vgl. Langer 1984, S. 255-258.

kann. So liegt beim Musikhören durch Laien im Alltag wohl eher das mythische Bewußtsein zugrunde. Es wird hier nicht unterschieden in Symbole und das, was sie übermitteln und bei den Hörenden bewirken.

Wenn sich alltäglicher und wissenschaftlicher Umgang mit Musik in dieser Weise unterscheiden, bedeutet das, daß wissenschaftliche Beschäftigung mit Musik auf einer anderen Ebene stattfindet als alltägliche, und daß sie ausführliches Wissen über den Gegenstand erfordert, das eben im Alltag nicht erworben werden kann[60]. Es scheint, das dies die Musiksoziologie von anderen Bindestrich-Soziologien unterscheidet: Der alltägliche Umgang mit Politik, Religion oder Geschichte ist zwar nicht unbedingt wissenschaftlich, er spielt sich aber nicht auf einer völlig anderen, nicht einmal diskursiven Ebene ab, wie es bei Musik weitgehend der Fall ist. So kann im Alltag ein Allgemeinwissen über die genannten Bereiche erworben werden, auf das im soziologischen Zusammenhang zurückgegriffen werden kann. Damit wird zumindest eine Textrezeption möglich, durch die eine Annäherung an die Teildisziplin stattfinden kann.

Wird nun davon ausgegangen, daß Musiksoziologie musikologisches Fachwissen erfordert, so hat vielleicht auch die Geschichte der Disziplin dazu beigetragen, daß sie sich innerhalb der Soziologie kaum etabliert hat.

Viele frühe Schriften zum Bereich Musik und Gesellschaft stammen von Musikwissenschaftlern (vgl. Silbermann 1979a, 187 f.) oder, wie im Fall von *Max Weber*, von musiktheoretisch und -historisch sehr kundigen Autoren, bei denen wiederum die Rezeption musikwissenschaftlicher Literatur eine Grundlage bildete (vgl. Weber 1924; Braun 1992, S. 233-341, S. 361-375)[61].

Möglicherweise konnte sich so innerhalb der entstehenden Musiksoziologie ein musikologisches Niveau etablieren, an das musikalisch nicht vorgebildete Soziologen nur schwer Anschluß fanden. Durch die bereits vorfindlichen hohen musikwissenschaftlichen Standards war es für Soziologen vielleicht von geringem Interesse, das gegenstandsbezogene Fachwissen ihrem Potential nach allmählich und auf einem niedrigeren Level zu entwickeln. Der Effekt wäre in diesem Fall eine weitreichende Verteidigung des musikwissenschaftlichen Monopols auf den Gegenstand Musik, das *Silbermann* feststellt (vgl. Silbermann 1979a, S. 187; Silbermann 1963a, S. 425). Allerdings kann kaum eine dahingehende explizite Planung ver-

---

60 Adornos Hörertypologie kann sicher als elitär kritisiert werden, für die wissenschaftliche Auseinandersetzung mit Musik aber scheint die Forderung nach "strukturellem Hören", Erfassen der "technischen und strukturellen Implikationen" (Adorno 1975a, S. 18 f.) plausibel zu sein (vgl. Adorno 1975a, S. 17-34).

61 In neuerer Zeit setzte Adorno Standards hinsichtlich der musikfachlichen Kenntnisse, bei denen schwer mitzuhalten ist (vgl. Pfau 1991, S. 412).

mutet werden, eher eine unbeabsichtigte Wirkung, sei sie nun willkommen oder nicht.

Zu überlegen wäre auf der anderen Seite, ob vielleicht auch von der Fachsoziologie die Musiksoziologie innerhalb der systematischen Musikwissenschaft eingeordnet und der Bereich so als bereits abgedeckt gesehen wurde.

All diese Ausführungen sind gemeint als vorläufige Überlegungen über die Gründe, warum Musiksoziologie in der Soziologie nicht recht heimisch werden konnte, warum sie in der Musikwissenschaft sogar etablierter zu sein scheint und außerdem mehrere weitere Disziplinen relevante Anteile an der einschlägigen Literatur stellen. Viele Teilbereiche der Wissenschaft erfordern interdisziplinäres Arbeiten; für die Musiksoziologie scheint es so zentral, daß fast von einer Interdisziplin gesprochen werden könnte.

2.5 Die Lage der Musiksoziologie

Wo in allgemeinen Schriften eine kritische Standortbestimmung der Musiksoziologie vorgenommen wird, ist das Urteil recht eindeutig: Die Lage der Disziplin wird als schwierig bis völlig desolat eingeschätzt. Zwar erklärt *Wolfgang Lipp* in einem Beitrag von 1992, daß die Musiksoziologie "als 'Bindestrich-Soziologie' und soziologische Teildisziplin (...) inzwischen unumstritten" existiert (Lipp 1992a, S. 9), doch das Aber läßt auch hier nicht lange auf sich warten - und solange die Existenz einer Disziplin noch beteuert wird, könnte das auf eine eher schwache Etablierung hinweisen (vgl. Lipp 1992a, S. 9).

Für die negativen Lagebestimmungen werden verschiedene Ursachen genannt:

In seinem sehr pessimistischen Artikel führt *Pfau* mehrere Gründe für die eklatanten Defizite der Musiksoziologie an. Zunächst ist mangelhafte Klassikerrezeption verantwortlich für einige Schwachpunkte: Bei *Simmel* wurde die Relevanz anthropologischer Fragestellungen nicht erkannt, ein makrosoziologischer Bezug wie bei *Weber* fehlt ebenso in den meisten nachfolgenden Arbeiten, und schließlich wurde die von *Schütz* unternommene handlungstheoretische Basierung musiksoziologischer Untersuchungen nicht wieder aufgenommen (vgl. Pfau 1991, S. 409 f.; s.a. Pkt. 2.1)[62]. Daß das Werk *Adornos* außerhalb der Musiksoziologie stark, von Musiksoziologen selbst aber kaum rezipiert wurde, bedeutet ebenfalls eine Diskontinuität in der Entwicklung der Musiksoziologie (vgl. Pfau 1991, S. 410-412).

---

62 Zum musiksoziologischen Beitrag von Schütz äußert sich übrigens auch Bühl (vgl. Bühl 1994, S. 353 f.).

Eine Rolle spielen auch die Bildungsinstitutionen, die der Musiksoziologie kaum Aufmerksamkeit zollen - so fehlt ihr weithin ein Rahmen, in dem sie sich entwickeln kann (vgl. Pfau 1991, S. 412 f.).

Schließlich bemängelt *Pfau* das langjährige Fehlen der historischen Dimension in der Soziologie insgesamt, das auch die Musiksoziologie betrifft. Die Zusammenarbeit mit der stärker geschichtlich orientierten Musikwissenschaft wurde so lange erschwert (vgl. Pfau 1991, S. 413 f.).

Silbermann sieht einen Hauptgrund für die Schwierigkeiten der Musiksoziologie, sich als Disziplin zu etablieren, in der Vielzahl unterschiedlicher theoretischer Entwicklungslinien, auf die sich musiksoziologische Ansätze beziehen. Daneben konstatiert auch er grundlegende Schwierigkeiten in der Zusammenarbeit von Soziologie und der historisch orientierten Musikwissenschaft (vgl. Silbermann 1979a, S. 186 f.). Auf Seiten der Soziologen vermutet er zwei weitere Aspekte für die zögerliche Beschäftigung mit musikbezogenen Fragestellungen: Zum einen wird eine Dehumanisierung der Kunst gefürchtet, außerdem ist es "nur wenigen Soziologen gegeben (...), auch eine musikalische Bildung zu besitzen, eine conditio sine qua non für den Musiksoziologen" (Silbermann 1957, S. 147; s.a. Pkt. 2.4).

Von sozialpsychologischer Seite aus kritisiert *Reiner Niketta* im Hinblick auf die gesamte ästhetische Forschung, daß eine Tendenz zur Segregierung in isolierte Bereiche besteht, zwischen denen ein Austausch von Ergebnissen fehlt. So wird häufig

"aufgrund der separaten Dokumentationsorganisationen (...) bei Literaturrecherchen nur auf die Institutionen der eigenen Wissenschaft zurückgegriffen (...). Als eine Folge hiervon kann nach Ansicht des Autors auch die des öfteren konstatierte Lücke zwischen der Forschung auf dem Gebiet der Ästhetik und dem methodischen wie theoretischen Stand der Psychologie bzw. Soziologie gesehen werden" (Niketta 1987, S. 6).

Nach *Niketta* hat die fehlende gegenseitige Rezeption etwa zwischen Soziologie und Psychologie auch zur Folge, daß die Forschung sich auf jeweils begrenzte Fragestellungen konzentriert und die Allgemeingültigkeit der gebildeten Theorien so von vornherein stark begrenzt ist (vgl. Niketta 1987, S. 7). Außerdem schätzt der Autor für Forschungen zur Ästhetik die Chancen, veröffentlicht und in den Sozialwissenschaften auch rezipiert zu werden, eher negativ ein (vgl. Niketta 1987, S. 4).

Die österreichische Musiksoziologin *Elisabeth Haselauer* scheint eine Ausnahme zu sein in ihrer optimistischen Einschätzung der Lage. In einer Rezension kritisiert sie *Gerhard Engels* Äußerung über den "zweifelhaften Status" (Engel 1990, S. 2) der Musiksoziologie als veraltet. Sie sieht die Disziplin als einen mittlerweile "geachteten Studienzweig" (Haselauer 1991, S. 462) und bezieht sich dabei auch auf die "Fülle an Dissertationen und Diplomarbeiten der letzten zehn Jahre" (Haselauer 1991, S. 462).

Die Diagnose der österreichischen Wissenschaftlerin hebt sich deutlich von der ihrer bundesdeutschen Kollegen ab. Das kann unter anderem an ihrem direkten Umfeld liegen: In Wien existiert ein sehr produktives Institut für Musiksoziologie (s. Pkt. 1.1); es scheint allerdings das einzige seiner Art im deutschsprachigen Raum zu sein. Dadurch sind die Bedingungen für die Entwicklung der Musiksoziologie hier sicher zu unterscheiden von den Möglichkeiten in anderen Ländern. Wahrscheinlich ist es leichter, in einer Art Hochburg der Musiksoziologie zu einer so positiven Einschätzung der Lage zu kommen, als anderswo. Schwer nachvollziehbar wirkt die Aussage über die Anzahl musiksoziologischer Dissertationen[63]. Es mag sein, daß die Situation sich in den letzten Jahren gebessert hat, doch die Verzeichnisse deutscher Hochschulschriften ergeben weder eine besonders eindrucksvolle absolute Zahl, noch ist der relative Anteil an sozialwissenschaftlichen wie an musikwissenschaftlichen Arbeiten besonders beachtlich (vgl. Pkt. 1.2).

2.6 Allgemeine Schriften außerhalb der westdeutschen Soziologie

Ohne Probleme, und ohne das Bemühen um Vollständigkeit, läßt sich eine größere Anzahl deutschsprachiger allgemeiner Arbeiten zur Musiksoziologie finden, die nicht der bundesdeutschen Soziologie entstammen[64].

Insbesondere bei den Büchern ist rein zahlenmäßig eine recht deutliche Überlegenheit festzustellen. Allein die westdeutsche Musikwissenschaft kann - gegenüber nur zwei fachsoziologischen Werken - mit mindestens vier Titeln zur Musiksoziologie insgesamt aufwarten (Engel 1960; Karbusicky 1975a; Kneif 1971;

---

63   Diplomarbeiten wurden für die vorliegende Arbeit nicht erfaßt, so daß über ihre Anzahl nichts ausgesagt werden kann (vgl. Pkt. 1.1).

64   An Werken in anderen Sprachen seien hier nur drei genannt: Silbermanns "Introduction á une sociologie de la musique" (Silbermann 1955) ist eine Einführung anhand von Fallstudien mit einem allgemeinen Kapitel, das Buch ist von der formalen Konzeption her, wenn auch nicht hinsichtlich Inhalt und Entstehung, vergleichbar mit Adornos "Einleitung in die Musiksoziologie" (Adorno 1975a); Silbermanns späteres Buch "Wovon lebt die Musik" (Silbermann 1957) ist im übrigen keine Übersetzung der französischsprachigen Einführung. Ebenfalls auf Französisch erschien "Musique et Societé. Perspectives pour une sociologie de la musique" von Ivo Supičić (vgl. Supičić 1971), der in Paris mit einer Arbeit über Musiksoziologie promovierte und in Zagreb u.a. die Zeitschrift IRASM herausgibt. Grundlegend im Bereich der Popularmusik ist mit Sicherheit Simon Friths Dissertation "The sociology of rock" (Frith 1978a), die auch auf deutsch erschien (vgl. Frith 1981). Sie ist nur eine von zahlreichen Veröffentlichungen des Autors zum diesem Thema (vgl. z.B. Frith 1987; Frith/Goodwin (Hgg.) 1990; s.a. Literaturverzeichnis).

Rummenhöller 1978), hinzu kommt *Karl Gustav Fellerers* "Soziologie der Kirchenmusik" (Fellerer 1963) als Darstellung eines Teilgebietes. Bei diesen Werken zeigt sich in unterschiedlichem Ausmaß, daß die Autoren keine Fachsoziologen sind.

Hans Engel macht seinen musikwissenschaftlichen Standpunkt explizit deutlich: Er sieht die Erforschung des Zusammenhangs zwischen Musik und Gesellschaft ausschließlich als Aufgabe der Musikwissenschaft, da musikalische Fachkundigkeit Voraussetzung sei (vgl. Engel 1960, S. 16). Aus soziologischer Sicht überzeugend ist das Werk dann allerdings nicht; *Silbermanns* Neigung, die Arbeit der Sozialgeschichte zuzuordnen, ist wohl gerechtfertigt. Es werden, und das scheint die Stärke des Buches zu sein, große Mengen historischen und statistischen Materials dargestellt, wobei *Silbermann* aber den Statistiken zahlreiche mathematische und methodische Fehler nachweist. Er kritisiert außerdem die inadäquate Rezeption der soziologischen Literatur zum Thema und *Engels* fehlende Distanzierung vom Nationalsozialismus, die sich paart mit Äußerungen, deren rassistische Tendenzen kaum mehr latent zu nennen sind (vgl. Silbermann [Rez.] 1960, S. 349-352; Silbermann [Rez.] 1962b, S. 84 f.)[65]. Anthropologische Vorannahmen dieser Art lassen gerade gesellschaftswissenschaftliche Arbeiten leicht insgesamt etwas dubios wirken, da ein zugrundeliegendes Menschenbild für alle Ausssagen Folgen haben kann, die Soziales betreffen. Bemerkenswert ist übrigens *Silbermanns* Schilderung des Rechtsstreits, den *Engel* auf die Rezension in der KZfSS folgend wegen des angeblich in der Besprechung enthaltenen Antisemitismus-Vorwurfs veranlaßte. *Silbermann* äußert sich dabei auch zur Vergangenheit des Marburger Ordinarius *Engel*:

> "er war eingeschriebener Parteigenosse gewesen, Mitherausgeber der offiziellen Hakenkreuz-Musikzeitschrift und hat in seinen Schriften jeden Komponisten, der auch nur dem Namen nach Jude hätte sein können, mit einem J in Klammern gekennzeichnet" (Silbermann 1989a, S. 395).

Engel konnte *Silbermann* jedoch auf dem Rechtsweg nicht zwingen, eine Berichtigung in der Kölner Zeitschrift zu veröffentlichen (vgl. Silbermann 1989a, S. 394-396)[66].

---

65 Den bei Silbermann zitierten Beispielen können weitere hinzugefügt werden (vgl. z.B. Engel 1960, S. 10).
66 Zur Musik und Musikwissenschaft im Nationalsozialismus vgl. z.B. Brenner 1992; Dümling/Girth (Hgg.) 1993; Kuna 1993; Schumacher 1980; Winterer 1990, S. 9 f., S. 12; Wulf 1963 bzw. Wulf 1983. Hinzuweisen ist auch auf die Reihe *Musik im Nationalsozialismus*, die in der Neuen Zeitschrift für Musik "als Hauptbeitrag (...) zum Wagner-Jahr und zum fünfzigsten Jahr der Machtergreifung Hitlers" (Karallus 1983, S. 1) erschien (vgl. v.a. Abraham 1983; Eberle 1983; Kohler 1983; Kühn 1983; Reininghaus 1983; Traber/Reininghaus 1983; Wessling 1983; Zelinsky 1983).

Infolge der österreichischen Soziologin und Musikerin *Elisabeth Haselauer* ist es eine Tendenz von Musiksoziologen mit musikwissenschaftlichem Hintergrund, die musikalische Faktur sehr stark in den Mittelpunkt der Forschung zu stellen. Als Beispiel nennt sie *Rummenhöllers* "Einführung in die Musiksoziologie" (Rummenhöller 1978), die sich auf *Adornos* Forderung nach gesellschaftlicher Dechiffrierung des Musikwerks bezieht (vgl. Haselauer 1980, S. 144 f.). Diese These scheint schwer haltbar, da die beschriebene starke Konzentration auf das Werk bei den musiksoziologischen Konzeptionen der Mehrzahl musikwissenschaftlicher Autoren nicht in dem Maße gegeben ist. Dies gilt etwa für das genannte Werk von *Hans Engel*, das auf musikalische Inhalte viel weniger rekurriert als auf sozialhistorisches und statistisches Material (vgl. Engel 1960, S. 16). *Vladimir Karbusicky*, ein tschechischer Musikwissenschaftler, der 1968 in die Bundesrepublik emigrierte (vgl. Dahlhaus/Eggebrecht (Hgg.) 1989b), verfolgt einen empirischen Ansatz unter Bezugnahme auf die Prager strukturalistische Schule und in ausdrücklicher Abgrenzung von marxistisch-leninistischen Ansätzen und von *Adorno* (vgl. Karbusicky 1975a, S. 7-18). Seine induktive Methodik schließt zwar Werkanalyse mit ein, umfaßt aber ebenso andere empirische Methoden wie Experiment und Befragung, wie in seiner Arbeit "Empirische Musiksoziologie" in acht Fallstudien deutlich wird (vgl. Karbusicky 1975a; s.a. Karbusicky 1975b; Karbusicky 1977; Karbusicky (Hg.) 1987).

Ebensowenig scheint die Zentrierung des Interesses auf das Kunstwerk bei *Tibor Kneif* feststellbar, was besonders in seiner kritischen Auseinandersetzung mit *Adorno* im Rahmen seiner Einführung "Musiksoziologie" deutlich wird (vgl. Kneif 1971, S. 89-109). Für *Kneifs* Konzeption spielen zwar Gattungs- und Stilgeschichte eine zentrale Rolle für die Musiksoziologie, nicht aber das Einzelwerk (vgl. Kneif 1975, v.a. S. 88).

Auch im gleichnamigen Werk des DDR-Musikwissenschaftlers *Christian Kaden* sind Gegenstand und Zielsetzung der Musiksoziologie umfassender konzipiert, auch wenn er betont, daß auch (aber nicht nur) das musikalische Werk Gegenstand musiksoziologischer Forschung sein muß (vgl. Kaden 1985, S. 48-63; s.a. Blaukopf [Rez.] 1986a, S. 437 f.).

Eine Fokussierung auf das Kunstwerk ist allerdings anzutreffen in *Gerhard Engels* Buch "Zur Logik der Musiksoziologie" (Engel 1990), einer Dissertation im Fach Wissenschaftslehre, die jedoch zunächst für das Fach Musikwissenschaft vorgesehen war (vgl. Engel 1990, S. XIV f.). Der Autor bezieht sich auf *Adorno* und spricht sich - trotz ausführlicher Kritik - für die Wiederaufnahme von dessen musiksoziologischer Zielsetzung aus, eben der Dechiffrierung der Werke (vgl. Engel 1990, S. 40-42). *Engels* Arbeit kann jedoch nur bedingt zur Unterstützung von *Haselauers* These dienen, da es in seiner Thematik eine Sonderstellung unter den allgemeinen Schriften einnimmt: In erster Linie handelt es sich nicht um einen umfassend ausgeführten Ansatz zur Musiksoziologie. Ziel der Arbeit sind vielmehr eine wissenschaftstheoretische Verortung der Soziologie in bezug auf die anderen Wissenschaften und der Versuch, ein Konzept von Musiksoziologie als nomologischer Realwissenschaft zu entwickeln (vgl. Engel 1990, S. 2 f., S. 13). Insofern kann *Engels* Standpunkt nicht einfach als musikwissenschaftlicher eingeordnet werden. Im übrigen soll zu dieser Arbeit angemerkt werden, daß sie nicht den Anspruch erfüllen kann, die Musiksoziologie umfassend zu thematisieren - weder in musikalischer noch in soziologischer Hinsicht. *Haselauers* Einwand in Hinblick auf die Werkbezogenheit, den sie in ihrer Rezension speziell auf diese Veröffentlichung bezogen wiederholt, scheint gerechtfertigt: Mit dem Kunst*werk* behandelt *Engel* nur ein kleines Teilgebiet der Musiksoziologie, das "im Weltmusikgeschehen unserer Breitengrade (...) etwa 10 Prozent all dessen ausmacht, was tatsächlich erklingt und mehr oder weniger stark in Gesellschaften lebt" (Haselauer [Rez.] 1991, S. 461, s.a. Haselauer 1980, S. 145). *Engel* äußert sich im übrigen nicht dazu, ob die restliche, die "leichte Musik" (Adorno 1975a, S. 35) überhaupt einer wissenschaftlichen Betrachtung zu unterziehen ist, oder welche Wissenschaft sich mit ihr zu befassen hat. Es scheint möglich, daß *Engel* hier mit der Programmatik auch ein gattungsspezifisches Ressentiment *Adornos* weitgehend übernommen hat.

In bezug auf die Soziologie geht *Engel* in seiner naturwissenschaftlichen und ökonomistischen Orientierung sehr weit. Er geht aus von einem angeblich "von der heutigen Soziologie überwiegend erhobenen nomologischen Anspruch" (Engel 1990, S. 28), wobei für diese Einschätzung nur ein Beleg angeführt wird, nämlich *Karl Dieter Opps* "Methodologie der Sozialwissenschaften" von 1976 (vgl. Engel 1990, S. 28). Eine Soziologie, die nicht nomologisch orientiert ist, erscheint in *Engels* Darstellung geradezu illegitim. So kann Musiksoziologie nur dann Disziplin und Wissenschaft sein, also mehr als eine Hilfswissenschaft, wenn "musikalisch relevante soziologische Gesetzmäßigkeiten" (Engel 1990, S. 30) ermittelt werden. Ohne eine besonders plausible Begründung vorausgeschickt zu haben, kommt *Engel* schließlich zu der als Folgerung formulierten Forderung: "Wir verlangen von einer Disziplin mit dem Namen 'Musiksoziologie' also mit Recht, daß sie die musikgeschichtliche Betrachtung vor allem mit *nomologischen* Mitteln bereichert" (Engel 1990, S. 31). So werden hier durch die unter Bezugnahme auf *Opp* vorgenommene Einordnung der Soziologie umfangreiche und wahrscheinlich doch relevante Gebiete und Richtungen des Faches unverdientermaßen verworfen.

Etzkorn und *Haselauer* kritisieren in ihren Rezensionen außerdem eine unvollständige Rezeption gerade der neueren musiksoziologischen Literatur durch *Engel* (vgl. Etzkorn [Rez.] 1993, S. 811 f.; Haselauer [Rez.] 1991, S. 462), und der Vorwurf, daß dessen Literaturliste relevante Lücken hat, ist durchaus nachvollziehbar[67].

Die eigentümliche Stellung der Musiksoziologie zwischen mehreren Disziplinen, die Eigenheiten ihres Gegenstandes sowie die stark differierenden und oft unvermittelten Standpunkte in bezug auf musiksoziologische Fragestellungen und Methodik machen eine wissenschaftstheoretische Behandlung der Musiksoziologie sicher lohnend, zumal eine solche bisher kaum in Angriff genommen wurde - beim vorliegenden Werk müssen aber zumindest an den genannten Punkten wohl Abstriche gemacht werden.

Aus Österreich können neben dem erwähnten Werk von *Haselauer* (Haselauer 1980) zwei weitere Einführungsbücher genannt werden, beide verfaßt von *Kurt Blaukopf*. Bereits 1933 begann *Blaukopf*, an seinem ersten Einführungsbuch zu arbeiten, das 1938 weitgehend abgeschlossen war und erstmals 1950 veröffentlicht wurde (vgl. Blaukopf 1972a, S. 5; Haselauer 1980, S. 138): "Musiksoziologie. Eine Einführung in die Grundbegriffe mit besonderer Berücksichtigung der Tonsysteme" (Blaukopf 1972a)[68]. 1982 veröffentlichte er "Musik im Wandel der Gesellschaft. Grundzüge der Musiksoziologie" (Blaukopf 1984). Besonders dieses zweite Werk bietet neben der Behandlung zahlreicher Sachthemen den wohl ausführlichsten geschichtlichen Überblick in der deutschsprachigen Literatur über Musiksoziologie und stellt die Beiträge einer ganzen Reihe von Wissenschaftlern dar: Neben *Simmel*, *Weber* und *Adorno* werden unter anderem *Auguste Comte* und *Herbert Spencer*, *Hippolyte Taine*, *Emile Durkheim*, *Karl Marx*, *Thorstein Veblen*, *Jules Combarieu* und *Charles Lalo* in ihrer Relevanz für die Musiksoziologie besprochen[69]. Auch fachunkundige LeserInnen können bei *Blaukopf* sicher einen verständlichen ersten Einblick in die Soziologie bekommen.

Dieser Anspruch wird auch von *Haselauer* zu erfüllen versucht, deren "Handbuch der Musiksoziologie" wie ein Lehrbuch für Anfänger aufgebaut ist (vgl. Haselauer 1980, S. 9 f.). Der erste Teil führt in soziologische Grundbegriffe

---

67   Neben dem Namen des Rezensenten K. Peter Etzkorn vermißt man im Literaturverzeichnis etwa Peter Fuchs, Paul Honigsheim, Volker Kalisch, Frank Rotter, Georg Simmel, Alfred Schütz - um einige Beispiele von Klassikern und vom relativ neuer Literatur allein aus Deutschland zu nennen (weitere Beispiele s. Etzkorn [Rez.] 1993, S. 811).

68   Gerade hinsichtlich der Tonsysteme wird auch Blaukopfs thematischer Bezug auf Weber deutlich (vgl. Pkt. 2.1).

69   Dieses Werk wird auch in Etzkorns Besprechung sehr positiv beurteilt (vgl. Etzkorn [Rez.] 1984). Eine erweiterte Neuauflage erschien 1996 (vgl. Blaukopf 1996).

ein; gerade hier wird aber mehrfach so stark vereinfacht, daß die Grenze zur Verfälschung überschritten wird[70].

Es ist völlig unmöglich, die umfangreiche übrige Literatur dieser Kategorie vollständig darzustellen, daher seien nur einige weitere Veröffentlichungen genannt und ansonsten auf das Literaturverzeichnis verwiesen.

Der von *Tibor Kneif* 1975 herausgegebene Sammelband "Texte zur Musiksoziologie" (Kneif (Hg.) 1975) ist eines von nur drei bei der Recherche erfaßten Sammelwerken zur Musiksoziologie, die deutschsprachige Beiträge aus dem gesamten Spektrum der Disziplin enthalten (neben Lipp 1992a und dem Band 5/I der Zeitschrift Annali di sociologia[71]). Auch wenn der Band nicht mehr ganz aktuell ist, bietet er eine gute Übersicht in Form von 21 Beiträgen aus der Zeit von 1882[72] bis 1974, wobei verschiedene Ansätze repräsentiert sind. Symptomatisch scheint der geringe Anteil von Soziologen unter den Autoren zu sein: Mit *Honigsheim, Adorno, Simmel, Konrad Boehmer* (als Nebenfächler) und *Silbermann* kommen nur fünf Autoren von der Soziologie her, abgesehen von einem Philosophen (*Günter Mayer*) handelt es sich ansonsten meist um Musiker und Musikwissenschaftler (vgl. Kneif (Hg.) 1975)[73].

Mit der Fachzugehörigkeit der Autoren hängt wohl der vielleicht deutlichste Unterschied zwischen der Musiksoziologie der Soziologen und der der Musikwissenschaftler zusammen: In vielen musikwissenschaftlichen Arbeiten wird die Musiksoziologie ganz explizit der Musikwissenschaft als Teil- oder gar Hilfsdisziplin zugeordnet (vgl. z.B. Engel 1990, S. 26; Engel 1960, S. 16; Kaden 1985, S. 20-

---

70 Ein Beispiel ist die Darstellung der soziologischen Schichtungsmodelle (vgl. Haselauer 1980, S. 25), weitere Beispiele führt Silbermann in seiner Rezension an. Er kritisiert außerdem das Außerachtlassen zentraler musiksoziologischer Literatur (vgl. Silbermann [Rez.] 1981a).

71 Diese Veröffentlichung enthält Berichte einer Tagung zur Musiksoziologie 1987 in Rovereto; die Beiträge sind in deutsch und italienisch abgedruckt (vgl. Del Grosso Destreri (Hg.) 1989). Die einzelnen musiksoziologischen Arbeiten wurden ins Literaturverzeichnis aufgenommen, ebenso wie die Beiträge in den von Kneif und Lipp herausgegebenen Sammelbänden.

72 Dieser älteste Beitrag ist Georg Simmels Aufsatz "Psychologische und ethnologische Studien über Musik". Als Jahr der Erstveröffentlichung gibt Kneif 1881 an, ebenso wie Pfau und auch Niketta, der sich anscheinend auf Kneif bezieht (vgl. Kneif (Hg.) 1975, S. 139; Niketta 1987, S. 42; Pfau 1991, S. 409). Rotter nennt einmal (unter Bezugnahme auf Kneif) 1881 (vgl. Rotter 1985, S. 142), später jedoch 1882 (vgl. Rotter 1989, S. 462). Ebenso geben Blaukopf, Braun, Etzkorn und Helle das Ersterscheinungsjahr mit 1882 an (vgl. Blaukopf 1984, S. 376; Braun 1992, S. 372; Etzkorn 1964, S. 101; Helle 1992, S. 138). Dörr nennt als Jahr der Veröffentlichung 1882, nachdem die Arbeit 1881 als Dissertation an der Berliner Universität abgelehnt wurde (vgl. Dörr 1993, S. 9 f.). Hier soll die Datierung entsprechend der Zitationsgrundlage einheitlich auf 1882 erfolgen (vgl. Simmel 1882).

73 Die diesen Angaben zugrundeliegenden Informationen finden sich in Kneif (Hg.) 1975, S. 13, S. 19 f., S. 25, S. 36, S. 51, S. 66, S. 77, S. 102, S. 107 f., S. 139, S. 157, S. 169, S. 172, S. 176, S. 181, S. 193, S. 198 f., S. 226, S. 238, S. 252, S. 267).

22; Karbusicky 1975a, S. 18; Mersmann 1975, S. 52). Soziologen begegnen dieser Einordnung oft kritisch und sehen es als wichtiges Beurteilungskriterium an, ob ein Werk "soziologisch" ist, ob es den fachlichen Anforderungen an eine Arbeit genügt, die sich zumindest dem Namen nach auch unter Soziologie einordnen läßt (s. Pkt. 2.4). Autoren mit soziologischem wie mit musikwissenschaftlichem Hintergrund geben also vor, sich auf ihrem ureigensten fachlichen Terrain zu bewegen.

Eine Art Textsammlung zum Bereich Musik und Gesellschaft stellt weiter auch eine Ausgabe der Zeitschrift Musik und Bildung aus dem Jahr 1972 dar, die unter dem Titel "Musiksoziologie heute" (Musik und Bildung 1972) erschien und unter anderem Beiträge von *Wolfgang Burde, Kurt Blaukopf, Friedrich Klausmeier* und *Alphons Silbermann* enthält (vgl. Burde 1972; Blaukopf 1972b; Klausmeier 1972a; Silbermann 1972).

Schließlich sei auf den bei Cambridge University Press erschienenen Sammelband "Music and society. The politics of composition, performance and reception" (Leppert/McClary (Hgg.) 1987) hingewiesen, der Beiträge zu einem relativ breiten Themenspektrum beinhaltet.

2.7 Allgemeine musiksoziologische Schriften: Zusammenfassung

Die Lage der Musiksoziologie wird in der allgemeinen und einführenden Literatur fast einstimmig negativ eingeschätzt - ein Befund, den bereits die Analyse dieser Arbeiten durchaus als zutreffend erscheinen läßt.

Auf quantitativer Ebene zeigt sich zunächst eine äußerst geringe Anzahl Einführungs- und Überblicksdarstellungen zur Musiksoziologie. Im Vergleich mit anderen Fächern und Ländern gibt es hierzu nur wenig Literatur von Seiten der bundesdeutschen Soziologie.

Darstellungen der Geschichte der Musiksoziologie bestehen aus Abhandlungen über einige einzelne Autoren, wobei die mangelnde Rezeption insbesondere von *Simmel* und *Weber* beklagt wird. Ansätze zur Schulenbildung sind schon durch die geringe Anzahl beteiligter Wissenschaftler kaum festzustellen. Bereits an diesem Punkt der Analyse deutet sich die Fragmentierung als charakteristisches Merkmal der bundesdeutschen Musiksoziologie an. Auch die Kontroverse zwischen *Silbermann* und *Adorno* stellt eher eine Auseinandersetzung zwischen zwei Wissenschaftlern dar, als daß sich musiksoziologische Lager mit einer relevanten Anzahl Beteiligter gebildet hätten. Dennoch ist diese Diskussion einflußreich, und es wird häufig auf sie rekurriert. Hauptdifferenzen zwischen *Adorno* und *Silbermann* sind der methodische Ansatzpunkt musiksoziologischer Forschung und die gegensätzlichen Auffassungen zur Stellung der Philosophie in der Musiksoziologie sowie zu Ideologie, Objektivität und Wahrheit; diese Begriffe sind für beide Autoren zentral, werden aber jeweils mit gegenläufigen Inhalten gefüllt. Entsprechend unterscheidet sich auch die Zielsetzungen ihrer musiksoziologischen Konzepte.

Die musiksoziologischen Forschungsgebiete werden in der allgemeinen Literatur zunächst den Bereichen Produktion und Rezeption zugeordnet. Als Forschungsschwerpunkte werden für die Rezeption Massenmedien, Hörerpräferenzen und -demographie und für den Bereich der Produktion berufs- und arbeitssoziologische Studien genannt. Ein zentrales Gebiet ist außerdem musikalische Sozialisation, die allerdings häufig im Kontext musikpädagogischer Fragestellungen behandelt wird. Diese Darstellungen stimmen tendenziell mit den Ergebnissen der vorliegenden Literaturanalyse überein, es lassen sich jedoch wesentlich differenziertere Aussagen zu den Schwerpunkten, zu Forschungslücken und spezifischen Zusammenhängen zwischen einzelnen Forschungsbereichen machen.

Als Charakteristikum der Musiksoziologie erweist sich die zentrale Rolle der Interdisziplinarität. Eine Vielzahl von Fachrichtungen liefert Beiträge unter der Rubrik Musiksoziologie, und in der einführenden Literatur wird interdisziplinäre Arbeit immer wieder gefordert. Insbesondere musiktheoretische und soziologische Fachkundigkeit wird für die Forschung als unabdingbar erachtet. Eine Ursache für die besonderen interdisziplinären Erfordernisse der Musiksoziologie kann im spezifischen Charakter der Musik als Forschungsgegenstand liegen, der zur Folge hat, daß der alltägliche Umgang mit Musik keine ausreichende Grundlage für eine wissenschaftliche Auseinandersetzung mit ihr bietet. So werden fundierte musiktheoretische Kenntnisse zur notwendigen Bedingung für musiksoziologische Forschung, ebenso wie soziologische Fachkundigkeit für soziologische Forschung jeglicher Art natürlich Voraussetzung ist. Schon in der allgemeinen Literatur allerdings zeigt sich das Problem, trotz Rekurrieren auf Erkenntnisse und Methoden anderer Disziplinen eine genuin soziologische Argumentation zu wahren. Die fatalen Folgen mangelnden musiktheoretischen Wissens auf der anderen Seite werden im weiteren Verlauf der Literaturanalyse mehrfach ersichtlich ist. Die spezifischen Erfordernisse der Musiksoziologie können auch ein Grund dafür sein, weshalb sich nur eine so kleine Anzahl von Soziologen ihr widmet.

Deutlich wird in der allgemeinen Literatur bundesdeutscher Musiksoziologen auch die ungenügende Rezeption musiksoziologischer Arbeiten aus anderen Ländern, auf die kaum eingegangen wird. Wie nötig dies wäre, darauf weist das wesentlich bessere Literaturangebot außerhalb der Bundesrepublik hin, daß sich schon bei einer knappen und unsystematischen Recherche zeigt. Ist die umfassende Rezeption internationaler Literatur in der Wissenschaft generell wünschenswert, so gilt dies umso mehr für eine Disziplin wie die Musiksoziologie, die in Deutschland außerordentlich schwach entwickelt ist.

3   Klassikerliteratur

Unter musiksoziologischer Klassikerliteratur soll im Folgenden zweierlei verstanden werden. Zunächst sind Beiträge gemeint, die sich mit der Musiksoziologie klassischer Soziologen befassen; diese Kategorie behandelt die Arbeiten von *Simmel*, *Max Weber* und *Adorno*. Außerdem wird hier Literatur eingeordnet, die musiksoziologische Überlegungen explizit auf allgemeineren Theorien wichtiger Soziologen aufbaut. Dies betrifft vor allem *Niklas Luhmann* und die Systemtheorie[74]. Zu weiteren Autoren gibt es einzelne Arbeiten, die abschließend kurz genannt werden.

Klassikerliteratur meint also Schriften über und in bezug auf soziologische Klassiker; nicht einbezogen werden an dieser Stelle musiksoziologische Beiträge dieser Autoren selbst, auch wenn sie nach 1945 entstanden sind. Neben *Adornos* späteren Werken ist hier insbesondere die posthum veröffentlichte Mozart-Studie von *Norbert Elias* betroffen (Elias 1991). Möglicherweise sind *Elias'* Überlegungen deshalb noch nicht aufgegriffen worden, weil das Erscheinungsjahr dieses Buches nicht weit zurückliegt. Bislang erschien anscheinend nur eine Besprechung von *Ingo Mörth* in der Soziologischen Revue (vgl. Mörth [Rez.] 1993). Der Rezensent betont als besonders interessanten und soziologisch fruchtbaren Aspekt, daß "hier erstmals die Psychogenese künstlerischen Schaffens in die Analyse einbezogen wird" (Mörth 1993, S. 35), während in der Kunstsoziologie die "psychosoziale Qualität kompositorischer Kreativität" (Mörth 1993, S. 35) bisher ausgeklammert wurde. Eine Lücke in *Elias'* Analyse sieht *Mörth* darin, daß das Freimaurertum von Sohn und Vater Mozart unberücksichtigt blieb (vgl. Mörth 1993, S. 35).

Die genannten, von Klassikern geschriebenen Arbeiten werden im Rahmen der übrigen Kapitel behandelt - ebenso wie die übrige Literatur werden sie nach ihrem Inhalt, nicht nach der Autorenschaft eingeordnet (s.a. Kap. 1). Außenvor bleiben dabei Studien, die vor 1945 veröffentlicht wurden, also vor allem *Simmel*

---

74   Ob von Luhmann wirklich als einem lebenden Klassiker gesprochen werden kann, sei dahingestellt. Relevant ist hier seine übergreifende Theorie, auf die innerhalb der deutschen Musiksoziologie mehrfach Bezug genommen wird.

und *Weber*. Der Inhalt der betreffenden Beiträge (v.a. Simmel 1882; Weber 1924) wird als bekannt vorausgesetzt.

3.1 Zu Georg Simmel

Unter der erfaßten Literatur befindet sich kein bundesdeutscher Beitrag, der sich ausschließlich mit *Simmels* musikbezogenen Arbeiten befaßt. Ihnen wird wenigstens halbe Aufmerksamkeit zuteil in *Horst Jürgen Helles* Sammelbandbeitrag "Musik als Thema bei Georg Simmel und Max Weber" (Helle 1992). *Helle* geht davon aus, daß die Musik für beide Autoren als exemplarisches Anwendungsgebiet übergeordneter Theorien dient; bei *Simmel* ist diese Theorie eine "Philosophie der Formen (...) als einem dritten Bereich zwischen Subjekt und Objekt" (Helle 1992, S. 133; vgl. Helle 1992, S. 133 f., S. 138).

Helle behandelt einmal das Verhältnis von Kunst und Wissenschaft bei *Simmel*, zwischen denen Parallelen gezogen werden. Außerdem geht er auf die Prozesse musikalischer Evolution und Formung ein. Während Musik ursprünglich ein direkter Gefühlsausdruck war, entwickelt sie sich zur Kunst, indem sie ihre Subjektivität verliert und als objektive Kultur nurmehr ein Abbild von Gefühlen darstellt. Der Formungsprozeß ist Teil eines Kreislaufes: Künstlerische Formen entstehen aus menschlicher Erfahrung und führten wieder zu ihr (vgl. Helle 1992, S. 133-135, S. 138).

Helles Ausführungen zu *Simmel* nehmen nicht viel mehr als zwei Seiten ein, dadurch müssen viele Aspekte zwangsläufig außer acht gelassen werden. *Helle* äußert sich beispielsweise fast gar nicht zu *Simmels* Material, seinen Quellen und seinem methodischen Vorgehen. Mit diesem Beitrag sind *Simmels* Studien zur Musik kaum eingehend bearbeitet. Leider sind auch die Literaturangaben mit fünf Titeln (wovon drei Schriften von *Simmel* und *Weber* sind) nicht besonders umfangreich - es fehlt sogar ein Werk, aus dem zitiert wird, nämlich ein "Simmel 1923", der in der Literaturliste nicht wiederzufinden ist (vgl. Helle 1992, S. 134, S. 138).

In einem allgemeinen kunstsoziologischen Zusammenhang befassen sich zwei weitere bundesdeutsche Arbeiten mit *Simmel*: *Gottfried Eisermanns* Beitrag über *Simmel* (Eisermann 1979) im von *Alphons Silbermann* herausgegebenen Sammelband "Klassiker der Kunstsoziologie" (Silbermann (Hg.) 1979), außerdem die Dissertation von *Felicitas Dörr*: "Die Kunst als Gegenstand der Kulturanalyse im Werk Georg Simmels" (Dörr 1993).

Dörr gibt in ihrer Einleitung den Inhalt von *Simmels* Studien über die Musik kurz wieder und zitiert die Gründe für die Ablehnung der Schrift als Dissertation.

Ihre Arbeit beschäftigt sich ansonsten mit bildender Kunst, was den Themenwahlen *Simmels* entspricht, der sich in seinen Werken nicht wieder mit Musik beschäftigte (vgl. Dörr 1993, S. 9 f.). Auf die Arbeit zur Musik geht *Dörr* nur noch am Rande ein, im Zusammenhang mit dem Evolutionismus als zentraler Komponente in *Simmels* Werk; auch die Musikstudien des Autors sind stark evolutionistisch geprägt (vgl. Dörr 1993, S. 38).

Eisermann führt in seinem Beitrag die These aus, daß *Simmels* gesamtes Werk auf einer "ästhetischen Attitüde" (Eisermann 1979, S. 64) basiert, daß die Kunstauffassung des Autors für sein gesamtes Denken relevant ist (vgl. Eisermann 1979, S. 64 f., S. 67 f.). Zentral ist hierbei die visuelle Kunst und mit ihr der Sehsinn; Tastsinn und Gehör spielen eine geringere Rolle (vgl. Eisermann 1979, S. 71 f.). Der Autor spricht *Simmel* dennoch musiksoziologische Bedeutung zu: Er sieht es als dessen Verdienst,

"die Musik in den Zusammenhang (...) der sozialen Beziehungen mit dem soziologischen Gehalt der Kommunikation generell gerückt zu haben, wobei er eine theoretische Grundlage für die im Entstehen begriffene Kommunikationssoziologie und die Soziologie verschiedener Geschmacksrichtungen lieferte. Darüber hinaus regte er empirische Forschungen im Gesamtbereich dieses Forschungsgebietes an" (Eisermann 1979, S. 74).

Inhaltlich geht *Eisermann* auf *Simmels* Thesen zur Entstehung von Musik und auf ihre Behandlung als Medium für die Kommunikation von Gefühlen ein. Er äußert sich außerdem kritisch zu *Simmels* Umgang mit Belegen, insbesondere zu den häufigen Analogien, was jedoch nicht nur die Studien zur Musik betrifft (vgl. Eisermann 1979, S. 72-75).

Außerhalb der Bundesrepublik hat sich insbesondere *K. Peter Etzkorn* mit *Simmels* Beitrag zur Musiksoziologie befaßt. In einem Zeitschriftenartikel analysiert er *Simmels* frühe Studie als "an example of truly 19th century scholarship" (Etzkorn 1964, S. 102) und betont besonders die empirische Ausrichtung (vgl. Etzkorn 1964, S. 102-104, S. 106 f.). Infolge *Etzkorn* ist diese Arbeit *Simmels* für die Musiksoziologie fruchtbarer als seine späteren Schriften zur Kunst (vgl. Etzkorn 1964, S. 104-106).

Im übrigen ist in *Blaukopfs* Einführung "Musik im Wandel der Gesellschaft" *Simmel* ein eigenes Kapitel gewidmet (vgl. Blaukopf 1984, S. 127-134)[75].

---

75 Weitere Literatur zu Simmels musikbezogenen Studien ist auch in den Listen der Simmel-Sekundärliteratur der Universität Bielefeld nicht enthalten, an der die Georg Simmel-Gesamtausgabe ediert wird (vgl. Kramme, Brief vom 22. 3. 1995).

Etzkorn konstatierte 1964:

> "Articles in sociological journals and books contain many references to the manifold aspects of Georg Simmel's work. (...) One significant aspect of his work, though, has to our knowledge been neglected. It is of sufficient merit to be brought to the attention of contemporary scholars (...). This is Simmel's extensive early work in what today might be called the sociology of music or ethnomusicology" (Etzkorn 1964, S. 101).

Allem Anschein nach ist die Aufmerksamkeit der Wissenschaft auf *Simmels* Musikstudie bis heute nicht in besonders hohem Maß geweckt - die Literaturrecherche weist darauf hin, daß sich an der von *Etzkorn* vor drei Jahrzehnten beschriebenen Situation kaum etwas geändert hat.

3.2 Zu Max Weber

Die Untersuchungen zu *Max Webers* fragmentarischer Studie "Die rationalen und soziologischen Grundlagen der Musik" (Weber 1924) sind nicht sehr zahlreich, besonders gemessen an der Literatur zu *Webers* übrigem Werk. Als bundesdeutsche Soziologen, die zu *Webers* Musiksoziologie Sammelbandbeiträge und Zeitschriftenaufsätze veröffentlichen, sind zunächst zu nennen: *Silbermann* (vgl. Silbermann 1963b; s.a. Silbermann 1979b; Silbermann 1979a, S. 190-193), *Helle* (Helle 1992) und *Volker Kalisch* (Kalisch 1988; s.a. Kalisch 1981). In ihrer kunstsoziologischen Arbeit zu *Simmel* geht auch *Dörr* auf *Webers* Studie ein (vgl. Dörr 1993, S. 137-142).

Erst 1992 erschien eine ausführlichere Arbeit über *Webers* Studien zur Musik, *Christoph Brauns* Dissertation "Max Webers 'Musiksoziologie'" (Braun 1992; s.u.)[76].

Mangelnde Rezeption und unbefriedigende Sekundärliteratur zu *Webers* Schrift werden auch in den (vor *Brauns* Arbeit erschienenen) Aufsätzen beklagt (vgl. Kalisch 1988, S. 563 f.; Silbermann 1963b, S. 448 f., S. 464). Als Grund führt *Silbermann* neben den oft fehlenden musikwissenschaftlichen Kenntnissen, die für das Verständnis der Studie notwendig sind, auch die editorische Situation an[77], sowie die Schwierigkeit, das spezifisch Soziologische aus *Webers* Fragment herauszulesen (vgl. Silbermann 1963b, S. 449; s.a. Niketta 1987, S. 6).

---

76   Im Vorfeld veröffentlichte der Autor in Zusammenarbeit mit Reinhard Mehring bereits einen Zeitschriftenbeitrag zum Thema (Braun 1990).

77   Auch momentan ist keine (deutschsprachige) Einzelausgabe erhältlich; die zuletzt erschienene bei UTB (Weber 1972) ist vergriffen.

In den Aufsätzen werden verschiedene Gliederungsvorschläge für *Webers* musiksoziologische Schrift gemacht, die selbst nicht explizit gegliedert ist (vgl. Kalisch 1988, S. 566; Silbermann 1963b, S. 449 f.). *Webers* leitende Fragestellung nach den besonderen Entwicklungsbedingungen der spezifischen Form abendländischer musikalischer Rationalisierung wird erläutert und die Vorgehensweise der Studie nachvollzogen (vgl. Kalisch 1988; Silbermann 1963b). Durch den knappen Umfang ist eine tiefgehende Behandlung, sei es auch nur einiger Aspekte der Arbeit, kaum möglich. Interpretationen und Thesen der Autoren zu *Webers* Schrift werden ebenfalls nicht ausführlich begründet. Dies gilt etwa für *Kalischs* Behauptung, die Studie *Webers* sei kein Fragment oder Entwurf einer Musiksoziologie, sondern lediglich eine Materialsammlung, in der *Weber* "gesicherte wissenschaftliche Aussagen, (sic) aus ihm nicht unmittelbar vertrauten Nachbardisziplinen sammelte und für sich selbst übersichtlich auf einigen Blättern arrangierte" (Kalisch 1988, S. 564). Gänzlich ohne Beleg bleibt *Kalischs* Aussage, daß "die 'Rationalisierung' ihrer Herkunft nach (...) eine spezifisch okzidentale Erscheinung ist" (Kalisch 1988, S. 565), die dann erst übergreifende kulturbestimmende Macht bekommt (vgl. Kalisch 1988, S. 565). Wenn er hier nicht auf den Begriff "Rationalisierung" abhebt, sondern auf das Phänomen, so widerspricht er im Grunde *Weber*, der sich auf viele Formen musikalischer Rationalisierung gerade auch im fernen Osten bezieht (vgl. z.B. Weber 1924, S. 74 f.). Für *Weber* ist die spezifische *Form* abendländischer Rationalisierung zentral, über den okzidentalen *Ursprung* von Rationalisierung äußert er sich zumindest in der musiksoziologischen Studie nicht.

Helle faßt Überlegungen *Webers* recht knapp in einigen Aussagen zusammen, deren Inhalt dann von *Webers* Ausführungen teilweise abweicht. Dies gilt etwa für die Folgerung: "Die Musik unterliegt also Regelmäßigkeiten, die sich in der präzisen Welt der Zahlen zwar andeuten, aber nicht exakt abbilden lassen" (Helle 1992, S. 136): Eben die Widersprüchlichkeiten tonaler Systeme und die Unvereinbarkeit rationaler Tonsysteme mit der Naturtonreihe stellt *Weber* ausführlich mathematisch dar. Die Probleme musikalischer Rationalisierung lassen sich durch Zahlen genau darstellen - was sie allerdings nicht löst (vgl. z.B. Weber 1924, S. 3-11).

An derartigen Fehlern zeigt sich, daß musiksoziologische Forschung gerade auch bei Klassikern wie *Weber* auch musiktheoretische Fachkundigkeit und sehr genaues Lesen erfordert. Allerdings müssen möglicherweise einfach Abstriche gemacht werden, wenn eine derart komplexe Arbeit in ihrer Gesamtheit nur in Form von Zeitschriftenaufsätzen und Sammelbandbeiträgen behandelt wird, die der Ausführlichkeit schon durch ihren Umfang Grenzen setzen.

Vor diesem Hintergrund hat sich *Braun* das Ziel gesetzt, mit seinem Beitrag eine Lücke in der Weberforschung zu füllen (vgl. Braun 1992, S. 11) - anzumerken bleibt allerdings, daß diese lange anstehende Aufarbeitung nicht im Rahmen des Faches Soziologie geschieht, *Brauns* Arbeit entstand vielmehr als politikwissenschaftliche Dissertation (vgl. Braun 1992, S. 4). Wegen ihrer augenscheinlichen Relevanz soll hier trotzdem etwas ausführlicher auf sie eingegangen sein.

Braun setzt *Webers* musiksoziologische Studie zunächst in Bezug zu dessen musikalischer Biographie und ordnet den Text ein in das vorhandene Gesamtwerk und in *Webers* geplante "Soziologie der Cultur*inhalte*" (Weber, zit. n. Braun 1992, S. 13; vgl. Braun 1992, S. 21-139).

Der Inhalt der "rationalen und soziologischen Grundlagen der Musik" wird von *Braun* ausführlich nachgezeichnet. Dabei werden die musikwissenschaftlichen Aspekte so erläutert, daß auch LeserInnen mit geringen Kenntnissen der Musikgeschichte, Harmonielehre, Melodik, Akustik, Instrumentenkunde und Tonsysteme den Gedankengängen folgen können[78]. Bei der Materialaufarbeitung wahrt *Braun* durchgehend den Bezug zu *Webers* Fragestellungen; die Argumentationslinie verläuft dabei zu einem großen Teil entlang an *Webers* idealtypischen Gegensätzen, die für den Entwicklungsweg von Musik(en) zentral sind: Ratio steht gegen Ausdrucksstreben, Theorie gegen Praxis, Distanzprinzip gegen Harmonieprinzip, Tonverwandtschaft gegen Tonnachbarschaft, Anforderungen der Melodik gegen die der Harmonik und akkordharmonische gegen kontrapunktische Dissonanzenverwendung (vgl. v.a.. Braun 1992, S. 125 f., S. 153-165, S. 168 f., S. 173, S. 190-200, S. 206-213, S. 217 f.). *Braun* schlägt nach der Erläuterung der musikwissenschaftlichen Zusammenhänge eine Gliederung der Studie vor und stellt Thesen zur Weiterführung der unvollendet gebliebenen Schrift auf (vgl. Braun 1992, S. 140-232).

Er rekonstruiert zudem ausführlich *Webers* Rezeption der zeitgenössischen Musikwissenschaft, einschließlich der Musikethnologie. Hier bestand eine besondere Notwendigkeit, da *Weber* sich auf eine Vielzahl von Forschungen zentraler Wissenschaftler bezieht, die Quellenangaben in der Studie aber minimal sind (vgl. Braun 1992, S. 235; Weber 1924). Das von *Weber* rezipierte Material wird in Verbindung mit dessen spezifischen Erkenntnisinteressen dargestellt, so daß es im Kontext seiner Argumentation erscheint. Auch *Webers* Wertungen dieser zeitgenössischen Literatur und der nicht-abendländischen Musik wird nachgegangen (vgl. Braun 1992, S. 233-344).

Brauns Arbeit ist stark auf die Zeit bezogen, in der *Webers* Studie entstand, und auf den damaligen wissenschaftlichen Kontext. Nur in einer Fußnote stellt

---

78 Daß ein Mindestmaß an musiktheoretischem Wissen vorausgesetzt werden muß, liegt auf der Hand: Das Vermitteln musikalischer Grundkenntnisse kann nicht Aufgabe der Dissertation Brauns sein.

Braun eine Verbindung zu heutiger Musiksoziologie als Disziplin her - und dies geschieht nicht sehr überzeugend. Gerade im Vergleich mit *Brauns* sonstiger Sorgfalt bezüglich seiner Belege wirken die zwei Referenzen etwas dürftig. Zudem wird *Kneifs* musiksoziologischer Ansatz (von 1975) unbegründet verallgemeinert und als eine Art Minimalkonsens unter den Musiksoziologen dargestellt (vgl. Braun 1992, S. 232). Dies stützt eine Einordnung von *Brauns* Arbeit in die Weberforschung; sie scheint plausibler als eine primäre Zuordnung zur Musiksoziologie. Auf die Schwierigkeit einer derartigen Verortung deutet im Grunde schon *Webers* Studie selbst hin: Das spezifisch Soziologische bleibt hier eher vage und ist wenig elaboriert; der Schwerpunkt liegt eher auf der Geschichte musikalischer Technik und Ratio (vgl. Braun 1992, S. 131; Silbermann 1963b, S. 449).

Bei der Entstehungszeit von *Webers* Studie verweilt *Braun* teilweise auch in seiner Terminologie: Es erstaunt etwas, wenn in einer aktuellen sozialwissenschaftlichen Arbeit auch außerhalb von Zitaten von "Neger" (Braun 1992, S. 263), "Eingeborenen" (Braun 1992, S. 250), "Stämmen" und "Stammesmitgliedern" (vgl. Braun 1992, S. 262 f., S. 265) gesprochen wird. Derartige Begriffe sind heute pejorativ besetzt und werden auch in der Ethnologie vermieden. In einer Arbeit, die in so engem Zusammenhang mit Ethnologie steht, ist ihr unreflektierter Gebrauch wohl zu kritisieren - wenngleich es sich nicht um allzu viele Fälle handelt.

Einen Bezug zum heutigen Musikleben stellt *Braun* in seinem abschließenden Ausblick her. Er bezieht sich hier auf *Webers* These von der Globalisierung der musikalischen Ratio des Abendlandes, die mit einer Nivellierung anderer Musikkulturen einhergeht. Diese Verringerung der "musikalischen Artenvielfalt" (Braun 1992) wird als ein aktuelles Problem gesehen, und *Braun* fordert eine Erforschung der Ursachen (vgl. Braun 1992, S. 341-344). Er übernimmt dabei von *Weber* die These vom "Prozeß der weltweiten Ausbreitung westlich- europäischen musikalischen Empfindens, Denkens und Schaffens" (Braun 1992, S. 344), ohne auf mögliche Gegenpositionen einzugehen. Damit ignoriert er auch die Möglichkeit, daß außereuropäische Musikkulturen abendländische Musiken rezipieren und einige Aspekte (wie die gleichschwebende Stimmung) adaptieren, ohne gleichzeitig ihre Eigenständigkeit zu verlieren. Sicher wird ein Großteil der Massenmedien von Europa und den USA aus kontrolliert, und schon dadurch kann von einer Chancengleichheit der Kulturen im internationalen Musikgeschäft kaum die Rede sein[79]. Dies schließt aber die Möglichkeit nicht aus, daß ein kultureller Austausch wech-

---

[79] Brauns Frage, inwieweit die Globalisierung der abendländischen Musikkultur auf musikimmanente Aspekte zurückzuführen ist, soll hier nicht zu beantworten versucht werden (vgl. Braun 1992, S. 344).

selseitig stattfindet, daß nicht nur ein einseitiger Einfluß zu konstatieren ist[80]. *Brauns* Argumentation dagegen legt nahe, daß er außereuropäischen Musikkulturen das Vermögen nicht zutraut, Einflüsse der abendländischen Musik zu integrieren, ohne selbst assimiliert zu werden. Dabei könnte die implizite Forderung nach einer Authentizität, die mit Einflüssen anderer Kulturen unvereinbar ist, eine Rolle spielen. Mischformen erscheinen bei *Braun* unecht und nicht erstrebenswert; so schreibt er: "Die *Verfremdung* der eigenen tradierten Musik ist dieser Adaption inhärent" (Braun 1992, S. 343; Hervorheb. d. K.I.)[81]. Wenn er außerdem von nichteuropäischer Musik als "urwüchsig" (Braun 1992, S. 342) spricht, impliziert das ihre Geschichtslosigkeit - als könne davon ausgegangen werden, daß sich Musikkulturen im Lauf ihrer Tradierung nicht wandeln[82]. Auch auf außereuropäische Einflüsse auf das abendländische Musikschaffen geht *Braun* übrigens nicht ein[83].

Wenn auch die aktuellen Bezüge in *Brauns* Arbeit nicht ganz einleuchten, stellt sie momentan doch sicher den zentralen Beitrag zu *Webers* Musikstudie dar. Das Fragment wird von mehreren Seiten aus sorgfältig und ausgiebig beleuchtet, wobei zeitgenössische und aktuelle Literatur umfassende Beachtung finden (s.a. Osterhammel [Rez.] 1993).

Braun veröffentlichte 1995 einen weiteren Aufsatz zu *Webers* Musiksoziologie in der Zeitschrift Historische Anthropologie (vgl. Braun 1995). Der Autor erläutert Webers Fragestellung und Vorgehensweise und beschäftigt sich weiter vor allem mit dem Klavier und seinen historischen Vorläufern und Nachfolgern, Cla-

---

80 Diese Ansicht vertritt unter anderem Bühl mit dem Hinweis, daß musikalische Mischformen nicht mehr wegen angeblich mangelnder Authentizität abqualifiziert werden können (vgl. Bühl 1994, S. 339).

81 Argumentiert man in dieser Richtung weiter, so wären etwa Salsa, Samba, westafrikanischer Highlife und südafrikanischer Kwela als Degenerationserscheinungen zu betrachten - gerade die Salsa weist sich schon in der Bezeichnung (spanisch für "Soße") als Mischform aus (vgl. Bender 1985, S. 89-92, S. 198 f.; Malabe/Weiner 1990, S. 6 f.; Schelsky 1991, S. 20, S. 71-73).

82 Es scheint beispielsweise für manche EuropäerInnen schwer verständlich zu sein, daß Musik gleichzeitig modern und "original" afrikanisch sein kann. Dies kritisiert auch der Saxophonist, Komponist und Bandleader Manu Dibango aus Kamerun: "Die meisten Menschen mit westlichem Denken - sie wollen Afrika als Museum erhalten. Ich meine, sie wollen Afrika Tam-Tam spielen lassen, weil Afrika Tam-Tam *ist* - und Schlangen und Affen, das ist es. Aber sie denken nicht, daß wir Elektronik spielen können. Ich denke, daß es das allerwichtigste ist, daß die Leute begreifen müssen, daß es das elektrische Afrika gibt" (Dibango, zit. n. Bender 1985, S. 85). Ähnlich wehrt sich auch der Gitarrist Francis Bebey, ebenfalls aus Kamerun, gegen den Vorwurf, keine wirklich afrikanische Musik zu spielen (vgl. Bender 1985, S. 84 f.).

83 Auch Kalisch problematisiert die Globalisierung des Musiklebens, im Gegensatz zu Braun scheint er sich jedoch eher um den Bestand der abendländischen Musikkultur zu sorgen. Er mahnt zur Auseinandersetzung mit der Entstehung der Moderne, denn die "rechte Besinnung darauf wird jedenfalls mit darüber entscheiden, was angesichts globaler Kulturbegegnung und -austausch von der 'bürgerlichen' als der ehemals gemeinsamen europäischen Kultur bleiben wird" (Kalisch 1990, S. 4; vgl. Kalisch 1990, S. 3 f.). Braun, Kalisch und Bühl zeigen so, daß der (kaum umstrittene) Globalisierungsprozeß sehr unterschiedlich interpretiert werden kann.

vicord und Clavinova[84]. *Webers* Wahlverwandtschafts-Analyse der bürgerlichen Trägerschicht und ihrer musikalischen Praxis, in deren Zentrum das Klavier steht, wird nachvollzogen. Die Ausführungen zu Instrumentenkulturen im historischen und geographischen Vergleich beziehen sich auf klimatische, ökonomische und hörpsychologische Aspekte (vgl. Braun 1995, v.a. S. 253-261).

Auch in dieser Schrift äußert sich *Braun* besorgt über die Ausbreitung der europäischen Musikkultur, die "auch Tibeter wie Javaner mit Transistorradios und Cassettenrecordern und Pop-Musik versorgt und (...) die uralten einheimischen Tonfolgen mehr und mehr in Vergessenheit geraten" läßt (Braun 1995, S. 265). Die Behauptungen, diese Tonfolgen seien uralt - und damit schon sehr lange unverändert und keinem historischen Wandel unterlegen - und würden verdrängt und vergessen, ohne eine Spur zurückzulassen, werden nicht belegt oder ausgeführt, so daß die Problematik einer unterstellten Authentizität, Ahistorizität und fehlenden flexiblen Transformierbarkeit sich auch in diesem Aufsatz *Brauns* wiederfindet. Gerade kulturelle Mischformen, denen auch in der Ethnologie besonderes Interesse gezollt wird, wären zu analysieren und in die Argumentation mit einzubeziehen, wenn die These *Webers* von der Globalisierung der abendländischen Musikkultur kritisch diskutiert, gegebenenfalls relativiert und nicht nur ungeprüft übernommen werden soll[85]. Auch daß *Braun* dem Clavinova eine "kulturspezifische, identitätsstiftende Bedeutung" abspricht, wird nicht ganz plausibel - der Autor scheint vorauszusetzen, daß Kultur und Identität stets an abgegrenzte geographische Bereiche geknüpft sein muß. Musikalische Praktiken, die mit den neuen Technologien entstehen, wären im Hinblick auf Identifikations- und Kommunikationsmöglichkeiten sicher genauer zu untersuchen, als es bei *Braun* geschieht. Gleichzeitig wäre nachzuweisen, daß herkömmliche musikalische Aktivitäten abnehmen und in relevantem Maß durch kopfhörerbedingte Isolation ersetzt werden (vgl. Braun 1995, S. 265 f.).

---

84 Braun gibt auch in diesem Aufsatz musiktheoretisch unkundigen LeserInnen zahlreiche Hilfen zum Verständnis von Webers Fragment. Es kann kein Zweifel bestehen, daß Braun Webers Ausführungen folgen kann, die falschen Angaben, die er in einer Fußnote macht, sind also sicher ein Flüchtigkeitsfehler: Die Quinte schwingt nicht dreimal, die Quarte nicht viermal so schnell wie der Ausgangston - sonst wäre die Quart höher als die Quint, und bei viermal schnellerer Schwingung ergibt sich bereits die doppelte Oktav des Ausgangstons (vgl. Braun 1995, S. 248). Korrekte Angaben finden sich bei Braun 1992, S. 170-195.

85 Es soll hier nicht unterstellt werden, daß es sich beim internationalen Musikleben um ein herrschaftsfreies Miteinander handelt und gerade die sogenannte "Weltmusik" ohne weiteres als ein Produkt gleichberechtigter Zusammenarbeit von rein ästhetisch motivierten Künstlern angenommen werden kann. Vorhandene Machtunterschiede sollten aber ebensowenig ohne nähere Betrachtung als Zeichen der simplen Auslöschung von authentischen, aber wehrlosen Musikkulturen der "Dritten Welt" gedeutet werden; deren VertreterInnen erschienen dann als passive Opfer, denen höchstens eine Wahl zwischen Unterwerfung und Untergang bleibt. Diese Auffassung verfehlt das viel komplexere Phänomen weitgehend.

Die Literatur, die außerhalb der Bundesrepublik Deutschland verfaßt oder veröffentlicht ist, beschäftigt sich mit *Webers* Studie allem Anschein nach auch nur in
Form kleinerer Beiträge, zu denen unter anderem zwei Aufsätze in IRASM zählen
(vgl. Blaukopf 1970; Kalisch 1981; s.a. Blaukopf 1989a; Etzkorn 1985). Allerdings setzt *Blaukopf* in seinem ersten Einführungsbuch einen Schwerpunkt bei der
Soziologie der Tonsysteme - 88 von 120 Textseiten sind diesem Thema gewidmet
- und geht auch auf Formen der Mehrstimmigkeit ein (vgl. Blaukopf 1972a, S.
27-124, s.a. S. 136-141). Es ist kaum überraschend, daß er dabei auch explizit
auf *Weber* rekurriert (vgl. Blaukopf 1972a, S. 46, S. 50 f., S. 70, S. 124)[86].

3.3 Zu Theodor W. Adorno

Die Sekundärliteratur zu *Adorno* ist deutlich zahlreicher als die zu *Simmels* und
Webers musiksoziologischen Beiträgen - wobei die Musik in *Adornos* Schaffen
auch eine zentralere Stellung einnahm und er wesentlich mehr musikbezogene Arbeiten veröffentlichte.

In deutscher Sprache erschienen unter anderem zwei Sammelbände zu *Adornos* musikalischen Schriften, die keine spezifisch soziologischen Beiträge enthalten
(vgl. Jungheinrich (Hg.) 1987; Kolleritsch (Hg.) 1979); beide Herausgeber haben
praktisch-musikalischen Hintergrund[87]. Einige Sammelband- und Zeitschriftenaufsätze beschäftigen sich mit *Adornos* Kunstsoziologie, wobei hier, bedingt durch
Adornos eigene Schwerpunktsetzung, der Musiksoziologie jeweils relativ viel Aufmerksamkeit gewidmet wird (vgl. z.B. Jensen 1979; Silbermann 1969b).

Zwei Soziologen setzen sich in Sammelbandbeiträgen kritisch auseinander mit
dem Bezug von *Adornos* Musiksoziologie zu gesellschaftlicher Praxis und mit seinem musikalischen Fortschrittsbegriff:

Konrad Boehmer übt in seinem Aufsatz "Adorno, Musik, Gesellschaft"
(Boehmer 1975) heftige Kritik von einem marxistisch-leninistischen Standpunkt
aus. *Adornos* Musiksoziologie wird als bürgerlich geprägt gesehen, was sich unter
anderem in der Verallgemeinerung der bürgerlichen Epoche als Maßstab aller Mu-

---

86   Leider gibt Blaukopf bei wörtlichen Zitaten im Text oft nur den Namen des Verfassers an, etwa
      Webers; Werk und Seitenangabe fehlen (vgl. Blaukopf 1972a, z.B. S. 70).
87   Hans-Klaus Jungheinrich ist Musiker und Musikredakteur bei der Frankfurter Rundschau; er be-
      stätigte, daß der Sammelband keine soziologischen Beiträge enthält (Telefongespräch am 13. 3.
      1995). Otto Kolleritsch ist Professor an der Musikhochschule Graz und lehrte unter anderem
      Klavierkammermusik und Musikpädagogik (vgl. Kürschner 1987, S. 2401; Kürschner 1992, S.
      1902).

sik zeigt[88], in der Konzeption eines von der Gesellschaft weitgehend autonomen bürgerlichen Subjektes und in der zentralen Stellung der Werkimmanenz, die ebenfalls ein bürgerliches Konzept darstellt. Nach *Boehmer* verfehlt *Adorno* auch die notwendige Plazierung der Musik im gesellschaftlichen Überbau, indem er den gesellschaftlich bedingten "Autonomieanspruch der bürgerlichen Musik (...) zur eigentlichen Wahrheit" (Boehmer 1975, S. 230) umdeutet und damit im Grunde nicht hinterfragt. Mit der Zweiten Wiener Schule favorisiert *Adorno* zudem eine Musik, die nicht dem Klassenkampf dienen kann, da sie nur in technischer, nicht in gesellschaftlicher Hinsicht progressiv ist (vgl. Boehmer 1975, S. 228-235). Der Autor fordert eine Musiksoziologie, die sich selbst als ideologisch reflektiert; die *Adornos* disqualifiziert er als "Herrschaftskunst und (...) Instrument der Durchsetzung geistiger Ansprüche der herrschenden Klassen gegenüber den Unterdrückten" (Boehmer 1975, S. 234; vgl. Boehmer 1975, S. 236 f.)[89].

Boehmers Aufsatz erschien zuerst 1969, und sein kritischer Impetus wird angesichts der damals verbreiteten klassenkämpferisch-revolutionären Sichtweisen kaum überraschen. *Bernd Feuchtner* befaßt sich später mit "Adornos Versuch, Kriterien für Wahrheit und Fortschritt in der Musik zu finden" (Feuchtner 1989, S. 111). Er diskutiert dabei unter anderem die Vorwürfe, die zunächst *Brecht* und *Eisler*, später die Studentenbewegung (inklusive *Boehmer*, läßt sich vermuten) *Adorno* wegen der politischen Implikationen seiner Musiksoziologie machten. *Adornos* musikalischer Fortschrittsbegriff, dem die qualitative Beurteilung von Musik im Hinblick auf das Verhältnis von Material und gesellschaftlicher Situation zugrundeliegt, wird kritisch diskutiert (vgl. Feuchtner 1989, S. 106-108). *Feuchtner* sieht *Adorno* als befangen in den historischen Bedingungen seiner gesellschaftlichen Gegenwart und kritisiert dogmatische Elemente in seinen musikalischen Schriften, doch sein Urteil fällt milde aus: "Adornos Ästhetik ist die Frucht verzweifelter Angst und möchte im Kampf um die Köpfe dem übermächtigen Gegner

---

88 Boehmer kritisiert hier Adornos Verurteilung des Jazz, dabei entfernt er sich jedoch selbst nicht von den (der bürgerlichen Musik entstammenden) Bewertungskriterien. Er fordert nicht eine musikalische Anerkennung afroamerikanischer Musik, sondern begründet, warum die Produktionsverhältnisse im Fall des Jazz die Produktion einer besseren Musik unmöglich machten, daß nämlich "die Negersklaven (...) unermeßliches Leid auszuhalten hatten, daß dies zu kompensieren die ökonomischen Mittel fehlten, daß ihnen, hierdurch vermittelt, geistige, subtilere Mittel der Kompensation versagt blieben" (Boehmer 1975, S. 233). Hier wird der Jazz als musikalisches Produkt ungünstiger Verhältnisse entschuldigt - es ist aber fraglich, ob Boehmer ihm damit gerechter wird als Adorno. Daß Jazz schlechte (einfache strukturierte, undifferenzierte, einfältige) Musik ist, davon scheinen letztendlich beide auszugehen (vgl. Boehmer 1975, S. 233 f.). Zum Umgang mit afroamerikanischer Musik s.a. Walton 1972.

89 Amüsant ist es, wenn im Text eines Adornokritikers doch, ganz wie in den Schriften des Kritisierten, das Reflexivpronomen ganz hinten im Satz beim konjugierten Teil des Verbums sich befindet (vgl. Boehmer 1975, S. 228; S. 230; S. 235 f.).

die Kunst als Waffe aus der Hand schlagen" (Feuchtner 1989, S. 112; vgl. Feuchtner 1989, S. 111 f.).

Auch in seinem Beitrag "Musikalische Interpretationsstandards als kulturindustrielle Warenmuster" beruft sich *Feuchtner* auf *Adorno*, wenn er eine verbindliche Werkinterpretation, dem Komponisten "gesellschaftlich verwandt" (Feuchtner 1991, S. 893), fordert. Nur diese "provoziert zur Auseinandersetzung und stört die schöne Eintracht des pluralistischen Vielerlei" (Feuchtner 1991, S. 892), das die Kulturindustrie in Form von akustischen Konserven verschiedenster Interpretationen anbietet (vgl. Feuchtner 1991, S. 891-893). Nicht nur theoretisch, mit dem Bezug auf den "geistigen Gehalt musikalischer Kunstwerke" (Feuchtner 1991, S. 893), knüpft *Feuchtner* an *Adorno* an, sondern auch mit seiner gesellschaftskritischen Intention, wenn er letztendlich eine Musiksoziologie fordert, die sich dem Funktionieren der kapitalistischen Kulturindustrie entgegenstellt (vgl. Feuchtner 1991, S. 893).

Ähnliches gilt für *Thomas Müllers* Beitrag "Mimesis und Musik. Zum Verhältnis von Natur(-Material) und Kompositions-(Technik) bei Gustav Mahler" (Müller 1991)[90]. Der Autor behandelt hier die Möglichkeit, *Mahler* als "kritische Musik" (Müller 1991, S. 920) zu interpretieren. Solche kritische Kunst kann durch das Verhältnis von Material und Technik in ihrer Konstruktion eine "alternative gesellschaftliche Rationalität" (Müller 1991, S. 920) ausdrücken und damit nach *Müllers* Darstellung letztlich auch das Bewußtsein der Rezipierenden verändern, sie könnte deren

"Borniertheit aufbrechen und die HörerInnen (...) entführen in ein Neuland: mit denkenden Ohren eine Musik, in der über die herrschende Rationalität hinaus gedacht wird, nachzuvollziehen" (Müller 1991, S. 920 f.).

Auch drei größere Arbeiten haben nicht nur eine Interpretation, sondern weiterführende Anwendung von *Adornos* Theorien zum Inhalt. Hier ist nochmals *Christian Rittelmeyers* empirische Forschung am psychologischen Seminar der Universität Marburg zu nennen: Hier wurde der von *Adorno* vermutete Zusammenhang von autoritärer Persönlichkeitsstruktur und der negativen Beurteilung moderner Kunst untersucht; die Ergebnisse der Experimente bestätigten diese Verbindung zu

---

90   Bei diesen Arbeiten von Feuchtner und Müller handelt es sich um Beiträge zu Ad hoc-Gruppen des 25. Deutschen Soziologentages 1990: "Die Modernisierung moderner Gesellschaften" (vgl. Feuchtner 1991; Müller 1991).

einem gewissen Grad (vgl. Rittelmeyer 1969; s.a. Adorno 1975a, S. 267; s.a. Pkt. 2.4)[91].

Innerhalb des Faches Soziologie gibt es zwei Dissertationen zu *Adornos* Musiksoziologie[92]; beide entstanden an der Universität Frankfurt (vgl. Lentz 1984; Müller 1990). In den Arbeiten werden Theorien und Konzepte *Adornos* dargestellt, anhand derer dann soziologische Werkanalysen vorgenommen werden.

Vera Lentz analysiert zwei Musikproduktionen, die zwischen 1970 und 1973 entstanden[93]. Betrachtet wird nicht nur der Notentext, sondern auch das Klangphänomen, das ebenso zur Musikproduktion gehört (vgl. Lentz 1984, S. 92). Eine Aussage über den gesellschaftlichen Gehalt der Werke soll über eine detailgenaue Analyse und dem aus ihr ersichtlichen Verhältnis von Implizitem und Explizitem in der Komposition gewonnen werden (vgl. Lentz 1984, S. 92-96). Der herausdestillierte gesellschaftliche Gehalt der Werke erscheint allerdings recht knapp im Verhältnis zum Analyseaufwand: *Kagels* "atem" etwa bewahrt nach *Lentz* seine Aufführungs-Aura dadurch, daß das Klangprodukt nicht in der Partitur festgeschrieben ist. Außerdem werden tradierte Elemente so kombiniert, daß Konventionen durch das Klangergebnis gebrochen werden; dies geschieht durch das Aufeinandertreffen von Spielanweisungen mit akustisch-technischen Gegebenheiten (der Wirklichkeit, dem, was ist): Beim Befolgen der Anweisungen entstehen zwangsläufig Widersprüche zu dem, was Notenbild und musikalische Konventionen erwarten lassen (vgl. Lentz 1984, S. 120-125). Wo der Gewinn von Erkenntnis gesellschaftlicher Wahrheit liegt, wird in *Lentz'* Ausführungen nicht ganz klar.

Thomas Müllers Dissertation befaßt sich mit der Analyse von Kompositionen *Alban Bergs*, der im Werk und im Leben *Adornos* (als Kompositionslehrer) eine wichtige Rolle spielte (vgl. Müller 1990, S. 10; s.a. Adorno 1968). Schon die Darstellung zentraler Aspekte von *Adornos* Musiksoziologie, auf die *Müller* seine Analyse aufbaut, ist kritischer und weniger oberflächlich als bei *Lentz*. Der Autor entwickelt ausführlich ein allgemeines Analysemodell, wobei er bei den LeserInnen wenig musiktheoretisches Vorwissen voraussetzt; so wird etwa die Kadenz ge-

---

91 Zum Zusammenhang von autoritärer Persönlichkeit und der Beurteilung Neuer Musik äußert sich übrigens auch die Musikpsychologin Helga de la Motte-Haber und nennt dabei unter anderem Rittelmeyer (vgl. La Motte-Haber 1985, S. 186-188). Auch Wolf-Christoph von Schönburg-W.s musikpsychologisch-empirische Arbeit zur kompensatorischen Musikrezeption bezieht sich wesentlich auf Adorno: Hier werden seine Thesen zur ideologischen Funktion von Musik als Ausgangspunkt genommen (vgl. Schönburg-W. 1976, v.a. S. 9 f.; s.a. Pkt. 7.3).

92 Außerhalb der Soziologie ist vor allem auf Lucia Sziborskys Dissertation "Adornos Musikphilosophie. Genese - Konstitution - Pädagogische Perspektiven" (Sziborsky 1979) hinzuweisen.

93 Somit existieren selbstverständlich keine Analysen dieser Werke durch *Adorno* selbst, auf die die Autorin sich beziehen könnte - anders als bei der im folgenden behandelten Dissertation Thomas Müllers.

nau erklärt (vgl. Müller 1990, S. 62-65). Dieses vorab erläuterte Modell, das die in *Adornos* Vorgehen implizierte Systematik offenlegen soll (vgl. Müller 1990, S. 7, S. 49-85), wird exemplarisch angewendet auf vier Werke *Bergs*. *Müller* wahrt dabei den Bezug zu *Adornos* Analysen dieser Kompositionen (vgl. Müller 1990, S. 86-161)[94]. Im abschließenden Ausblick gibt *Müller* drei Ebenen für eine weiterführende Diskussion von *Adornos* Ansatz an. Dieser soll kritisiert, dadurch aber auch fruchtbar gemacht werden

> "auf der Ebene des Verhältnisses von Begrifflichkeit und Realität des Subjekts in der Gesellschaft, der Ebene des Verhältnisses von kulturellen Entwicklungen und handlungsleitenden Normen, schließlich der Ebene des sich geschichtlich entwickelnden Verhältnisses von Musik und Gesellschaft" (Müller 1990, S. 162).

Es zeigt sich unter anderem bei diesen Beiträgen, daß Versuche einer kritischen Musiksoziologie nicht nur der Vergangenheit angehören, daß *Adorno* als deren prominentester Vertreter nicht nur rückblickend kritisiert, sondern auch weitergeführt wird[95]. Die absolute Zahl dieser Arbeiten ist zugegebenermaßen gering, doch der Anteil an den musiksoziologischen Veröffentlichungen insgesamt ist nicht kleiner als der anderer Ansätze - sofern von solchen überhaupt gesprochen werden kann. Daß der regionale Ursprung dieser Beiträge meist in Frankfurt liegt (s. Lentz 1984; Müller 1990; Müller 1991; Feuchtner 1991), muß übrigens kein Zufall sein.

3.4 Systemtheoretische Arbeiten: Zu Niklas Luhmann

Niklas Luhmanns Systemtheorie ist zentraler Bezugspunkt in einigen weiteren Arbeiten: Als Autoren sind im Bereich der Soziologie *Peter Fuchs* und *Frank Rotter* zu nennen (vgl. Fuchs 1987; Fuchs 1992; Rotter 1985; Rotter 1992). Außerdem findet sich in *Torsten Casimirs* Dissertation im Fach Publizistik eine systemtheoretische Aufarbeitung der Literatur im Hinblick auf Musikkommunikation (vgl. Casimir 1991)[96]. Diese Literaturanalyse wird vorgenommen anhand eines Fragenkatalogs zu vier Bereichen: Zu Musikdefinition, Musik und Sprache, Musikrezeption

---

94 Kritik erfährt Müllers Arbeit bei Rotter, der in ihr einen Beleg für die geringere Differenzierungs- und Erkenntnisfreundlichkeit von Adornos Ansatz im Vergleich zur eigenen, vergleichenden Vorgehensweise sieht (vgl. Rotter 1992, S. 109 f.).

95 Eine partielle Anknüpfung an Adorno zeigt sich beispielsweise auch bei Gerhard Engel (vgl. Engel 1990, S. 40-42; s.a. Pkt. 2.6).

96 Die Fachzugehörigkeit ist aus der Arbeit selbst zu erahnen (vgl. Casimir 1991, S. 27) und wurde vom Institut für Publizistik der Universität Münster telefonisch bestätigt (Telefonat Universität Münster, 15. 3. 1995).

und "ökonomischen Bedingungen der Produktion und Distribution industriell gefertigter Musik" (Casimir 1991, S. 79; vgl. Casimir 1991, S. 78 f.).

In seinem Buch "Musik als Kommunikationsmedium: soziologische Medientheorien und Musiksoziologie" (Rotter 1985) ordnet *Rotter* zunächst die Musik innerhalb der Theorien von *Parsons*, *Baum* und *Luhmann* ein. Letzteren beurteilt er als am ergiebigsten für eine musikbezogene Fragestellung (vgl. Rotter 1985, S. 5, S. 10-42). Aus dem Versuch einer systemtheoretischen Verortung von Musik ergeben sich für *Rotter* zunächst mehrere Fragen. Sie betreffen unter anderem die kommunikativen Besonderheiten der Produktion und Rezeption von Musik, die spezifischen Gratifikationen, die mit Musikhören verbunden sind (hier wird vor allem Personfunktionalität zentral). Grundlegend ist für den Autor in bezug auf den gesamten Bereich Musik und Kommunikation dabei die Frage: "Welche Psychodynamik kennzeichnet Musik als expressive Symbolisierung" (vgl. Rotter 1985, S. 42-44)?

Rotters Bearbeitung dieser Fragen basiert großenteils auf Konzepten der Psychoanalyse, auf deren Grundlage eine Sichtweise von Musik als Muttersubstitution und damit als akustischem Fetisch erläutert wird (vgl. Rotter 1985, S. 44-76, S. 116, S. 122). Die Antworten auf die zuvor entwickelten Fragen werden weitgehend von psychologischer Warte aus gegeben. Ein Beispiel ist die These, für die mit Musikhören verbundenen spezifischen Gratifikationen sei die Regressionschance zentral, die Musik bietet durch Simulierung einer mutternahen Hörwelt, bei der tatsächliche Distanzwahrung zu anderen Menschen möglich bleibt (vgl. Rotter 1985, v.a. S. 70 f.).

Auf soziologische Literatur zur Musikrezeption geht *Rotter* vor allem bei der Frage nach gesellschaftlichen Abhängigkeiten des Selektionstransfers beim Musikhören ein. Über eine Unterscheidung von (sozialisationsabhängiger) Hörfähigkeit und situational variablem Hörverhalten kommt er zum Ergebnis weitgehender Personenzentrierung bei Musikrezeption in der konkreten Situation (vgl. Rotter 1985, S. 96 f.)[97].

Die psychoanalytische Orientierung wird auch in anderen Arbeiten *Rotters* sehr deutlich; in seinem Beitrag "Kultursoziologische Perspektiven musikalischen Ausdrucks" (Rotter 1992) fordert er folgerichtig eine stärkere Beachtung der Säuglingsforschung durch die Musiksoziologie (vgl. Rotter 1992, S. 100, s.a. Rotter 1992, S. 457 f.). In seinem Bezug auf *Luhmann* geht er hier über eine allge-

---

97   In einer Rezension kritisiert Blaukopf Rotters Auslegung von Adorno und Karbusicky und vermißt eine ausführliche und musiknahe Begründung der thesenartigen Standpunkte (vgl. Blaukopf [Rez.] 1986b, S. 438 f.). Auch Silbermann kritisiert Rotter wegen "absurder Festlegungen" (Silbermann [Rez.] 1987a, S. 174) und eher psychoanalytischer als soziologischer Orientierung der Arbeit (vgl. Silbermann [Rez.] 1987a).

meine systemtheoretische Einordnung der Musik und das Formulieren von Fragen hinaus, indem er musikalisches Handeln und Erleben vergleicht mit anderen sozialen Interaktionen, und zwar in Liebesbeziehungen und in Gruppen (vgl. Rotter 1992, S. 89-95, S. 100-110).

Peter Fuchs' Bezug zu *Luhmanns* Systemtheorie scheint enger, und seine Fragestellungen sind insofern grundlegender, als es vorwiegend darum geht, was Musik überhaupt ist, was sie nicht ist, woraus sie besteht und was beim Produzieren und Rezepieren von Musik eigentlich passiert. Stärker als bei *Rotter* wird Systemtheorie hier angewendet und benutzt, um ein Phänomen auszuloten.

Zentral ist für *Fuchs*, daß Musik die Form eines autopoiesis-isomorphen Systems hat, wenngleich sie keines ist, da sie sich nicht selbst betreibt, sondern immer betrieben wird (vgl. Fuchs 1987, S. 218-221). Dies hat Konsequenzen für die Musikrezeption, die über das Bewußtsein stattfindet, also über ein autopoietisches System. Durch die ähnlich strukturierte Funktionsweise kann sich Musik nach *Fuchs* in das Bewußtsein quasi einklinken (vgl. Fuchs 1987, S. 222), sie ist

"in der Lage, die Autopoiesis des Bewußtseins gleichsam in ihre eigenen zeitlichen Bewandtnisse so einzufädeln, daß die Zeit des Bewußtseins (dessen Autopoiesis) kurzfristig 'storniert' wird" (Fuchs 1992, S. 75).

So kann Musik das Bewußtsein entlasten, zum einen von Reproduktionsdruck (vgl. Fuchs 1987, S. 225 f.), und außerdem durch ihre weitgehend autoreferentielle Form von der Bireferentialität, vom möglichen Wechsel zwischen Selbst- und Fremdreferenz, wie *Fuchs* an anderer Stelle darstellt (vgl. Fuchs 1992, S. 78 f.). Unter anderem durch diese Entlastungsfunktion gewinnt Musik gesellschaftliche Relevanz, obwohl sie selbst nicht sozial ist: Musik ist nach der von *Fuchs* zugrundegelegten systemtheoretischen Begrifflichkeit keine Kommunikation, denn es wird nicht zwischen Information und Mitteilung unterschieden; Musik ist an sich asozial (vgl. Fuchs 1992, S. 67-75). Diese Auffassung, daß Musik keine Kommunikation ist, unterscheidet *Fuchs* von *Rotter*, *Casimir* und anderen Autoren, die teilweise schon im Titel auf einen Kommunikationsaspekt von Musik abzielen (vgl. Casimir 1991; Rotter 1985; Großmann 1991). In dieser Frage konform geht *Fuchs* mit *Langer* (vgl. Langer 1984, S. 239; s.a. Pkt. 2.4).

Fuchs' Arbeiten sind gekennzeichnet durch Abstraktheit, durch ein enges Verhältnis zur Theorie. Empirische Bezüge sind hauptsächlich in Form von erläuternden Beispielen vorhanden; in ihrer beiläufigen Form sind sie kaum belegt und können im einzelnen wohl Widerspruch hervorrufen[98].

Bei der Auseinandersetzung mit Kommunikationsaspekten fällt insgesamt auf, daß fast durchgehend von Kommunikation zwischen Musikmachendem und Musikhörendem ausgegangen wird, vom "typisch asymmetrischen Kommunikationszusammenhang der Produktion und Rezeption von Musik" (Rotter 1985, S. 77; vgl. Casimir 1991, S. 75; Rotter 1985, S. 9 f.). Kommunikation zwischen miteinander musizierenden Personen wird weitgehend außer acht gelassen - obwohl die These eine gewisse Plausibilität hat, daß im Bereich der Musik hier am ehesten Kommunikation abläuft, daß für gemeinsames Musizieren nonverbale Kommunikation vielleicht sogar Voraussetzung ist. Besonders relevant wäre eine genaue Untersuchung dessen, was zwischen Musizierenden abläuft, wenn wie bei *Fuchs* gezeigt werden soll, daß Musik keine Kommunikation ist - der Gegenbeweis wäre eben dort zu erbringen, wo es am schwierigsten ist. *Fuchs* geht auch tatsächlich in einer Fußnote auf Jamsessions ein[99], qualifiziert sie aber als Randfälle; die Fragen, die er zu diesem möglicherweise doch kommunikativen musikalischen Geschehen formuliert, zeugen von einer Außenperspektive. Ein gewissen Maß an "dichter Beschreibung" (Geertz 1991, S. 7) wäre wohl angebracht bei der Behandlung von Interaktion zwischen Musizierenden, denn für die Frage, ob Kommunikation vorliegt, muß das musikalische Geschehen verstanden und nachvollzogen werden können. Ob *Fuchs* selbst mit Jamsessions vertraut ist, scheint fraglich angesichts der Tatsache, daß er auf diesen im Zusammenhang mit Kommunikation so naheliegen-

---

98 Wenig einleuchtend ist etwa Fuchs' Veranschaulichung zur fehlenden Differenzierung von Information und Mitteilung in der Musik im Unterschied zur Sprache: "Was in einem der späten Quartette Beethovens 'gesagt' ist, darüber läßt sich sehr lange und sehr kundig und von vielen diskutieren (kommunizieren), aber gerade deshalb, *weil* im Quartett nichts 'gesagt' ist" (Fuchs 1992, S. 74): Hier läßt sich einwenden, daß auch über sprachliche Äußerungen lange, kundig und von vielen diskutiert werden kann - es muß dabei gar nicht um (Wort-)Kunst gehen, sicher bekannt sind etwa Auseinandersetzungen um Äußerungen innerhalb einer Beziehung (was wer wann wie warum gesagt hat und was (...) damit gemeint war) oder Aussagen von Politikern, die ans Skandalöse grenzen, *wenn* dies oder jenes damit gesagt werden sollte oder wurde (etwa, wenn Ronald Reagan in einem Mikrophontest den Erstschlag auf die Sowjetunion ankündigt, Helmut Kohl einen Blackout hat oder Gro Harlem Brundtland sich darüber äußert, ob Überwachungen wehtun). Ein durch die enorme Quantität deutliches Beispiel stellen auch Ausdeutungen von Bibel, Koran und Talmud dar. Von einem anderen Standpunkt aus könnte die Mehrfachcodierung von Kunst eingewandt werden, daß Beethoven nämlich durchaus etwas 'sagt', doch eben nicht nur eines, sondern vieles.

99 Eine Jamsession ist das ungeprobte Zusammenspielen mehrerer Musiker. In wohl allen größeren Städten auch der Bundesrepublik gibt es Lokale, in denen regelmäßig öffentliche und allen zur Beteiligung offenstehende Jazzsessions stattfinden. Hier spielen Musiker ad hoc Standards, wobei der grobe Ablauf allen bekannt ist, die konkrete Durchführung aber zum großen Teil spontan erfolgt.

den Fall musikalischen Handelns anscheinend erst hingewiesen werden mußte (vgl. Fuchs 1992, S. 74)[100].

Howard S. Beckers auf teilnehmender Beobachtung basierende Untersuchung von Jazz- und Tanzmusikern deutet übrigens darauf hin, daß die Musiker selbst davon ausgehen, vom Publikum nicht verstanden zu werden; ein Nichtmusiker, auch wenn er Jazzliebhaber ist, gilt als "unwissender, intoleranter Mensch, vor dem man sich in acht nehmen muß, weil er den Druck erzeugt, der den Musiker zwingt, unkünstlerisch zu spielen" (Becker 1981, S. 80; vgl. Becker 1981, S. 76-91). Ist dies der Fall, dann wird Kommunikation wohl ohnehin kaum in bezug auf die Zuhörenden angestrebt, denn verstehen (und damit möglicherweise kommunizieren) können nur die anderen Musiker.

Diesen Überlegungen zufolge wäre es interessant, neben der Interaktion zwischen Produzent und Rezipient auch die zwischen gemeinsam Produzierenden zu untersuchen[101]. Gerade bei gemeinsam Musizierenden wäre es möglich, daß ihr wechselseitig aufeinander bezogenes Handeln Kommunikation beinhaltet. Von einem guten Musiker erwarten seine Kollegen, daß er gut zuhört, bestimmte musikalische Signale richtig deutet und entsprechend reagiert. Als anschauliches und auch durch das Publikum im aktuellen Vollzug zu verfolgendes Beispiel könnte das Übergehen in Doubletime in der Improvisation über einen Jazz-Standard dienen, also die Verdopplung der Impulsfrequenz beziehungsweise des Tempos. Die Aufforderung dazu geht in der Regel in Form musikalischer Signale von dem solierenden Musiker an die begleitende Band, von der die entsprechende Reaktion erwartet wird. Ein Ausbleiben der Reaktion wird als Fehler gewertet. Ähnliche, auch wechselseitige Sequenzen aus Sendung von Zeichen, Verstehen und reagieren finden vor allem in bezug auf musikalische Feinheiten im Idealfall durchgängig statt. Bei derartigen Vorgängen der Interaktion ließe sich wohl argumentieren, daß durchaus zwischen Mitteilung und Information unterschieden wird, daß also auch nach *Fuchs'* Definition von Kommunikation gesprochen werden kann[102]. Darauf

---

100 Insgesamt ist es problematisch, wenn Theorien für Musik allgemein formuliert werden, bei deren Entwicklung von abendländischer Opusmusik ausgegangen wurde - dies könnte tendenziell auch bei Fuchs der Fall sein (s.a. Pkt. 2.4).

101 Während Fuchs mindestens plausibel macht, daß der Kommunikationscharakter von Musik angezweifelt werden kann, soll hier nicht näher begründet werden, daß zwischen Musizierenden und Rezipierenden sowie vor allem zwischen den gemeinsam Musizierenden Interaktion stattfindet in dem Sinne, daß hier Menschen ihr Handeln wechselseitig aneinander orientieren (vgl. Krappmann 1989). Der Interaktionscharakter zumindest des Großteils musikalischer Praxis scheint evident.

102 Dies gilt insbesondere für Signale, die in unmittelbarer Zukunft eintreffende musikalische Ereignisse ankündigen. So kann etwa durch bestimmte Arten der Steigerung ein "break-down" eingeleitet werden, eine plötzliche Reduzierung der Intensität in Lautstärke und Dichte. Hier stehen Information und Mitteilung inhaltlich in einem entgegengesetzten Verhältnis zueinander. Zu be-

weist auch der Umstand hin, daß das richtige Verstehen musikalischer Signale, angemessene Reaktionen darauf und das verständliche Mitteilen musikalischer Informationen an die Mitmusiker in jahrelanger Praxis erlernt werden muß und hinsichtlich mancher häufig zu übermittelnder Informationen auch explizit im Instrumentalunterricht gelehrt wird. Gerade im Bereich der Popularmusik muß ein Musiker Banderfahrung haben, damit er das musikalische Geschehen ausreichend gut versteht, um relevante Signale aufnehmen, deuten und in der musikalischen Reaktion umsetzen sowie sich selbst den Mitmusikern mitteilen zu können. Gutes musikalisches Zusammenspiel ist nicht durch isoliertes Üben erlernbar, da es auf komplexen Interaktions- und vielleicht Kommunikationsvorgängen beruht; die Fähigkeit dazu wird gleichzeitig unter Musikern außerordentlich hoch bewertet[103].

3.5 Weitere Literatur zu soziologischen Klassikern

Mit *Paul Honigsheim* als sehr produktivem Musiksoziologen befaßt sich *Silbermann* in einem Beitrag zur Gedenkschrift anläßlich *Honigsheims* 100. Geburtstags (Silbermann/Röhrig (Hgg.) 1987). Er betont unter anderem *Honigsheims* Bezug zu *Weber*, seine historische Orientierung und den Grundsatz der Wertfreiheit (vgl. Silbermann 1987, S. 68, S. 71-83). In den USA war es wiederum *K. Peter Etzkorn*, der eine Sammlung musiksoziologischer Schriften von *Honigsheim* herausgab (vgl. Honigsheim 1973), sowie eine von *Honigsheim* zusammengestellte musiksoziologische Bibliographie mit dessen Kommentaren in der Originalsprache Deutsch (vgl. Honigsheim 1970).

Einzelne Veröffentlichungen beschäftigen sich weiter mit einer musiksoziologischen Betrachtung von *Lukács'* Ästhetik (vgl. Karbusicky 1974), mit einer Anwendung von *Durkheims* Theorien in einer musiksoziologischen Studie (vgl. Haselauer 1977) und mit der Auseinandersetzung mit Musik im Werk *Karl Poppers* (vgl. Blaukopf 1992) und *Alfred Schütz'* (vgl. Benedikt 1992).

---

leuchten wäre im Hinblick auf die Trennung von Information und Mitteilung ebenso der weite Bereich musikalischer Zitate.

103 Grundlage dieser Ausführungen sind jahrelange eigene Erfahrungen in den Bereichen Rock, Pop, Jazz, aber auch Barock und Neue Musik, sowie zahlreiche Gespräche mit professionellen Musikern im Popularbereich. Im Hinblick auf die Anforderungen an "gute" Musiker scheint unter Musikern Konsens darüber zu bestehen, daß gutes Zuhören und angemessene Reaktionen unabdingbar sind. Die obigen Überlegungen beruhen jedoch nicht auf wissenschaftlichen Erhebungen, so daß sie lediglich Hypothesencharakter haben. Musiksoziologische Studien zur Interaktion zwischen Musizierenden existieren meines Wissens wie gesagt kaum.

3.6 Klassikerliteratur: Zusammenfassung

Die Literaturrecherche ergibt in bezug auf fast alle Klassiker eine sehr magere Ausbeute. Insbesondere zu *Simmel* und seinen musikbezogenen Studien gibt es kaum Beiträge, vor allem keine, die sich auch nur annähernd adäquat mit dem Autor beschäftigten. Auch zur Musiksoziologie *Max Webers* entstand erst spät und zudem außerhalb des Faches Soziologie eine Monographie. Der Dissertation *Brauns* kommt das Verdienst zu, *Webers* Studie für ein breiteres Publikum lesbar zu machen, auch wenn die kritiklose Übernahme einiger Thesen *Webers* angreifbar ist. Beiträge soziologischen Ursprungs zu *Webers* Fragment bestehen in Form einiger Aufsätze - hier werden stellenweise die Schwierigkeiten der Klassikerexegese deutlich, die große Genauigkeit und gerade in bezug auf Musik auch Fachkundigkeit erfordert.

Im Vergleich zu anderen Klassikern ist die Musiksoziologie *Adornos* in zahlreichen Arbeiten aufgegriffen worden. Neben ausführlicher und grundlegender Kritik bestehen einige Versuche, *Adornos* Ansatz anzuwenden und weiterzuführen. Der soziologische Ertrag der dabei vorgelegten Werkanalysen bleibt jedoch teilweise unklar.

Arbeiten, die auf der Systemtheorie und *Luhmann* fußen, finden sich bei *Rotter* und *Fuchs*. Bei letzterem zeigt sich eine Einschränkung der Interaktionsanalysen auf die Beziehung zwischen Produzierenden und Rezipierenden, was das Ergebnis *Fuchs'* fraglich werden läßt, Musik sei asozial und keine Kommunikation. Sowohl bei den sehr psychologisch orientierten Arbeiten *Rotters* als auch bei den sehr abstrakten systemtheoretischen Beiträgen von *Fuchs* bleibt ihre Brauchbarkeit für streng soziologisch argumentierende Analysen fraglich.

Insgesamt steht die Klassikerrezeption durch die Musiksoziologie noch weitgehend aus. Auch die Relevanz von musikbezogenen Klassikerschriften, etwa *Webers* und *Simmels*, für die Allgemeine Soziologie wäre zu untersuchen. Durch die insgesamt dürftige Beschäftigung mit soziologischen Klassikern kann keine musiksoziologische Schulenbildung durch Anschlüsse an unterschiedliche Klassiker festgestellt werden. Auch dies ist ein Aspekt der Fragmentierung der Disziplin.

4 Die Thematisierung von Musik

Innerhalb der Musiksoziologie gibt es keinen einheitlichen Umgang mit dem, was auf den ersten Blick der Gegenstand der Disziplin zu sein scheint, mit der Musik. Es geht nicht einmal in jedem Fall überhaupt um Musik: Eine inhaltliche Thematisierung von Musik, eine Bezugnahme auf musikalische Strukturen in der Analyse kann ausgeklammert werden zugunsten dessen, was mit Musik zu tun hat, was um sie herum oder durch sie passiert. Die Strukturen einzelner Musikstücke oder von Musik generell dienen dann nicht zur Gewinnung soziologischer Fragen oder Erkenntnisse. Vor allem *Silbermann* lehnt jede Werkanalyse im Rahmen der Musiksoziologie als spekulativ ab (s. Pkt. 2.1 u. 2.2).

Wo Musik thematisiert wird, lassen sich einige Herangehensweisen unterscheiden: Fast ganz ohne inhaltliches Eingehen auf Musik kommt die Literatur aus, die sich auf Stiltypologien bezieht. Ein weiterer Teil der Beiträge hat spezifische Eigenschaften von Musik allgemein zum Gegenstand. Dort, wo auf musikalische Strukturen in ihrer Spezifik eingegangen wird, gibt es einmal die Möglichkeit von Werkanalyse, also der Untersuchung bestimmter kompositorischer Fakturen, und auf der anderen Seite die Betrachtung des für die Musik eines bestimmten (zeitlichen, regionalen oder stilistischen) Bereichs relevanten Materials, ihrer technischen Aspekte und Möglichkeiten.

Viele Beiträge lassen sich diesen Kategorien nicht eindeutig zuordnen, da Musik in mehrfacher Hinsicht thematisiert wird - die Konzepte schließen sich nicht gegenseitig aus. Die betreffenden Arbeiten tauchen im folgenden entweder mehrfach auf oder werden in die Kategorie einbezogen, deren Charakteristika sie zum größten Teil entsprechen.

Ähnlich verhält es sich mit Autoren, hier mag *Silbermann* als Beispiel dienen: Er lehnt die inhaltliche Beschäftigung mit Musik für die Musiksoziologie ab. In Einzelfällen behandelt er dennoch allgemeine Eigenschaften von Musik, etwa bei der Beschreibung von Sonoritätsgruppen, die dadurch zustande kommen, daß Musik und Instrumente denjenigen Menschen besonders zusagen, deren natürlicher Stimmlage sie entsprechen (vgl. Silbermann 1959, S. 166-174; Silbermann 1957, S. 125-128). Ausnahmsweise argumentiert *Silbermann* sogar explizit mit einer "musikalischen Analyse" (Silbermann 1965b, S. 108). Insgesamt überwiegt in seinen Texten aber sicherlich der Bezug auf das Musikerlebnis, wobei *Silbermann* auf musikalische Inhalte kaum zu sprechen kommt - es scheint so gerechtfertigt, ihn den Autoren zuzuordnen, die Musik nicht inhaltlich thematisieren.

Im folgenden sollen nun mögliche Umgangsweisen mit dem Gegenstand Musik näher erläutert werden. Dabei ist nicht intendiert, die Thematisierung von Musik für jeden Titel der Literaturliste darzustellen; es soll dagegen versucht werden, die unterscheidbaren Grundkonzepte in der Auseinandersetzung mit dem Aspekt Musik in der Musiksoziologie zu beleuchten und auch mögliche Probleme bei den einzelnen Herangehensweisen zu thematisieren.

4.1 Musikalische Stiltypologien

Musikalische Stiltypologien gliedern das Spektrum musikalischer Produktionen in Gattungen, was an sich einen gewissen Bezug auf die Faktur dieser Musikstücke erfordert: Die Unterscheidung selbst ist inhaltlich, abgesehen von den Fällen, in denen nach Epochen gegliedert wird - und dieser vordergründig zeitlichen Einteilung liegt wiederum ein (inhaltlicher) Stilwandel der Musik zugrunde, der allein die Epochengliederung sinnvoll macht (vgl. z.B. Buchhofer/Friedrichs/Lüdtke 1974, S. 218)[104].

Stiltypologien finden häufig Anwendung im Bereich der Rezeptions- und Präferenzforschung (vgl. z.B. Eckhardt/Lück 1976, S. 8-11; Günther 1967, S. 288, S. 292, S. 298 f.)[105]. Sie können hier auch mit entsprechenden Hörertypologien verbunden werden (vgl. Rotter 1989, S. 460; Troge 1993, S. 166; s.a. Behne 1986). Eine Übersicht über Hörertypologien und eine Darstellung ihrer Analyse und pädagogischen Anwendung bietet die Dissertation von *Christa Nauck-Börner* (vgl. Nauck-Börner 1980). Außerdem werden Stiltypologien in einigen Untersu-

---

104 Auf die im Grunde inhaltliche Einteilung weisen teilweise auch die Epochennamen hin: Der Terminus "Romantik" etwa ist explizit stil- und nicht zeitbezogen. Deutlich wird das auch in Anbetracht dessen, daß die zeitlichen Grenzen der musikalischen "Romantik" sich nicht mit denen in anderen Künsten decken (vgl. Dahlhaus 1989, S. 60 f.; zur Etymologie des Begriffs "Barock" vgl. Eggebrecht 1989a, S. 100). Sogar explizit zeitbezogene Sammelbegriffe können anderweitige Konnotationen haben: "Trecento" bezeichnet so nicht jede Musik des 14. Jahrhunderts, sondern "die (...) weithin eigenständig ital., in der Hauptsache mehrstimmige, volkssprachliche, weltliche Musik von etwa 1330 bis Anfang des 15. Jh." (Eggebrecht 1989b, S. 259).

105 Weiter Beispiele finden sich bei Ehlers 1989, S. 388-390; Klausmeier 1959, S. 477-481, S. 491-493; Klausmeier 1963, v.a. S. 16 f., S. 67-72, S. 87-91, S. 150-157, S. 200-207, S. 226-299; Zimmer 1981, S. 152 f.; s.a. Dollase/Rüsenberg/Stollenwerk 1978a, S. 228-230; Kaden 1985, S. 282-300, S. 311, S. 330-333. Renate Ehlers ist keine Fachsoziologin, grenzt ihren kommunikationswissenschaftlichen Standpunkt an anderer Stelle ab von der Musiksoziologie als einer von mehreren "fremden, nämlich musikwissenschaftlichen Disziplinen" (Ehlers 1985, S. 171). Da ihr Beitrag von 1989 in der KZfSS erschien, wird ihm hier dennoch einige Aufmerksamkeit gewidmet.

chungen über Produktion im Bereich der Rock- und Popmusik eingesetzt (vgl. Ebbecke/Lüschper 1987, S. 63-66, S. 251, S. 267; Niketta/Volke 1994a, S. 53-58, S. 61-64).

Probleme beim Erstellen und Anwenden solcher Typologien werden in der Literatur durchaus thematisiert. *Renate Ehlers* etwa nennt neben der Kontextabhängigkeit von Hörpräferenzen die Schwierigkeiten, gehörte Musik in die vorgegebenen Kategorien einzuordnen (vgl. Ehlers 1989, S. 388-390; s.a. Klausmeier 1959, S. 479). Von einer ganz anderen Warte aus kritisiert *Klaus Ebbecke* die Etikettierung und die damit erfolgende Konstruktion von Unterkategorien der Rockmusik: Auch wenn diese für eine Erforschung des Rockmusiklebens derzeit eine wichtige heuristische Rolle spielen, dienen sie doch im Endeffekt der Vermarktung von Rockmusik als Ware (vgl. Ebbecke/Lüschper 1987, S. 102 f.).

Für die Verwendung von Stilkategorien führen *Reiner Niketta* und *Eva Volke* als Argumente an, daß Musikstile kein rein wissenschaftliches Konstrukt sind, sondern daß sie auch im Alltag für Musikrezipierende und -produzierende eine große Rolle spielen: Die Einordnung von Musik in Stilkategorien dient einmal zur Reduktion von Informationen, zum anderen auch der sozialen Kategorisierung von Personen, die über die von ihnen gehörte oder gespielte Musik in bestimmte Szenen eingeordnet werden (vgl. Niketta/Volke 1994a, S. 53).

Bei der Erstellung von Stilkategorien wird teilweise explizit auf musikalische Strukturen eingegangen. Dadurch werden Rückbezüge auf musikalische Inhalte möglich, wenn Korrelationen unter Einbeziehung der Stilkategorien vorgenommen werden. Im Rahmen der von ihnen entwickelten Forschungspläne stellen etwa *Bernd Buchhofer, Jürgen Friedrichs* und *Hartmut Lüdtke* ein ausführliches und inhaltsbezogenes Klassifizierungsschema von Musik vor (vgl. Buchhofer/Friedrichs/Lüdtke 1974, S. 226-231). Auch bei *Niketta* und *Volke* wird die Entwicklung der Typologie transparent gemacht (vgl. Niketta/Volke 1994a, S. 53 f.).

In einigen Untersuchungen scheint die Aufstellung der Stiltypologien auf landläufige Bezeichnungen zu rekurrieren, die nicht mehr definiert und an musikalischen Strukturen festgemacht werden. So wird das explizite Eingehen auf musikalische Inhalte auch dort umgangen, wo diese implizit wissenschaftlicher Typenbildung zugrundeliegen. Dies gilt beispielsweise für *Friedrich Klausmeiers* Untersuchung zum Musikinteresse höherer Schüler im Bezug zur Konfession (Klausmeier 1959) - sie stellt einen Auszug aus der umfangreicheren Studie zu "Jugend und Musik im technischen Zeitalter" (Klausmeier 1963) dar. Eine hier zur Ermittlung von Hörpräferenzen benutzte Typologie lautet:

"Oper / Operette / Unterhaltungsmusik (Walzer, Potpourris) / Tanzmusik (Schlager) / Negerjazz / andere Negermusik (Spirituals, Blues) / Kammermusik / Sinfoniekonzert / Sololieder (auch

Balladen usw.) / Volksmusik (auch Märsche usw.) / Volksmusik fremder Völker (spanisch, arabisch usw.) / Jugendmusik / geistliche Musik / Schulfunk / Hörspiel mit Musik/ alles" (Klausmeier 1959, S. 491).

Die Entwicklung dieser Typologie beruht, wie *Klausmeier* erläutert, auf der Einordnung von Musik über "bestimmte soziale Assoziationen und Institutionen der Produzenten" (Klausmeier 1959, S. 477), also nicht in erster Linie über inhaltlich-stilistische Kriterien. Im weiteren Argumentationsverlauf bezieht sich *Klausmeier* aber auf strukturelle Eigenheiten der Kategorien, die er zu Charakteristika der Konfessionen in Bezug setzt:

> "Wenn wir versuchen, aus dem oben gewonnenen Bild der Konfessionen auf die zugehörige Geschmacksrichtung zu schließen, müßte sich etwa ergeben, daß die Katholiken eher dem Gesang und der Oper zuneigen, ihrer gelösteren Sinnenfreudigkeit wegen, wie auch die Tradition eine Brücke zur überkommenen Volksmusik bilden könnte. Entsprechend wäre anzunehmen, daß die Protestanten - schon auf Grund ihres rationalen Gottesdienstes - die Instrumentalmusik und - wegen ihres eigenwilligen Verhaltens zur Umwelt - extremere Ausdrucksformen der Musik, etwa den Jazz, bevorzugen" (Klausmeier 1959, S. 477; vgl. Klausmeier 1963, S. 38 f.).

Hier wird nicht mit Hilfe der musikalischen Strukturen begründet, weshalb etwa Instrumentalmusik einer rationalen Disposition eher entspricht als Vokalmusik - was auch deshalb nicht unmittelbar einleuchtet, weil innerhalb der Instrumentalmusik nicht mehr differenziert wird. Der Argumentation könnte auch entgegengehalten werden, daß gerade die Oper doch eine extreme Ausdrucksform ist (sie hat ein starkes visuelles Element, oft eine große Besetzung und eine Handlung) - vielleicht ist sie nicht weniger extrem als Jazz. Im Grunde wäre hier zuerst zu fragen, was in diesem Zusammenhang "extrem" heißen soll: Dieses Wort bezeichnet eher eine Quantität als eine Qualität. Musik kann extrem laut oder extrem leise sein, extrem banal oder extrem komplex, extrem schnell oder extrem langsam. Begründet werden müßte also, in welcher Hinsicht Jazz extremer ist als andere Musiken. Obwohl die Typenbildung bei *Klausmeier* explizit nicht nach stilistisch-inhaltlichen Kriterien erfolgte, werden den einzelnen Kategorien im Nachhinein Eigenschaften zugeschrieben, wobei diese nicht immer einleuchten[106].

---

106 Teilweise willkürlich wirken auch die Zuschreibungen, mit denen Klausmeier bestimmte Instrumente charakterisiert: So spricht er vom "nicht sinnlichen Kammerton der Blockflöte" (Klausmeier 1959, S. 478; Klausmeier 1963, S. 39). Dies mag seine persönliche Einschätzung sein, die jedoch nicht eigens begründet wird und auch nicht geteilt werden muß: Von einer völlig gegensätzlichen Auffassung zeugen etwa die puritanischen Säuberungsaktionen in England unter Oliver Cromwell; hier wurde die Blockflöte als eines der ersten Instrumente verboten, gerade weil sie mit besonderer Sinnlichkeit in Verbindung gebracht wurde (Michael Form, mündl. Information, 24. 3. 1995). Daß auch in italienischen Ohren die Blockflöte nicht unsinnlich klang, darauf könnte ihre Bezeichnung "flauto dolce" hinweisen.

Josef Eckhardt und *Helmut E. Lück* sind bei ihrer Verknüpfung der Stilkategorien mit musikalischen Inhalten vorsichtiger, gehen aber in ihrem Erklärungsversuch nicht sehr weit (vgl. Eckhardt/Lück 1976, S. 11; s.a. Pkt. 6.2, Pkt. 7.3). Die Forschungsergebnisse werden eher in Datenform wiedergegeben als interpretiert (vgl. Eckhardt/Lück 1976, S. 7-16, S. 42-44).

Probleme bei der Anwendung von Stilkategorien

Wenn davon ausgegangen wird, daß musikalische Präferenzen sich zumindest teilweise auf die klingenden Strukturen beziehen, nicht nur auf ein Etikett an sich, und daß sich deshalb eine soziologische Interpretation der Präferenzen letztlich ebenfalls auf die Inhalte, nicht allein auf die Namen der Kategorien bezieht, dann stellt sich die Frage nach dem Informationsgehalt der Stilkategorien.

Typologien mit sehr vielen Kategorien sind aufwendiger in der forschungstechnischen Handhabung - wie viele Stiltypen sich allein im Bereich der Rockmusik aufstellen ließen, zeigt *Ebbecke* (vgl. Ebbecke 1987, S. 102; s.a. Dollase/Rüsenberg/Stollenwerk 1974 , S. 98; Hettlage 1992, S. 358 f.). Wird dagegen mit wenigen Kategorien gearbeitet, ist es um so schwerer möglich, ihnen charakteristische musikalische Inhalte zuzuordnen. Je weniger Musikrichtungen unterschieden werden, desto umfassender muß die einzelne Kategorie sein; folglich sinkt ihr Informationsgehalt. Deutlich wird das etwa bei der Kategorie "Jazz" (vgl. Ehlers 1989, S. 389; Ebbecke/Lüschper 1987, S. 267). Hier müßten beispielsweise Benny Goodman, John Coltrane, Dizzie Gillespie, Irène Schweizer und die Gruppe Yellow Jackets eingeordnet werden. Die Vermutung liegt nahe, daß diese InterpretInnen unterschiedliches Publikum aus unterschiedlichen Gründen anziehen, und daß sich auch die Häufigkeiten stark unterscheiden, mit denen sie etwa in Funk und Fernsehen gesendet werden[107].

Die Schwierigkeit der Interpretation von Stilkategorien zeigt sich auch darin, daß Zuordnungen zu gleichnamigen Kategorien in der Literatur unterschiedlich erfolgen. Das gilt etwa für den Bereich Tanzmusik - Schlager - Unterhaltungsmusik:

Günther unterscheidet in U-Musik und Tanzmusik (Günther 1967, S. 288), *Behne* differenziert in jeweils eigene Kategorien für "Deutsche Schlager", "Traditionelle Tanzmusik" und "Beat- und Popmusik (60er Jahre)" (Behne 1986, S. 79). Bei *Klausmeier* bilden Schlager die Tanzmusik, während Walzer zur Unterhal-

---

107 In anderen Studien wird Jazz in mehrere Kategorien unterteilt (vgl. Behne 1986, S. 185; Günther 1967, S. 291; in bezug auf Kompetenzeinschätzung des Publikums s.a. Dollase/Rüsenberg/ Stollenwerk 1978a, S. 93-98), oder ein Bereich des Jazz wird genauer definiert (vgl. Buchhofer/ Friedrichs/Lüdtke 1974, S. 229; Niketta/Volke 1994a, S. 53-57; Rotter 1989, S. 460).

tungsmusik zählen - nicht, wie vielleicht zu vermuten wäre, zur Tanzmusik (s.o.; vgl. Klausmeier 1959, S. 491; Klausmeier 1963, S. 234); *Josef Eckhardt* und *Helmut E. Lück* arbeiten dagegen mit den Stilrichtungen "Beat, Rock und Soul", "Schlager", "Jazz" und "Tanz- und Unterhaltungsmusik" (vgl. Eckhardt/Lück 1976, S. 8). Bei *Ehlers* finden sich Kategorien für Popmusik und Deutsche Schlager, wobei im Text zusätzlich der Terminus Tanzmusik auftaucht, der nicht näher spezifiziert wird - möglicherweise überschneidet er sich mit zuvor genannten Typen oder beinhaltet sie (vgl. Ehlers 1989, S. 389).

Insgesamt wird hier wohl deutlich, daß erstens die Zuordnung von Musikstücken kaum eindeutig erfolgen kann, und daß außerdem die Ergebnisse der einzelnen Untersuchungen schwer zueinander in Beziehung zu setzen sind. Eine Bindung der Stilkategorien an explizit dargelegte musikalische Strukturen könnte diese Probleme nicht lösen, sicher aber mindern.

Es ist schließlich kaum erstaunlich, daß sich Gattungs- und Hörertypologien in Auftragsarbeiten für Massenmedien Verwendung finden (vgl. z.B. Ehlers 1989, S. 379; Rotter 1989, S. 460; s.a. Ehlers 1985)[108]. Informationen über Marktlage und KonsumentInnenwünsche sind mit dieser Methodik vermutlich leichter zu gewinnen als soziologische Erkenntnisse, bei denen ein inhaltliches Inbeziehungsetzen der Präferenzen und Abneigungen zu sozialen Aspekten zur Debatte steht. Dazu scheinen Stiltypologien, die nicht explizit und differenziert anhand musikalischer Inhalte entwickelt wurden, weniger geeignet zu sein. Eine Typologie mit prozentualer Zuordnung des Publikums ist für die Medien vielleicht ein brauchbares Ergebnis, für soziologischen Erkenntnisgewinn jedoch eher Material, das innerhalb soziologischer Fragestellungen erst noch zu verarbeiten wäre. Dies zeigt sich etwa bei der Typologie, die innerhalb einer Erhebung der Schweizerischen Radio- und Fernsehgesellschaft entstand und die *Rotter* referiert:

> "'Vielhörer-Typ' (26%), 'volkstümlicher Typ' (21%), 'Rock-Pop-Typ' (19%), 'progressiver Typ' (19%), und 'Klassik-Typ' (16%). Der Vielhörer ist praktisch für jede Musik offen. Der Rock-Pop-Typ mag auch leichte Barockmusik. Während sich der progressive Typ u.a. neben aktuellem Jazz auch für avantgardistische ernste Musik interessiert, hat der Klassik-Typ neben traditioneller Kunstmusik ein starkes Interesse an Unterhaltungsmusik" (SRG, zit. n. Rotter 1989, S. 460).

Die isolierte Wiedergabe der Untersuchungsergebnisse ohne den Kontext des gesamten Berichts erschwert sicher die Einschätzung dieser Hörertypologie (vgl. Blaukopf 1984, S. 279 f.). Abgesehen von der insofern schwer zu beantwortenden Frage inhaltlicher Plausibilität scheint die Typologie brauchbare Informationen ge-

---

108 Zu Adornos Kritik der Rezeptionsforschung im Auftrag der Massenmedien vgl. Casimir 1991, S. 15.

rade für Probleme der Programmgestaltung zu liefern; es ist allerdings zweifelhaft, ob beispielsweise die Aussage, daß 21 Prozent des Funk- und Fernsehpublikums einem sogenannten volkstümlichen Typ zuzurechnen sind, an sich einen nennenswerten Beitrag zu soziologischer Erkenntnis darstellt.

4.2 Generelle Eigenschaften von Musik

Ein Teil der Literatur thematisiert generelle Eigenschaften von Musik. Hier wird nicht auf spezifisches Material oder bestimmte Werke eingegangen, die Überlegungen beziehen sich auf Charakteristika von Musik allgemein. In einigen Fällen findet keine Differenzierung nach Gattungen statt, in anderen Arbeiten wird von vornherein nur eine bestimmte Musikart behandelt, auf deren Eigenschaften sich die Autoren beziehen - auch hier ohne Eingehen auf die Faktur von Einzelwerken.

Musik allgemein

Zu den Autoren, die die Eigenschaften von Musik allgemein ansprechen, gehören zunächst *Fuchs* und *Rotter* mit ihrer systemtheoretischen Orientierung (s. Pkt. 3.4). Bei *Fuchs* stehen die Aspekte von Musik als Zeitkunst und damit zusammenhängend ihrer autopoiesis-isomorphen Organisation im Mittelpunkt (vgl. Fuchs 1987; Fuchs 1992). *Rotter* setzt einen Schwerpunkt bei den psychologischen Bezügen von Musik und ihren davon abgeleiteten kommunikatorischen Besonderheiten (vgl. Rotter 1985; Rotter 1992).

Beide Autoren sprechen fast durchgehend einfach von "Musik". Die angesprochenen Qualitäten werden als generelle Eigenschaften von Musik postuliert, so die von *Rotter* behandelte Halluzinierung einer mutternahen Hörwelt (vgl. Rotter 1985, S. 45-65; Rotter 1992, S. 96; s.a. Pkt. 5.5: Exkurs), oder daß Musik keine Kommunikation ist, worauf *Fuchs* eingeht (vgl. Fuchs 1992, S. 73-79). Einzelne musikalische Phänomene, Komponisten oder ihre Werke erscheinen selten und fungieren dann zudem als Beispiele, sie werden also nicht in ihrer Spezifik thematisiert, sondern zeigen etwas (möglicherweise besonders anschaulich), das auch in anderer Musik vorhanden ist (vgl. z.B. Rotter 1985, S. 55-58; Fuchs 1992, S. 73 f.).

In ihrer hohen Abstraktheit beanspruchen die Arbeiten von *Fuchs* und *Rotter* wohl allgemeine Geltung; ihre Thesen müßten sich damit auf jede mögliche Art von Musik beziehen lassen[109]. Implizit scheint jedoch den Überlegungen beider Autoren die abendländische Opusmusik zugrundezuliegen, was sowohl zeitlich als auch regional eine beträchtliche Einschränkung bedeutet. Deutlich wird dieser Bezug beispielsweise, wenn *Fuchs* vom "Kunst*werk*" (Fuchs 1992, S. 82; Hervorheb. d. K.I.) spricht: Der Werkbegriff ist der bürgerlichen, sogenannten Ernsten Musikkultur des Abendlandes zuzurechnen und frühestens für Musik ab dem späten Mittelalter anwendbar; zentral wurde er zu Beginn des 19. Jahrhunderts (vgl. Dahlhaus/Eggebrecht (Hgg.) 1989d). In ähnlicher Hinsicht fällt es bei *Rotter* auf, wenn er auf die "Unterscheidung zwischen Komponisten und Interpreten" (Rotter 1985, S. 39) rekurriert. Diese steht in Zusammenhang mit dem Werkbegriff: Erst wenn das Werk als individuelle Schöpfung Relevanz gewinnt, wird die Differenzierung zwischen Produzierenden und Reproduzierenden bedeutsam[110]. In der Gegenwart ist sie nicht nur außerhalb Europas, sondern auch für die sogenannte populäre oder U-Musik oft nebensächlich, zumindest was die Wahrnehmung durch RezipientInnen angeht (im Hinblick etwa auf GEMA-Gelder und Leistungsschutzrechte ist die Urheberschaft dagegen durchaus wichtig[111]). Im Rockbereich etwa werden Musikstücke eher Bands oder SängerInnen zugeschrieben als den tatsächlichen KomponistInnen: "Will You Love Me Tomorrow" wird so mit den Shirelles in Verbindung gebracht, nicht mit dem Songwriterpaar Carole King und Gerry Goffin (vgl. Greig 1991, S. 46)[112]. Bei Eric Claptons Hit "I Shot The Sheriff" ist zwar einem Teil des Publikums sicher bekannt, daß das Stück zuerst von Bob

---

109 Eine Ausnahme findet sich in Fuchs' Text "Vom Zeitzauber der Musik": Der Autor spricht zunächst über "Konflikte, deren Lösung sich in der Rückkehr zur Tonika zu finden pflegt" und "Ausdifferenzierung der Musik um Klauseln, Schlußwendungen, Kadenzen" (Fuchs 1987, S. 221). In einer Anmerkung schränkt er hierbei ein, daß "avantgardistische oder klassisch-moderne Entwicklungen (...), die in den Kontext der Aus- und Entdifferenzierung von Musik und Musiksystem gehören" (Fuchs 1987, S. 235), ausgeklammert werden. Diese Spezifizierung scheint insofern nicht ausreichend zu sein, als die angesprochenen Phänomene auf einen viel größeren Teil der Musik kaum anzuwenden sind. Für Fuchs' Argumentation ist hier die "Tonika" zentral; dieser Terminus stammt aus der Funktionsharmonik, was wohl deutlich macht, daß hinter den Überlegungen ein Bezug auf die dur-moll-tonale Musik steht. Außenvor bleiben damit aber nicht nur neue Entwicklungen, wie Fuchs sie in der Anmerkung nennt, sondern auch ältere abendländische und ein Großteil außereuropäischer Musik.

110 Zentral ist diese Thematik unter anderem bei Neitzert (vgl. Neitzert 1990, z.B. S. 110-129, S. 152 f., S. 169 f., S. 178-182).

111 GEMA steht für *Gesellschaft für musikalische Aufführungs- und mechanische Vervielfältigungsrechte*, gebräuchlicher ist aber die Abkürzung, die auch im Folgenden verwendet wird.

112 Eklatant ist auch das Beispiel "Maleika Nakupenda". Gemeinhin gilt dieses Stück als Lied von Miriam Makeba, zuerst veröffentlicht hat es Fadhili Williams, der mehrfach auch als Copyright-Besitzer genannt wird (wobei seine gemäß den internationalen Copyright-Bestimmungen bestehenden Ansprüche vielfach nicht erfüllt wurden - auch von Miriam Makeba wurden Gelder vorenthalten). Komponiert hat das Stück aber Lukas Tututu, den niemand kennt und der auch am kommerziellen Erfolg des Titels in keiner Weise beteiligt wurde (vgl. Bender 1985, S. 151 f.).

Marley gesungen wurde (vgl. Denselow 1991, S. 203), in einem solchen Fall wird aber kaum davon gesprochen werden, Clapton interpretiere Marley, eher von einer Cover-Version. Wenn es sich bei den "Interpretierenden" nicht um Stars handelt, ist auch der schlichte Ausdruck "Nachspielen" gebräuchlich. Daß niemand sagen würde, Horowitz spiele Tschaikowsky nach, macht vielleicht deutlich, wie selbstverständlich die Trennung zwischen Komponist und Interpret im Bereich der sogenannten Ernsten Musik ist, aber eben nicht in der Popularmusik[113].

Insgesamt scheinen *Fuchs* und *Rotter* mit ihren Thesen für den musikalischen Bereich Universalität zu beanspruchen. Allem Anschein nach bilden aber implizite Bezüge auf neuzeitlich abendländische "E-Musik" großenteils die Basis ihrer Argumentation. Es bliebe hier zu prüfen, inwieweit so gewonnene Thesen allgemein auf Musik anwendbar sind, und ob ihr Geltungsbereich entsprechend dem zugrundeliegenden Ausschnitt von Musiken eingeschränkt werden müßte. Musik ist ein so heterogener Gegenstandsbereich, daß Generalisierungen Einwänden schwerlich entgehen können. Diese Vielfältigkeit mag auch ein Grund sein für die von *Fuchs* angesprochene Schwierigkeit, die "ehrwürdige Quid-sit-musica-Frage zu beantworten" (Fuchs 1987, S. 214) - der Autor selbst führt sie auf Unbeobachtbarkeit als konstitutives Merkmal von Musik allgemein zurück (vgl. Fuchs 1987, S. 214 f., S. 222-230; s.a. Fuchs 1992, S. 77 f.).

In seiner Dissertation "Soziale Implikationen der Musiktherapie. Eine soziologische Untersuchung der Situation des psychisch Kranken" bezieht sich *Franz Josef Friederich* auf Eigenschaften von Musik im Hinblick auf musiktherapeutische Anwendung. Er unterscheidet hier als Grundkonzepte "medikamentöse", "magische" und "kommunikative" Musiktherapie; bei diesen Formen sind jeweils unterschiedliche, meßbare oder zugeschriebene Eigenheiten von Musik relevant (vgl. Friederich 1980, S. 5-9, S. 129-284). Kritisch äußert sich *Friederich* zur möglichen Manipulation durch Musik (vgl. Friederich 1980, S. 8). Obwohl die Art der musiktherapeutisch eingesetzten Musik sicher relevant ist, wird nicht explizit nach Gattungen differenziert oder auf bestimmte Werke eingegangen.

In einem Beitrag in der KZfSS wird ebenfalls auf allgemeine Eigenschaften der Musik Bezug genommen: *Hans-Heinz Stuckenschmied* thematisiert Musik im Hinblick auf den Gegensatz Gruppe und Individuum[114]. Musik ist nach *Stucken-*

---

113 Troge spricht für den Bereich der E-Musik von Komponist und Interpret als primärer und sekundärer Autorenschaft (vgl. Troge 1993, S. 168 f.).

114 Der Beitrag gehört zu den Arbeiten, in denen Musik auf mehrere Arten thematisiert wird: In bezug auf Eisler geht Stuckenschmied auch inhaltlich auf Kompositionstechnik und Gattungen ein (vgl. Stuckenschmied 1969, S. 496). Zentraler sind in Stuckenschmieds Aufsatz aber generelle Eigenschaften von Musik.

schmied ursprünglich stets individuelle Schöpfung, verfügt aber über gemein-schaftsbildende Kräfte, denn sie ist polymorph und steht über jeder Art von Moral (vgl. Stuckenschmied 1969, S. 484-493):

> "Aus dieser übergeordneten Kategorie, der die Musik angehört und die sie gottähnlich macht, leitet sich ihre Fähigkeit her, die Menschen, die ihr anhängen, zu Gruppen sehr ungleicher Art und Qualität zu binden" (Stuckenschmied 1969, S. 492).

Der Vergleich mit musikalischen Gruppenerlebnissen in asiatischen Kulturen macht deutlich, daß *Stuckenschmied* sich auf die abendländische Musik bezieht (vgl. Stuckenschmied 1969, S. 493). Metaphysische Aspekte der Musik sieht der Autor auch dort, wo ein Komponist

> "die Ordnungsgesetze der Mathematik als verbindlich für Formen (...) der Musik *erkannt* [hat]. Damit werden *Naturgesetze* in der Welt der Formen wirksam, die mit Sozialgesetzen nichts zu tun haben. Wenn dennoch der Mensch, der schaffende Mensch nämlich, Maß aller künstleri-schen Dinge ist, so fällt ihm dabei lediglich die Rolle des Sprachrohrs oder des Werkzeuges *au-ßermenschlicher Kräfte* zu. Ob er auf die Erkenntnis dieser *Mittlerrolle* mit Demut oder mit Grö-ßenwahn reagiert, ist eine Frage zweiten Ranges" (Stuckenschmied 1969, S. 497; Hervorheb. d. K.I.).

Nicht deutlich wird im Text, ob tatsächlich ein Erkennen einer in jedem Fall vor-handenen höheren Ordnung gemeint ist, oder ob *Stuckenschmied*, quasi ohne eige-ne Stellungnahme, die Folgen einer bestimmten Einstellung bei einigen Komponi-sten referiert, die für andere Musik keine Geltung beansprucht.

Auch *Friedrich Klausmeier* bezieht sich in seinem Buch "Die Lust, sich mu-sikalisch auszudrücken" (Klausmeier 1978) auf allgemeine Eigenheiten von Musik. Er ordnet sich der empirischen Musiksoziologie im Sinne *Silbermanns* zu und nimmt deshalb von Aussagen über musikalische Inhalte explizit Abstand (vgl. Klausmeier 1978, S. 16 f.). Bei der Besprechung von Funktionen der Musik wer-den einige allgemein musikalische Eigenschaften relevant, wobei für *Klausmeiers* Argumentation auch Psychologie eine große Rolle spielt (vgl. Klausmeier 1978, S. 15, S. 18). Die für *Klausmeier* zentrale Eigenschaft der Musik ist die, daß durch sie "Gefühle in jeder Kultur am intensivsten zu äußern sind" (Klausmeier 1978, S. 310). Gründe hierfür liegen vor allem in der frühkindlichen Sozialisation (vgl. Klausmeier 1978, v.a. S. 28-36, S. 253-279, S. 310 f.).

Schließlich stellt der Münchner Soziologe *Bernhard Winterer* in seinem Bei-trag "Wer hören will, muß fühlen" (Winterer 1990; s.a. Pkt. 7.2) Überlegungen zu allgemeinen Eigenschaften von Musik an. Wenig nachvollziehbar sind zunächst die Ausführungen *Winterers* zu Musik als sozialem Handeln, wobei der Autor sich auf *Max Webers* musiksoziologisches Fragment bezieht. In Anlehnung an *Webers* religionssoziologische Arbeiten stellt *Winterer* Fälle dar, in denen Musik kein soziales Handeln ist:

"Für die Musik gilt entsprechend: solange sie als unsingbar und unspielbar nicht transponierbar ist oder solange zu ihr - als Gesang - kein adäquates Begleitinstrument gefunden werden kann oder solange sie nicht schriftlich festgehalten wird, fehlt ihr die soziale Qualität. Sie hat in diesen Fällen keine Möglichkeit, mit dem Verhalten anderer Menschen in Verbindung zu treten" (Winterer 1990, S. 6).

Nachdem die hier genannten Eigenschaften nicht sozialer Musik durch "oder" verknüpft sind, müßte schon bei Erfüllen einer der Bedingungen einer Musik die soziale Komponente abgesprochen werden. Hier wären sowohl rein vokale als auch schriftlose Musiken und Musikkulturen betroffen. Der Autor geht hier keinesfalls mit *Weber* konform, der in seinem Beitrag zur Musiksoziologie beispielsweise auf die "ganz instrumentenlosen Weddahs" (Weber 1924, S. 27) und auf zahlreiche Kulturen ohne Notenschrift eingeht, ohne die entsprechenden Musiken dabei als frei von sozialen Qualitäten einzustufen (vgl. Weber 1924, z.B. S. 25-30). *Weber* betont auch den Umstand, daß die häufig und fast überall Verwendung findenden Intervalle Oktav, Quint und Quart für das musikalische Gedächtnis besonders gut zu erinnern sind - was wohl gerade für nicht schriftlich fixierte Musiken relevant sein dürfte (vgl. Weber 1924, S. 29). Eine Notenschrift ist nach *Weber* zwar Bedingung für ein "irgendwie kompliziertes modernes musikalisches Kunstwerk" (Weber 1924, S. 64), allem Anschein nach aber nicht für die soziale Qualität von Musik. Die elaborierte Notenschrift des Abendlandes ist an der Herausbildung seiner spezifischen musikalischen Rationalität beteiligt, es findet sich aber keine Äußerung *Webers*, daß dies mit dem Vorhandensein oder Fehlen sozialer Komponenten der Musik in Zusammenhang steht. Die musikalische Praxis in ihrem gesellschaftlichen Kontext steht nach *Webers* Darstellung in einem Spannungsverhältnis zur musikalischen Ratio, ist in ihrem Bestehen aber unabhängig von spezifischen Formen musikalischer Rationalisierung (vgl. Weber 1924, v.a. S. 64-70, S. 80). Gänzlich unverständlich bleibt die erstgenannte Bedingung *Winterers*: Es ist nicht nur unklar, was er unter Unspielbarkeit und Unsingbarkeit versteht, es stellt sich auch die Frage, weshalb nicht spiel- oder singbare Musiken nicht transponierbar sind, und gesetzt den Fall, sie sind weder das eine noch das andere, weshalb sie, etwa in Form einer Partitur, nicht ein auf sie bezogenes menschliches Handeln hervorrufen können[115].

---

115 Um ein Beispiel zu konstruieren: Ein fünfgestrichenes f ist nicht singbar, es ist zu hoch. Es läßt sich jedoch gut um eine große Terz nach oben transponieren, das Resultat ist ein fünfgestrichenes a. Wer eine Liedkomposition, die nur aus Tönen der fünfgestrichenen Oktav besteht, einer Gesangsschülerin als Hausaufgabe mitgibt, wird mit großer Wahrscheinlichkeit auf die Mu-

Auch in seinen weiteren Überlegungen geht *Winterer* auf generelle Eigenschaften von Musik ein, insbesondere auf die Möglichkeiten ihrer Funktionalisierung. Die "Manipulationschancen durch Musik" (Winterer 1990, S. 11), die der Autor auch an Beispielen aus dem Faschismus erläutert, bringt er mit dem Fehlen eindeutiger lexikalischer Zuordnungen bei musikalischen Strukturen in Verbindung (s.a. Pkt. 2.4). Auf der einen Seite läßt sich Musik in ihrer mehrfachen Ausdeutbarkeit zur "Pseudobefriedigung authentischer Bedürfnisse" (Winterer 1990, S. 12) auch beim breiten Publikum verwenden, wogegen sich der Komponist nicht schützen kann. Sie hat aber nach *Winterer* auch revolutionäre Potentiale, Möglichkeiten zum Widerstand, da kollektive Auswirkungen von Musikrezeption nach *Winterers* Darstellung wohl nicht zwangsläufig dem Bestehenden dienen müssen (vgl. Winterer 1990, S. 9-12).

Eigenheiten bestimmter Gattungen

Einige Arbeiten behandeln von vornherein einzelne musikalische Gattungen und gehen dabei auch auf deren generelle Eigenschaften ein.

Ein solches Charakteristikum von Pop- und Rockmusik ist zentral in den Arbeiten von *Robert Hettlage* und *Hans W. Giessen*: Sie sehen in dieser Gattung Repräsentation und Indikator gesellschaftlicher Strömungen und Zustände. Nach *Giessen* läßt sich an Popmusik gesellschaftlicher Wertewandel ablesen, was der Autor damit begründet, daß sie in ihrer kommerziellen Orientierung Zeitströmungen sowie aktuelle Interessen der individuellen KundInnen berücksichtigen muß. Dabei nennt er die musikalischen Strukturen als zentral; in zweiter Linie sind Texte zu betrachten, "obgleich sie nicht im Vordergrund des Produkts 'Popmusik' stehen" (Giessen 1993, S. 555). In seinem Aufsatz betrachtet *Giessen* Popmusik als Indikator für die Entwicklungen des Rechtsradikalismus in Deutschland (vgl. Giessen 1993, S. 555 f.). Allerdings geht er, seinen einleitenden Äußerungen zum Trotz, praktisch nur auf Texte ein und fast gar nicht auf musikalische Strukturen der behandelten Stücke. Einzige Ausnahme ist *Giessens* Eingehen auf den DAF-Titel "Der Mussolini", in dem im Text Weltanschauungen angesprochen, aber

---

sik bezogenes Handeln hervorrufen, etwa Äußerungen von Verwirrtheit oder Empörung. Dieses Gedankenexperiment dürfte wohl zeigen, weshalb *Winterers* Ausführungen hier nicht einleuchten. *Weber* konstatiert übrigens ein "Streben nach *Transponierbarkeit*" (Weber 1924, S. 44; Hervorhebung im Original durch Sperrung), das musikgeschichtlich eine große Rolle spielt, es ist in seinen Ausführungen jedoch nicht zu ersehen, warum nicht transponierbare Musik keine sozialen Qualitäten haben kann. Bernd Alois Zimmermanns Oper "Die Soldaten" - dies als reales Beispiel - galt übrigens zunächst als unspielbar, was einer Transposition um beliebige Intervalle jedoch kaum im Wege gestanden hätte.

nicht wichtig genommen werden und nur rhythmisch-musikalische Funktion erfüllen: Indem sie "nur zum Zweck spielerischer, rhythmischer Sprachstrukturierung im Zusammenhang mit einem Tanz benutzt werden, sind sie dem Diskurs entzogen" (Giessen 1993, S. 559). Hier geht *Giessen* also auf das Zusammenspiel von Text und Musik ein.

Unklar bleibt auch die Materialgrundlage seiner Aussagen. Es scheint fraglich, ob sich anhand eines einzelnen Songtextes eine gesellschaftliche Entwicklung belegen läßt; eben das scheint sich *Giessen* in seinem Aufsatz mehrfach vorzunehmen, etwa wenn er schreibt:

> "Der Text eines 1985 auch kommerziell sehr erfolgreichen Songs soll die Auflösung und Relativierung zuvor konsensfähiger Wertvorstellungen belegen - wobei der kommerzielle Erfolg als Indiz für eine relativ breite gesellschaftliche Gültigkeit der beschriebenen These gesehen werden darf" (Giessen 1993, S. 558).

Nicht nur die Beweiskraft eines einzigen Textes wäre zu hinterfragen, auch die vormalige Konsensfähigkeit der angesprochenen Werte müßte erst nachgewiesen werden. In ähnlicher Weise sieht *Giessen* es zumindest als Möglichkeit, daß die von der Gruppe "Böhse Onkelz" beteuerte Abkehr vom Rechtsradikalismus "als Indiz verstanden werden darf, das auf eine *gesellschaftliche* Entwicklung verweist: auf die mögliche Entradikalisierung der rechtsradikalen Szene" (Giessen 1993, S. 567). Eine gegensätzliche Auffassung vertreten übrigens *Ralf Klassen* und *Christian Seidl* in einem journalistischen Beitrag zu Musik und Neonaziszene: Das rechtsextreme Musikleben wird als recht florierend beschrieben. Als "neue Vorsicht" (Klassen/Seidl 1994, S. 32), nicht als Sinneswandel, wird das Vorgehen rechtsgerichteter Schallplattenlabel angesprochen, die aus rechtlichen und in vermittelter Form wohl auch kommerziellen Gründen "keine Platte mehr ohne juristische Unbedenklichkeitserklärung" (Klassen/Seidl 1994, S. 31) veröffentlichen (vgl. Klassen/Seidl 1994, S. 28-33).

Schlußfolgerungen bezüglich gesellschaftlicher Tendenzen aufgrund einzelner Liedtexte oder Gruppen, wie *Giessen* sie macht, scheinen schon deshalb gewagt, weil kaum von auch nur annähernder Homogenität in den Texten erfolgreicher Poptitel ausgegangen werden kann.

Bei der Konstatierung zeitlicher Entwicklungen ist zudem problematisch, daß neben dem Nachweis etwa sexistischer Inhalte in Texten von 1982 auch anzugeben wäre, woraus die *Neuartigkeit* von Aussagen dieser Art geschlossen werden kann - daß sie im vorhergehenden Beispiel nicht zu finden sind, kann kaum als Beleg angesehen werden (vgl. Giessen 1993, S. 559 f.). Welche früheren Titel eventuell in bezug auf Frauenfeindlichkeit analysiert wurden (und ebenso in bezug auf die übrigen angesprochenen Aspekte), darüber gibt auch das Schallplattenverzeichnis zu

Giessens Aufsatz keine Sicherheit. Es umfaßt nur 15 Gruppen, auch zum Auswahlverfahren (soweit es eines geben mag) wird nichts ausgesagt (vgl. Giessen 1993, S. 567 f.). Hier stellt sich wohl die Frage nach der Repräsentativität, an der in einer empirisch orientierten Arbeit schwerlich ein Weg vorbeiführt.

Auch *Hettlage* sieht in Rock- und Disco-Musik einen Indikator für gesellschaftliche Tendenzen. Er beobachtet Parallelen zwischen der Lebensweise der Moderne und der von der heutigen Jugend bevorzugt konsumierten Musik (vgl. Hettlage 1992, S. 333, S. 349); in der Musikszene sieht er "zugleich Verkörperung *und* Kritik des Zeitgeistes" (Hettlage 1992, S. 354). Wenngleich der Autor die Parallelen heutiger gesellschaftlicher Verhältnisse zum Bereich der Popularmusikszene ausführt, scheint die generelle Vorstellung von Musik als Ausdruck der Zeit apriorischen Charakter zu haben:

> "Immer konnte mit Musik ein besonderes Lebensgefühl und ein gesellschaftlicher Zusammenhang ausgedrückt werden. (...) Lieder, 'Gassenhauer' und Schlager, Jazz, Ragtime, Bebop und Rock, Soul und Beat, Gitarre, Banjo, Trompete und Saxophon waren nicht einfach nur musikalische Präferenzen, sondern dienten auch zur Bezeichnung einer ganzen Lebensanschauung. Offensichtlich ist Musik ein Gefährt, das besser als andere eine Zeitstimmung, eine jugendspezifische Welterfahrung und einen jeweils typisch 'modernen' Profilierungswillen gegenüber der Erwachsenenwelt transportieren kann" (Hettlage 1992, S. 333 f.).

Die daraufhin von *Hettlage* dargelegten strukturellen Ähnlichkeiten zwischen gesellschaftlicher Moderne und Rock- und Discokultur zielen auf Seiten des Musiklebens hauptsächlich auf Marktentwicklung und Vermittlungsformen ab. Auf musikalische Inhalte wird nur an wenigen Stellen eingegangen, so nennt der Autor den multimedialen Charakter aktueller Musikdarbietungen als zentrales Kennzeichen der heute erfolgreichen Produktionen, eine Mischung aus "Sound und Lautstärke, sexualisierter Bewegung (...) und ekstatischem Schreien" (Hettlage 1992, S. 355).

Ein Bezug zu musikalischen Inhalten schimmert auch durch bei einer Bemerkung über Punk- und Independentmusik, die auf schlechtes musikalisches, gesangliches und instrumentalistisches Niveau abzielt:

> "Natürlich haben die Vermarktungsstrategien der Plattenfirmen auch etwas bedenkliches, denn selbst noch die rüdeste Gossenmusik, das unartikulierte Gegröhle und die auf Minimalniveau dargebotene Instrumentaltechnik (etwa von 'The Sex Pistols', 'The Damned' und vielen anderen) sind mit dem kaltschnäuzigen Etikett 'ehrlich' als neue Welle verkaufbar, Hauptsache die 'Post geht ab'" (Hettlage 1992, S. 359).

Zunächst ließe sich hier über *Hettlages* Wertung und über die generelle Relevanz ausgefeilter musikalischer Technik bei einer Interpretation und Einordnung von Punk streiten - eine gänzlich andere Wertung findet sich beispielsweise in einem Beitrag des Komponisten und Diplomsoziologen *Heiner Goebbels*, für den gerade auch Punkgruppen an den Innovationsschüben der Musik der letzten zwanzig Jahre beteiligt waren (vgl. Goebbels 1989, S. 421; s.u.; s.a. Gaar 1994, S. 248)[116]. Auch was Kommerzialität angeht, ist gerade bei der Punkszene zumindest phasenweise ein eher kritisches und kaum eindimensionales Verhältnis zum Musikbusiness und den großen Schallplattenfirmen festzustellen (vgl. z.B. Frith 1978b; Frith 1980; Thienen 1988a, S. 162, S. 164 f.)[117].

Wichtiger ist hier aber, daß *Hettlage* den Erfolg, die massenhafte Produktion und Rezeption von Punkmusik anscheinend auf Vermarktungsstrategien kommerziell ausgerichteter Schallplattenfirmen zurückführt - womöglich hält er die Musik für zu schlecht, um ohne Nachhilfe Verbreitung zu finden. Das hieße aber, daß in diesem Fall die Popularität einer Musikrichtung doch nicht Ausdruck des Zeitgeistes ist, was *Hettlage* seiner Arbeit ja zugrundelegt, sondern Ergebnis geschickter PR. Es wird nicht ganz klar, warum etwa Ragtime und Banjo den Zeitgeist repräsentieren, Punkbands hingegen Marketingstrategien. Was für Punk gilt, könnte dann im Prinzip bei jeder erfolgreichen Musik vermutet werden. Diese Bemerkung *Hettlages* könnte so die Voraussetzung seiner Arbeit in Frage stellen, Musik sei ein Ausdruck von Zeitgeist.

Im übrigen wird auch bei *Hettlage*, wie schon bei *Giessen*, nicht expliziert, welche Materialien und Methoden seinen Äußerungen über Musikszenen zugrundeliegen. Die musikbezogenen Titel im Literaturverzeichnis scheinen kaum zahlreich genug, um einen Überblick über das aktuelle Musikleben zu geben (vgl. Hettlage 1992, S. 365-367). Inhaltliche Mängel wie die fragliche Einordnung des Punk bestätigen diesen Eindruck.

Möglicherweise wird bei Arbeiten wie denen von *Giessen* und *Hettlage* davon ausgegangen, daß beim Untersuchungsobjekt Popularmusik dem Wissenschaftler in unserer Gesellschaft ohnehin soviel teilnehmende Beobachtung zugemutet wird, daß sich eine weitere, durchsichtige und empirische Basierung der Thesen erübrigt. Dies wird spätestens dann problematisch werden, wenn verschiedene Untersuchungen zu divergierenden Ergebnissen kommen[118].

---

116 Hettlage verwendet den Terminus "Punk" hier nicht, seine Beispiele lassen aber darauf schließen, daß diese Musikrichtung gemeint ist - wobei gerade Punk nicht nur als Musikrichtung, sondern vielleicht eher als Subkultur oder eben "Szene" zu bezeichnen wäre.

117 Zum Thema Punk und Gesellschaft s. z.B. Laing 1985; Parsons 1994; Raphael 1995, S. xiii-xvii.

118 In bezug auf die Soziologie des Jazz problematisiert Ekkehard Jost die Einschätzbarkeit und Vergleichbarkeit von Untersuchungsergebnissen, die auf verschiedenen Methoden und (damit einhergehend) sehr unterschiedlichen Stichproben beruhen, oftmals ohne daß diesbezügliche Informationen gegeben werden (vgl. Jost 1989, S. 241-243).

4.3 Musikalische Faktur und Technik

Musikalische Faktur und Werkanalyse

Der Bezug auf die Faktur von Musikstücken wird wohl spontan mit dem Namen *Adorno* in Verbindung gebracht. Dieser Autor fordert die soziologische Werkanalyse programmatisch, sie ist für sein Konzept von Musiksoziologie zentral (s.a. Pkt. 2.2). In seinen musikalischen Schriften widmet sich *Adorno* vielfach der Analyse einzelner Werke (vgl. z.b. Adorno 1963a, S. 101-216; Adorno 1964, S. 141-152; Adorno 1986, S. 374-490); in seinen Beiträgen zu Sachthemen und einzelnen Komponisten finden sich praktisch durchgehend Bezüge auf die Faktur verschiedener Kompositionen (vgl. z.b. Adorno 1963a, S. 9-98; Adorno 1963b; Adorno 1964; Adorno 1976a; Adorno 1986; Adorno 1989)[119]. Auch in der "Einleitung in die Musiksoziologie" sind Werkbezüge vorhanden, wenn auch nicht in jeder der zwölf Vorlesungen in gleichem Maße (vgl. Adorno 1975a). Eine Ausnahme bilden *Adornos* Arbeiten zum Jazz, in denen er nur auf gattungsspezifische Techniken eingeht, ohne einzelne Stücke zu analysieren (s.u.).

Wenn *Adorno* vorgeworfen wird, seiner Forderung nach soziologischer Werkanalyse selbst nie nachgekommen zu sein, so bezieht sich das wohl auf schwer nachvollziehbare Verknüpfungen musikalischer und gesellschaftlicher Aspekte (vgl. Pfau 1991, S. 411) - Werkanalyse wird in *Adornos* Arbeiten durchaus betrieben, kritisiert werden könnte, daß der gesellschaftliche Niederschlag in den Werken eher behauptet als nachgewiesen wird.

Von AutorInnen, die sich explizit auf *Adorno* beziehen, sein musiksoziologisches Konzept anwenden und weiterführen wollen, wird der Analyse von Musikwerken erwartungsgemäß eine zentrale Stellung eingeräumt (vgl. Lentz 1984; Müller 1990; Müller 1991; s. Pkt. 3.3).

Auch in anderen Arbeiten finden sich Bezüge auf die Faktur von Musikwerken, etwa in *Dieter Döbens* Dissertation zu Musik in politischen Fernsehsendungen. Der Autor bedient sich hier bei der analytischen Darstellung von Musik auch graphischer Mittel (vgl. Döben 1989, z.B. S. 82 f.). Zu nennen wären außerdem zwei umfangreichere Arbeiten zur bürgerlichen Musikkultur von *Lutz Neitzert* und *Peter Schleuning* (Neitzert 1990; Schleuning 1984). *Schleunings* Arbeit ist eher eine sozialgeschichtliche Materialsammlung, die, schon dem Schreibstil nach zu ur-

---

119 Die häufigen Bezüge auf kompositorische Inhalte können auch deutlich ersehen werden aus den Anmerkungen zu Adornos Mahler-Monographie, die großenteils Nachweise von Stellen in Mahlers Werken sind (vgl. Adorno 1986, S. 310-317).

teilen, populärwissenschaftlich konzipiert ist, als ein soziologisches Werk (s.a. Schleuning 1984, S. 5 f.).

Neitzert versucht in seiner Dissertation, Phänomenen in der musikalischen Faktur nachzugehen, die gesellschaftlichen Vorgängen und Ideologien und ihrem Wandel entsprechen. Dabei bezieht er sich auf einige Einzelwerke, die stellvertretend für spezifische Kompositionsweisen im Zusammenhang mit Gattungs- und Epochenstilistiken analysiert werden (vgl. z.B. Neitzert 1990, S. 36-40, S. 42, S. 45 f., S. 136-144). Stark in die Argumentation einbezogen werden auch für die jeweiligen Stile charakteristische kompositionstechnische Mittel (vgl. z.B. Neitzert 1990, S. 33, S. 44 f., S. 121 f., S. 180-182). Im übrigen beschränkt sich *Neitzert* in seiner Darstellung auf Instrumentalmusik, so daß Textanalyse, die in anderen musiksoziologischen Arbeiten eine bisweilen zentrale Rolle spielt, als eher literatursoziologische Methode von vornherein ausgeschlossen bleibt (vgl. Neitzert 1990, S. 21 f.).

Neitzert setzt sich in seinem Ansatz von *Adorno* ab, es geht ihm nicht um gesellschaftliche Erkenntnis mittels der Analyse einzelner Werke. Sein Ansatz beinhaltet einen an *Kneif* orientierten Bezug zur Stilgeschichte, das Ziel seiner Arbeit liegt

> "in der möglichst umfassenden (historischen) Darstellung der komplexen Zusammenhänge zwischen Gesellschaftsform und ihr zuzuordnendem musikalischen *Epochenstil* (manifestiert nicht zuletzt als Geschichte der kompositorischen Gattungen)" (Neitzert 1990, S. 21).

Für die höfische Musik führt *Neitzert* an, daß sie durch die Gesellschaftsform der "repräsentativen Öffentlichkeit" (Habermas, zit. n. Neitzert 1990, S. 29), die das höfische Leben prägte, in enger Verbindung zum sozialen Leben stand, und ihre inhaltlichen Charakteristika auch im Hinblick auf ihre Funktionen innerhalb der sozialen Ordnung zu sehen sind:

> "In einer solchen Sozialstruktur, in welcher der Schein das Sein so unmittelbar bestimmte, mußte die Kultur, deren ureigenstes Feld ja die Manipulation eben der Äußerlichkeiten ist, sich unweigerlich zu einem wirkmächtigen Herrschaftsinstrument entwickeln" (Neitzert 1990, S. 29).

Neitzert führt die Funktionen der Musik aus, darunter Fürstenhuldigung und - durch Integration und Affektkontrolle - Stabilisierung der höfischen Hierarchie. Die entsprechenden kompositorischen Mittel sieht er unter anderem im polyphonen Stil, aus dem eine prächtige Klangfassade und die Vermeidung von Individualisierung resultiert. Weiter nennt er die Behandlung von Tempo und Dynamik, die fließende Übergänge vermeidet, und die Standardisierung der Affekte, die gleichzeitig deren Kontrolle bedeutet (vgl. Neitzert 1990, S. 27-65). Die veranschaulichend analysierten Musikbeispiele entstammen einem Concerto grosso von Georg

Friedrich Händel, op. 6-5, sie werden Beispielen aus Wolfgang Amadeus Mozarts Sinfonia concertante, KV 364, gegenübergestellt (vgl. Neitzert 1990, S. 36-61).

In ähnlicher Weise werden im Hinblick auf die bürgerliche Musikkultur Beispiele aus vier Werken Beethovens, einem zweiten Werk Mozarts und je einem von Johann Christian Bach, Hector Berlioz und Joseph Haydn analysiert (vgl. Neitzert 1990, S. 195).

Insgesamt werden an *Neitzerts* Analysebeispielen seine Thesen wirkungsvoll verdeutlicht. Die Beispiele sind so ausgewählt, daß sie Aussagen über den jeweiligen Epochenstil stützen - durch die geringe Anzahl der angeführten Stücke können sie ihn schwerlich belegen. Als problematisch können *Neitzerts* Angaben über die Epochenstilistiken gesehen werden, wenn er bestimmte Kompositions- und Aufführungstechniken verallgemeinert, als wären sie für die gesamte Instrumentalmusik einer Epoche charakteristisch. Dagegen könnte argumentiert werden, es handele sich um Tendenzen, denen aber auch gegenläufige Praktiken gegenüberstehen. Als Beispiel mag eine Aussage über die kompositorischen Mittel zur Integration des höfischen Adels in die musikalische Darbietung dienen: *Neitzert* zufolge

"verzichteten die Barockkomponisten weitgehend auf spieltechnische Virtuosität und entwickelten *eine Setzweise, die es erlaubte, aus relativ bescheidenen Einzelbeiträgen ein in seiner Gesamtheit imposantes Klanggebilde zu konstruieren*" (Neitzert 1990, S. 33).

In ihrer nicht weiter differenzierten Form ist diese These kaum haltbar; zumindest sollte wohl nach Gattungen spezifiziert werden. Es gibt vor allem im kammermusikalischen Bereich eine durchaus relevante Menge barocker Literatur, bei der von *bescheidenen* Einzelbeiträgen kaum die Rede sein kann; stellvertretend seien hier Johann Sebastian Bachs Solosonaten und -partiten für Violine (BWV 1001-1006) genannt (vgl. Notenverzeichnis: Bach 1958). Gerade bei Kammermusik ist es nicht unbedingt einleuchtend, die anspruchsvollen Parts nur als der Fürstenglorifizierung dienende Virtuosität zu interpretieren, wie *Neitzert* es bei den Solokonzerten seit Vivaldi tut (vgl. Neitzert 1990, S. 63)[120]. Zudem wäre auch eine Differenzierung der regionalen Herkunft von Musik, die gerade im Barock für Kompositions-, Notations- und Aufführungstechniken von großer Relevanz war, aufschlußreich.

---

120 Es finden sich weitere Beispiele für in ihrer generellen Art kaum haltbare oder umstrittene Aussagen, etwa im Hinblick auf das gemäßigte und unter Vermeidung von Agogik stets gleichbleibende Tempo des Barock (vgl. Neitzert 1990, S. 43 f.), auf den Verzicht auf Binnenhöhepunkte (vgl. Neitzert 1990, S. 45) und auf die Unmöglichkeit, die formelhafte Musik des Barock individuell zu prägen (vgl. Neitzert 1990, S. 60). Im weiteren Verlauf finden sich auch Beispiele in bezug auf Musik im Bürgertum.

Wenngleich aber *Neitzerts* Verknüpfungen gesellschaftlichen Wandels mit der Veränderung der Epochenstile in dieser Hinsicht kritisierbar sein mögen, wäre der Gesamtdarstellung bei in der genannten Weise differenzierteren, vorsichtigeren und möglicherweise eingeschränkten Aussagen über musikalische Inhalte wohl kaum etwas von ihrem Gehalt genommen. Die Plausibilität der Thesen *Neitzerts* scheint nicht davon abhängig zu sein, ob angesprochene musikalische Phänomene wirklich so allumfassend sind, wie die Darstellung annehmen läßt, oder ob sie charakteristische Tendenzen bestimmter zentraler Gattungen darstellen.

Auch *Detlev Schelsky* geht in seiner Dissertation zur Música Nordestina in Brasilien analytisch auf Musikbeispiele ein, vor allem, indem er neben der Instrumentation musikalische Einflüsse benennt (vgl. Schelsky 1991, z.B. S. 279-285). Auch in der allgemeinen Beschreibung einzelner Stile geht er auf deren gegenseitige Beeinflussung ein (vgl. Schelsky 1991, z.B. S. 273-278); bei der Darstellung der grundlegenden Wurzeln brasilianischer Folklore nennt *Schelsky* auch deren musikalisch-technische Merkmale (vgl. Schelsky 1991, S. 62-72).

Für die Wirkung musikalischer Einflüsse unterscheidet Schelsky materielle und formale Assimilation: Bei der materiellen werden "musikalische Symbole wie Klänge, Instrumente etc." (Schelsky 1991, S. 292) übernommen, bei der formalen auch das Musikverständnis, "das ursprünglich mit diesen [Symbolen; K.I.] verbundene musikalische Denken" (Schelsky 1991, S. 292). Die zentralen Unterschiede zwischen brasilianischer und europäischer Musikauffassung sieht der Autor in der Relation von Musik und Sprache und in der differierenden Thematisierung von Zeit und Raum. Wo musikalisches Material von außen adaptiert wird, die brasilianische Musikauffassung jedoch erhalten bleibt, sieht Schelsky die entstehende Musik weiter als national an (vgl. Schelsky 1991, S. 292-295, S. 300-302).

Christian Lahusen geht in seiner Arbeit zu den wechselseitigen Bezügen zwischen populärer Musik und nationalen Konflikten in Spanien auf musikalische Inhalte ein, die für bestimmte Stilarten oder bestimmte Interpreten charakteristisch sind. Wie bei *Schelsky* sind dabei auch stilistische Einflüsse und Instrumentation zentral. Einzelbeispiele werden vor allem im Hinblick auf Texte analysiert, allerdings wird den LeserInnen empfohlen, sich die entsprechenden Musiken tatsächlich auch anzuhören (vgl. Lahusen 1991, S. 21, S. 61-152; s.a. Pkt. 5.2). In seiner fünf Jahre später erschienen Untersuchung über soziale Bewegungen (vgl. Lahusen 1996) befaßt sich der Autor insbesondere mit Kampagnen, die Stars aus dem Musikbereich zur politischen Mobilisierung einsetzen. In diesem Zusammenhang werden Musikstücke ausführlich und mit Notenbeispielen analysiert und die Ergebnisse eng mit der soziologischen Argumentation verschränkt (vgl. Lahusen 1996, v.a. S. 153-233; s.a. S. 378-393). Wenngleich die Arbeit eher der Politischen als der Musiksoziologie zuzurechnen ist, scheint die semiotisch orientierte

Vorgehensweise *Lahusens* auch in musiksoziologischer Hinsicht aufschlußreicher als einige der primär musikorientierten Beiträge. Dies gilt auch dann, wenn man den Interpretationen der musikalischen Strukturen nicht immer folgen will[121].

Bei dem Versuch, einen naiven Blick auf die Musiksoziologie zu simulieren, stellt sich insgesamt doch Erstaunen ein, in wie wenigen Beiträgen inhaltlich auf Musikstücke in ihrer Faktur Bezug genommen wird. An dieser Stelle wäre vielleicht ein Vergleich etwa zur Literatursoziologie oder Soziologie der bildenden Kunst interessant: Wird auch in diesen Teildisziplinen ihr scheinbarer Gegenstand in seinem konkreten inhaltlichen Erscheinungsbild so weitgehend ausgeklammert, oder geht hier ein größerer Anteil von AutorInnen auf die Faktur bestimmter Werke, etwa Texte oder Bilder, ein[122]?

Musikalische Technik

Zunächst sei angemerkt, daß die technischen Mittel musikalischen Ausdrucks, etwa Tonsysteme, Notenschrift, Satztechniken und Musikinstrumente, bei *Max Weber* eine zentrale Rolle für seine universalgeschichtliche Musiksoziologie spielen.

---

121 So wäre darüber nachzudenken, inwieweit die formale Struktur eines Musikstückes im Hinblick auf politische Aussage interpretiert werden kann, wenn diese Struktur in der Popularmusik insgesamt äußerst gängig zu sein scheint und somit schwerlich als Spezifikum eines Stückes mit politischer Intention ausgemacht werden kann (vgl. Lahusen 1996, S. 200-204).

122 In seinem Aufsatz "Visuelles Verstehen. Konzepte kultursoziologischer Bildhermeneutik" stellt Stefan Müller-Doohm ein fehlen geeigneter Methoden für kultursoziologische Bildanalyse fest (vgl. Müller-Doohm 1993, S. 442 f., S. 453 f.). Er scheint aber Bildinhalte ohne Frage als zentralen Forschungsgegenstand zu verstehen: "Denn es ist ja das Ziel einer am Symbolbegriff orientierten kultursoziologischen Forschung, die Ausdrucks-, Darstellungs- und Bedeutungsformen der kulturell-symbolischen Ordnung einer intersubjektiv anerkannten Deutung zugänglich zu machen, und zwar auf der Basis eines gültigen Analysemodells des Sinnverstehens (...). Kultursoziologische Bildanalyse ist Bildinhaltsforschung" (Müller-Doohm 1993, S. 442 f.). Müller-Doohm versucht in seinem Beitrag, auf Methoden soziologischer Bildanalyse hinzuarbeiten. Seine Äußerungen lassen vermuten, daß soziologische Inhaltsanalyse auch in bezug auf andere Künste als Musik gerade methodisch schwierig ist; die Tendenz der Musiksoziologie, inhaltliche Beschäftigung mit der Kunst aus der Forschung auszuklammern, ist aber in anderen Bereichen der Kunstsoziologie möglicherweise nicht in dem Maße vorhanden. Silbermann ist in seiner Einstellung übrigens auch außerhalb der Musiksoziologie konsequent: In seiner Einführung in die Literatursoziologie betont er: "Vordringlich ist darauf hinzuweisen, daß der Literatursoziologe dem Handwerklichen des Kunstwerks absolut fernzubleiben hat. (...) Niemals kann er es sich erlauben, anhand irgendwelcher geistiger Vorstellungen in das literarische Werk etwas hineinzudeuten oder etwas aus ihm herauszulesen, was nicht faktisch und/oder dokumentarisch nachweisbar ist" (Silbermann 1981, S. 13). Die weitere Argumentation verläuft - bis hin zu einzelnen Formulierungen - weitgehend parallel zu den Darlegungen des Autors zur Ausklammerung der Werkanalyse aus der Musiksoziologie und anderen Bereichen der Kunstsoziologie (vgl. z.B. Silbermann 1979a, S. 126; Silbermann 1981, S. 13 f.). Geklärt müßte aber werden, wie weit Silbermanns Einstellung etwa in der Literatursoziologie verbreitet ist.

Das technische Material in seiner Wechselwirkung mit dem menschlichen Kunstwollen ist bei ihm Bezugspunkt für die Thematisierung von Musik; auf die Faktur einzelner Musikwerke geht *Weber* nicht ein (vgl. Braun 1992, S. 127-131; Weber 1924).

Unter Außerachtlassung von Einzelwerken bezieht sich auch *Honigsheim* in seinem Aufsatz "Die Ähnlichkeit von Musik und Drama in primitiven und totalitären Gesellschaften" (Honigsheim 1964) auf die technischen Ausdrucksmittel und den allgemeinen Stil, die in den Musiken bestimmter Gesellschaftsformen Anwendung finden. Seiner Darstellung zufolge findet sich bei liberalen Gesellschaften mit ihrer hohen Bewertung des Individuums ein naturalistischer, impressionistischer Kunststil, der sich in der Musik etwa durch Hervorhebung der Melodie und Darstellung solistischer Fähigkeiten auszeichnet. Demgegenüber ist in "primitiven" und totalitären Gesellschaften die Tendenz zur Glorifizierung der Gruppe zentral, und ihr expressionistischer Kunststil äußert sich beispielsweise in der "Kombination von Instrumentalmusik mit Worten und Körperrhythmik" (Honigsheim 1964, S. 487), wobei hier die Rhythmik und nicht die Melodie im Mittelpunkt steht (vgl. Honigsheim 1964, S. 486-489).

Honigsheims Aufsatz gründet auf einer evolutionistischen Sichtweise korrespondierender Kunst- und Gesellschaftsentwicklung[123]. Er beschreibt eine Entwicklung vom expressionistischen Stil früherer Epochen zum impressionistischen Kunststil der liberalen abendländischen Moderne, wobei die expressionistische Kunst zeitgenössischer totalitärer Gesellschaftsformen eine Art Rückfall darstellt:

> "Es scheint überflüssig hervorzuheben, daß Musik und dramatische Kunst der neuzeitlichen abendländischen Epoche zunehmend impressionistisch wurden und daß der Kunststil der totalitären Gesellschaften eine Rückkehr zu einem Expressionismus repräsentiert, der den Stil der matrilinearen und ähnlicher primitiver Gesellschaften wieder aufnimmt. Sämtliche Vergesellschaftungsgebilde von den primitiven religiös-kultischen Einheitskulturen bis zu den modernsten Formen von Individualismus und Subjektivismus lassen sich demnach als Glieder einer ununterbrochenen Kette aufreihen, je nach der Rolle, die sie der Gruppe respektive dem Individuum zusprechen" (Honigsheim 1964, S. 488).

Während *Honigsheim* so eine stilistische Verbindung zwischen den Musiken "primitiver" und totalitärer Kulturen herstellt, sieht er allerdings einen Unterschied darin, daß den heutigen totalitären Gesellschaften "moderne technische Hilfsmittel" (Honigsheim 1964, S. 482) zur Verfügung stehen, auf die der Autor nicht weiter eingeht.

---

123 Schon die Etymologie des Begriffs "primitiv" verweist auf evolutionistische Konnotationen bei seiner Verwendung: Er geht auf das lateinische "primus" (der erste) zurück und bedeutet laut Herkunftswörterbuch: "urzuständlich, urtümlich; [geistig] unterentwickelt, einfach; dürftig, behelfsmäßig" (Drosdowski (Hg.) 1989, S. 550; vgl. ebd.).

Hier könnte differenziert werden zwischen stilistischer oder kompositorischer Technik auf der einen Seite und materieller Technik wie etwa modernen Instrumenten, Bühnen- und Wiedergabetechnik auf der anderen - letztere wäre wohl die Komponente musikalischer Technik, die die von *Honigsheim* dargestellte Kunst "primitiver" von der totalitärer Gesellschaften unterscheidet.

Dieser Unterscheidung entsprechend bezieht sich *Neitzert* in seinen Notenbeispielen vorrangig auf stilistische Technik (im Rahmen des Epochenstils, s.o.), auf die materielle geht er kaum ein. Auch *Kalisch* geht in seiner Dissertation "Studien zur 'bürgerlichen Musikkultur'" (Kalisch 1990) auf kompositionstechnische Aspekte ein, vor allem im geschichtlichen Bezug; dies gilt insbesondere für seine Ausführungen zur Musik der 50er und 60er Jahre dieses Jahrhunderts und ihrem Verhältnis zur bürgerlichen Kultur (vgl. Kalisch 1990, v.a. S. 133-143). In seinen auf die frühere Geschichte der bürgerlichen Musikkultur bezogenen Erläuterungen, etwa zur Musikästhetik im historischen Wandel und der Beziehung zwischen Musik und Sprache, setzt der Autor seinen Schwerpunkt eher ideengeschichtlich beim Denken über Musik und den zeitspezifischen Erwartungen und Ansprüchen an sie (vgl. Kalisch 1990, S. 18-40, S. 51-63).

Dagegen stellt *Rainer Erd* in seinem Artikel zu Organisationsproblemen in einem Opernorchester Beziehungen her zwischen der orchesterinternen Statuszuweisung verschiedener Instrumentengruppen und spiel- und bautechnischen Eigenheiten der Instrumente sowie ihrer musikalischen Behandlung im Repertoire (vgl. Erd 1987, S. 445-455). Damit geht *Erd* auf stilistische und materielle Technik von Orchestermusik ein. Nicht ganz klar wird allerdings, ob er etwa bei der Einschätzung spieltechnischer Schwierigkeiten, Möglichkeiten und Anforderungen eines Instrumentes Vorstellungen von Orchestermusikern referiert oder eigene Überlegungen anstellt, zumal die Aussagen nicht immer ganz einleuchten, wie etwa die Einordnung der Flöte als das Holzblasinstrument mit dem niedrigsten Status, bedingt durch die einfachste Spielbarkeit:

"Die Modulationsfähigkeit der Instrumente ist unterschiedlich und damit der Schwierigkeitsgrad ihres Erlernens. Der klare, dominante Ton der Flöte ist deshalb technisch am einfachsten zu erzeugen, weil dies im direkten Weg von Mund zu Instrument erfolgt. Der Flötist erreicht im Vergleich zu den anderen Holzbläsern relativ mühelos einen sogenannten Schneideton, dessen Höhe und Beweglichkeit freilich den der beiden anderen Holzblasinstrumente übertrifft" (Erd 1987, S. 448).

Es wird hier nicht ganz klar, weshalb ein Ton (zumal ein schöner Ton) auf der Flöte leichter zu erzeugen sein soll als etwa auf der Klarinette - daß kein Rohrblatt verwendet wird, sagt ja nicht alles über die Schwierigkeiten von Tonerzeugung aus. Eine ähnliche Frage stellt sich bei *Erds* Aussage, daß es für das Spielen der Melodiestimme vonnöten ist, "problemlos vom Blatt zu spielen" (Erd 1987, S.

451), wobei nicht erklärt wird, ob und wieso dies für andere Stimmen nicht gilt. Im Widerspruch zu einer Unzahl von Bratscherwitzen, die sich unter klassischen MusikerInnen großer Beliebtheit erfreuen, scheint außerdem *Erds* Einordnung der Bratsche über der zweiten Geige in der Statushierarchie zu stehen[124] - auch hier bleibt ungewiß, inwieweit er Einstellungen der Orchestermitglieder wiedergibt (vgl. Erd 1987, S. 452). *Erd* legt sein methodisches Vorgehen lediglich in einer knappen Fußnote dar, er bezieht sich etwas vage auf Beobachtungen, Gespräche und Diskussionen mit Musikern und dem Assistenten des Dirigenten (vgl. Erd 1987, S. 437). Auch im weiteren Text wird auf die Materialgewinnung nicht mehr eingegangen. So ist es insgesamt nicht ganz leicht, Herkunft und Inhalt der Aussagen einzuschätzen, gerade in bezug auf Status und Besonderheiten von Instrumenten. Verhängnisvoll wird eine so obskure Methodik insbesondere dann, wenn inhaltlich zweifelhafte Aussagen gemacht werden, wie teilweise bei *Erd*. Gerade sie wecken die Frage nach der empirischen Basierung der Darstellung.

Auch *Goebbels* behandelt in seinem Artikel "Prince and the Revolution" zur Thematik Fortschritt und Musik sowohl kompositorisch-stilistische als auch das Materielle betreffende technische Aspekte. Er geht unter anderem auf ihre Beziehung zueinander ein, etwa auf die Schwierigkeit der akademisch orientierten Neuen Musik, für die recht jungen und vorwiegend in der Jazz- und Rockmusik heimischen Instrumente Saxophon und E-Gitarre ein angemessenes Vokabular zu entwickeln (vgl. Goebbels 1989, S. 421 f.). Sein Beitrag problematisiert weiter die Unvermitteltheit der unter U- und E-Musik bekannten Sparten im Hinblick auf die Entwicklung musikalischer Technik, die zur Folge hat, daß in beiden Bereichen sogenannte Neuigkeiten auftreten können, die in der jeweils anderen Sparte schon

---

124 Bratscherwitze entsprechen in etwa den in Deutschland gängigen Ostfriesenwitzen oder den Schwedenwitzen in Norwegen. Bratscher werden als dumm und langsam geschildert; zudem beziehen sich die Witze oft auf musikalische Phänomene oder benutzen Fachterminologie, so daß sie weitgehend nur von MusikerInnen erzählt und verstanden werden können - generell könnte diskutiert werden, ob Musikerwitze so Distinktionsfunktion haben. In bezug auf das Statusverhältnis zwischen Bratsche und zweiter Geige wäre im übrigen ein Bratscherwitz anzuführen, der der Einordnung bei Erd widerspricht: Der Witz läuft darauf hinaus, daß einem Bratscher am letzten Pult etwa des Mainzer Theaterorchesters von einer Fee drei Wünsche gewährt werden. Er wünscht sich, zehn mal besser spielen zu können als bisher und findet sich als Solobratscher am ersten Pult wieder. Nach einiger Zeit äußert er den selben Wunsch nochmals und wird Solobratscher bei den Berliner Philharmonikern. Als er sich wiederum wünscht, noch tausend mal besser spielen zu können, kommt er im Mainzer Theaterorchester wieder zu sich: Zweite Geige, letztes Pult... (zu Musikerwitzen vgl. Adorno 1875a, S. 138 f., sowie Wilfried Schüttes literaturwissenschaftliche Dissertation "Scherzkommunikation unter Orchestermusikern", Schütte 1988). Honigsheim geht übrigens in einem Lexikonartikel auf das schlechte Image der Bratscher ein und gibt eine historische Begründung an: "in Frankreich hatte noch nach 1900 der Violaspieler bei dem öffentlichen "Examen du Conservatoire de Paris" [für Geige; K.I.] nicht bestanden. Er hatte sich dann, der Not gehorchend, auf das Bratschenspielen geworfen. Letzteres galt zwar als weniger schwierig, aber auch als weniger prestigebehaftet" (Honigsheim 1961, S. 487).

etabliert oder auch gar nicht mehr aktuell sein mögen (vgl. Goebbels 1989, S. 421). Die zentralen Innovationen in stilistischer wie in materiell-technologischer Hinsicht sieht *Goebbels* im Bereich der U-Musik, genauer bei Disco- und Tanzmusik und experimenteller Subkultur (vgl. Goebbels 1989, S. 421-24).

Auch *Thomas Alexander Troge* behandelt innerhalb seiner Ausführungen zur Entstehung des Komponistenberufs sowohl die Entwicklung des physikalisch-klanglichen Materials, das vor allem durch den Instrumentenbau bestimmt ist, wie den "Vorrat an Regeln, mit denen das Material handzuhaben ist" (Troge 1993, S. 236); diese Regeln stellen nach *Troge* schließlich selbst einen Teil des Materials, und er bezeichnet sie als "sekundäres Material" (Troge 1993, S. 236). Insbesondere vollzieht er die Entwicklung der abendländischen Notenschrift und ihre Beziehung zum Konzept des Musikwerkes nach (vgl. Troge 1993, S. 233-244; s.a. Troge 1993, S. 279-284; s.a. Pkt. 5.1, Pkt. 5.2, Pkt. 5.5, Pkt. 6.1, Pkt. 6.4, Pkt. 7.3).

Die Verbindung von Notenschrift und Werkidee wird übrigens auch von *Weber* in seinem musiksoziologischen Fragment hergestellt (vgl. Weber 1924, S. 64), auf das *Troge* in seiner Arbeit jedoch keinen Bezug nimmt. Im übrigen berücksichtigt auch *Weber* beide genannten Aspekte musikalischer Technik: Die unterschiedlichen Formen der Mehrstimmigkeit beispielsweise wären der stilistisch-kompositorischen Technik zuzuordnen, Tonsysteme und Instrumentenbauweise der materiellen Technik (vgl. Weber 1924, z.B. S. 9-24, S. 50-63, S. 80-95).

An dieser Stelle sollen noch *Adornos* Beiträge zum Jazz kurz Erwähnung finden. Hier wird Jazz der sogenannten leichten Musik zugeordnet, weit entfernt von großer Musik oder Avantgarde (vgl. Adorno 1975a, S. 48 f.). Nachdem für *Adorno* die soziologische Werkanalyse nur bei Werken hoher Musik angemessen ist (vgl. Adorno 1959, S. 29 f.; s.a. Pkt. 2.2), geht er bei der Behandlung des Jazz nicht auf die Faktur von Stücken ein[125], bezieht sich aber auf allgemeine technische Mittel dieser Musik.

Schon in einem 1936 verfaßten Beitrag betont *Adorno* den Warencharakter des Jazz, der in pseudodemokratischer, der Reaktion nahen Manier zum Nutzen der herrschenden Klassen die gesellschaftliche Entfremdung verstärkt (vgl. Adorno 1964, S. 88-91). Als zentrale musikalische Kennzeichen nennt der Autor vor allem die Synkope, durchgehende Stereotypik und den stark schematisierten Ablauf durch die Soli über der immer wieder wiederholten Akkordfolge des Themas (vgl. Adorno 1964, z.B. S. 84-88, S. 95-98). In bezug auf Sexualität spricht *Adorno*

---

125 Da Jazz zu einem großen Teil improvisiert und damit nicht von vornherein notiert ist, stünde für eine Analyse der musikalischen Faktur (soweit der Begriff noch angemessen ist) keine Partitur zur Verfügung; es müßte wohl mit Aufnahmen oder Transkriptionen gearbeitet werden.

dem Jazz allerdings ein gegen die herrschenden Verhältnisse aufbegehrendes Moment zu, was zum großen Teil mit den verwendeten Klangfarben zu tun hat:

> "Das sozial nicht konforme Moment des Jazz mag in seiner Zwischengeschlechtlichkeit gelegen sein. Der Verstümmelungs- und Integrationsmechanismus läßt mit der genitalen Sexualität die primären Geschlechtsunterschiede zurücktreten. Während der Klang der Jazzinstrumente dem menschlichen Stimmklang sich annähert, und während zugleich das Flüstern der Jazzsänger dem Timbre der Dämpfertrompete ähnlich wird, verliert er den spezifischen Geschlechtscharakter. Unmöglich, eine Dämpfertrompete als männlich-heroisch zu agnostizieren; unmöglich, den anthropoiden Ton des Saxophons als Stimme einer edlen Jungfrau zu bezeichnen, wie noch Berlioz mit dem immerhin verwandten der Klarinette verfuhr" (Adorno 1964, S. 122).

Die Nennung der Synkope und der Schematik als zentrale musikalisch-technische Charakteristika des Jazz finden sich auch in anderen Beiträgen *Adornos* zum Thema (vgl. z.B. Adorno 1958, S. 38; Adorno 1975a, S. 27; Adorno 1976b; Institut für Sozialforschung 1956, S. 102 f.)[126].

Die Schwierigkeit einer soziologischen Thematisierung musikalischer Inhalte scheint bei *Horst Reimanns* Arbeit über die Funktion der Musik in der Opera dei Pupi deutlich zu werden: *Reimann* geht auf musikalische Inhalte ein, er erläutert etwa die Instrumentierung der Opern und nennt Komponisten, deren Werke Verwendung finden (vgl. Reimann 1992, S. 452-457), im Anhang finden sich sogar Transkriptionen einiger Stücke (vgl. Reimann 1992, S. 459-461). Die Beschreibung musikalischer Inhalte ist informativ, verbleibt jedoch großenteils in der Betrachtung des Phänomens und steht weitgehend unvermittelt neben gesellschaftsbezogenen Aussagen. Bezüge zwischen Sozialem und der musikalischen Faktur und Technik werden praktisch nicht hergestellt; dadurch erscheinen die Informationen über Musik eher als Dreingabe denn als Bestandteil einer soziologischen Argumentation.

4.4 Beiträge ohne Thematisierung von Musik

In einer Reihe musiksoziologischer Beiträge wird die Behandlung von Musik in jeglicher Form ausgeklammert.

---

126 Einen weiteren Beitrag, der inhaltlich - und vorbehaltloser als *Adorno* - auf Popularmusik eingeht, verfaßte *Stefan Schädler* (vgl. Schädler 1986), der jedoch kein Fachsoziologe ist. Zudem ist auf die umfassende soziologische Studie von Christian Lahusen über Mobilisierungskampagnen sozialer Bewegungen zu verweisen, die Analysen von Popularmusiktiteln miteinbezieht (vgl. Lahusen 1996, v.a. S. 181-233).

Ein Teil dieser Arbeiten befaßt sich mit Aspekten des Musiklebens, die anscheinend in keiner engen Verbindung zu musikalischen Inhalten stehen. Dies gilt etwa für die Dissertation von *Hans Englert*, die ganz auf rechtliche und ökonomische Aspekte des Musikmarktes abhebt, auf seine Organisationen und die sozioökonomische Situation der Komponisten (vgl. Englert 1972; s.a. Pkt. 5.3, Pkt. 6.4). Auch in einem Beitrag von *Jutta Allmendinger* und *J. Richard Hackman*, der sich mit dem Zusammenhang zwischen dem Anteil weiblicher Mitglieder und dem Organisationsmilieu in Orchestern befaßt, wird auf die Musik selbst nicht eingegangen: Die hier verfolgte Fragestellung wird in die "Schnittmenge von Arbeitsmarktsoziologie, Organisationssoziologie und Sozialpsychologie" (Allmendinger/ Hackman 1994, S. 238) eingeordnet. Die Orchester sind im Grunde nicht als Einrichtungen der Musikproduktion von Interesse, sie stellen vielmehr Beispiele für professionelle Organisationen dar, wofür sie sich besonders eignen durch ihre relativ geringe "betriebsbezogene und personenbezogene Varianz" (Allmendinger/ Hackman 1994, S. 243), die auch internationale Vergleiche erleichtert, und durch gleichzeitig beträchtliche Unterschiede im Frauenanteil (vgl. Allmendinger/Hackman 1994, S. 243, S. 245; s.a. Pkt. 5.5)[127].

Durch einen explizit anders gesetzten Schwerpunkt erklärt sich auch das weitgehende Fehlen von Thematisierungen musikalischer Inhalte bei der theoretischen Rahmenstudie von *Buchhofer, Friedrichs* und *Lüdtke* (vgl. Buchhofer/Friedrichs/Lüdtke 1974, S. 38, S. 41).

Helmut Reinold begründet die wenig ausführliche Bearbeitung des Aspektes Musik in seinem Bericht vom *Congrès International consacré aux Aspects Sociologiques de la Musique à la Radio* dahingehend, daß in diesem Zusammenhang zur Musik im Gegensatz zu den Faktoren Radiotechnik und Hören weniger Material vorhanden ist, sie muß daher "wissenschaftlich ungenauer erörtert bleiben" (Reinold 1955, S. 59; vgl. Reinold 1955, S. 59 f., S. 68 f., S. 235-237, S. 239 f.)[128].

Einige Arbeiten setzen durch die ausschließliche Behandlung von Texten gesungener Musik einen so klaren literatursoziologischen Schwerpunkt, daß sie nicht in die Auswahl musiksoziologischer Literatur aufgenommen wurden, auch wenn Titel wie "Triviallyrik - Küchenlieder" (Fügen 1969) einen musiksoziologischen

---

127 Der Beitrag von Allmendinger und Hackman wurde in die Literaturauswahl aufgenommen, obwohl argumentiert werden könnte, daß er organisationssoziologisch und nicht primär musiksoziologisch orientiert ist. Da sich in dieser Arbeit letztlich doch eine bundesdeutsche Autorin mit fachsoziologischer Ausbildung mit einem Bereich des Musiklebens befaßt, sind die hier gesetzten Kriterien für eine Berücksichtigung erfüllt (s. Pkt. 1.1).

128 Reinold ist kein Soziologe, seine Arbeiten wurden daher nicht in die Literaturauswahl aufgenommen (vgl. Kneif (Hg.) 1975, S. 25). Da sein Zeitschriftenbeitrag aber von einem soziologischen Kongreß berichtet, wird er etwas ausführlicher besprochen (s.a. Pkt. 5.4, Pkt. 7.2).

Beitrag vermuten lassen (vgl. Deltgen 1977; Fügen 1969; Fügen 1970; Münkler 1987; Schenda 1970; s.a. Pkt. 1.1).

Die Beiträge über Wolfgang Amadeus Mozart von *Norbert Elias* und *Wolfgang Lipp* scheinen ihrem Tenor nach beide eine inhaltliche Kenntnis von Mozarts Kompositionen vorauszusetzen. Bei *Elias* wird zwar auf Charakteristika in Mozarts Schaffen Bezug genommen, aber der Autor geht wohl davon aus, daß die musikalischen Eigenschaften der Werke Mozarts selbstverständlich bekannt und in ihrer Interpretation unumstritten sind. So wird mehrfach argumentiert, Mozarts musikalische Phantasie sei durch den höfischen Geschmackskanon geprägt; diese Aussage wird jedoch nicht anhand der Werkfaktur hergeleitet oder belegt (vgl. Elias 1991, S. 25-28, S. 45, S. 87). *Elias'* Texte über Mozart wurden allerdings posthum als Fragment veröffentlicht, es läßt sich schwer sagen, inwieweit sie vom Autor noch ergänzt worden wären. In der von *Michael Schröter* edierten Ausgabe ist auch eine lose Notiz enthalten, in der *Elias* inhaltlich auf Mozarts Streichquartett g-moll (KV 516) eingeht (vgl. Elias 1991, S. 182). Dies könnte vermuten lassen, daß *Elias'* Konzept auch explizite Bezüge auf die musikalische Faktur miteinschloß.

Lipp geht in seinem Aufsatz zwar ausführlich auf Mozarts Einstellung zu seiner Musik und zu den Bedingungen seines Schaffens ein (vgl. Lipp 1992b, v.a. S. 193-198, S. 203-206), musikalische Inhalte werden aber nicht angesprochen. Insofern ist auch die Fußnote nicht ganz plausibel, in der der Autor erklärt, in welcher Hinsicht Mozarts Musik analysiert wurde und Profil erhielt (vgl. Lipp 1992b, S. 205): Es ist schwer ersichtlich, wo eine solche Analyse stattgefunden haben soll, da für diese eine inhaltliche Bezugnahme auf Mozarts Werke wohl unabdingbar gewesen wäre.

Auch in anderen Beiträgen wird die Behandlung von Musik für eine musiksoziologische Arbeit zwar gefordert, findet dann aber nicht in nennenswertem Maße statt. Neben *Giessen* (s. Pkt. 4.2) wäre hier *Karl Adamek* anzuführen: In seiner Dissertation zum Singen von Arbeiterliedern kritisiert er Betrachtungen von Liedern, die sich auf musikalische und textliche Analyse beschränken, denn sie lassen den singenden Menschen außer acht als "entscheidendes Beurteilungskriterium (...). Das Lied als Ereignis betrachtet hat ein viel weiteres Spektrum, als die Analyse von Text und Melodie erkennen lassen" (Adamek 1987, S. 10 f.). Obwohl *Adameks* Argumentation zu implizieren scheint, daß solche musikalischen Analysen nicht isoliert geschehen dürfen, aber wohl durchaus in die Betrachtung miteinzubeziehen sind, klammert er sie in seiner Arbeit völlig aus (vgl. Adamek 1987).

4.5 Die Thematisierung von Musik: Zusammenfassung

Musik wird in soziologischer Forschung auf verschiedene Arten einbezogen, von denen jede mit spezifischen Problemen verbunden ist.

Der Einsatz von Stiltypologien findet sich vor allem in der Rezeptions- und Präferenzforschung. Neben den großen Unterschieden zwischen den Typologien einzelner Untersuchungen, die eine Vergleichbarkeit von Ergebnissen erschweren, ist die Ausdeutung der Kategorien und die Einordnung konkreter Musikstücke durch Forschende und Befragte problematisch. Dies gilt unabhängig davon, wie differenziert die Typologie ist, welche Relation von Handhabbarkeit und Informationsgehalt also bei der Erstellung gewählt wurde. Stilkategorien sind immer explizit oder implizit aus musikalischen Strukturen abgeleitet, auch dann, wenn die Forschung vorgeblich musikalische Inhalte ausklammert. Probleme entstehen hier, wenn inhaltliche Bezüge zu nicht offen abgeleiteten Stilkategorien hergestellt werden und die Eindeutigkeit der Typen als selbstverständlich unterstellt wird. In diesem Fall werden Zusammenhänge zwischen sozialen und musikalischen Strukturcharakteristika behauptet, wobei die Beschäftigung mit eben der musikalische Materie umgangen wird, auf die unausgesprochen rekurriert wird.

Wo auf allgemeine Eigenschaften von Musik eingegangen wird, zeigt sich in den meisten Fällen eine stillschweigende Begrenzung auf die bürgerlich-abendländische Musikkultur, so daß die Reichweite der aufgestellten Thesen fraglich ist. Hinsichtlich der Charakteristika bestimmter Genres wird der Rock- und Popmusik einige Aufmerksamkeit zuteil; ihr wird zugesprochen, Ausdruck und Indikator gesellschaftlicher Strömungen zu sein.

Soziologische Werkanalyse wird vor allen anderen durch *Adorno* vorgenommen. Bei ihm wie bei den meisten übrigen Autoren, die sich auf die Faktur konkreter Musikstücke beziehen, zeigt sich wiederum eine Einschränkung auf die sogenannte E-Musik. Einige Beiträge beziehen keine konkreten musikalischen Fakturen mit ein, sondern gehen aus von der Analyse der stilistisch-kompositorischen und materiellen Technik der untersuchten Musiken. Dieses Vorgehen findet sich bereits in *Webers* musiksoziologischer Studie.

Bei der Einbeziehung von musikalischen Inhalten zeigen sich zu allererst methodische Probleme, da in vielen Fällen nicht klar wird, auf welche Musiken sich die Autoren beziehen, wie das Material ausgewählt wurde beziehungsweise wie es interpretiert wurde. Schwerwiegend wirkt das vor allem in den Fällen, in denen Ausführungen zweifelhaft scheinen. Allerdings muß in Rechnung gestellt werden, daß ein Teil der Arbeiten, die durch methodische Mängel und undurchsichtige Datenerhebung gekennzeichnet sind, Zeitschriftenaufsätze sind. In der Praxis mag es oft schwierig sein, den Ansprüchen auf solide empirische Basierung von Aussagen gerecht zu werden, da aufwendige Erhebungen für einen kleinen Beitrag zeitlich und finanziell kaum durchführbar sind. Dies kann die Mängel in einigen Arbeiten teilweise erklären, jedoch nicht beheben. Da die Materialbasis vieler Forschungen so nur vage und unter Schwierigkeiten zu erfassen ist, werden Ergebnisse solcher Untersuchungen entsprechend schwer nachvollziehbar. Diese Abstriche haben umso mehr Relevanz, als es ohnehin erstaunlich wenig Beiträge sind, die sich explizit mit musikalischen Strukturen befassen - in einer Disziplin, die die Musik immerhin in ihrem Namen trägt.

Ein relevanter Teil der bundesdeutschen Musiksoziologie klammert musikalische Inhalte völlig aus. Dies ist zum Teil in den spezifischen Fragestellungen begründet, zum Teil aber auch expliziter Bestandteil eines musiksoziologischen Konzepts, für das vor allem *Silbermann* stellvertretend ist. Es stellt sich insgesamt wohl die Frage, inwiefern die Bezeichnung Musiksoziologie für Arbeiten angemessen ist, in denen Musik selbst überhaupt nicht vorkommt. Sicher können sie Erkenntnisse etwa über Musikleben und -geschäft liefern, die auch für eine mit Musik befaßte Musiksoziologie (und das ist allem Anschein nach keine Tautologie) relevant sein können. Die vielen Fälle, in denen Musik gar nicht, kaum oder rein phänomenologisch ohne soziologischen Bezug thematisiert wird, weisen wahrscheinlich auch auf die großen Schwierigkeiten hin, die eine soziologische Thematisierung der Musik selbst mit sich bringt, soll der schnell laut werdende Verdacht der Spekulation, subjektiven Wertung und Philosophiererei vermieden werden. Ein erster Überblick über die Literatur läßt allerdings an die Mahnung *Adornos* denken zu einer "Musiksoziologie, in der Musik mehr bedeutet als Zigaretten oder Seife in Markterhebungen" (Adorno 1975a, S. 13).

5   Der gesellschaftliche Kontext

In musiksoziologischer Literatur wird auf vielfältige Arten der gesellschaftliche Kontext von Musik thematisiert. Dabei bilden sich mehrere Schwerpunkte: In einigen mikrosoziologisch orientierten Beiträgen ist der Gruppenaspekt insbesondere bei der Musikausübung zentral - was insofern naheliegt, als gerade im Bereich der Popularmusik hauptsächlich in der Gruppe musiziert wird.

Eher auf der Makroebene einzuordnen sind die Untersuchungen, in denen das Musikleben zu gesellschaftlichem Wandel in Bezug gesetzt wird oder einzelne, als quasistatisch behandelte Gesellschaftsformen verglichen werden, wobei Interdependenzen von allgemeingesellschaftlichen Differenzen und denen des Musiklebens herausgearbeitet werden.

Zwar spielen ökonomische Aspekte schon bei diesem zweiten Punkt eine Rolle, doch wirtschaftliche Gesichtspunkte des Musiklebens sind in anderen Arbeiten zentraler Gegenstand, so daß der Komplex hier noch eine gesonderte Darstellung erfährt.

Hiervon wiederum nur zu analytischen Zwecken und nicht eindeutig abgrenzbar sind die Beiträge, die Charakteristika der modernen Gesellschaft westlicher Prägung thematisieren. Besonders zum Thema Musik und Massenmedien ist die Literatur relativ zahlreich.

Schließlich untersuchen einige AutorInnen demographische Aspekte des Musiklebens und die Auswirkungen sozialer Variablen - in einem abschließenden Exkurs soll hierzu exemplarisch auf eine Forschungslücke eingegangen werden: Dem Thema Frau und Musik sind in der bundesdeutschen Soziologie so gut wie gar keine Beiträge gewidmet worden - dies ist zwar bei weitem nicht die einzige Forschungslücke, in Anbetracht der zahllosen Beiträge zur sogenannten Frauenforschung scheint sie jedoch besonders überraschend.

5.1 Musik und Gruppe

Mehrere Arbeiten widmen sich ganz oder in Abschnitten dem Thema Musik und Gruppe, wobei unter Gruppe hier die Primär- oder Kleingruppe verstanden werden soll. Ausgeklammert werden also Beiträge, die unter der Bezeichnung Gruppe vor allem Sekundärgruppen wie etwa bundesweite Organisationen behandeln (vgl. z.B. Englert 1972, S. 13 f., S. 29-67) oder den Terminus im Sinne von Kategorie verwenden, also für eine Menge von Personen, die ein bestimmtes Merkmal teilen, aber nicht unbedingt durch face-to-face-Kontakte und längerfristige, strukturierte Interaktion miteinander zu tun haben; als Beispiele seien die "Sonoritätsgruppen" (Silbermann 1957, S. 124; vgl. Silbermann 1957, S. 124-128; Silbermann 1959, S. 166-174) genannt oder die "Komponistengruppen des Konzertsaales, des Opernhauses (...), der Kirche, der Bierhalle und andere mehr" (Silbermann 1957, S. 100; vgl. Silbermann 1957, S. 96-154)[129].

In einer mikrosoziologischen Fallstudie untersucht *Florian Tennstedt* die Gruppenprozesse, die mit dem Aufstieg und Abstieg der hessischen Beatband "The Petards" verbunden waren. Die Arbeit ist auf einer Methodenkombination basiert: Zur Materialgewinnung fand neben Gesprächen mit Personen aus der Band und ihrem Umfeld und einer Analyse der Fanpost auch teilnehmende Beobachtung Anwendung - die Bezeichnung "teilnehmend" müßte allerdings insoweit eingeschränkt werden, als der Autor zwar einige Zeit mit der Gruppe verbrachte, aber nicht mit ihr musizierte, was für die Beziehung zwischen Forscher und untersuchter Gruppe sicher relevant ist[130].

Tennstedt bezieht sich gruppentheoretisch vor allem auf *George C. Homans* (vgl. Tennstedt 1979, z.B. S. 39 f., S. 166 f., S. 173), daneben auch auf *Theodore M. Mills* (vgl. Tennstedt 1979, z.B. S. 142 f., S. 150, S. 157, S. 172, S. 174)[131].

---

129   In seiner Definition der sozialen Gruppe betont Silbermann zwar das Kriterium sozialer Interaktion (vgl. Silbermann 1957, S. 96), dieses Moment fehlt aber bei einem Großteil der im weiteren Verlauf seines Textes behandelten "Gruppen" (vgl. Silbermann 1957, S. 96-154).

130   Vielleicht müßte im vorliegenden Fall von nicht-teilnehmender Beobachtung im Feld gesprochen werden, je nachdem, inwieweit man die Gruppe über das gemeinsame Musizieren definiert. Tennstedt rechnet hauptsächlich die Musiker zur untersuchten Gruppe (vgl. z.B. Tennstedt 1979, S. 147), zählt an einigen Stellen auch den Roadie und Freundinnen der Musiker dazu (vgl. z.B. Tennstedt 1979, S. 143, S. 168) und stellt die Frage, ob vielleicht auch die Mutter zweier Musiker als Mitglied zu betrachten sei (vgl. Tennstedt 1979, S. 43 f., s.a. Tennstedt 1979, S. 142 - ein "Roadie" ist ein Helfer für Auf- und Abbau der Bühnenequipments, wenn eine Band auf Tour, also "on the road" ist). Der Autor weist allerdings darauf hin, daß der Gruppenkern sich nicht über Musikalität definieren läßt (vgl. Tennstedt 1979, S. 161). Ähnliches gilt für die Methodik in Roland Girtlers Aufsatz über die Wiener Philharmoniker als Männerbund und die Arbeiten von Rainer Erd und Birgit Rospek; auch für diese Untersuchungen wurde ohne praktisch-musikalische Teilnahme beobachtet (vgl. Erd 1987; Girtler 1992; Rospek 1991). Musikalisch teilnehmende Beobachtung ist eine der Grundlagen für die Untersuchung über Jazz- und Tanzmusiker von Howard S. Becker (vgl. Becker 1981, S. 71-108) und einige musikethnologische Forschungen von Gerhard Kubik (vgl. z.B. Kubik 1983, S. 313).

131   Die theoretischen Bezüge des Autors sind auch in den Anmerkungen ersichtlich (vgl. Tennstedt 1979, S. 180-193), ein Literaturverzeichnis ist jedoch nicht vorhanden.

Bei der Untersuchung des Außensystems der Gruppe geht er auf Schule, Familie, Region, Publikum, Fans und Medien ein in ihrer Beziehung zur und Funktion für die Band (vgl. Tennstedt 1979, S. 40-110). Das Innensystem der Gruppe wird anhand von Gesprächsinhalten und Gewohnheiten thematisiert[132]; die Fragestellungen betreffen die gruppeninterne Arbeitsteilung, individuelle Gefühle und Bedürfnisse im Gruppenzusammenhang, Gruppennormen und ihre Kontrolle sowie Ziele und Leitung der Gruppe (vgl. Tennstedt 1979, S. 142-172). Die untersuchten Aspekte sind deutlich an *Homans* orientiert und für eine Forschung zur sozialen Gruppe wohl die üblichen (vgl. Homans 1965; vgl. z.B. Witte/Ardelt 1989).

Tennstedts Arbeit ist bewußt über weite Strecken in einem leicht zugänglichen Erzählstil gehalten, die theoretischen Ausführungen sind eher knapp; es wurde aber

"auf ein teilweises Explizieren und Thematisieren theoretischer Erkenntnisse dort nicht verzichtet (...), wo dieses weiterführende Deutungen bot und bei dieser Einzelfallstudie auftretende Interaktionen und Ereignisse als Spezialfall allgemeiner Gesetzmäßigkeiten gesellschaftlichen Handelns erschienen" (Tennstedt 1979, S. 178).

Teilweise ist es vielleicht diesem Stil zuzuschreiben, daß auch bei dieser Arbeit (wie bei *Erd*, s. Pkt. 4.3) nicht immer klar ist, ob eine Aussage Einstellungen von Gruppenmitgliedern referiert oder eine vom Autor als faktisch angenommene Sachlage darstellt. Dies gilt etwa für die Schilderung der Beziehung des Schlagzeugers zu weiblichen Fans: "Ihm war klar, daß die Mädel nur vom Aussehen ausgingen und sie gar nicht beurteilen konnten, ob die Musik gut oder schlecht war" (Tennstedt 1979, S. 154). Wenn jemandem etwas "klar ist", so meint das üblicherweise, daß er eine Wahrheit erkannt hat, die unabhängig von ihm existiert, der Ausdruck bezeichnet an sich keine persönliche Anschauung. Diese Lesart ist aber insofern zweifelhaft, als kaum sicherzustellen ist, daß die Zuhörerinnen tatsächlich so wenig von Musik verstehen; zudem wäre der Ausdruck "Mädel" wohl nur als Zitat zu rechtfertigen, wie er vorher auch auftaucht (vgl. Tennstedt 1979, S. 154). Ein weiteres Beispiel ist die Einschätzung der "Musikalität" der einzelnen Gruppenmitglieder, wobei dieser Begriff auch keine Definition erfährt, etwa im Hinblick darauf, ob er sich auf musikalische Begabung oder Ausbildung bezieht (vgl. Tennstedt 1979, S. 146).

Schließlich enthält die Untersuchung Analysen von Musikstücken der Band, die nicht nur auf das pure musikalische Material eingehen, sondern die Stücke auch dahingehend untersuchen, inwiefern sie sich zu einer Identifikation des ju-

---

132 Gruppengewohnheiten werden unter anderem über die Betrachtung eines typischen Tagesablaufes der Band dargestellt, die allerdings beim Mittagessen endet (vgl. Tennstedt 1979, S. 142 f.).

gendlichen Publikums eignen (vgl. Tennstedt 1979, S. 111 f.). Der Analyseteil wurde allerdings von *Günter Kleinen* verfaßt, und im übrigen, soziolgischen Text wird auf die Analysen nicht eingegangen. Die musikalischen Inhalte stehen somit weitgehend isoliert neben den gruppenbezogenen Ausführungen.

Die soziale Gruppe spielt auch eine zentrale Rolle in *Karl Adameks* Dissertation zur Soziologie des Singens von Arbeiterliedern. Ein Ziel dieser Arbeit ist es, "den Begriff 'Gruppenlied' für die empirische Forschung fruchtbar zu machen" (Adamek 1987). Dieser Terminus rückt den Gruppenkontext beim spontanen gemeinsamen Singen in den Mittelpunkt (vgl. Adamek 1987, S. 9-13). Bei *Adameks* empirischer Untersuchung des Singens von Arbeiterliedern in Gewerkschaftsgruppen steht die Frage nach der sozialen Funktion dieser "kollektiven Kommunikationsform" (Adamek 1987, S. 68) im Mittelpunkt. Mehrere Untersuchungshypothesen des Autors bringen Singen und Gruppe in eine enge Beziehung zueinander:

So dient das gemeinsame Singen als Ausdruck von "Gruppengemeinsamkeiten, d.h. von gruppenspezifischen Zielen, Inhalten, Normen und Werten sowie Überzeugungen, Haltungen und Aktivitäten" (Adamek 1987, S. 68). Während gemeinsames Singen so Gruppenbedürfnisse erfüllt, ist es gleichzeitig von der Existenz der Gruppe abhängig, vermutet *Adamek*:

> "Meines Erachtens gibt es aufgrund der Zerstörung sozialer Gruppen und der Individualisierung der Menschen eine Tendenz des Rückgangs des gemeinsamen Singens in der hochentwickelten kapitalistischen Gesellschaft" (Adamek 1987, S. 69).

Weiterhin sind die Liedpräferenzen von den Eigenschaften der spezifischen Gruppe abhängig, so daß tendenziell Lieder bevorzugt werden, die Gruppengemeinsamkeiten thematisieren. Für das einzelne Gruppenmitglied ist relevant, daß es das Singen im sozialen Kontext erlernt haben muß; aktivere Gruppenmitglieder haben einen größeres Bedürfnis, Gruppengemeinsamkeiten etwa durch ein Lied zum Ausdruck zu bringen. Schließlich bestärken sich durch das "gemeinsame Singen von Liedern (...) Gruppen und ihre einzelnen Mitglieder (...) in ihren Aktivitäten" (Adamek 1987, S. 75). Insgesamt nimmt der Autor also eine enge Wechselbeziehung zwischen dem gemeinsamen Singen und der Gruppe als sozialem Gebilde an (vgl. Adamek 1987, S. 68-75). Die quantitative Auswertung der Untersuchung bestätigt alle Hypothesen mit Ausnahme einer Teilhypothese, und auch diese "kann ebenfalls als in ihrer Tendenz zutreffend angenommen werden" (Adamek 1987, S. 184) - es ist zu vermuten, daß hier kein signifikantes Ergebnis erzielt wurde, die absoluten Zahlen aber auch nicht gegen die Annahme sprachen, oder aber daß die betreffende Tabelle statistisch nicht verwertbar war (vgl. Adamek 1987, S. 181-185). Eine so umfassende Bestätigung von Hypothesen ist erstaunlich und insbesondere dann beeindruckend, wenn die Hypothesen *vor* der Datenauswertung formuliert wurden. Im Alltag der quantitativen empirischen Sozialforschung dürften derartige Ergebnisse die Ausnahme sein.

Als weitere empirisch angelegte Arbeit, in der Gruppenprozesse thematisiert werden, ist der bereits angesprochene Aufsatz von *Rainer Erd* zu nennen; der Autor untersucht hier die Instrumentengruppen hinsichtlich ihres Konfliktpotentials auch für das Orchester als Gesamtkomplex (vgl. Erd 1987, S. 444 f., S. 447-455; s.a. Pkt. 4.3)[133].

Im Bereich der Rockmusik werden Gruppen, in diesem Fall Bands, weiter in der Untersuchung über die Dortmunder Rockmusik-Szene von *Klaus Ebbecke* und *Pit Lüschper* behandelt. Die Fragestellungen betreffen hier, ähnlich wie in den vorgenannten Beiträgen, Konfliktpotentiale, Arbeitsteilung, Gruppenbindungen und Auflösung von Gruppen; dabei wird vor allem auch nach Instrumenten differenziert (vgl. Ebbecke/Lüschper 1987, S. 105-140). Die Größe des Samples macht eine quantitative Auswertung möglich. Darauf basierend werden die äußeren Eigenheiten von Rockgruppen dargestellt, etwa die Dauer der Mitgliedschaft und die Aufteilung der musikalischen und organisatorischen Arbeiten (vgl. Ebbecke/ Lüschper 1987, S. 107-112); hinsichtlich der Innensicht werden etwa die Vorstellungen der Gruppenmitglieder über Gruppenbindung, Zusammenarbeit, Freundschaft und individuelle Bedürfnisse behandelt (vgl. Ebbecke/Lüschper 1987, S. 116-124).

Ebenfalls mit Rockbands als sozialen Gruppen befaßt sich eine eher psychologisch orientierte Arbeit von *Reiner Niketta*[134]. Im Rahmen einer Feldstudie mit zwölf Rockgruppen werden Zusammenhänge zwischen Gruppenstrukturen und Variablen des musikalischen Kontextes untersucht, wobei festgestellt wurde, daß für den Anteil an Eigenkompositionen im Repertoire ein positiver Zusammenhang zu Gruppenleistung und -abhängigkeit und ein negativer zur Konformität in der Gruppe besteht (vgl. InformationsZentrum Sozialwissenschaften 1994, Dokumentnr. 036412; s. Niketta 1984a; s.a. Niketta 1985a; Niketta 1986a). Auch in der Untersuchung über die Rockszene von *Dollase*, *Rüsenberg* und *Stollenwerk*, für die un-

---

133 Die Spieler des gleichen Instrumentes könnten auch als Kategorie, nicht als Gruppe betrachtet werden; die Zusammenarbeit der Instrumentengruppen und der persönliche Kontakt sind in einem Orchester jedoch so stark, daß wohl von einer Gruppe im soziologischen Sinn gesprochen werden kann - dies ist vielleicht so offensichtlich, daß Erd auf die Frage nicht explizit eingeht. Einige der von ihm beschriebenen Phänomene, wie Hierarchie, Neid oder Konkurrenz, verweisen auf Sozialgebilde, die über bloße Kategorien oder Menschenansammlungen hinausgehen (vgl. Erd 1987, z.B. S. 448-454).

134 Der Autor selbst ordnet von seinen Schriften nur die Arbeit "Rock und Pop in Deutschland" (Niketta/Volke 1994a) als soziologisch orientiert ein. Andere Arbeiten (s. Literaturverzeichnis) werden deshalb als sozialpsychologische oder psychologische Beiträge nicht in die soziologische Literaturauswahl aufgenommen, obwohl der Autor auch Soziologie studiert hat (vgl. Niketta, Brief vom 23. 1. 1995; Telefongespräch am 23. 1. 1995).

ter anderem 92 deutsche Rockmusiker befragt wurden (vgl. Dollase/Rüsenberg/
Stollenwerk 1974, S. 10), wird Rockmusik als Produkt einer Gruppe thematisiert,
und Gruppenstrukturen, die für das Erbringen dieser Leistung relevant sind, werden untersucht (vgl. Dollase/Rüsenberg/Stollenwerk 1974, v.a. S. 255-258).

Für den Rezeptionsbereich thematisieren *Buchhofer*, *Friedrichs* und *Lüdtke*
schließlich die Bedeutung von Gruppeneinflüssen auf die Urteilsverhalten: Ihre
Hypothesen gehen dahin, daß Gruppenstrukturen auch einen Einfluß darauf haben,
wie eine Person ein bestimmtes Musikstück beurteilt (vgl. Buchhofer/Friedrichs/
Lüdtke 1974, S. 174-176).

Die empirischen Forschungsarbeiten zum Thema Musik und Gruppe befassen sich
jeweils mit einem speziellen Ausschnitt aus dem Gesamtkomplex Musikleben, was
schon aus forschungstechnischen Gründen notwendig erscheint; das Spektrum geht
von *Tennstedts* Einzelfallstudie bis hin zur Untersuchung von *Ebbecke* und *Lüschper* in Dortmund, bei der 307 Rockmusiker und 78 Bands befragt wurden (vgl.
Ebbecke/Lüschper 1987, S. 16). Gerade *Tennstedt* problematisiert die Verallge-
meinerbarkeit seiner Ergebnisse, die durch weitere Vergleichsstudien zu testen wäre (vgl. Tennstedt 1979, S. 178)[135].

Allgemeine Überlegungen zum Zusammenhang Musik und Gruppe finden
sich in einigen theoretischen Arbeiten. Hier wird zwar anhand von Beispielen argumentiert, das veranschaulichende Material wurde aber nicht eigens empirisch erhoben, sondern entstammt der Literatur oder scheint dem Bereich Alltagserfah-
rung und Allgemeinwissen zuzurechnen zu sein.

Honigsheim diskutiert so in einem Lexikonartikel das Verhältnis von Einzel-
mensch und Gruppe bei der Musikproduktion in Abhängigkeit von der Gesellschaftsform. Von individualistischen Typen der Musikproduktion unterscheidet er
dabei Fälle, in denen die Gruppe als solche musiziert. Als Beispiele führt *Honigsheim* schriftlose Kulturen an, dort ist "Musik ein Teil des *magischen Gesamtaktes*,
den die Gruppe um magischer Zielerreichung willen durchführt" (Honigsheim
1961, S. 486); daneben nennt der Autor Mönchsgesänge im Kloster als Beispiel
für eine Sondergruppe, die unter Ausschluß der übrigen Gesellschaft musiziert.
Charakteristisch für das Musizieren in der Gruppe ist nach *Honigsheim* die An-

---

135   Seit dem Erscheinen von Tennstedts Arbeit sind zwar über 15 Jahre vergangen, die angespro-
       chenen Vergleichsstudien scheinen dem Ergebnis der Literaturrecherche zufolge aber bis heute
       nicht entstanden zu sein.

onymität der Produzierenden (vgl. Honigsheim 1961, S. 486; s.a. Honigsheim 1975, S. 35 f.)[136].

Das Verhältnis von Einzelperson, Gruppe und Gesellschaft bei der Musikproduktion wird ausführlicher auch in *Stuckenschmieds* Aufsatz "Die Musik, der Mensch und die Menschen" thematisiert (vgl. Stuckenschmied 1969, S. 484-489, S. 491-493, S. 497). Gruppeneinflüsse auf die musikalische Sozialisation behandelt *Klausmeier*, er geht dabei auf Familie und peer groups ein (vgl. Klausmeier 1978, S. 153-164).

Beispiele aus Produktion und Rezeption führt *Rotter* innerhalb allgemeiner Überlegungen zu Musik und Gruppe an; auch hier spielt das Verhältnis von Gruppe und Individuum eine zentrale Rolle. Während in sozialen Gruppen generell trotz einer vorauszusetzenden Binnenorientierung Raum für Individualität besteht, ist nach *Rotter* für musikalische Produktion und Rezeption weitgehende Differenzfeindlichkeit charakteristisch. Der Autor erläutert die "höchst regressive Grundlegung von Musik, wo eine akustisch getragene differenzfeindliche Halluzination der Verleugnung sozialer Realität dient" (Rotter 1992, S. 106). *Rotter* führt auf der Rezeptionsseite Fan-Gruppen, auf der Produktionsseite das Streichquartett als Beispiele an, die hinsichtlich ihrer Möglichkeiten zur Differenzsetzung untersucht werden. Das Streichquartett, das von vielen Autoren und über einen langen Zeitraum hinweg als eine Art Gespräch gleichberechtigter Individuen und damit als differenzfreundlich gesehen wird, vergleicht *Rotter* mit einem wissenschaftlichen Forschungsteam. Er relativiert die dem Quartett zugesprochene Individualitätsfreundlichkeit; im Umgang mit Individualitätsansprüchen und Differenzen sieht er jedoch Vorteile des Streichquartetts, denn

"neben der Spezifität der Leistungserwartungen addieren sich gegenüber Forschungsteams in erheblichem Maße integrativ wirkende Faktoren, welche die Kooperation von der Notwendigkeit eines Differenzmanagements insoweit befreien" (Rotter 1992, S. 109).

Für empirische Arbeiten zur Soziologie des Streichquartetts schlägt der Autor die Bildung von Balint-Gruppen vor (vgl. Rotter 1992, S. 110); auf einen solches methodisches Vorgehen geht er übrigens auch an anderer Stelle in bezug auf Musikinterpretation ein (vgl. Rotter 1985, S. 114-119; s.a. Rotter/Heinz (Hgg.) 1977).

In *Troges* Dissertation findet sich ein Kapitel mit der Überschrift "Mikrofelder - Gruppenstrukturen" (Troge 1993, S. 123-210), wobei die angewendete

---

136 Honigsheim geht auch auf Musikkonsumentengruppen ein, bezieht sich dabei aber fast ausschließlich auf Sekundär- oder Großgruppen wie Männerbünde, Adelsgenossenschaften oder Abnehmerverbände bestimmter religiöser oder politischer Ausrichtungen (vgl. Honigsheim 1961, S. 487 f.; s.a. Honigsheim 1958, S. 343-347).

Gruppendefinition erheblich von den in der Soziologie sonst üblichen abweicht[137]: Hier wird bereits von Gruppe gesprochen, wenn eine irgendwie geregelte Interaktion zwischen Individualfeldern besteht *oder* ein Wir-Gefühl existiert *oder* die fraglichen Elemente von Außenstehenden als zusammengehörig gesehen werden (vgl. Troge 1993, S. 124). Zu den angesprochenen Beispielen zählen dann beispielsweise auch große Vereinigungen wie der Deutsche Sängerbund mit über anderthalb Millionen Mitgliedern (vgl. Troge 1993, S. 141). Wie der Großteil der erfaßten Arbeiten zur Thematik Musik und Gruppe befaßt sich auch *Troge* unter anderem mit Popularmusik (vgl. Troge 1993, S. 147-162). Gruppensoziologische Fragestellungen werden allerdings insgesamt kaum angesprochen, und wenn, dann in schwer nachvollziehbarer Form; so führt der Autor das relativ schnelle Auseinanderbrechen von Rockgruppen darauf zurück, daß sie im Gegensatz zu Ensembles im Bereich der E-Musik unhöfliche, rüde Umgangsformen haben sowie Opposition üben gegen "die 'Verlogenheit' der konservativen Hauptkultur (...), die z.B. in der Aufrechterhaltung von äußerlichen (Ehe-) Bindungen trotz längst erloschener innerer Bindung von den Jugendlichen empfunden wird" (Troge 1993, S. 158). Dies führt *Troge* zufolge dazu, daß gruppeninterne Differenzen konfrontativ ausgetragen werden und leicht in Auflösung der Gruppe resultieren (vgl. Troge 1993, S. 158).

Datenquellen, die diesen und einer Reihe anderer Feststellungen zugrundeliegen, gibt *Troge* nicht an (vgl. Troge 1993, z.B. S. 158, S. 160 f.). Auch bei der Behandlung der klassischen Beispiele sozialer Gruppen, Familie und Peer-Gruppe, die für die musikalische Sozialisation neben den Medien als zentral dargestellt werden, wird nur ansatzweise eine Analyse der Einheiten als soziale Gruppen vorgenommen (vgl. Troge 1993, S. 179-192). Dies mag im Sinne des Autors sein, der in der Einleitung des Kapitels ankündigt:

> "Bei der Konzeption und Abfassung war es mir (...) wichtig, nicht a priori mit dem vorhandenen Instrumentarium der Gruppensoziologie an das Untersuchungsfeld heranzugehen, sondern zunächst möglichst unbefangen dessen Strukturen zu untersuchen und erst ex post facto zu prüfen, inwieweit sich theoretische Begriffe der Gruppensoziologie auch auf die vorgefundenen Strukturen des Musiklebens anwenden und nutzbar machen lassen" (Troge 1993, S. 123).

Diese angekündigte Überprüfung der Verwendbarkeit gruppensoziologischer Begriffe bleibt jedoch anscheinend aus. Auch hinsichtlich der Gruppenthematik zeigt sich, daß der Weg von der "unbefangenen Untersuchung" zur soziologischen Ar-

---

137 Troge wechselt zwischen den Begriffen "Mikrofeld" und "Gruppe", wobei die Beziehung zwischen den Termini unklar bleibt (vgl. Troge 1993, v.a. S. 123, S. 129).

gumentation und Analyse in *Troges* Arbeit kaum gelungen ist (s.a. Pkt. 4.3, Pkt. 5.2, Pkt. 5.5, Pkt. 6.1, Pkt. 6.4, Pkt. 7.3)[138].

5.2 Vergleich einzelner Gesellschaftsformen und gesellschaftlicher Wandel

Ein vergleichendes Vorgehen, das sich mit Gesellschaftsformen verschiedener Epochen und Regionen befaßt, findet sich schon bei *Simmel* und insbesondere beim universalhistorischen Ansatz *Max Webers* (vgl. Simmel 1882; Weber 1924). In gewisser Hinsicht befindet sich *Honigsheim* so in der Nachfolge *Webers*. Er vergleicht gesellschaftliche und musikalische Konzepte von "primitiven" und totalitären Gesellschaften auf der einen und von der zunehmend liberal-individualistischen Kultur des neuzeitlichen Abendlandes auf der anderen Seite in dem bereits genannten Aufsatz, der 1964 in der KZfSS veröffentlicht wurde (vgl. Honigsheim 1964; s.a. Pkt. 4.3). Ein ähnlich vergleichendes Vorgehen findet sich auch in *Honigsheims* allgemeineren Beiträgen zur Musiksoziologie. Den Ausführungen des Autors zufolge ist die

> "*spezielle Gestaltung einzelner musikalischer Sonderphänomene* (...) durch die besondere Strukturiertheit der Gesellschaft wenn auch nicht ausschließlich bestimmt, so doch zum mindesten mitbedingt" (Honigsheim 1975, S. 31).

Zur Bestärkung dieser These betrachtet er musikalisch-technische Aspekte wie Tonstärke, Instrumentarium, Tempo, Rhythmik, Klangfarbe und Musikstil im gesellschaftlichen Vergleich und thematisiert dabei Besonderheiten von Gesellschaften mit Unterschieden in Größe, wirtschaftlicher Organisation, Differenzierung, Hierarchisierung und Ideologie. Die angeführten Beispiele liegen innerhalb eines großen regionalen und zeitlichen Rahmens und umfassen etwa Ackerbaugesellschaften, Viehzüchtergruppen, Adel und moderne Großstadt, Gesellschaften an Euphrat, Tigris und Nil, in Schottland und Spanien, die Habas, das vormärzliche Österreich, Renaissance und Gegenreformation in Italien, Maya und französischen Impressionismus (vgl. Honigsheim 1975, S. 31-36; s.a. Honigsheim 1958, S. 367-372; Honigsheim 1961, v.a. S. 490 f.). Je nach musikalischem Parameter oder Aspekt knüpft *Honigsheim* verschiedene Verbindungen zu gesellschaftlichen Momenten, so ist etwa für die Lautstärke die Größe einer Gesellschaft und die räum-

---

138 Nach Lektüre des Buches verwundert weder der geringe Teil soziologischer Werke in der Literaturliste (vgl. Troge 1993, S. 345-369) - immerhin ist Troges Arbeit eine Dissertation in Soziologie - noch die Tatsache, daß die KZfSS im Literaturverzeichnis unter "Handbücher, Lexika" (Troge 1993, S. 345), nicht etwa unter den Zeitschriften zu finden ist (vgl. Troge 1993, S. 368f.).

liche Nähe ihrer Mitglieder zueinander von Betracht, für den Musik*stil* ist besonders das Verhältnis von Gruppe und Individuum in einer Gesellschaft wichtig (vgl. Honigsheim 1975, S. 31, S. 35 f.)[139].

Einen Vergleich unterschiedlicher Gesellschaftsformen implizieren auch soziologische Untersuchungen zum Wechsel musikgeschichtlicher Epochen, wie sie insbesondere zum Übergang der höfischen Musikkultur des Barock zur bürgerlichen Musikkultur vorliegen. Hier werden Gesellschaften nicht ausschließlich als quasistatisch behandelt, wie es fast durchgehend bei *Honigsheim* der Fall ist; auch ihre Dynamik, der Wandlungsprozeß von einer zur anderen gesellschaftlichen und musikalischen Epoche wird untersucht.

Die Arbeiten von *Elias, Kalisch, Neitzert* und *Schleuning* zur Entstehung der bürgerlichen Musikkultur wurden bereits angesprochen (vgl. Elias 1991; Kalisch 1990; Neitzert 1990; Schleuning 1984; s.a. Pkt. 4.3). Zum gleichen Thema wäre außerdem die marxistisch orientierte Arbeit von *Leo Balet* und *E. Gerhard* "Die Verbürgerlichung der deutschen Kunst, Literatur und Musik im 18. Jahrhundert" (Balet/Gerhard 1979) zu nennen, die zuerst 1936 veröffentlicht wurde (vgl. Balet/ Gerhard 1979, S. 5 f., S. 464)[140].

Neitzert diskutiert die Entwicklung anhand der Modernisierungstheorien von *Jürgen Habermas* und *Niklas Luhmann* (vgl. Neitzert 1990, S. 16-20). Er stellt höfische und bürgerliche Musik und Gesellschaft einander gegenüber, geht aber auch auf Ursachen und Ablauf des sozialen und musikstilistischen Wandlungsprozesses ein, vor allem durch die Thematisierung des galanten Stils als einer musikalischen Übergangsform (vgl. Neitzert 1990, S. 67-71). Der Autor untersucht auch die Punkte innerhalb der höfischen Musik, an denen im sich verändernden gesellschaftlichen Umfeld die Entwicklung zur bürgerlichen Kunst ansetzen konnte, etwa die zunächst zur Glorifizierung der Fürsten dienende Virtuosität, deren individualistischer Aspekt dann innerhalb des bürgerlichen Musiklebens mehr und mehr in den Vordergrund trat (vgl. Neitzert 1990, S. 175-181):

"So war es der entbrennende Konkurrenzkampf der Höfe um die Gunst(!) großer Starvirtuosen, der letztlich eine wesentliche Grundlage schuf, (sic) für eine immer weitergehende Entfaltung des Subjektivismus in der Musik" (Neitzert 1990, S. 63).

Neitzert setzt sich auch mit der Zersetzung des frühbürgerlichen Öffentlichkeitsbegriffs und der zunehmenden Subjektivierung, Differenzierung und Autonomisie-

---

139 In Honigsheims Lexikonartikel von 1961 findet sich eine inhaltlich sehr ähnliche Darstellung der Bezüge zwischen gesellschaftlichen und musikalischen Strukturen mit vielfach identischen Beispielen (vgl. Honigsheim 1961, v.a. S. 490 f., S. 493).

140 Hinter dem Pseudonym E. Gerhard verbirgt sich Eberhard Rebling. Ein kritischer Literaturüberblick zum Thema findet sich bei Kalisch (vgl. Kalisch 1990, S. 4-13).

118

rung auseinander, die die weitere Entwicklung der bürgerlichen Kultur, ihrer musikalischen Praxis und ihrer Auffassung von Musik kennzeichneten (vgl. Neitzert 1990, S. 150-183).

Bei *Elias* wird der Aspekt des Wandels deutlich, indem mit Mozart ein Komponist geschildert wird, dessen Tragik eben mit dem Gegensatz zusammenhängt, der im ausgehenden 18. Jahrhundert zwischen einer neuen, bürgerlichen Kunstauffassung und der gerade in Wien noch weitestgehend vorherrschenden höfischen Aristokratie bestand. Für *Elias* ist Mozart ein nichtadeliger und damit bürgerlicher Musiker, der zunächst in höfischem Dienst und dann in einem von der aristokratischen Kultur bestimmten Umfeld schuf, mit Vorstellungen und Plänen, die in diesem gesellschaftlichen Kontext wenig Chancen hatten (vgl. Elias 1991, S. 17-68):

"Entscheidend ist, daß er in seinen persönlichen Zielen und Wünschen, in dem, was er als sinnvoll und als sinnlos empfand, Haltungen und Empfindungen eines späteren Künstlertyps vorwegnahm. Institutionell herrschte in seiner Gegenwart noch die höfische Situation des Amtskünstlers, des bediensteten Künstlers. (...) Mozart (...) repräsentierte den freien, in hohem Maße auf seine individuelle Eingebung vertrauenden Künstler zu einer Zeit, da die Ausführung und Komposition der gesellschaftlich hochrangierenden Musik noch so gut wie ausschließlich in den Händen von Handwerksmusikern lag, die teils an Höfen, teils an städtischen Kirchen fest angestellt waren. Die soziale Machtverteilung, die sich in dieser Art der Musikproduktion ausdrückte, war im großen und ganzen noch intakt" (Elias 1991, S. 43).

Es wird hier deutlich, daß Epochenübergänge nicht als klare Schnittstellen zu betrachten sind, die auf allen gesellschaftlichen Ebenen synchron verlaufen. Zwar bestehen sicher Wechselwirkungen zwischen der Entwicklung von Ideen, von ökonomischen Strukturen, von Künsten und anderen Bereichen der Gesellschaft; trotzdem lassen sich zeitliche Überlappungen von Denk- und Handlungsweisen feststellen, die je unterschiedlichen Epochen zuzuordnen sind, wobei gleichzeitig auch die Grenzen des Epochenbegriffs an sich deutlich werden (vgl. Elias 1991, S. 17-21)[141].

Sozialer Wandel ist auch eine zentrale Thematik in einigen Arbeiten, die sich mit anderen Musiken als der bürgerlichen Kunstmusik des Abendlandes befassen.

Bereits angesprochen wurde *Giessens* Ansatz, textliche und musikalische Inhalte von Popmusik als Indikator für gesellschaftliche Strömungen und Veränderungen zu untersuchen; in diesem Fall geht es um die Entwicklung rechtsradikaler Tendenzen in der Bundesrepublik Deutschland (vgl. Giessen 1993, v.a. S. 555 f., S. 561-567; s.a. Pkt. 4.2).

---

141 Die Zuordnung Mozarts zu einem bürgerlichen Künstlertypus wird in Lipps Beitrag zu Mozart kritisiert (vgl. Lipp 1992b, S. 187, S. 190, S. 194 f.).

Eher am Rande wird sozialer Wandel auch in *Reimanns* Beitrag zur Musik in der Opera dei Pupi problematisiert. Hier werden Zusammenhänge zwischen dem zunehmenden Tourismus auf Sizilien und der Gestaltung der Puppenopern herausgestellt. Der internationale Tourismus führte einerseits zu einer Wiederbelebung der seit Mitte des Jahrhunderts zahlenmäßig stark reduzierten Puppentheater. In Verbindung mit der touristischen Ausrichtung konstatiert der Autor daneben auch inhaltliche Veränderungen: Zunächst änderte sich die Erzählstruktur. Aus den früher dargebotenen Folgeepisoden, durch die sich einzelne Aufführungen aufeinander bezogen, wurden verdichtete Darstellungen jeweils abgeschlossener Handlungen, da das touristische Publikum immer nur eine einzige Aufführung sieht. Die Rolle der Musik wächst gleichzeitig, wodurch die Theater sich auf das internationale Publikum einstellen, das zu einem großen Teil kein Italienisch versteht; dagegen wird "Musik (...) als nonverbales Signalsystem von allen verstanden" (Reimann 1992, S. 457; vgl. Reimann 1992, S. 457 f.)[142].

Schelsky untersucht den Wandel im Musikleben Brasiliens in Verbindung mit der Migration aus dem Nordosten in die Zentren Rio de Janeiro und Sao Paulo. Die Arbeit konzentriert sich stark auf die Spezifika der brasilianischen Entwicklung, es werden jedoch mehrere Beispiele für das Phänomen angeführt, daß Entwicklung und Verbreitung von populären Musiken einhergehen mit Migrationsprozessen, also der räumlichen Diffusion der Musikproduzierenden - dies gilt etwa für Blues und Jazz, Salsa und Reggae. Während die Sozial- und Kulturwissenschaften sich bisher hauptsächlich mit den Folgen befaßt haben, die die Wanderungen auf die Kultur der Immigrierenden haben, betont *Schelsky* die Wechselwirkung zwischen dieser Kultur und der der Einheimischen und berücksichtigt damit auch die Auswirkungen der Migration auf die Hauptkultur (vgl. Schelsky 1991, S. 19-22, S. 135-147). Er geht ausführlich auf die Veränderungen in der Popularmusikkultur der Zentren Brasiliens ein, auf musikalische Moden und Mischformen und auf Veränderungen auch im Denken über Musik (vgl. Schelsky 1991, S. 149-293, v.a. S. 273-293). Der Migration innerhalb Brasiliens wird schließlich die internationale gegenübergestellt. Durch die Einwanderungen aus Europa erstarkte in den Zentren Brasiliens ein der abendländischen Kunstmusik entsprechendes Musikverständnis, das seinen Gegenpol nach *Schelskys* Auffassung in der brasilianischen

---

142 Die hier zugrundeliegende Auffassung, Musik sei allen Menschen verständlich und könne die Funktion einer Art Weltsprache einnehmen, ist strittig (vgl. z.B. Gáspár-Ruppert 1992; Kubik 1983; Schelsky 1991, S. 22-24; Troge 1993, S. 42-44). Im Fall der in der Opera dei Pupi verwendeten Musik ließe sich aber wahrscheinlich begründen, daß sie vom touristischen Publikum in seiner spezifischen Zusammensetzung verstanden wird; so kann wohl davon ausgegangen werden, daß die TouristInnen auf Sizilien den nötigen Hintergrund zum Verstehen der eingesetzten Musik haben, die zu einem wesentlichen Teil der abendländischen Kunstmusik, insbesondere der Oper, entstammt (vgl. Reimann 1992, S. 455 f.).

Musikkultur des Nordostens findet, der kein Ziel europäischer Immigranten war. Die Binnenmigration der Nordestinos bringt so eine "Rebrasilianisierung" der städtischen Musikkultur mit sich (vgl. Schelsky 1991, S. 300-302).

Den Zusammenhang des chilenischen Musiklebens mit der gesellschaftlichen Entwicklung, insbesondere im Hinblick auf die politischen Systeme seit den 60er Jahren, untersucht *Birgit Rospek* in ihrer Dissertation (vgl. Rospek 1991)[143]. Dabei wird mit dem Exil der Musikgruppe Inti Illimani auch eine Art der Migration in Form einer Einzelfallstudie thematisiert (vgl. Rospek 1991, S. 99-179)[144].

Populäre Musik und sozialer Wandel werden auch von *Lahusen* (vgl. Lahusen 1991; s.a. Pkt. 4.3) untersucht: Er geht auf Bezüge zwischen Musik und Nationalbewegungen in Spanien ein. Dabei betrachtet er zum einen den Einfluß gesellschaftlichen Wandels auf die Musikproduktion, insbesondere die Thematisierung der nationalen Frage in der Musik. Außerdem wird die Relevanz der Musik und ihrer Deutungen für die nationale Frage und ihre Funktion für die nationalistische Mobilisierung in Katalonien, Galizien, Andalusien und dem Baskenland untersucht. Theoretisch basiert die Arbeit wesentlich auf *Pierre Bourdieus* Konzept des kulturellen Kapitals und seiner zentralen Stellung bei Klassifikationskämpfen wie dem der nationalen Frage in Spanien (vgl. Lahusen 1991, S. 15-21). *Lahusen* untersucht damit Wechselwirkungen zwischen Musik und Gesellschaft und geht über die oft isoliert behandelte Frage nach gesellschaftlichen Einflüssen auf die Musik hinaus[145]. Gleichzeitig wird mit der Behandlung von vier Nationalbewegungen, denen sich mit Liedermachern, Folklore und Folk sowie Rock and Roll je besonders wichtige Musikstile zuordnen lassen, eine vergleichende Perspektive eingenommen.

In Hinblick auf die Forderung *Bühls* nach einer Musiksoziologie mit vergleichender Methodik (vgl. Bühl 1992, S. 358) kann dem Autor insoweit zugestimmt werden, als der internationale Vergleich von Musikkulturen in ihrem spezifischen gesellschaftlichen Umfeld in Form von empirischen Arbeiten anscheinend eine Forschungslücke darstellt, zumindest innerhalb der bundesdeutschen Soziologie.

---

143 Die Autorin ordnet ihre Untersuchung als musiksoziologisch ein (vgl. Rospek 1991, S. 20-23), den Fächern der betreuenden Professoren zufolge entstand die Arbeit wohl als Dissertation innerhalb der Romanistik oder Literaturwissenschaft und ist deshalb nicht in die Liste soziologischer Literatur aufgenommen.

144 Ein weiterer Beitrag zur Funktion von Musik in außereuropäischen Gesellschaften ist etwa Lars Christian Kochs Aufsatz über "Rolle und Funktion der Musik in außereuropäischen Heilungsriten" (Koch 1986).

145 Zum Einfluß von Musik auf das gesellschaftliche Umfeld äußert sich allgemeiner auch Blaukopf, allerdings bezogen auf Opusmusik (vgl. Blaukopf 1984, v.a. S. 98-106). Den Einsatz von Musik und bekannten Musikern zur politischen Mobilisierung behandelt Lahusen ausführlich in "The Rhetoric of Moral Protest" (Lahusen 1996; s.a. Pkt. 4.3).

Zum sozialen Wandel in einzelnen Ländern oder Regionen liegen dagegen einige Untersuchungen vor, die auch weiterführende Fragestellungen für vergleichende Forschung nahelegen.

Schließlich ist nochmals auf die Dissertation von *Thomas Alexander Troge* hinzuweisen, die schon mit ihrer unbescheidenen Zielsetzung aus dem Rahmen fällt: Der Autor hält gerade die Musiksoziologie, insbesondere vergleichende Forschung, für geeignet, Erkenntnisse über die conditio humana zu gewinnen. Seiner Argumentation liegt eine evolutionistische Auffassung von Kultur zugrunde:

> "Geht man (...) davon aus, daß diese Fragestellung - der Versuch, den Menschen als soziales Individuum zu verstehen - wesentlicher Bestandteil der conditio humana ist (...), so erscheint die soziologische und sozialpsychologische Untersuchung des Phänomens 'Musik' umso mehr berechtigt, als es sich dabei um ein allen menschlichen Kulturen gemeinsames Phänomen handelt. Und gerade der Umstand, daß es sich um ein von den Zwängen des Broterwerbs und Überlebenskampfes scheinbar unabhängiges 'Luxus'-Phänomen handelt, berechtigt zu der Hoffnung, aus seiner Analyse Aufschlüsse insbesondere über diejenigen Strukturen der 'conditio humana' zu gewinnen, die am weitestgehenden von den sozialen Strukturen der menschlichen Urhorde wie auch der Hominiden und der Tierwelt entfernt sind, mithin am deutlichsten die spezifika des 'Menschseins' wiederspiegeln sollten" (Troge 1993, S. 13).

Ziel musiksoziologischer Forschung ist für *Troge* die Suche nach "'Universalien' des Menschen und menschlicher Gesellschaftsformen, und nach der Beziehung zwischen diesen und den jeweils entwickelten Formen musikalisch-akustischer Systeme" (Troge 1993, S. 343). Als einen Schritt im Forschungsprozeß legt *Troge* mit seiner Arbeit eine Analyse des mitteleuropäischen Musiklebens vor, in der er eine Vielfalt von Aspekten anspricht. Von der Makro- zur Individualebene fortschreitend bezieht er unter anderem Institutionen, verschiedenste musikalische Genres mit den ihnen zugeordneten gesellschaftlichen Gruppierungen, Bezüge zu Technik, Wirtschaft und Politik, Sozialisation, kompositorische Prozesse und Materialentwicklungen mit ein (vgl. Troge 1993). Die Darstellungen *Troges* sollen schließlich der Modellbildung dienen; dieses Modell des Musiklebens soll computerprogrammierbar sein, wozu der Autor ausführliche Hinweise gibt. Auch wenn er selbst kein Computersimulationsmodell erstellt, mißt er solchen Simulationen höchsten wissenschaftlichen Wert zu, denn "papierne Beschreibung (...) erlaubt (...) keinen Ausweg aus der Krise der Soziologie, die in der Beschränktheit des menschlichen Verstandes begründet liegt" (Troge 1993, S. 23; vgl. Troge 1993, S. 21-34, S. 312-340).

Da die Dissertation ohnehin nur einen Einzelschritt im anvisierten Erkenntnisprozeß darstellen soll, sei dessen Durchführbarkeit dahingestellt. Das zentrale Problem in *Troges* Beitrag scheint darin zu liegen, daß er aufgrund seiner umfassenden Zielsetzung eine Unmenge von Bezügen zwischen musikbezogenem Handeln und gesellschaftlichem Kontext herstellt, mit einigen historischen Abrissen, die bis zu Plato und den Keilschriftkulturen zurückgehen (vgl. Troge 1993, S. 115-120, S. 234-244). Die Ausführungen werden dann in vielen Fällen allzu oberflächlich und ohne zureichende Kenntnis abgehandelt. Es finden sich mehrfach, gerade auch hinsichtlich der Rockmusik, unhinterfragte Klischees (vgl. z.B. Troge 1993, S. 152), unkritisch übernommene "Belege" aus teils veralteter Literatur (vgl. z.B. Troge 1993, S. 157-160) sowie Behauptungen ohne empirische Basierung (z.B. vgl. Troge 1993, S. 156) und soziologische Binsenwahrheiten, die als Ergebnisse vorgetragen werden (vgl. z.B. Troge 1993, S. 86 f., S. 120 f.; s.a. Pkt. 5.5, Pkt. 7.3). Es stellt sich die Frage, ob es innerhalb einer Dissertation überhaupt machbar ist, ein so verzweigtes und umfangreiches Gebiet wie das mitteleuropäische Musikleben in seinen wichtigen Aspekten adäquat und detailreich abzuhandeln, wie der Autor es sich vornimmt. Was Beziehungen von Musik zum gesellschaftlichen Umfeld angeht, ist die Arbeit *Troges* mit Sicherheit ideenreich, jedoch notwendigerweise oberflächlich, im angeführten empirischen Material teils unzuverlässig und in zahlreichen Einzelbefunden zweifelhaft (s.a. Pkt. 4.3, Pkt. 5.1, Pkt. 5.5, Pkt. 6.1, Pkt. 6.4, Pkt. 7.3).

5.3 Ökonomische Aspekte des Musiklebens

Einige Arbeiten thematisieren, zumindest als einen Aspekt unter mehreren, die wirtschaftliche Einbindung des Musiklebens in eine Gesellschaft und die ökonomische Situation Einzelner besonders im Bereich der Musikproduktion. Da ökonomische Faktoren am Rand in sehr vielen Beiträgen erwähnt werden, wird hier nur auf die eingegangen, in denen wirtschaftliche Momente zentral sind. Dabei soll auch ein Überblick über mögliche Arten der Einbeziehung von ökonomischen Aspekten in die musiksoziologische Analyse vermittelt werden[146].

Daß bei *Elias* und *Lipp* ökonomische Aspekte von Mozarts Umfeld eine Rolle spielen, ist angesichts der finanziellen Situation des Komponisten nicht verwunderlich (vgl. Elias 1991, z.B. S. 21, S. 31-35, S. 40-45, S. 51-57; Lipp 1992b, S. 190, S. 196-206). *Lipp* sieht in der Ehre eine zentrale Formel in Mozarts Leben; ihr wurden vom Komponisten, als er nach dem Ausscheiden aus dem höfischen Dienst für den freien Markt arbeitete, auch ökonomische Aspekte zugeschrieben im "Versuch, Ehre auf die Anforderungen der neuen bürgerlichen Existenzweise selbst, auf Kredit und Geld, Arbeitsfleiß und Produktivität zu projizieren" (Lipp 1992b, S. 196).

---

146 Von wirtschaftswissenschaftlicher Seite aus befaßt sich beispielsweise die Dissertation von Gerd Materne mit der sozialen und ökonomischen Situation von Musikern (vgl. Materne 1953).

Bezogen auf die Situation einzelner geht weiter *Erd* auf die tarifvertragliche Bezahlung von Orchestermusikern ein. Sie differiert je nach Einstufung des Orchesters und nach Funktion des einzelnen Musikers innerhalb seiner Instrumentengruppe: Solisten und ihre Stellvertreter erhalten Zulagen in verschiedener Höhe. Diese finanzielle Vergütungsstruktur steht nach *Erd* in Zusammenhang mit der Statushierarchie in Orchestern; sie interferiert mit Unterschieden in Ausbildungs- und Arbeitszeiten gerade zwischen Streichern und Bläsern. Soziales Konfliktpotential entsteht, wo niedrigere Bezahlung mit größeren zeitlichen Anforderungen einhergeht (vgl. Erd 1987, S. 440-445, S. 455).

Schließlich erfährt die ökonomische Situation einzelner auch Aufmerksamkeit in einigen der auf Umfragen basierten Untersuchungen im Bereich der Popularmusik. Es werden hier insbesonders finanzielle Probleme der Produzierenden beleuchtet (vgl. Ebbecke/Lüschper 1987, S. 227-235, S. 246 f., S. 272; Niketta/ Volke 1994a, S. 47 f., S. 100-103, S. 108-114; s.a. Dollase/Rüsenberg/Stollenwerk 1974, S. 226-246).

Als Indikator für gesamtgesellschaftliche Veränderungen nutzt *Günther* finanzielle Daten, wenn er als einen Beleg für die zunehmende Verstaatlichung des Musiklebens das sich wandelnde Verhältnis von Einnahmen und Subventionen beziehungsweise Zuschüssen bei Kultureinrichtungen anführt (vgl. Günther 1964, S. 497-499). In den zunehmenden Subventionen sieht der Autor eine indirekte Teilnahme der Steuerzahlenden am Musikleben, insgesamt ist "im Bereich der Musik das früher freie Kräftespiel weithin gesellschaftlich und vor allem staatlich gebunden" (Günther 1964, S. 302). Der Titel des Aufsatzes bezeichnet so eine kulturelle Situation, die *Günther* als charakteristisch für Deutschland in der Zeit seit dem Ersten Weltkrieg sieht: "Musik in der verwalteten Welt" (Günther 1964, S. 491, vgl. Günther 1964, S. 502)[147]. Offen bleibt hier die Frage, wie dieser gut 30 Jahre alte Befund heute zu werten ist.

Englert geht in seiner Dissertation zum Musikmarkt der Bundesrepublik auf einzelwirtschaftliche Probleme wie die ökonomische Situation von Musikproduzierenden ein (vgl. Englert 1972, z.B. S. 98-100), konzentriert sich aber hauptsächlich auf eine makrosoziologische Analyse der Organisationen des Musikmarktes, allerdings aus der "spezifischen Sicht (...) des geistig-schöpferischen Menschen" (Englert 1972, S. 489, vgl. Englert 1974, S. 111). Dabei wird auch bei Diskussion der rechtlichen Sachverhalte, etwa des Urheberrechts, stark auf finanzielle Aspekte abgehoben. Für eine marktwirtschaftliche Untersuchung des Musiklebens

---

147 Die historische Entwicklung ökonomischer Strukturen über einen längeren Zeitraum ist auch ein zentrales Moment in Schleunings sozialhistorisch orientierter Arbeit zur Entstehung der bürgerlichen Musikkultur, die unter anderem viel Material zu wirtschaftlichen Aspekten des Musiklebens enthält (vgl. Schleuning 1984, z.B. S. 120-133, S. 437-452).

ist nach *Englert* besonders zu beachten, daß das Produkt hier mit der geistigen Leistung einerseits und ihrem materiellen Träger andererseits zwei Komponenten hat, was zu spezifischen Problemen führt (vgl. Englert 1972, v.a. S. 14-16, S. 21-30, S. 35 f.).

Die ökonomische Basierung der kapitalistischen Gesellschaft spielt bei *Adorno* schon insofern eine große Rolle, als sie den Hintergrund für einige zentrale Konzepte und Begriffe des Autors bildet, etwa wenn dieser von der "Entfesselung der musikalischen Produktivkräfte" (Adorno 1970, S. 10) spricht, von musiksoziologischer "Produktionsanalyse" (Adorno 1959, S. 18) oder von Musik als "Ware" (z.B. Adorno 1959, S. 11). Mehrere Beiträge *Adornos* befassen sich auch explizit und hauptsächlich mit Aspekten des ökonomischen Systems, beispielsweise die Vorlesung zu Klassen und Schichten (vgl. Adorno 1975a, S. 72-89). Auch das offizielle Musikleben erfährt Behandlung als Teil des Wirtschaftssystems; *Adorno* stellt fest,

> "daß auch Formen des Musiklebens, die sich dem kapitalistischen Markt enthoben wähnen, an ihn gebunden bleiben und an die Sozialstruktur, die ihn trägt. Das Musikleben ist kein Leben für die Musik. (...) Teilhabe am Musikleben hängt bis heute, außer im Bezirk der Massenmedien, wesentlich ab von materiellen Bedingungen" (Adorno 1975a, S. 145).

Als Charakteristika des offiziellen Musiklebens werden unter anderem kommerzielle Zielsetzungen und oligarchische Kontrolle durch die finanziell Mächtigen genannt (vgl. Adorno 1975a, S. 149-154).

Insgesamt geht *Adorno* in seinen musikalischen Schriften auf das wirtschaftliche System auf einer allgemeinen Ebene ein, Konkretisierungen treten meist in Form von Beispielen auf und sind nicht eigens empirisch basiert. Bei der Konstatierung gesellschaftlicher Verhältnisse setzt der Verfasser das Einvernehmen mit den LeserInnen quasi voraus, es wird nicht durch explizite Interpretation einer soliden Datengrundlage hergestellt. Als Beispiel können auch hier *Adornos* Ausführungen über das offizielle Musikleben dienen, etwa was die Darstellung der Publikumszusammensetzung anbelangt (vgl. Adorno 1975a, S. 144-148, S. 153-155). Wo konkrete Fälle angeführt werden, wie die überlastige Verwendung finanzieller Mittel für Gesangsstars an der Metropolitan Opera, fehlen oft Quellenangaben (vgl. Adorno 1975a, S. 149). Dies unterscheidet die Thematisierung ökonomischer Momente bei *Adorno* von der in empirischen Arbeiten, die sich auf der Makroebene etwa auf spezifische Organisationen der Interessenvertretung (vgl. Englert 1972) beziehen, im mikrosoziologischen Bereich auf Angaben von Musikern einer bestimmten Kategorie (vgl. z.B. Ebbecke/Lüschper 1987) oder auch auf Material zu einer einzelnen Person - so bei *Lipp*, der sich maßgeblich auf Mozart-Briefe stützt (vgl. Lipp 1992b).

Einen Einzelaspekt des kommerziell orientierten Musiklebens thematisiert *Feuchtner* in seinen Überlegungen zu der Vielzahl erwerbbarer Interpretationen von Musikwerken, die vor allem in Form von Tonträgern von der Kulturindustrie angeboten werden und die *Feuchtner* als "Warenmuster" (Feuchtner 1991, S. 890) einordnet (vgl. Feuchtner 1991).

Ökonomische Aspekte werden wohl in den meisten Beiträgen zur Musiksoziologie in irgendeiner Weise thematisiert, wobei hier auf viele nicht eingegangen werden kann - etwa auf die Arbeiten *Silbermanns* (vgl. z.B. Silbermann 1957, S. 167-173; Silbermann 1959, S. 91 f.) oder einige vorliegende Beiträge zum Schlager (vgl. Kayser 1975; Helms (Hg.) 1972). Die behandelten Beiträge können nur als Beispiele betrachtet werden, die einen Überblick über die Möglichkeiten bieten sollen, wie auf wirtschaftliche Bezüge des Musiklebens eingegangen wird. Wesentlich seltener sind allerdings Arbeiten, die sich ausschließlich mit ökonomischen Zusammenhängen des Musiklebens befassen.

5.4 Musik in der modernen Gesellschaft

Musik und Massenmedien

Ein Teil der musiksoziologischen Literatur befaßt sich mit Aspekten des gesellschaftlichen Kontexts, die spezifisch für die moderne westliche Gesellschaft sind. Dabei zeigt sich ein deutlicher Forschungsschwerpunkt bei der Untersuchung der durch Massenmedien und Technik bedingten Eigenheiten des Musiklebens, im Bereich der Produktion wie dem der Rezeption[148].

Durch die Massenmedien entstehen qualitativ und quantitativ neue Bezüge zwischen Musik und Gesellschaft. Schon *Arnold Schering* beschreibt in seinem zuerst 1931 erschienenen Lexikonartikel die Massenmedien als Themengebiet für die Musiksoziologie:

"Neue Probleme tief einschneidender sozialer Natur haben in den letzten Jahrzehnten auch Schallplatte, Rundfunk, Tonfilm und mechanische Musikinstrumente gebracht. Die mit ihrer industriellen Ausnutzung verbundene Möglichkeit, über Zeit und Raum hinaus unbegrenzte Mengen von Hörern zu erfassen, hat zu einer im Augenblick noch nicht abgeschlossenen Umwälzung im öffentlichen Musikleben geführt, deren Vorteile (Förderung künstlerischer Unterhaltung und musikalischer Bildung) und Nachteile (Ausschaltung künstlerischer Menschenkraft, Gefahr eines

---

148 Massenmedien sind zwar global vorhanden, die hier erfaßten Untersuchungen befassen sich jedoch fast durchweg mit den europäischen Verhältnissen.

Sichbegnügens mit Surrogaten) zur Zeit noch keinen befriedigenden Ausgleich erfahren haben" (Schering 1959, S. 396).

Hier werden Aspekte angesprochen, die auch in der späteren Literatur zum Bereich Musik und Massenmedien immer wieder auftauchen: Neben den Auswirkungen der medialen Vermittlung auf die Musik und ihre Rezeption (vgl. z.B. Blaukopf 1969; Thienen 1988a, b) wird vor allem ihre Ubiquität immer wieder hervorgehoben: Durch die Massenmedien ist Musik allen Menschen der technisierten Gesellschaft praktisch immer und überall zugänglich; gleichzeitig kann das Individuum ihrer Allgegenwart kaum entgehen[149]. *Casimir* thematisiert positiv und negativ gewertete Momente der Verfügbarkeit, die in der Literatur jeweils unterschiedlich hervorgehoben werden, als "'Zugänglichkeit' versus 'Zudringlichkeit'" (Casimir 1991, S. 14; vgl. Casimir 1991, S. 14-16)[150].

Der Aspekt der Zugänglichkeit ist zentral in *Günthers* Zeitschriftenbeitrag "Die Musik in der pluralistischen Massengesellschaft" (Günther 1967). Der Autor konstatiert insgesamt eine Demokratisierung und Pluralisierung des Musiklebens, die auch maßgeblich durch die Verfügbarkeit über musikalische Massenmedien zustandekommt. Durch Schallplatte, Funk und Fernsehen "hat sich die musikalische

---

149 Ein Schlagwort für die negativen Aspekte der Ubiquität von Musik findet sich etwa als Titel eines Buches von Peter Jona Korn: "Musikalische Umweltverschmutzung" (vgl. Korn 1975). Kritisch äußert sich auch von Thienen (vgl. Thienen 1988a, S. 143).

150 Die Problematisierung der Allgegenwart von Musik ist jedoch älter als die musikrelevanten Massenmedien: Bereits Simmel schreibt 1882 über die "häufige Gelegenheit, Musik zu hören - und in der modernen Zeit ist man ja fast stets davon umgeben" (Simmel 1882, S. 298). Schon 60 Jahre früher schildert Heinrich Heine ganz verzweifelt den speziellen Fall des "Jungfernkranzes", der ihn den ganzen Tag verfolgt, ohne daß Entkommen möglich wäre: "Wenn Sie vom Hallischen nach dem Oranienburger Thore, und vom Brandenburger nach dem Königs-Thore, ja selbst, wenn Sie vom Unterbaum nach dem Köpniker Thore gehen, hören Sie jetzt immer und ewig dieselbe Melodie, das Lied aller Lieder - 'den Jungfernkranz'. (...) Bin ich noch so guter Laune des Morgens aufgestanden, so wird doch gleich alle meine Heiterkeit fortgeärgert, wenn schon früh die Schuljugend, den 'Jungfernkranz' zwitschernd, bey meinem Fenster vorbeyzieht. Es dauert keine Stunde, und die Tochter meiner Wirtin steht auf mit ihrem 'Jungfernkranz'. (...) So geht's fort. Mein Kopf dröhnt. (...) Und nun den ganzen Tag verläßt mich nicht das vermaledeite Lied. Die schönsten Momente verbittert es mir. Sogar wenn ich bey Tisch sitze, wird es mir vom Sänger Heinsius als Dessert vorgedudelt. Den ganzen Nachmittag werde ich mit 'veilchenblauer Seide' gewürzt. (...) Am Abend geht der Spuk erst recht los. (...) der Jungfernkranz ist permanent; wenn der Eine ihn beendigt hat, fängt ihn der Andere wieder von vorn an; aus allen Häusern klingt er mir entgegen; Jeder pfeift ihn mit eigenen Variationen; ja, ich glaube fast, die Hunde auf der Straße bellen ihn" (Heine 1973, S. 21-23). Die Schilderung bezieht sich wohlgemerkt auf die Großstadt Berlin, sie kann wohl dennoch als Hinweis darauf dienen, daß Musik nicht erst mit den Massenmedien Begleiterin des Alltags wurde. Als weitere historische Quelle wäre in diesem Zusammenhang ein Text von Johanna Kinkel anzuführen, die sich über das dauernde "unausstehliche Musizieren" (Kinkel 1980, S. 48) in Gesellschaften beklagt: "Warum gerade die Musik eine so ausschließliche gesellschaftliche Mode geworden ist, begreife ich nicht" (Kinkel 1980, S. 48; vgl. Kinkel 1980, S. 48-50).

Sphäre, der Bereich der musikalischen Interaktionen, von Grund auf verändert und in nie geahntem Maße erweitert" (Günther 1967, S. 283). *Günther* verarbeitet unter anderem Daten über Anteile einzelner Gattungen an den Medienprogrammen, zur regionalen Verbreitung der Funkmedien und zum Musikanteil an der Sendezeit. Durch das massenmediale Musikangebot werden einerseits mehr Menschen zu Musikhörern, zum anderen ändern Hörer durch das breite Angebot ihre musikalischen Interessen (vgl. Günther 1967, S. 283-290, S. 300). In einen ursächlichen Zusammenhang mit Massenmedien bringt der Autor auch einen Trend zur Passivität:

> "Die gesellschaftliche Prestigenorm des Hausmusik-'Konzertes' wird heute zuweilen durch eine möglichst vollkommene Stereoanlage, die reichhaltige Sammlung hochgezüchteter Einspielungen ersetzt. (...) An Stelle des Tuns als Kennzeichen der Muße (...) tritt in diesem Prozeß das Haben, das Besitzen, der Geltungskonsum" (Günther 1967, S. 301)[151].

Indem er sich auf *Adornos* Hörideal bezieht, nennt *Günther* es als anstehende Aufgabe, die passive Musikrezeption von Berieselung umzuwandeln in adäquaten Mitvollzug der gehörten Musik (vgl. Günther 1967, S. 301 f.; s.a. Adorno 1975a, S. 160 f.; s.u.).

Klausmeier konstatiert etwa ein Jahrzehnt später: "Alle Technik wirkt (...) zugleich positiv und negativ. Dies muß konsequent auch für Musik aus Lautsprechern gelten" (Klausmeier 1978, S. 14). Als Vorteil nennt der Autor die Allgegenwart und Verfügbarkeit von Musik. Als negative Folgen der technischen Medien, denen nach *Klausmeiers* Ansicht bislang zu wenig Aufmerksamkeit geschenkt wurde (vgl. Klausmeier 1978, S. 12 f.), führt er wie *Günther* die Verleitung zu Passivität und wie *Schering* eine Tendenz zur Entmenschlichung an (vgl. Klausmeier 1978, v.a. S. 310):

> "Alle technischen Geräte sind emotional kalt und unmenschlich perfekt. Dies gilt auch für alle Musikgeräte. Musik ist aber der intensivste emotionale Ausdruck, den sich Menschen in ihrer Kultur geschaffen haben. Wird dieser Ausdruck an technische Geräte delegiert, kann die Fähigkeit zu emotionalem Ausdruck bei der Person gehemmt oder verdrängt werden (Depersonalisationserscheinungen)" (Klausmeier 1978, S. 310).

Daß Technik sich durch Kälte und Perfektion auszeichnet, wird vom Autor nicht näher begründet; auch stellt sich bei dieser Behauptung wohl die Frage, inwieweit

---

151 Diese Beobachtung Günthers ähnelt Ausführungen von Thienens, denen zufolge die Praxis des Musikgeschäfts, ununterbrochen Neuerungen auf den Markt zu bringen, sich vom "Software"-Bereich verstärkt auf den der "Hardware", auf Aspekte von Technik und Equipment verlagert. Von Thienen führt hier einen neuen Hörertyp ein, den des HiFi-Freaks (vgl. Thienen 1988a, v.a. S. 168).

auch Instrumente mit aufwendiger Mechanik wie die Orgel, ganz zu schweigen von elektrischen und elektronischen Instrumenten, den emotionalen Ausdruck des Menschen erschweren[152]. Gerade weil diese These generelle Gültigkeit zu beanspruchen scheint, wäre sie vielleicht einleuchtender, wenn sie weniger vage formuliert und theoretisch wie empirisch untermauert wäre. Die Ausführungen stellen in der vorliegenden Form eine anscheinend unreflektierte, undifferenzierte und wenig plausible Kritik an Rationalität und Moderne dar.

Silbermann, für den Massenkommunikation insgesamt einen Interessenschwerpunkt darstellt (vgl. Hänseroth 1984; s.a. Nutz (Hg.) 1989), hat sich in mehreren Beiträgen mit Musik und Massenmedien beschäftigt. In seinem Aufsatz "Schallplatte und Gesellschaft" (Silbermann 1965c) geht er vor allem auf die gesellschaftlichen Funktionen des Mediums ein und verteidigt es gegen Vorwürfe der "Profanierung, Entgöttlichung und Entzauberung kultureller Inhalte" (Silbermann 1965c, S. 166; vgl. Silbermann 1965c, S. 171-174, S. 185).

Nach *Silbermann* sind technische Medien wie die Schallplatte an sich weder gut noch schlecht; er hält es grundsätzlich für unwahrscheinlich, daß sie als Produkte der Gesellschaft zerstörerisch auf diese wirken:

"Es hieße aber die Gesellschaft sagenhafter Dummheit zeihen, wollte man von ihr annehmen, sie habe die Kontrolle verloren über eine soziale Organisation, die sie sich selbst zu ihrem Wohlergehen errichtet hat" (Silbermann 1965b, S. 187)[153].

Er erwähnt die hier angegriffenen Kulturkritiker an dieser Stelle nicht namentlich, die Nennung der Begriffe "'stellvertretende Befriedigung', 'regressives Hören', 'Ersatzreligion'" (Silbermann 1965c, S. 165) läßt jedoch darauf schließen, daß unter anderem an *Adorno* gedacht ist. An anderer Stelle kritisiert *Silbermann* dann auch ausdrücklich den Beitrag über Filmmusik von *Adorno* und *Hanns Eisler* (Adorno/Eisler 1969), da es seiner Ansicht nach darin

---

152 Statistisch müßten dann vielleicht Depersonalisationserscheinungen bei OrganistInnen und SynthesizerspielerInnen häufiger vorkommen als etwa bei SängerInnen. Entgegen Klausmeier könnte argumentiert werden, daß gerade im Instrumentenbau das Ziel technischer Weiterentwicklung vielleicht die Förderung der Ausdrucksfähigkeit von Instrumenten ist. In ähnlicher Weise wäre anzubringen, daß technisch bessere Hifi-Anlagen Musik durch größere Detailtreue auch im Hinblick auf ihren Ausdruck adäquater wiedergeben - diese Auffassungen sollen hier allerdings nicht vertreten werden, sondern nur Möglichkeiten von Klausmeier widersprechenden Sichtweisen aufzeigen.

153 Mit Organisation ist hier, nach dem Zusammenhang zu schließen, die Schallplatte gemeint. Silbermann definiert sie zunächst als Institution (vgl. Silbermann 1965c, S. 166 f.). Inwiefern sie auch eine Organisation ist, wird im Text nicht erläutert. Ganz abgesehen von der begrifflichen Ungenauigkeit ist Silbermann schwerlich darin zu folgen, daß die Gesellschaft ein intentional handelnder Akteur ist, und daß weiter intentionale Handlungen von Akteuren keine unerwarteten Folgen haben können, die sich der Kontrolle durch die Akteure entziehen.

"ausschließlich darum geht, wirklichkeitsfremd und elitär die hier angeführten Medien als Sündenböcke für einen vermeintlichen Verfall des Musiklebens und dessen 'Manipulation' an den Pranger zu stellen" (Silbermann 1979a, S. 210).

Als eine Aufgabe der Musiksoziologie sieht es der Autor, die Schallplatte in ihrer erzieherischen Funktion planend zu unterstützen: Durch sie können den HörerInnen Musiken der ganzen Welt zugänglich gemacht werden (vgl. Silbermann 1965c, S. 186 f.)[154].

Ausführlich hat sich *Silbermann* auch mit Radiomusik befaßt, vor allem in seiner empirischen Studie "Musik, Rundfunk und Hörer" (Silbermann 1959; s.a. Silbermann 1957, S. 139 f.). Die Ergebnisse eines Kongresses zu diesem Thema faßt *Reinold* im bereits erwähnten Beitrag in der KZfSS zusammen (vgl. Reinold 1955; s.a. Pkt. 4.4, Pkt. 7.2).

Kritisch setzen sich mit Massenmedien vor allem *Adorno* und - unter Bezugnahme auf ihn - *Feuchtner* auseinander. Die Musikindustrie wird dabei als kommerziell ausgerichteter Teil des kapitalistischen Systems problematisiert, das auch im Bereich der Massenmedien auf Profitmaximierung abzielt (vgl. Adorno 1975a, S. 163; Adorno/Eisler 1969, S. 75 f.; Feuchtner 1991, S. 892). Insgesamt ist jedoch besonders *Adornos* Haltung gegenüber musikalischen Massenmedien ambivalent, und es werden durchaus positive Aspekte angesprochen: So betont auch dieser Autor die allgemeine Verfügbarkeit von Musik durch die Massenmedien, da "doch allein sie Millionen von Menschen die Gelegenheit geben, überhaupt Musik von nachhaltigem Anspruch kennenzulernen" (Adorno 1975a, S. 157). Zudem relativiert *Adorno* das unter anderem von *Klausmeier* angeführte Argument, die Massenmedien führten zu musikalischer Passivität:

"Allgemein hat die Empörung über das angebliche Massenzeitalter in einen Konsumartikel für die Massen sich verwandelt, der dazu taugt, sie gegen politisch demokratische Formen aufzuhetzen. So hat es sich eingespielt, die Massenmedien für den Verfall musikalischer Bildung verantwortlich zu machen. Sie dispensieren die Hörer, die sie im Haus beliefern, von eigener Aktivität. (...) Mißtrauisch jedoch macht mittlerweile die Mechanisierung des Arguments gegen die Mechanisierung. Die Gleichsetzung von Musikalität als aktivem Vollzug mit praktischem Selbermusizieren ist zu simpel. (...) Aktive Erfahrung von Musik besteht nicht im Klimpern oder Fiedeln, sondern in sachgerechter Imagination, einem Hören, das die Werke, denen es passiv sich hingibt, durch solche Hingabe wiederum erst entstehen läßt. Entbindet die Musik der Massenmedien von der physischen Mühsal, so könnte die Energie, die dadurch frei wird, geistiger, sublimierter Tätigkeit zugute kommen. (...) In den Standard-Jeremiaden der Innerlichen über die Massenmedien vegetiert auch immer etwas fort von jenem fatalen Arbeitsethos, das nichts so sehr fürchtet wie die Einrichtung einer Welt, in der harte und entfremdete Arbeit überflüssig wäre (...)" (Adorno 1975a, S. 159-161).

---

154 Zur Kulturpolitik in der Zeit der Massenmedien s.a. Blaukopf 1989b.

Den Vorteil der Schallplatte gegenüber dem Rundfunk schließlich sieht *Adorno* in der Möglichkeit individueller Programmgestaltung; die Verfügbarkeit aller Musik auf Schallplatte stellt ein "Potential einer Abschaffung des musikalischen Bildungsprivilegs" (Adorno 1975a, S. 162) dar. Als problematisch spricht *Adorno* die eingeschränkte Zugänglichkeit Ernster, insbesondere Neuer Musik an, die unter anderem durch das Sortiment der auf massenhaften Verkauf ausgerichteten Fachgeschäfte in den USA bedingt ist.

Es scheint, daß *Adorno* die Massenmedien differenzierter beurteilt, als *Silbermann* es darstellt: Es werden Probleme angesprochen, die mit den Medien in den herrschenden Verhältnissen zusammenhängen, *Adorno* sieht aber auch ihren demokratisierenden Aspekt (vgl. v.a. Adorno 1975a, S. 159) und ihre Möglichkeiten in einer zukünftigen, besseren Welt.

Als Arbeit jüngeren Datums soll zunächst die Dissertation von *Dieter Döben* nochmals genannt werden: Der Autor untersucht hier die Verwendung und Funktion von Musik in Fernsehsendungen mit politischem Inhalt. Dabei geht er unter Bezugnahme auf *Adorno* davon aus, daß gerade durch Gestaltung der Sendungen etwa mit Musik ZuschauerInnen beeinflußt oder manipuliert werden können, da in dieser Weise das Unterbewußtsein angesprochen wird. Ein sinnvoller Umgang mit den Massenmedien wird nach *Döben* durch die Kenntnis ihrer Wirkungsweise möglich, auch im Hinblick auf die musikalische Gestaltung. Der Einsatz von Musik wird in ausführlichen Analysen bezüglich Intention der Programmgestalter, Struktur der Musikverwendung und Wirkung beim Publikum untersucht (vgl. Döben 1989, S. 1 f., S. 5-11; s.a. Pkt. 4.3).

Schließlich ist auf den Beitrag *Volker von Thienens* hinzuweisen über "Die soziale Bindung und funktionale Vielfalt von technikvermittelten Musiken. (Technik)Soziologische Annäherungen an ein von der Medienforschung vernachlässigtes Medium: die Tonträger" (Thienen 1988a; s.a. Thienen 1988b). Der Autor kritisiert zunächst die Medienwirkungsforschung, die die massenmediale Vermittlung von Musik zu wenig beachtet; dieser Umstand macht ein Rückgreifen auf Forschungsergebnisse anderer Disziplinen notwendig (vgl. Thienen 1988a, S. 145 f., S. 153)[155]. Unter Bezugnahme auf das musiksoziologische Konzept *Max Webers* verfolgt *von Thienen* eine Fragestellung, in der Wechselwirkungen der Produktion und Rezeption von Musik mit technischem Wandel zentral sind. Technische Innovationen beeinflussen auf der einen Seite Musikproduktion und -rezeption, gleich-

---

155 Trotz der primären Einordnung der Arbeit in die Medienforschung durch den Autor (vgl. Thienen 1988a, S. 145 f.) ist der Beitrag in die Auswahl soziologischer Literatur aufgenommen, da er sich mit Musik befaßt und von Thienen auch Soziologie studiert hat. Dies bestätigte das Wissenschaftszentrum Berlin für Sozialforschung, an dem die Arbeit entstand (Telefongespräch Wissenschaftszentrum Berlin, 6. 7. 1995).

zeitig ist aber "Art und Umfang der Nutzung der Tonträger (...) oftmals hochgradig von sozialen Wertsetzungen und Handlungsorientierungen abhängig" (Thienen 1988a, S. 148). Durch die verschiedenen Vermittlungsmöglichkeiten der gleichen Musikstücke ist die Form der Vermittlung in die Analyse miteinzubeziehen, bei technischer Übertragung von Musik gerade auch die Hardware (vgl. Thienen 1988a, S. 146-148, S. 172).

Von *Thienen* kritisert die abwertende Behandlung des U-Musik-Bereichs und seines - oft jugendlichen - Publikums, die in der Literatur in engem Zusammenhang mit der Thematisierung von industrieller Produktion musikalischer Massenmedien steht[156]. Namentlich *Adornos* Analyse der Unterhaltungsindustrie und ihrer Funktionen stellt *von Thienen* die Auffassung entgegen, daß sich die Wirkung von Musik nicht ausschließlich und direkt aus ihrer Faktur ergeben muß, sondern daß möglicherweise "musikalischen Informationen unterschiedliche Wahrheiten entnommen werden, die sich nicht entlang des E- und U-Schemas bewegen" (Thienen 1988a, S. 157). Zudem sind nicht alle musikalischen Moden durch die Industrie hervorgerufen (vgl. Thienen 1988a, S. 154-157, S. 164 f.). Unter den Funktionen technikvermittelter Musik hebt *von Thienen* vor allem den Beitrag zur Identitätsbildung von Jugendlichen heraus; hier muß die Forschung Gruppenaspekte berücksichtigen und darf sich nicht auf individuelle Rezeption beschränken (vgl. Thienen 1988a, S. 159-164). Insgesamt konstatiert der Autor eine Ausdifferenzierung der Tonträgernutzung, die zum einen mit Affektkontrolle[157] und einer Entgeschichtlichung in Zusammenhang steht, vermittelt durch die immer umfassendere Verfügbarkeit technisch praktisch perfekt reproduzierter Musiken - *von Thienen* diskutiert hier auch den Verlust der Aura des Kunstwerks Musik, unter anderem in bezug auf die Umstellung von Schallplatte auf CD. Gleichzeitig ist ein sehr vielfältiges Nutzungsverhalten zu beobachten, das nicht nur als Eskapismus und Gebrauch von Musik als Droge interpretiert werden sollte. In der Literatur wird infolge *von Thienen* tendenziell die Bereicherung übergangen, die technische Musikübertra-

---

156 Auf die Themenschwerpunkte Massenmedien, Jugend und Popularmusik bei der Rezeptionsforschung wird in Kapitel 7 eingegangen (vgl. Pkt. 7.2, Pkt. 7.3).

157 Von Thienen rekurriert hier mehrmals auf einen gewissen "Hauslick" (Thienen 1988a, S. 166), der als einer der Musikästhetiker des 19. Jahrhunderts eingeführt wird (vgl. Thienen 1988a, S. 166). Es steht zu vermuten, daß damit Eduard Hanslick (1825-1904) gemeint ist - möglicherweise hat der Autor das Abtippen des handschriftlichen Manuskripts delegiert. Um kurz auf die von Musiksoziologen mehrfach geforderte Sachkundigkeit zurückzukommen (s.a. Pkt. 2.4): Beim Lesen solcher fehlerhaften Details zeigt sich ihre Tendenz, das Vertrauen in die Kompetenz des Autors anzukratzen, auch wenn sie für die Argumentation nicht von Belang sind. Sich dieser Wirkung zu entziehen, ist nicht ganz leicht.

gung für das alltägliche Leben auch bedeutet[158]. Der Autor fordert dagegen eine nicht wertende Rezeptions- und Wirkungsforschung (vgl. Thienen 1988a, S. 164-172):

"In jedem Fall schiene es angebracht, den Bedeutungen vertieft nachzugehen, die der Nutzung von Musiken in unterschiedlichen Kontexten von Individuen zugeschrieben wird (sic), weil nur darüber die Kluft zwischen subjektivem Empfinden bei Musik und ihrer deskriptiven Erfassung in der Wissenschaftssprache geschlossen werden kann" (Thienen 1988a, S. 172).

Für die techniksoziologisch fundierte Wirkungsforschung strebt *von Thienen* schließlich auch eine historische Orientierung an, durch die Wandel und auch Fortbestehen und Modifikationen von überlieferten musikalischen Verhaltensmustern erfaßt werden können. Der Artikel selbst beinhaltet eine geschichtliche Darstellung der gesellschaftlichen Durchsetzung musikalischer Tonträger (vgl. Thienen 1988a, S. 149-153, S. 165).

Außerhalb der bundesdeutschen Soziologie gibt es zahlreiche Untersuchungen verschiedenster Art zum Bereich Musik und Massenmedien. Als Beispiele seien hier nur Studien zur Rezeptionsforschung im Auftrag von Medienorganisationen genannt (z.B. Gröbel/Gleich 1989; Ehlers 1985; Ehlers 1989), oder - mit einer weniger naheliegenden Thematik - der Beitrag "Folkmusiker, Liedermacher und Massenmedien" von *Johannes Imorde* (Imorde 1987)[159]. Die Beziehung zwischen Mensch und moderner Technik ist zentrales Thema in der musikwissenschaftlichen Darstellung "Zur Soziologie der elektronischen Musik" von *Wolfgang Martin Stroh*. Er rekurriert in seinem Beitrag auch auf die Diskussion um das Massenmedium Radio in den dreißiger Jahren, insbesondere bei *Brecht* und *Benjamin* (vgl. Stroh 1975, S. 9-11).

---

158   Ein Jahrzehnt früher äußert sich Klausmeier gegenteilig, indem er die mangelnde Beachtung der negativen Folgen von musikalischer Technik kritisiert (vgl. Klausmeier 1978, S. 12 f.). Soweit aus der erfaßten Literatur ersichtlich, werden sowohl positive als auch negative Aspekte umfassend thematisiert. Beide werden schon bei Schering Anfang der 30er Jahre und seitdem in der Mehrzahl der erfaßten Beiträge zum Thema angesprochen. Mehrmals wird, wie hier bei von Thienen, die Medientechnik sogar gegen kritische Angriffe in Schutz genommen, was die positiven Aspekte der Massenmedien betont und gleichzeitig auf die Existenz solcher Angriffe hinweist (s.o.).

159   Zum Bereich Musik und Massenmedien vgl. außerdem beispielsweise: Baruch/Nick 1958; Berten 1951; Casagrande/Risser 1992; Eisner 1958; Goslich 1971; Hettlage 1992, S. 338-359; Hustwitt 1985; Kleinen 1983; Koster 1958; Prieberg 1958; Rösing 1985; Rösing (Hg.) 1978; Schmidt 1976; Wüsthoff 1978. Auch in den allgemeinen und einführenden Schriften wird die Thematik angesprochen (vgl. z.B. Adorno 1967a, S. 88; Blaukopf 1984, S. 259, S. 267-270; Bühl 1994, S. 340 f.; Honigsheim 1958, S. 345 f., S. 371 f.; Honigsheim 1961, S. 492 f.; Pfau 1991, S. 414; Rotter 1989, S. 460; Schering 1959, S. 396; Silbermann 1979a, S. 210).

Neben Massenmedien und Technik ist auch die für die moderne Gesellschaft spezifische Lebensweise Thema in musiksoziologischer Literatur. Dabei stehen Aspekte der Mobilität und Globalisierung, Pluralisierung und Individualisierung, das Verhältnis zur Zeit und soziale Inflation im Vordergrund.

Bereits *Honigsheim* geht mehrfach auf die Lebenssituation in der modernen Großstadt ein: Zunächst sind in der Großstadt Erwerbstätige "an den dauernden Lärm von Automobilhupen, Sirenen, Schreib- und Additionsmaschinen und ähnliches gewöhnt" (Honigsheim 1958, S. 372). Zudem sucht der Mensch nach *Honigsheim* in musikalischen Rhythmen eine Steigerung des Rhythmus' seines Alltagslebens;

> "nach der Abgehetztheit in der Großstadt will der Mensch in kurzer Zeit ganz viele, schnell aufeinanderfolgende Reize, und er glaubt sie in Detektivromanen, Film, Radio und Jazzrhythmus zu finden" (Honigsheim 1961, S. 491).

Neben dem großstädtischen Alltag, insbesondere der Monotonität der Arbeit, macht *Honigsheim* auch die Reklame verantwortlich für den Wunsch nach immer schnellerer Folge immer neuer starker Reize, im Hinblick auf Musik vor allem in Form von Rhythmus und Klangfarbe (vgl. Honigsheim 1958, S. 371 f.; Honigsheim 1961, S. 491-493; Honigsheim 1975, S. 33)[160].

Der Aspekt der Reizinflation, des immer schnelleren Verschleißes immer größerer Eindrücke, findet sich an zentraler Stelle im Beitrag *Hettlages* zur Jugendmusikszene. Der Autor stellt dar, wie vor allem die internationale Fernsehberichterstattung neben der Entwicklung des Verkehrswesens zu einem "Raum- und Zeitschwund" (Hettlage 1992, S. 344) beiträgt. Dieser führt zu einer Inflationierung der Reize:

---

160 Honigsheims Ausführungen erinnern an Simmel (vgl. z.B. Simmel 1984, S. 192 f., S. 196), der jedoch im Text nicht erwähnt wird. In der viel jüngeren Arbeit von von Thienens wird unter Bezugnahme auf Heister ein Zusammenhang hergestellt zwischen den tendenziell schichtabhängigen akustischen Arbeitsbedingungen und schichtspezifischen Musik- und Lautstärkepräferenzen: Ein Arbeiter etwa verbringt den Tag oft an einem lauten Arbeitsplatz und hört nach Feierabend auch in den Pubs laute Musik; auch das Heavy Metal-Publikum besteht zu einem maßgeblichen Teil aus Angehörigen der Arbeiterschicht. In der Oberschicht wird tendenziell leiser eine an sich schon leisere Musik (wie Kammermusik) gehört (vgl. Thienen 1988a, S. 168 f.). Einzuwenden wäre allerdings, daß etwa bezüglich des Punk-Publikums (und auch Punk ist sehr laute Musik) unterschiedliche Auffassungen über dessen Schichthintergrund bestehen. Hier handelt es sich nicht unbedingt um spezifische Musik der Arbeiterschicht (vgl. z.B. Baron 1989, S. 293). Zum Komplex Großstadt und ethnische Musik ist im übrigen auf einen Zeitschriftenbeitrag von Adelaida Reyes Schramm hinzuweisen (vgl. Schramm 1979).

"Tatsächlich ist eine Kehrseite der raum-zeitlichen und bedürfnismäßigen Eskalation der Lebens-
verhältnisse deren Sinnentleerung. Je vielfältigere Güter auf den Markt geworfen, je mehr Informationen akkumuliert, je mehr Verordnungen erlassen, je ungewöhnlichere Meinungen in Um-
lauf gesetzt und je hemmungsloser auch alle privatesten Triebregungen veröffentlicht und zu to-
leranzheischenden Lebensstilen aufgewertet werden, desto kommuner, gewöhnlicher und uninter-
essanter werden sie als singuläre Phänomene. Ihr Bestandswert sinkt, denn die allgemein erhöhte
Umlaufgeschwindigkeit aller Güter und Ereignisse verlangt sofort nach ihrer nächsten Selbst-
überbietung" (Hettlage 1992, S. 345).

Der Zwang zu ständiger Neuerung und Steigerung gilt auch für den Markt der Jugendmusikszene: So werden ständig neue Musikstile oder - wo das schwierig geworden ist - neue Stilmischungen angeboten, zudem werden durch innovative Darbietung oder Verpackung neue Reize geschaffen, auch im visuellen und sprachlichen Bereich. Unter anderem sind Pluralisierung und "Überdifferenzierung" (Hettlage 1992, S. 358) der Musikszene die Folge (vgl. Hettlage 1992, S. 342-345, S.
355-365)[161].

Die Strategie, permanent Neues anzubieten gegenüber einer umsichgreifenden
Reizinflation, das "System des schnellen Ersatzes" (Thienen 1988a, S. 163),
kommt auch im angesprochenen Beitrag *von Thienens* zur Sprache. Der Autor
hebt allerdings hervor, daß diese Betonung des Neuen im Angebot historisch nicht
sehr jung ist, daß sich eher die Abfolgegeschwindigkeit von neuen Angeboten erhöht und damit in den letzten Jahrzehnten eine quantitative Änderung stattgefunden
hat (vgl. Thienen 1988a, S. 163 f., S. 170).

Auf Pluralisierung und Mischphänomene geht auch *Bühl* im Zusammenhang
mit dem Musikleben in der Postmoderne ein. Er formuliert die negativen Eigenschaften, die der Postmoderne zugeschrieben werden, jeweils positiv. Dabei thematisiert er zunächst den Kritikpunkt der Heteromorphie. Ins Positive gewendet
weist dieser auf die Vielschichtigkeit und Globalisierung der Kultur hin, auf den

"Mehrebenencharakter der Kultur, in der sich national geprägte Kulturen mit einer globalen Mo-
nokultur einerseits und mit verschiedenen Subkulturen (die die nationalkulturellen Grenzen gewissermaßen unterwandern) andererseits verbinden. (...) Die globale Diversität nimmt damit zu,
wie überhaupt der Fluß der Transkulturation zunimmt. Bedroht ist lediglich die früher herausragende Stellung der Nationalkulturen und Nationalmusiken, die mit der freien Bewegung der Musiker gewissermaßen von globalisierten Mischungen unterlaufen wird" (Bühl 1994, S. 339).

Die hier von *Bühl* dargestellte "Polykultur" (Madsen, zit.n. Bühl 1994, S. 339)
hängt auch mit der verstärkten Mobilität von MusikerInnen und Musiken zusammen, für die unter anderem Massenmedien, Verkehrstechnik inklusive des interna-

---

161 Zur Discokultur der Bundesrepublik, ihren Phänomenen, Funktionen und Normen, wären die
    Beiträge von Werner Mezger, Horst F. Neißer und Günter Verdin zu nennen (vgl. Mezger
    1980; Neißer/Mezger/Verdin 1979).

tionalen Tourismus und die internationale Vernetzung der Wirtschaft zentrale Bedingungen darstellen (vgl. Bühl 1994, S. 338 f.).

Weiter geht der Autor auf die Kommerzialisierung des Musikbetriebes ein, die als positiven Effekt eine Differenzierung des Publikums durch die Möglichkeit individueller Programmgestaltung mit sich bringt. Durch die technischen Medien gleichen sich die Rezeptionsarten von sogenannter E- und U-Musik an; *Bühl* beobachtet generell eine Polarisierung in isoliertes, privatistisches Hören mit Hilfe der Audiotechnik auf der einen und das Hören in der Gemeinschaft bei Massenveranstaltungen auf der anderen Seite (vgl. Bühl 1994, S. 339-341).

Schließlich diskutiert *Bühl* den Vorwurf der Oberflächenästhetik postmoderner Kultur. Er stellt dar, wie dieser Aspekt zu einer Enthistorisierung musikalischer Stilistik und schließlich auch zu einer neuen "Hinwendung zum *Hören*" (Bühl 1994, S. 342) führt. Durch minimalistische musikalische Strukturen, die in Minimal Music, Rock, Pop, Jazz und Neuer Musik, also in allen Sparten beobachtet werden können, tritt der Hörvorgang in den Vordergrund der Musikrezeption[162]. Diese Entwicklung verhindert nach *Bühl* zum einen weltanschauliche Vereinnahmung von Musik[163]. Außerdem wird angeführt, daß sie die "Distinktionen zwischen Unterhaltungsmusik und Ernster Musik, zwischen Romantischer Klassik und Neuer Musik spielend überwindet (vgl. Bühl 1994, S. 341-343).

---

162   Es ist zwar einleuchtend, daß musikalische Strukturen, die den Prinzipien der Minimal Music weitgehend entsprechen, auch in Rock, Pop und Jazz vorfindlich sind - etwas unklar bleibt hier übrigens Bühls Gebrauch des Begriffs "Neue Musik", da er die Minimal Music nicht zu beinhalten scheint, sondern wohl ein separates Gebiet bezeichnet; eine Zurechnung von Minimal Music zur Neuen Musik findet sich dagegen zum Beispiel bei Trapp (vgl. Trapp 1989). Wenn allerdings diese Verbindung von Minimalismus und verschiedenen Genres hergestellt wird, läßt sich schwerer nachvollziehen, daß es sich bei den minimalistischen Strukturen um ein neues, der Postmoderne zugeordnetes Phänomen handeln soll. In der Barockmusik etwa lassen sich leicht Beispiele finden, wie aus winzigen Motiven durch Wiederholung, Sequenzierung und Variation Musikstücke entstehen, denen der Spannungsbogen der von Bühl angeführten "Monumentalwerke" (Bühl 1994, S. 343) ebenfalls fehlt; unmittelbar ersichtlich ist dies beispielsweise in den Menuetten von Johann Scherers Sonate Opus 1, No. 2 oder dem Mittelteil des dritten Satzes in Georg Philipp Telemanns Concerto F-Dur für vier Violinen (vgl. Notenverzeichnis: Scherer 1959, S. 18 f.; Telemann 1955, S. 73 f.). In diesem Zusammenhang wären auch die Reihenformen wie Chaconne oder Passacaglia zu beachten; auch Neitzerts Ausführungen zur barocken Musik des permanenten Höhepunktes könnten eine Interpretation in diese Richtung zulassen, ähnlich wie Bühl spricht auch er von "selbsterzeugter Fortspinnung" (Neitzert 1990, S. 38) und "Selbstorganisationsmechanismen des musikalischen Materials" (Neitzert 1990, S. 38; vgl. Neitzert 1990, S. 38-40, S. 44-47, S. 54 f.), nur daß er dabei eine viel früher entstandene Musik im Blick hat. Ausführungen zu minimalistischen Strukturen in Musik seit dem Mittelalter finden sich auch in Wim Mertens' Buch über die amerikanische Minimal Music sowie bei Robert T. Jones (vgl. Mertens 1983, v.a. S. 12-15; Jones 1987, S. X f.).

163   Diese Einschätzung Bühls ist sicher angreifbar. Eine gegensätzliche Auffassung vertritt etwa Mertens, der sich ausführlich mit den ideologischen Implikationen der Minimal Music beschäftigt (vgl. Mertens 1983, S. 109-124).

Für die Postmoderne wird insgesamt sowohl Neuerung und Differenzierung wie auch die Überbrückung von im Musikleben bestehenden regionalen wie stilistischen Grenzen konstatiert.

In *Günthers* viel früherem Aufsatz zur "Musik in der pluralistischen Massengesellschaft" (Günther 1967; s.o.) steht als Kennzeichen der Gesellschaft seit dem Ersten Weltkrieg die soziale Mobilität im Vordergrund, die sich auch im Musikleben bemerkbar macht: *Günther* stellt einen Hörerzuwachs aus allen Gesellschaftsschichten und von Stadt und Land fest, der mit der allgemeinen Entwicklung "vom Klassenstaat zu einer mittelständischen Massengesellschaft" (Günther 1967, S. 67) einhergeht. Nach Darstellung des Autors ist heute für die Strukturierung des Publikums weniger Klassenzugehörigkeit als mentale Schichtung bestimmend. Er konstatiert so eine Demokratisierung, da die Struktur des Musikpublikums sich von der "klassengebundenen, ständischen und beruflichen Limitierung durch eine umfassende pluralistische Gruppierung abhebt" (Günther 1967, S. 82; vgl. Günther 1967, S. 67-83, S. 290, S. 297-302). *Günther* unterscheidet zwar verschiedene Sektoren des Musiklebens, denen er bestimmte Hörerschichten zuordnet; diese definieren sich jedoch nicht über Beruf oder Klassenzugehörigkeit, vielmehr sind auch Aspekte der Bildung und der Mentalität zentral (vgl. Günther 1967, S. 290-300):

> "Es hieße die Rolle der Begabung und die Bedeutung der Persönlichkeitsstruktur überhaupt verkennen, wollte man nicht sehen, daß die Hörerschichtung quer die Klassen, Stände und Berufe durchgreift. Nicht nur Berufs-, auch Bildungsschichten durchziehen z. B. die moderne Massengesellschaft quer und werden als Nuancierungen des klassentypischen Denkens und des psychischen Habitus erkennbar. Das erklärt auch die Unmöglichkeit einer eng klassengebundenen Musik, welche von hier aus ein Nonsens ist" (Günther 1967, S. 297 f.).

Der Autor scheint hier einzuräumen, daß klassenbezogene Aspekte für die Strukturierung des Musikpublikums relevant sein könnten. Er stellt jedoch generell die Angemessenheit der Kategorien in Frage, die das Klassenmodell für die soziologische Analyse der heutigen Gesellschaft bietet (vgl. Günther 1967, v.a. S. 298, S. 300).

Schließlich sei auf einen Beitrag von *Reinhard Kannonier* hingewiesen, der strukturelle Beziehungen zwischen gesellschaftlicher Moderne und künstlerischer Avantgarde thematisiert. Der Autor stellt vor allem methodisch enge Zusammenhänge fest, insofern als der Begriff der Moderne im gesellschaftlichen wie im künstlerischen Bereich für ein kritisches und doch enges Verhältnis zur Tradition steht, sowie für Wertepluralisierung und das Anvisieren technologischer Perfektion. *Kannonier* thematisiert inhaltliche Ähnlichkeiten und Unterschiede der Begriffe "Moderne" und "Avantgarde" in den Bereichen Kunst und Gesellschaft und geht anhand eines historischen Abrisses auf Bezüge zwischen ihnen ein, die in vielen Fällen von zeitlicher Verschiebung gekennzeichnet sind (vgl. Kannonier 1992, S. 118-128).

Von soziologischer Warte aus beschäftigt sich im übrigen *Volker Kalisch* in seiner Arbeit zur bürgerlichen Musikkultur kritisch mit der musikalischen "Avantgarde" der 50er und 60er Jahre des 20. Jahrhunderts. Er problematisiert insbesondere die Isoliertheit dieses Musikbereiches, denn wie der Autor feststellt, "steht Neue Musik heute in vielfacher Hinsicht in einem eigens erzeugten gesellschaftlichen wie kulturellen Abseits" (Kalisch 1990, S. 147; vgl. Kalisch 1990, S. 130-147).

5.5 Demographische Aspekte und Auswirkungen sozialer Variablen

Mehrere der bereits angesprochenen Beiträge nehmen in ihrer Darstellung des Musiklebens Bezug auf demographische Aspekte und soziale Variablen wie Alter, Geschlecht, Wohnort oder Beruf[164]. Eine sehr frühe österreichische Arbeit zur Musikstatistik stellt die Dissertation in Rechts- und Wirtschaftswissenschaften von *Leo Wilzin* dar (vgl. Wilzin 1937). *Kurt Blaukopf* schildert in einem biographischen Beitrag über *Wilzin* dessen wissenschaftlichen Hintergrund und seine Verortung der Musikstatistik in enger Nachbarschaft zur Musiksoziologie; anhand des biographischen Materials wird deutlich gemacht, weshalb *Wilzin* seine wissenschaftliche Laufbahn nach der Zwangsverschickung nach Sibirien nicht fortsetzen konnte (vgl. Blaukopf 1995; s.a. Pkt. 6.2, Pkt 7.3).

Auch in den Hypothesen der Rahmenstudie zu Musik und Sozialstruktur von *Buchhofer*, *Friedrichs* und *Lüdtke* wird sozialen Variablen Bedeutung zugeschrieben: Im Zusammenhang mit Zuschreibung und Selbsteinschätzung des sozialen Status von Musikproduzenten werden Einkommen, Beruf und Alter Relevanz zugesprochen sowie der Schichtzugehörigkeit, deren Bedeutung sich vor allem über die Ausbildung vermittelt, die ihrerseits von der Schichtzugehörigkeit des Elternhauses abhängig ist (vgl. Buchhofer/Friedrichs/Lüdtke 1974, S. 107-116, S. 121-123). Die Art der Musikrezeption ist den Hypothesen der Autoren zufolge unter anderem abhängig von der sozialen Schicht, in der die Sozialisation stattfindet. Es wird hier in semantische und ästhetische Information unterschieden, die beim Musikhören aufgenommen werden kann; das Verhältnis der Informationsarten bei der

---

164 Beispiele finden sich etwa bei Günther 1967, S. 74 f., S. 78, S. 294 f., S. 297-299; Klausmeier 1959: s.u.; Klausmeier 1963, v.a. S. 214-216, S. 232 f.; Niketta/Volke 1994a, S. 39-50; s.a. Dollase/Rüsenberg/Stollenwerk 1974, S. 32-42, S. 94 f., S. 141-143, S. 184-188; Dollase/Rüsenberg/Stollenwerk 1978a, S. 62-69; Dollase/Rüsenberg/Stollenwerk 1986; Ehlers 1989, S. 380-386, S. 390; Niketta/Volke 1994b.

Rezeption wird unter anderem von "schichtspezifischen linguistischen Codes" (Buchhofer/Friedrichs/Lüdtke 1974, S. 166) bestimmt:

> "Je höher die soziale Schicht, der der Rezipient angehört, desto elaborierter ist sein linguistischer Code, gemessen am Ausdrucksvermögen (linguistische Performanz). (...) Je elaborierter der linguistische Code, desto größer die Chance, semantische und ästhetische Informationen aufzunehmen. Umgekehrt gilt: Je niedriger die Schichtzugehörigkeit einer Person, desto stärker wird nur ästhetische Information wahrgenommen" (Buchhofer/Friedrichs/Lüdtke 1974, S. 168).

Auch die Präferenzenbildung wird als schichtabhängig dargestellt. Die Autoren gehen dabei unter anderem von schichtenspezifischen Hörtraditionen aus, die sich über Jahrhunderte hinweg gebildet haben (vgl. Buchhofer/Friedrichs/Lüdtke 1974, S. 166-174). In bezug auf das Rezeptionsverhalten wird auch der Einfluß weiterer Variablen wie Geschlecht, Alter, Konfession oder Wohnort thematisiert (vgl. Buchhofer/Friedrichs/Lüdtke 1974, S. 177-187).

In vielen der Forschungspläne, die der Rahmenstudie beigefügt sind, ist ebenso die Berücksichtigung einer oder mehrerer sozialer Variablen vorgesehen, wobei die hier problematisierten Thematiken ein relativ breites Feld einnehmen: Sie umfassen auf Seiten der Rezeption etwa Hörgewohnheiten und Schallplattenkauf, auf Seiten der Produktion den professionellen und den Amateurbereich, außerdem Distribution, Markt und Institutionen und regionale Vergleiche (vgl. Buchhofer/Friedrichs/Lüdtke 1974, S. 232-239, S. 246-249, S. 256-260, S. 270-275, S. 285-287, S. 306-310).

Jochen Zimmer verfolgt in seiner Dissertation zur Theorie und Sozialgeschichte der Popmusik einen explizit marxistischen Ansatz, was unter anderem eine Berücksichtigung des Klassenaspektes nahelegt (vgl. Zimmer 1973, Hinweis zur Lektüre (o.S.), S. 15-18, S. 110, S. 113). In der erweiterten Neuauflage der Arbeit von 1981 betrachtet *Zimmer* in einem neu aufgenommenen Abschnitt Gebrauch und Funktion von Rockmusik in Abhängigkeit von mehreren sozialen Variablen; neben der Klassenzugehörigkeit werden hier auch Geschlecht, Alter und Zusammenhänge zwischen den Variablen thematisiert (vgl. Zimmer 1981, S. 153-157).

Auch in empirischen Studien aus der Musikpädagogik wird auf Variablen wie Alter, Geschlecht und Schicht eingegangen, beispielsweise in *Dörte Wiechells* Studie "Musikalisches Verhalten Jugendlicher" (vgl. Wiechell 1977). Auch *Heinz Sommerer* untersucht in seiner Dissertation Musikpräferenzen unter anderem in Abhängigkeit von "soziologischen und Persönlichkeitsvariablen" (Sommerer 1993; s.a. Pkt. 1.1).

Die Berücksichtigung sozialer Variablen ist in soziologischen Untersuchungen sicher gängig und somit auch in der Musiksoziologie keineswegs überraschend. Im Hinblick auf den Klassenaspekt bestehen allerdings für *Adorno* ernsthafte Zweifel, wie erkenntnisträchtig eine demographische Analyse der Hörerschaft oder der Produzierenden sein kann:

> "Untersuchungen über soziale Verteilungen und Präferenzen des musikalischen Konsums gewähren wenig Aufschluß über den Klassenaspekt. Musiksoziologie sieht sich vor der Wahl zwischen souveränen Behauptungen, die auf die Musik den Klassenbegriff anwenden, ohne ihn anders zu legitimieren als durch die jeweiligen politischen Absichten der Verfügenden, und einer Forschung, die es für lautere Wissenschaft hält, wenn man weiß, ob städtische Hausfrauen mittleren Einkommens zwischen 35 und 40 Jahren lieber Tschaikowsky als Mozart hören, und wie sie sich von einer vergleichbaren Gruppe von Bauersfrauen unterscheiden. Was hier getroffen wird, sind allenfalls Schichten, definiert als Einheiten subjektiver Merkmale. Mit der Klasse als theoretisch-objektivem Begriff sind sie nicht zu verwechseln.
> Vom Ursprung, der sozialen Herkunft der Komponisten aus ließe ebenfalls über den Klassensinn von Musik nichts Zwingendes sich ausmachen. Solche Momente mögen hereinspielen (...), aber ihre Bestimmung verflüchtigt sich leicht ins Vage" (Adorno 1975a, S. 73).

Adorno äußert auch einige Hypothesen über soziale Differenzierung nach Schichten in der Rezeptionssphäre; für Erkenntnisse in bezug auf Klassenaspekte ist aber soziologische Werkanalyse die von ihm vorgesehene Methode, da "in jeglicher Musik, und zwar weniger in der Sprache, in der sie redet, als in ihrer inwendigen strukturellen Zusammensetzung, die antagonistische Gesellschaft als ganze erscheint" (Adorno 1975a, S. 87; vgl. Adorno 1975a, S. 72-89).

So selbstverständlich dennoch bei empirischen Beiträgen zur Musiksoziologie die Thematisierung demographischer Aspekte sein mag, gibt es doch nur einzelne Studien von Seiten der bundesdeutschen Soziologie, die sich ausschließlich mit Zusammenhängen zwischen sozialen Variablen und Musik befassen oder den Bezug einer durch eine soziale Variable bestimmten Kategorie von Personen zur Musik untersuchen, so wie sich *Adamek* mit gewerkschaftlich organisierten ArbeiterInnen beschäftigt (vgl. Adamek 1987; s.a. Günther 1967; Klausmeier 1959[165]). Als Forschungslücke auffällig können hier vor allem Fälle werden, in denen es außerhalb der bundesdeutschen Soziologie umfangreiche Literatur zum Thema gibt; dies gilt auch für den Bereich Frau und Musik - oder allgemeiner: Geschlecht und Musik. Die Literaturlage zu diesem Komplex soll hier als Beispiel eines Forschungsdefizits etwas genauer betrachtet werden.

---

165 Für Klausmeiers Arbeit zum Verhältnis von musikbezogenem Verhalten und Konfession bei Jugendlichen muß einschränkend angemerkt werden, daß sie ein Auszug aus einer umfassenden empirischen Untersuchung über das sozio-musikalische Verhalten Jugendlicher ist, in der auch weitere soziale Variablen umfassend thematisiert werden, etwa Art der besuchten Schule, Geschlecht, Alter oder Familienstruktur (vgl. Klausmeier 1963, z.B. S. 6 f., S. 11 f., S. 214-218; s.a. Pkt. 7.3).

Exkurs: Der Komplex "Frau und Musik" als Forschungslücke

Das Geschlecht ist in allen Lebensbereichen unserer Gesellschaft eine Variable von zentraler Bedeutung. Im Musikleben äußert sich dies unter anderem darin, daß gerade im Bereich der Produktion kaum Frauen zu finden sind - ein Blick auf die Literaturliste zur bundesdeutschen Musiksoziologie zeigt übrigens, daß das für die soziologische Forschung zur Musik in ähnlicher Weise gilt: 5 Autorinnen stehen 62 Autoren gegenüber - fachfremde Mitarbeiter nicht mitgezählt (vgl. Literaturliste)[166]. Von diesen fünf Frauen sind zwei lediglich mit Rezensionen vertreten, eine weitere erscheint als Koautorin, beim Beitrag der vierten Autorin handelt es sich um eine unveröffentlichte Dissertation (vgl. Haselauer [Rez.] 1991; Lentz 1984; Mierendorff [Rez.] 1959; Mierendorff [Rez.] 1961; Niketta/Volke 1994a; s.a. Anhang). Schließlich bleiben die Arbeiten, die *Jutta Allmendinger* allein oder als Erstautorin verfaßte, die aber nur unter Vorbehalt als musiksoziologisch einzuordnen sind (s.u.; s.a. Pkt. 4.4).

Möglicherweise tragen auch diese Umstände dazu bei, daß so gut wie gar keine Beiträge von Seiten der Soziologie in der Bundesrepublik Deutschland zu finden sind, die dezidiert dem Themenbereich Frau und Musik beziehungsweise Musik und Geschlecht gewidmet sind. Allein in Anbetracht der in vielen Bereichen stark zunehmenden sogenannten Frauenforschung ist dies eine erstaunliche Forschungslücke.

In diesem Zusammenhang soll im übrigen darauf hingewiesen sein, daß die meisten der im folgenden genannten Arbeiten zum Thema Frau und Musik, die anderen fachlichen oder geographischen Hintergrund haben, von Autorinnen verfaßt wurden.

Zunächst soll kurz auf den einzigen erfaßten Beitrag der bundesdeutschen Soziologie zu diesem Fragenbereich eingegangen werden. Es handelt sich um den erwähnten 1994 erschienenen Aufsatz von *Jutta Allmendinger* und *J. Richard Hackman*, "Akzeptanz oder Abwehr? Die Integration von Frauen in professionellen Organisationen" (Allmendinger/Hackman 1994; s.o.; s.a. Pkt. 4.4, Pkt. 6.1). In einer vergleichenden empirischen Untersuchung, bei der 78 Orchester aus vier Staaten einbezogen wurden, werden Zusammenhänge zwischen dem Anteil der im Orchester beschäftigten Frauen und verschiedenen Aspekten des Organisationsmilieus

---

166 Aufschlußreich in bezug auf Geschlecht und Funktion derer, die sich mit Musik und Gesellschaft befassen, scheinen Inhalt und Wortwahl eines Berichts über ein Symposion des International Institute for Music, Dance and Theatre in the Audio-visual Media (IMDT), welches laut Kleinen "unter Mitwirkung von Experten aus 23 Ländern (...) stattfand. (...) Eine perfekte Organisation und die ebenso charmanten wie sprachgewandten Sekretärinnen und Dolmetscherinnen sorgten für reibungslosen Ablauf. Die Teilnehmer des Symposions dankten (...)" (Kleinen 1973, S. 2).

analysiert. Drei Ansätze aus Organisationssoziologie und Sozialpsychologie werden dargestellt und anhand des Datenmaterials überprüft, wobei jedoch der Ansatz zunehmender Akzeptanz und der Sozialisationsansatz kaum, der Statusansatz, der zunehmende Abwehrreaktionen erwartet, nur bedingt bestätigt werden können. Insgesamt weist die Studie dennoch unter anderem darauf hin, daß die Situation in den Orchestern umso negativer eingeschätzt wird, je höher der Frauenanteil in ihnen ist. Vor allem in den USA wird dann bei diesem Zusammenhang ein Wendepunkt an einem Schwellenwert festgestellt, nach dessen Passieren die Beurteilungen sich wieder etwas verbessern (vgl. Allmendinger/Hackman 1994, S. 238-242, S. 247-255).

Der Beitrag von *Allmendinger* und *Hackman* scheint aufschlußreich, insbesondere durch den international vergleichenden Ansatz. Gleichzeitig wirft er Fragen auf, die unter anderem dadurch entstehen, daß in der Untersuchung nur die Einschätzungen der Orchestermitglieder berücksichtigt werden; beobachtbare geschlechtsspezifische Unterschiede, etwa Arbeitssituation oder Interaktionsformen, sind nicht direkt erfaßt. Soweit aus dem Artikel ersichtlich, scheint lediglich die jeweilige Frauenerwerbsquote als Indikator der "nationalen Geschlechtskulturen" (Allmendinger/Hackman 1994, S. 243) herangezogen worden zu sein. Es ist fraglich, ob allein aus einem hohen Frauenanteil an den Erwerbstätigen darauf geschlossen werden kann, daß eine "Kultur (...) generell Frauen unterstützt" (Allmendinger/Hackman 1994, S. 252), wie es bei *Allmendinger* und *Hackman* geschieht. Die Erwerbstätigkeit von Frauen könnte beispielsweise auch über die Notwendigkeit erklärt werden, eine Familie zu ernähren, wenn ein "Familienvater" zu wenig verdient, arbeitslos oder gar nicht vorhanden ist - der Anteil solcher Fälle variiert möglicherweise auch von Kultur zu Kultur stark. Eine andere Erklärung böte etwa die gezielte Ausnutzung der billigeren und auch in anderer Hinsicht vorteilhaften Arbeitskraft von Frauen durch die Arbeitgeber (vgl. z.B. Sichtermann 1987, S. 7-9; Werlhof 1983, S. 126-129)[167]. Häufige Frauenerwerbstätigkeit kann demnach kaum einfach mit einer emanzipierten Stellung der Frauen gleichgesetzt werden. Abgesehen von diesem isoliert nicht ganz einleuchtenden Indikator der nationalen Frauenerwerbsquoten werden die Situationen für Frauen in den einzelnen Orchestern nicht erhoben und verglichen. Damit ist nicht eindeutig ersichtlich, was etwa die positivere Bewertung ihrer Situation im Orchester durch Frauen in der DDR im Vergleich zur Bundesrepublik verursacht. Zum einen wäre möglich, daß die ostdeutschen Frauen bei gleichen Bewertungskriterien zu einer besseren Einschätzung kommen, da ihre Situation tatsächlich besser ist als die ihrer west-

---

167 Allmendinger und Hackman erwähnen anfangs den Ansatz des "weiblichen" Arbeitsvermögens, gehen aber in ihrer Arbeit nicht weiter darauf ein (vgl. Allmendinger/Hackman 1994, S. 239).

deutschen Kolleginnen. Es wäre aber auch denkbar, daß sie aufgrund differierender Erwartungen und Bedürfnisse ein gleiche Situation anders einschätzen - dies könnte, entgegen der erstgenannten Interpretationsmöglichkeit, als Hinweis auf eine schlechtere allgemeine Situation von Frauen in der DDR interpretiert werden, die dahin führt, daß sie sich mit weniger zufrieden geben[168]. Wenn sich sowohl die beobachtbare Situation und Behandlung der Frauen (über die nationale Frauenerwerbsquote hinausgehend) als auch ihre einer Beurteilung zugrundeliegenden Ansprüche und Erwartungen in den beiden deutschen Staaten unterscheiden, wird die Interpretation der von *Allmendinger* und *Hackman* vorgelegten Forschungsergebnisse zunehmend kompliziert. Die Einbeziehung gerade der von Außenstehenden beobachtbaren Situation in den untersuchten Orchestern würde allerdings einen großen zusätzlichen Aufwand hinsichtlich Erhebung und Auswertung bedeuten, der eine Einzelforschung möglicherweise überfordert. Die genannten Einschränkungen, die bei Erhebungsmethodik, Auswahl der Indikatoren und Dateninterpretation zu bestehen scheinen, stellen eine eklatante Schwäche dar, da sie große Teile der Ergebnisse in Frage stellen. Allerdings hat dieser Umstand damit zu tun, daß es zum hier behandelten Problemkomplex kaum vorhandene Daten gibt, auf die hätte zurückgegriffen werden können. Insofern weisen die Mängel dieser Arbeit wiederum auf die angesprochene Forschungslücke bei der soziologischen Untersuchung der Thematik Frau und Musik hin[169].

Das auf diesem Gebiet negative Ergebnis der Literaturrecherche ist um so überraschender, als bereits die soziologischen Klassiker *Simmel* und *Weber* in ihren musikbezogenen Arbeiten das Verhältnis von Frau und Musik ansprechen:

Simmel führt Beispiele aus aller Welt für Gesellschaften an, in denen Frauen eine dominierende Rolle im Musikleben spielen, wobei er sogar das Tierreich einbezieht: "Bei den musikalischen Insecten musiciren nur die Weibchen" (Simmel 1882, S. 284). Der Autor stellt einen Zusammenhang her zwischen Beteiligung am Musikleben und gesellschaftlicher Stellung der Frauen:

"Prschewalski (...) bemerkt, dass bei den Mongolen die Frauen weniger musikalisch zu sein scheinen als die Männer, zugleich aber auch, dass ihre Stellung diesen gegenüber eine absolut nichtige ist" (Simmel 1882, S. 284).

---

168 Diese Argumentationen sollen lediglich zeigen, daß es verschiedene und gegenläufige Möglichkeiten der Dateninterpretation geben kann. Keine von ihnen stellt einen tatsächlich hier vertretenen Standpunkt dar.

169 Es ist allerdings anzunehmen, daß zum Thema nationaler Geschlechtskulturen allgemein durchaus Material vorhanden ist, auf das hätte zurückgegriffen werden können.

Simmel geht weiterhin auf die Funktionen von Musik bei Vorgängen ein, die mit Geschlechtlichkeit zu tun haben, wie etwa Passageriten der Initiation (vgl. Simmel 1882, S. 282-285)[170].

Auch in *Max Webers* musiksoziologischem Fragment taucht das Thema Frauen auf. Zum einen erwähnt er die physikalischen Eigenschaften der weiblichen höheren Stimmlage, von denen eine spezifische Entwicklung des Tonsystems in Gesellschaften, in denen auch Frauen singen, abhängig sein könnte (vgl. Weber 1924, S. 15). Im Zusammenhang mit der Entwicklung des Klaviers erläutert *Weber*, daß es gerade von Frauen viel genutzt wird, da es sich zur Wiedergabe aller gewünschten Musik eignet und im häuslichen Rahmen genutzt werden kann:

> "Sein spezifisches Publikum (...) bildeten, da der freie Tonanschlag die Verwendung des Instruments für die Wiedergabe von Volksweisen und Tänzen begünstigte, wesentlich Dilettanten, in erster Linie ganz naturgemäß die ans Haus gefesselten Volkskreise: Im Mittelalter Mönche und erst recht in der Neuzeit: Frauen, die Königin Elisabeth an der Spitze" (Weber 1924, S. 91).

Simmel und *Weber* gehen eher am Rande auf Bezüge zwischen Musik und Geschlecht ein, doch die Erwähnung an so prominenter Stelle könnte wohl zumindest auf eine gewisse Relevanz der Fragestellung schließen lassen. Unter Anlehnung an *Weber* fordert so auch *Christoph Braun* insbesondere die Auseinandersetzung mit dem "Beziehungsfeld Hauskultur-Frauen-Musik" (Braun 1995, S. 256; vgl. Braun 1995, S. 255 f.)[171].

Auch *Silbermann* weist übrigens in seiner einführenden Schrift "Wovon lebt die Musik" darauf hin, daß "die musiksoziologische Betrachtung der Stellung der Frau in der Musik faszinierende Ergebnisse zeigen kann" (Silbermann 1957, S. 120)[172].

---

170 Zur Rolle von Musik bei Passagen äußert sich auch Lipp (vgl. Lipp 1992a, S. 14 f.).

171 Fraglich scheint, wohin musiksoziologische Erklärungen führen könnten, bei denen "geschmeidigere Hände für die Klavier-Präferenz der Frauen herangezogen werden" (Braun 1995, S. 256) - einer der von Braun angeführten möglichen Ansätze. Selbst wenn davon ausgegangen wird, daß Frauen mit geschmeidigeren Händen ausgestattet sind, würde weder klar, weshalb Frauen am Klavier so viel stärker vertreten sind als etwa am Cello (ist diese Geschmeidigkeit nur für das Klavierspiel nötig?), noch könnte der hohe Anteil an Männern unter den Star-PianistInnen der Welt erklärt werden.

172 Allerdings deutet sich hier nicht unbedingt eine besonders emanzipatorische Haltung des Autors an, der in einer späteren Veröffentlichung die doch recht eingeschränkten Ziele beschreibt, die er hinsichtlich der gesellschaftlichen Stellung der Frau im Auge hat: "Nicht geht es darum, (...) aus dem Mädchen ein mit Pille, Abtreibung und Managertum vertrautes Mannweib zu machen. Wohl aber gilt es, ein Kulturbewußtsein zu vermitteln, das es in die Lage versetzt, zumindest die Pluralität von Werten zu erkennen. Nicht geht es darum, aus dem Mädchen die zukünftige Bundestagspräsidentin zu machen, wohl aber gilt es, ihm ein Bewußtsein zu vermitteln, das es in die Lage versetzt, zumindest am politischen Denken und Gestalten teilzunehmen" (Silbermann/Krüger 1971, S. 97 f.).

144

Weiterhin gehen einige neuere Beiträge zur Musiksoziologie auf den Bereich Frau und Musik ein, meist jedoch eher am Rande. Die Variable Geschlecht wird unter anderem in empirischen Untersuchungen zum Musikleben problematisiert, die auf Umfragen basieren. So differenziert *Klausmeier* in seiner Forschung zum Musikinteresse Kölner Schüler in bezug auf die Konfession seine Ergebnisse von vornherein nach dem Geschlecht. Er führt an, daß es "bekannt ist, welch auffällige Unterschiede das Geschlecht im sozio-musikalischen Verhalten hervorruft" (Klausmeier 1959, S. 464). Die Trennung erfolgt wohl auch im Hinblick darauf, daß sowohl Katholizismus als auch Protestantismus sehr unterschiedliche Rollen für Mädchen und Jungen vorsehen (vgl. Klausmeier 1959, S. 464-495; s.a. Klausmeier 1963, S. 13-17, S. 93-97). Auch die umfassende Darstellung der Forschungsergebnisse zum Musikinteresse von Kölner Jugendlichen an höheren und Berufsschulen, die auf zwei Umfragen beruhen (vgl. Klausmeier 1963, Vorwort, o.S.), unterscheidet fast durchgehend nach Mädchen und Jungen (vgl. Klausmeier 1963).

In jüngeren Untersuchungen zur Popularmusik wird im Bereich der Produktion ein überaus geringer Anteil an Frauen festgestellt, von denen wiederum sehr viele Sängerinnen sind. Zu den Gründen hierfür werden einige vorsichtige Überlegungen angestellt (vgl. Ebbecke/Lüschper 1987, S. 19 f.; Kleinen 1973, S. 6; Niketta/Volke 1994a, S. 39 f.)[173].

Schleunings eher sozialgeschichtlich als soziologisch orientierte Arbeit zur Verbürgerlichung der Musikkultur (Schleuning 1984; s.a. Pkt. 4.3, Pkt. 6.1, Pkt. 7.2) widmet dem Thema Frauen einen längeren Abschnitt und thematisiert dabei verschiedene Aspekte des Musiklebens, unter anderem Frauen als Musikerinnen und im Publikum sowie Bezüge zwischen Geschlecht und Instrumentenwahl (oder manchmal treffender: Instrumentenzuweisung), der Musikpublizistik und -pädagogik und der Faktur von Musikwerken (vgl. Schleuning 1984, S. 209-257, s.a. S. 452-458). In der übrigen soziologischen Literatur aus der Bundesrepublik, nicht nur zum Bereich Verbürgerlichung, wird den Frauen kaum so viel Aufmerksamkeit zuteil.

---

173 Es ist sicher begrüßenswert, daß bei Niketta und Volke die Musikerinnen praktisch durchgehend auch genannt werden (vgl. Niketta/Volke 1994a) und nicht unter dem Sammelbegriff "Musiker" mitgemeint sind (vgl. z.B. Pusch 1991, S. 7-68, S. 76-128) - der Autor und die Autorin folgen damit einem Erlaß des nordrhein-westfälischen Wissenschaftsministeriums; indem sie die männliche Form zuerst nennen, wollen sie auf den geringen Frauenanteil von unter 10% hinweisen (vgl. Niketta/Volke 1994a, S. 10). Hier deutet sich eine Problematik "geschlechtsneutraler" Formulierungen an, sie können in diesem Zusammenhang auch als Euphemismus aufgefaßt werden, da durch die gleichmäßige Nennung von Männern und Frauen der Eindruck entstehen mag, im Musikleben wären die Geschlechter tatsächlich gleichmäßig vertreten.

Ein Negativbeispiel für die Abhandlung des Themas stellt wohl der diesbezügliche Abschnitt in *Troges* Dissertation dar (vgl. Troge 1993, S. 156 f.; s.a. Pkt. 5.2). Seine Schilderung der Lage von Frauen in der Rockmusik wiederholt unreflektiert das Klischee der armen Opfer "in der vom Manager diktierten Rolle des Sexualobjekts, bei der Aussehen und Sexappeal wichtiger ist als das, was sie singen" (Troge 1993, S. 157). *Troge* stellt Bezüge zu geschlechtsspezifischen Rollenerwartungen generell und zu Problemen, die die technischen Aspekte der Rockmusik für Frauen mit sich bringen, her. Insbesondere hebt er die Diskrepanz zwischen dem "revolutionär-befreienden Mythos der Rockmusik" (Troge 12993, S. 157) und den herrschenden sexistischen Strukturen hervor. Der Autor reproduziert insgesamt hauptsächlich in seiner undifferenzierten Form kaum nachvollziehbares Allgemeinwissen. Wie viele Klischees enthalten die Behauptungen sicher einen wahren Kern, sind in der vorliegenden Form jedoch äußerst zweifelhaft und verdecken die Komplexität der Sachlage. Die wenige zum Thema angeführten Literatur stammt aus den Jahren 1972 bis 1980, was die schwer nachvollziehbaren Befunde wohl zum Teil erklären kann. Angesichts *Troges* Bemerkung, es sei *zu früh*, aus Karrieren wie der Madonnas eine Besserung der Lage abzuleiten, ist es allerdings verwunderlich, daß der Autor keine aktuellere Literatur hinzuzieht (vgl. Troge 1993, S. 156 f.). Auch hier zeigt sich, daß bei einer solchen Vielzahl von angesprochenen Aspekten, wie sie bei *Troge* zu finden ist, einzelne Fragestellungen kaum mit hinreichender Sorgfalt bearbeitet werden (s.a. Pkt. 4.3, Pkt. 5.1, Pkt. 5.2, Pkt. 6.1, Pkt. 6.4, Pkt. 7.3).

Insgesamt findet sich durchaus eine beträchtliche Menge Literatur zum Thema - allerdings außerhalb der Soziologie beziehungsweise außerhalb der Bundesrepublik Deutschland. Gerade in den letzten Jahrzehnten wurden einige Beiträge auch größeren Umfangs veröffentlicht.

Im Bereich der Soziologie ist zunächst eine relativ frühe Studie aus den USA zu nennen, die dort zuerst 1948 erschien: "Die Frau in der Musik" (Drinker 1955) von *Sophie Drinker*. Diese Arbeit befaßt sich vor allem mit dem Produktionsbereich von Musik im Lauf der Geschichte, sie beginnt bei den sogenannten "Primitiven" (Drinker 1955, S. 13) und behandelt professionelle und Amateurmusikerinnen bis in die heutige Zeit (vgl. Drinker 1955). Die 1955 in Zürich erschienene deutschsprachige Ausgabe ist gekürzt und bearbeitet (vgl. Drinker 1955, S. 10).

Weiter ist die PhD-Dissertation in Soziologie von *Mavis Bayton* zu nennen, die sich mit Rock- und Popmusikerinnen vor allem im Amateurbereich befaßt und unter anderem auf Interviews basiert (vgl. Bayton 1989). In einem Sammelbandbeitrag beschreibt die Autorin Werdegang und typische Probleme von Musikerinnen in gemischten und in Frauenbands (vgl. Bayton 1990).

Innerhalb der bundesdeutschen Musikwissenschaft entstanden insbesondere Arbeiten zum Bereich der sogenannten E-Musik - genannt werden sollen hier als Beispiele nur die Monographien von *Eva Rieger* und *Freia Hoffmann*, die beide ihren Schwerpunkt auf die bürgerliche Musik legen (vgl. Hoffmann 1991; Rieger 1988); im übrigen existieren auch dokumentierende Veröffentlichungen, die unter anderem relevantes historisches Material zu diesem Gebiet liefern, etwa eine Sammlung von frühen Texten zum Thema "Frau und Musik" (Rieger (Hg.) 1980) oder eine von *Leni Neuenschwander* zusammengestellte Dokumentation zu Komponistinnenwettbewerben von 1950 bis 1989 (vgl. Neuenschwander (Hg.) o.J.). 1994 erschien mit "The New Grove Dictionary of Women Composers" (Sadie/Samuel (Hgg.) 1994) ein außerordentlich umfangreiches Nachschlagewerk zu Komponistinnen.

Als weiterer Beitrag aus dem englischsprachigen Bereich wäre der von *Jane Bowers* und *Judith Tick* herausgegebene Band "Women Making Music. The Western Art Tradition, 1150-1950" (Bowers/Tick (Hgg.) 1986) zu nennen. Mit Musik und Geschlechterhierarchie beschäftigt sich weiter ein Sammelbandbeitrag von *John Shepherd*, "Music and male hegemony" (Shepherd 1987). Ein frühere Arbeit ist das Buch "Hexen-Musik" (Franco-Lao 1979) der Italienerin *Meri Franco-Lao*. Die deutsche Ausgabe erschien 1979 im feministischen Verlag Frauenoffensive und war einer der ersten Beiträge zum Thema, was ihr wohl eine gewisse Relevanz verleiht; in einer Rezension von *Hans Peter Thurn* wird dem Beitrag allerdings nur zugestanden, er könne "allenfalls als Vorstudie zu einer noch zu schreibenden Geschichte der Frau in der europäischen Musik gelten" (Thurn [Rez.] 1980a, S. 221)[174]. *Freia Hoffmann* kritisiert die unzuverlässige und teils fehlerhafte Darstellung von Fakten bei *Franco-Lao* (vgl. Hoffmann 1991, S. 414)[175].

Auch in der Ethnologie finden sich einige Arbeiten zum Bereich Frau und Musik. Eine Reihe von Aufsätzen zu unterschiedlichen Themen und Regionen sowie umfangreiche Literaturhinweise bietet etwa das von *Ellen Koskoff* herausgegebene Sammelwerk "Women and music in cross-cultural perspective" (Koskoff (Hg.) 1987). Insbesondere durch die darin enthaltenen Beiträge von *Ellen Koskoff* und *Carol E. Robertson* ist der Band für eine vergleichende Herangehensweise an den Komplex Frau und Musik sicher aufschlußreich (vgl. Koskoff 1987; Robertson 1987). Bei *Eva Ptak-Wiesauer* wird Musik im Zusammenhang mit Matriarchatsmythen thematisiert (vgl. Ptak-Wiesauer 1989). Im Bereich der populären

---

174 Thurn gibt für dieses Buch das Jahr 1977 an (vgl. Thurn [Rez.] 1980a), es ist der Zeitpunkt des Copyrights. Hier ist dagegen das Erscheinungsjahr der deutschen Erstauflage berücksichtigt, es handelt sich aber um die gleiche Veröffentlichung (vgl. Franco-Lao 1979, S. 2).

175 Bei Hoffmann finden sich auch weitere Literaturangaben zum Thema (vgl. Hoffmann 1991, S. 414-416, S. 462-467; s.a. Rieger 1988, S. 291-300).

Musik hat beispielsweise *Wolfgang Bender* mehrere Beiträge zum Thema Sängerinnen in Afrika veröffentlicht (vgl. z.B. Bender 1990; Bender 1992a; Bender 1993). Auch die französische version actualisée seines Buches "Sweet Mother" wurde um einige diesbezügliche Abschnitte ergänzt (vgl. Bender 1992b, z.B. S. 68-70).

Vorwiegend zum Bereich Frauen und Popularmusik wurden in der Bundesrepublik auch einige journalistisch orientierte Bücher herausgegeben, einige davon als Übersetzungen aus dem Englischen oder Amerikanischen (vgl. z.B. Farin/ Kuckuck 1987; Gaar 1994; Greig 1991; Grün (Hg.) 1983; Placksin 1989; Rohkohl 1979; Wendt (Hg.) 1992; s.a. Koch 1987, S. 217-225)[176]. Von den jüngsten englischsprachigen Veröffentlichungen wäre *Amy Raphaels* "never mind the bollocks. Women Rewrite Rock" (Raphael 1995) zu nennen sowie *Lucy O'Briens* "She Bop. The Definitive History of Women in Rock, Pop and Soul" (O'Brien 1995). Diese Literatur macht vor allem auch biographisches Material zugänglich, wobei eine wissenschaftliche Verwertung vielfach problematisch scheint. Die Schwierigkeiten finden sich beschrieben bei *Ekkehard Jost*, der journalistische Arbeiten über große Persönlichkeiten des Jazz als schwer handhabbare Informationsquelle nennt:

> "Vorsicht ist geboten. Denn gerade diese, am Typus der genialen Musikerpersönlichkeit ausgerichtete Literatur ist häufig viel zu sehr an der guten Story und am aufsehenerregenden biographischen Detail interessiert, um sich über die Generalisierbarkeit ihrer Funde (und Befunde) Gedanken zu machen. Darüber hinaus wird eine Nachprüfbarkeit des Mitgeteilten durch den in dieser Sparte üblichen Verzicht auf Quellenangaben weitgehend erschwert" (Jost 1989, S. 237).

Auch wenn sich in Veröffentlichungen wie *Sally Placksins* "Frauen im Jazz" (Placksin 1989) oder *Gillian G. Gaars* "Rebellinnen. Die Geschichte der Frauen in der Rockmusik" (Gaar 1994) - dem etwas bombastischen Titel der letztgenannten Arbeit zum Trotz - der Starkult in Grenzen hält, ist vor allem die Bemerkung *Josts* zur Nachprüfbarkeit von Aussagen für viele der Beiträge zu Frauen in der Popularmusik relevant.

Diese Literaturangaben beruhen nicht auf einer zielgerichteten Recherche zum Bereich Frau und Musik und sind in keiner Weise vollständig - die Intention war, darauf hinzuweisen, daß die Thematik in anderen Ländern und Wissenschaften und beim Journalismus durchaus auf Interesse stößt, was die Nichtbeachtung seitens der bundesdeutschen Soziologie um so verwunderlicher macht.

---

176 Die hier genannten Titel stellen keinesfalls eine vollständige Literaturliste dar, sie sollen lediglich die nicht völlig desolate Literaturlage demonstrieren. Es wären nicht nur weitere Bücher, sondern auch zahlreiche Zeitschriften- und Sammelbandbeiträge zu berücksichtigen (vgl. z.B. Aeckerle 1980; Biermann/St. Louis 1979).

Im übrigen fällt der Komplex Frau und Musik mittlerweile vielleicht auch in das Feld der Soziologie der sozialen Bewegungen: Auf Regional- und Bundesebene und auch international existieren inzwischen zahlreiche einschlägige Vereine und Zusammenschlüsse, etwa der Internationale Arbeitskreis Frau und Musik e.V., dessen Archiv 1994 den Kulturförderpreis der Stadt Kassel erhielt (vgl. viva voce 1994, S. 34), die "International League of Women Composers", der Verein Frauen machen Musik e.V., der eine Art Dachverband für Frauen-Musik-Initiativen im deutschsprachigen Raum darstellt, Frauenmusikzentren in Berlin und Hamburg, die rocksie!-Agentur in Dortmund, der Furore-Verlag in Kassel, in dem auch ein Frauen-Musik-Taschenkalender erscheint, und Zeitschriften wie viva voce oder der Rundbrief Frauen Machen Musik (vgl. Rundbrief 1994, S. 41, inzwischen heißt die Zeitschrift Melodiva). Die Initiativen bieten unter anderem Kurse an, um Frauen in ihren musikalischen Fähigkeiten zu fördern, sie veranstalten Konzerte und sammeln Material zum Thema. Zudem findet in Deutschland und weltweit eine Reihe Festivals in allen musikalischen Sparten statt, beispielsweise das Michigan Women's Music Festival, das 1996 zum 21. Mal stattfand, sowie Festivals in Zürich, München, Berlin, Oldenburg, Hannover und Heidelberg, um nur einige Veranstaltungsorte zu nennen (vgl. Rundbrief 1994, S. 6-18; viva voce 1994, S. 31).

In Anbetracht der zahlreichen und auch vernetzten Organisationen und Aktivitäten könnte wohl von einer "Frauenmusikbewegung" gesprochen werden; wissenschaftliche Literatur dazu ist kaum vorhanden, zu nennen sind zwei Untersuchungen zu Workshops der rocksie!-Initiative (vgl. Niketta/Volke 1993a; Niketta/Volke/Denger 1994).

Fragestellungen zum Bereich Frau und Musik können in die übergeordnete Thematik Musik und Geschlecht eingeordnet werden. In diesem umfassenderen Zusammenhang wären auch Arbeiten zu Mann und Musik oder Musik und Sexualität zu sehen, nachdem davon ausgegangen werden kann, daß in der modernen abendländischen Kultur Geschlecht, Geschlechterrolle und Sexualität in engem Bezug zueinander stehen (vgl. z.B. Altendorf 1993, S. 23-25; Butler 1991, v.a. S. 37-49; Cornell 1993; Weedon 1991, S. 73-86)[177].

---

177 Diese Verbindung ist kulturell so stark verankert, daß es wohl einiger Energie bedarf, Sexualität nicht als notwendigerweise mit dem dichotomen Geschlechtermodell verbunden zu sehen. Schon die Konzepte der Homo-, Hetero- und Bisexualität beruhen auf dieser Dichotomisierung. Auch etymologisch zeigt sich der Zusammenhang zwischen Geschlecht und Sexualität, zu denken wäre etwa an die Variable "Geschlecht", englisch "sex", mit den Ausprägungen männlich oder weiblich und demgegenüber an die Begriffe "Geschlechtsverkehr" oder "Sexualität", oder an den Bezug zwischen "Genus" und "genital" (vgl. Altendorf 1993, S. 23; Drosdowski (Hg.) 1989, S. 231, S. 671).

Auch in diesem Bereich gibt es außerhalb der bundesdeutschen Soziologie einige Veröffentlichungen. Zunächst ist *Susan McClarys* Buch "Feminine Endings. Music, Gender and Sexuality" (McClary 1991) zu nennen. Zum Thema Mann und Musik veröffentlichte *Roland Girtler* den Beitrag "Mitgliedsaufnahme in den noblen Bund der Wiener Philharmoniker als Mannbarkeitsritual" (Girtler 1992). Das Orchester wird hier geschildert als in der Tradition der Männerbünde stehend; als männerbündische Charakteristika werden Distanzwahrung, Initiationsritual, Geheimwissen und Mythen des Bundes dargestellt (vgl. Girtler 1992)[178].

Zur Thematik Popularmusik und Sexualität findet sich zum Beispiel ein Abschnitt mit mehreren Beiträgen in dem von *Simon Frith* und *Andrew Goodwin* herausgegebenen Sammelband "On Record. Rock, Pop And The Written Word" (vgl. Frith/Goodwin (Hgg.) 1990, S. 369-424). Von journalistischer Seite her befaßt sich als eine von vielen etwa *Julie Burchill* mit dem Bereich Sexualität und Frauen in der Popularmusik, wobei sie hauptsächlich auf bekannte Künstlerinnen Bezug nimmt (vgl. Burchill 1994).

In der bundesdeutschen Soziologie wird auf Geschlecht und Sexualität vor allem in Beiträgen eingegangen, die zu einem gewissen Grad psychologisch orientiert sind[179]. So finden sich etwa bei *Adorno* Bemerkungen zum Zusammenhang Jazz und Sexualität (vgl. z.B. Adorno 1958, S. 36 f.; Adorno 1964, S. 122; s.a. Pkt. 4.3)[180].

Rotter geht innerhalb seiner Ausführungen über Musik als Fetisch und die imaginierte mutternahe Hörwelt unter anderem auf männliche Homosexualität ein, die er mit dem Genuß von Musik als halluzinierter Mutternähe in Verbindung bringt (vgl. Rotter 1985, S. 49-58):

"Was die weitere Biographie des Jungen betrifft, gilt Mutterfixierung als Hauptfaktor für eine homosexuelle Geschlechtsidentität, die man konsequenterweise eigentlich Geschlechtsdiffusität nennen müßte. Insofern hat das Bedürfnis nach und die Ergriffenheit durch Musik grundsätzlich

---

178   Im Jahr 1994 dirigierte übrigens Anne Manson als erste Frau eine Aufführung der Wiener Philharmoniker (vgl. viva voce 1994, S. 24).

179   Eine Ausnahme ist hier der techniksoziologisch orientierte Beitrag von Thienens, in dem Sexualität jedoch nur kurz und am Rande zur Sprache kommt (vgl. Thienen 1988a, S. 162 f.). Außerdem begründet Troge den Erfolg der Rockmusik bei weißen Jugendlichen mit den sexuellen Aspekten dieses Genres, wobei seine Ausführungen auch hier nicht sehr tiefgehend und außerdem nicht sorgfältig recherchiert sind (vgl. Troge 1993, S. 151-155; s.a. Pkt. 4.3, Pkt. 5.1, Pkt. 5.2, Pkt. 6.1, Pkt. 6.4, Pkt. 7.3).

180   Adorno geht übrigens nicht näher auf die Thematik Frau und Musik ein, äußert sich jedoch bisweilen in aufschlußreicher Weise über Menschen und Frauen: "Die Autoreligion läßt im sakramentalen Augenblick zu den Worten: 'Das ist ein Rolls Royce' alle Menschen zu Brüdern werden, und Frauen lassen sich in Situationen der Intimität die Erhaltung von Frisur und Schminke angelegener sein als die Situation, der Frisur und Schminke zubestimmt sind" (Adorno 1958, S. 20).

homosexuelle Qualität, weil Musik affektive Mutternähe herstellt, das Bedürfnis nach Musik also zugleich Mutterfixierung ist. (...) Die Mutterfixierung führt (...) zu Einsamkeit sowie zu einer aggressionshaltigen Unpersönlichkeit von Beziehungen" (Rotter 1985, S. 50 f.).

Die Ausführungen *Rotters* sind insofern interessant, als Zusammenhänge zwischen Musik und Homosexualität ein kaum behandeltes Thema in der Literatur sind[181]. Von ihrer stark psychologischen Orientierung abgesehen, enthalten die Überlegungen des Autors einige Vorannahmen und Aussagen über homosexuelle Männer, die für die Argumentation grundlegend, dabei aber schwer nachvollziehbar sind: Daß zunächst Mutterfixierung ein Hauptfaktor bei der Entstehung von männlicher Homosexualität ist, wird bei *Rotter* als Konsens dargestellt. Dazu ist zu bemerken, daß schon das Unterfangen, die Ursachen von Homosexualität überhaupt zu erforschen, umstritten ist. Daß den Ursachen von Heterosexualität von der Wissenschaft kaum nachgegangen wird, läßt an sich schon darauf schließen, was als normal und was als unnormal, vielleicht sogar pervers angesehen wird[182]. Die ausschlaggebende Rolle der Mütter dafür, daß Söhne homosexuell werden, stellt ein sehr gängiges Klischee dar, das sich beispielsweise bei *Detlev Meyer* in sarkastischer Weise literarisch verarbeitet findet: Er schildert die dramatischen Kindheitserlebnisse des Schwulen Detlef Schönherr (diesen Namen tragen alle Schwulen), von Beruf Friseurchoreographdesigner (wie alle Schwulen), mit seiner Mutter Wanda Schönherr, geborene Drangsal (vgl. Meyer 1991, S. 117-121)[183].

Nicht weiter erläutert wird der von *Rotter* favorisierte Begriff der Geschlechtsdiffusität. Da die Präferenzen bei der Partnerwahl Homosexueller wohl ziemlich klar sind und die konstatierte Diffusität deshalb kaum auf das Geschlecht

---

181 Außerhalb der Bundesrepublik findet sich die Thematik angesprochen in Richard Dyers Beitrag "In Defense of Disco" (vgl. Dyer 1990); weiter ist auf den Sammelband "Queering the Pitch: The New Gay and Lesbian Musicology" (vgl. Brett/Wood/Thomas 1993) hinzuweisen.

182 In diesem Zusammenhang sind auch wissenschaftsgeschichtliche Beiträge zur Entstehung der Sexualwissenschaft und - damit zusammenhängend - des Konzepts der Homosexualität aufschlußreich: Sie erhellen, wie Denkweisen vor nicht allzu langer Zeit entstanden, die heute selbstverständlich sind und auch Rotters Überlegungen zugrundeliegen (vgl. z.B. Altendorf 1993, S. 31-64; Foucault 1992, z.B. S. 58; Valverde 1994, S. 99 f.). Welche Problematik schon die Wahl von Fragestellungen aufzeigen kann, darauf weist auch ein in Seattle gesehenes Plakat hin, das immer wieder unter dem Titel "Wenn du eine Lesbe triffst. Hinweise für Anfängerinnen" in Frauenpublikationen zitiert wird. Es enthält unter anderem die Empfehlung: "frage sie nicht, wieso sie lesbisch wurde, frage dich, wieso du heterosexuell wurdest" (Stechpalme 1990, S. 17; s.a. Lisa 1995, S. 22).

183 Ein ebensolches Klischee, das sich mit Rotters Ausführungen leicht in Verbindung setzen ließe, ist die außerordentliche künstlerische Begabung von Schwulen. Sie wird schon bei Richard Freiherr von Krafft-Ebing beschrieben: "In der Mehrzahl der Fälle finden sich psychische Anomalien (glänzende Begabung für schöne Künste, besonders Musik, Dichtkunst usw. bei intellektuell schlechter Begabung oder originärer Verschrobenheit)" (Krafft-Ebing, zit. n. Dannecker 1991, S. 33).

der Partner bezogen werden kann, drängt sich unversehens das Bild etwas verwirrter junger Männer auf, die sich selbst trotz XY-Chromosomenkombination nicht ganz einzuordnen wissen (damit könnte dann doch auch das Partnerwahlverhalten als diffus gesehen werden, denn wer sich mit einer Tunte, einem solchen Weibmann, zusammentut, weiß vielleicht nicht, was er will). Es scheint schwer ersichtlich, wie der Terminus Geschlechtsdiffusität verstanden werden könnte, ohne daß er Homosexualität als unnormal einordnet. Die als Auswirkungen von Mutterfixierung thematisierten Aspekte der Einsamkeit, Aggressivität und unpersönlichen Paarbeziehungen bestärken diesen Eindruck. Diese Implikationen in *Rotters* Ausführungen relativieren die sich progressiv gebende Folgerung, aller Musikgenuß habe homosexuelle Qualität, was bedeuten müßte, daß auch alle Musikliebhaber latent homosexuell sind. Falls der Autor sich selbst hier einschließt, möchte er seine These vielleicht nicht nur als liberal und aufgeklärt, sondern auch als couragiert verstanden wissen (vgl. Rotter 1985, S. 5). Unklar bleibt nach den von *Rotter* hergestellten Verbindungen, inwieweit letztlich alle Musikliebhaber aggressive und zu Liebesbeziehungen weitgehend unfähige Singles sind: Diese Schlußfolgerung legt seine Argumentation letztlich nahe.

Insgesamt scheinen die bei *Rotter* generalisierend behaupteten Bezüge zwischen Musik und Homosexualität schwer nachvollziehbar, vor allem durch die angesprochenen Grundannahmen, die der Autor nicht näher begründet voraussetzt. *Rotter* kann sicher von einem politischen Standpunkt aus kritisiert werden, aber auch aus wissenschaftlicher Sicht ist die Plausibilität der Thesen durch kaum reflektierte Apriorismen stark eingeschränkt. Gerade einem Soziologen stünde es an, die Selbstverständlichkeiten des Alltags in der wissenschaftlichen Forschung nicht zu übernehmen, sondern kritisch zu hinterfragen. So ist die Kritik, die *Silbermann* an diesen Ausführungen *Rotters* übt, durchaus einleuchtend (vgl. Silbermann [Rez.] 1987a, S. 173 f.).

Im Hinblick auf den gesamten Bereich Musik und Geschlecht kann wohl angenommen werden, daß eine wissenschaftliche Bearbeitung interessant und erkenntnisreich wäre. Was für die bundesdeutsche Soziologie weitgehend Neuland darstellt, ist allerdings von anderer Seite bereits untersuchtes Gebiet; deshalb wäre eine gründliche Rezeption der Arbeiten aus anderen Disziplinen und Ländern unabdingbar. Nur so können Fragestellungen umgangen werden, die in ihrer Vagheit und ihren auf unklaren Hypothesen beruhenden Voraussetzungen hinter den Erkenntnissen etwa der angelsächsischen Soziologie zurückbleiben. Ein Beispiel findet sich bei *Rotter*, der in bezug auf *Ingeborg Stein*[184] als anstehende Frage der Musiksoziologie formuliert:

> "Welche Besonderheiten weiblicher Sozialisation führen dazu, daß Schülerinnen/Studentinnen an der (von Männern gemachten) Musik mehr haben als Schüler/Studenten" (Rotter 1989, S. 461)?

Daß Mädchen und Frauen "mehr an Musik haben", ist eine ziemlich vage und undifferenzierte Feststellung. Schon in der Dissertation von *Simon Frith* (Frith 1978a) finden sich beispielsweise, wenn auch in bezug auf Großbritannien, wesentlich sorgfältigere und detailliertere Darstellungen geschlechtsspezifischer Unterschiede in der Musikrezeption, in qualitativer wie in quantitativer Hinsicht. Der Autor bezieht sich dabei auch auf mehrere noch frühere Untersuchungen aus Großbritannien. Auch für den Produktionsbereich wird das Thema Geschlecht thematisiert (vgl. Frith 1978a, S. 29-31, S. 44, S. 50, S. 59-69, S. 174 f., S. 180, S. 186, S. 207).

5.6 Der gesellschaftliche Kontext von Musik: Zusammenfassung

Verbindungen von strikt musikbezogenen mit allgemeineren soziologischen Fragestellungen werden innerhalb eines breiten Spektrums untersucht: Es erstreckt sich von gruppensoziologischen Arbeiten über Forschungen zu nationalen Märkten und Kulturen bis hin zu gesellschaftlichem Wandel und Vergleichen von Gesellschaften über große zeitliche und räumliche Abstände hinweg. Allerdings wird diese Bandbreite von Themenbereichen nur punktuell abgedeckt, so daß die Streuung der Fragestellungen zwar groß ist, jede einzelne jedoch meist nur von wenigen Autoren - wenn überhaupt von mehreren - untersucht wird.

Die musiksoziologischen Arbeiten zu sozialer Gruppe beschäftigen sich fast durchgängig mit Popularmusik, auf empirischer wie theoretischer Ebene.

Der Wandel gesellschaftlicher Strukturen in Verbindung mit der Veränderung musikalischer Stile wird vor allem in bezug auf die Herausbildung der bürgerlichen Musikkultur erforscht. Einzelne Ansätze existieren hier auch hinsichtlich der heutigen bundesrepublikanischen Gesellschaft, wobei der Wandel musikalischer Phänomene als Indikator gesellschaftlicher Veränderung betrachtet wird. Die vergleichende Untersuchung spezifischer Musiken verschiedener Gesellschaften ist in Deutschland nach *Weber* kaum ausführlich erfolgt; insgesamt zeigt sich eine weitgehende Ausklammerung außereuropäischer Musiken.

---

184 Die Arbeit, auf die hier rekurriert wird, entstand übrigens in der DDR (vgl. Rotter 1989, S. 462; s.a. Pkt. 1.1).

Die ökonomische Einbindung von Musik in ihren gesellschaftlichen Kontext ist in Studien über Musikberufe sowie in einigen wenigen über Organisationen des Musikmarktes untersucht.

Spezifische Forschungen zur modernen Gesellschaft finden sich vor allem zum Thema Musik und Massenmedien, das schon frühzeitig und durchgehend in der deutschen Musiksoziologie Beachtung fand. Es finden dabei häufig wertende Diskussionen zu positiven und negativen Aspekten musikalischer Medientechnik statt - auch seitens derjenigen, die sich ausdrücklich auf ein "wertfrei"-empirisches Konzept von Musiksoziologie beziehen. Nicht unabhängig von den Massenmedien sind Untersuchungen zur spezifisch modernen Lebensweise. Hier werden vor allem Reizinflationierung und Pluralisierung betont. An demographischen Variablen schließlich wird vor allem der Zusammenhang von Schichtzugehörigkeit und Musikrezeption angesprochen. Hinsichtlich der Lebensalter wird zwar das musikalische Verhalten der Jugend thematisiert, andere Lebensphasen und Lebensläufe werden aber nicht gezielt untersucht. Arbeiten, die sich mit Musik und der Geschlechterproblematik in ihrer Spezifik befassen, gibt es in der bundesdeutschen Musiksoziologie nicht.

Bei fast allen angesprochenen Punkten zeigt sich die Vereinzelung musiksoziologischer Forschung. Dadurch, daß der Gesamtbereich möglicher Fragestellungen nur punktuell Beachtung erfährt, ist kein Bereich durch umfassende empirische Forschung und theoretische Untersuchungen auch nur annähernd abgedeckt. Für jedes einzelne musiksoziologische Projekt bedeutet das schwierige Startbedingungen, da kaum eine Basis vorhanden ist, auf die aufgebaut werden könnte. Zunächst stehen meist noch explorative Forschungen aus. Von einem "Stand der Forschung" kann so nur in den wenigen Bereichen der Musiksoziologie gesprochen werden, in denen eine Forschung überhaupt vorhanden ist. Was den Komplex des gesellschaftlichen Kontextes von Musik angeht, so sind in der Bundesrepublik nur sehr vereinzelte Vorarbeiten vorhanden, die zusätzlich kaum aufeinander bezogen sind. Gerade zum gegenwärtigen Zeitpunkt scheint die Verfaßtheit der bundesdeutschen Musiksoziologie einen Gegenpol zu Formen wissenschaftlicher Klüngelbildung darzustellen. Es könnte vermutet werden, daß Teildisziplinen mit so wenigen beteiligten Wissenschaftlern dazu tendieren, eng vernetzte, weitgehend geschlossene Gruppen mit wenig Außenkontakten zu bilden. Die Musiksoziologie dagegen besteht aus verstreuten Forschern, die sich kaum aufeinander beziehen, sich in vielen Fällen zufällig und mit wenig Beiträgen beteiligen und mit großer Wahrscheinlichkeit mehr Kontakte zu anderen Bereichen der Soziologie haben als zu solchen Kollegen, die sich ebenfalls mit Musiksoziologie befassen. Für eine Entwicklung der Musiksoziologie ist dies sicher ebenso hinderlich, wie Klüngelbildungen es wären; förderlich wäre in jedem Fall neben intensiverer und längerfri-

stiger Beschäftigung mit der Materie ein Höchstmaß an musiksoziologischen Kontakten - nicht zuletzt internationaler Art.

6 Die Produktion von Musik

In diesem Kapitel sollen Arbeiten zur Produktion von Musik in umfassendem Sinn behandelt werden. Zum Produktionsbereich zählen hier neben professionellem Musikschaffen und Ausübung von Amateurmusik auch die Verteilung und Vermittlung von Musik. Ins Auge fällt der Schwerpunkt, der im Hinblick auf professionelle Musikproduktion und hier besonders auf Einzelfallstudien bei der sogenannten Ernsten Musik besteht, während sich Studien zum Laienmusizieren zum größten Teil mit Popularmusik befassen. Bei der Distribution zeigt sich vor allem eine nur schwache Abdeckung durch die Forschung. Schließlich werden Beiträge angesprochen, die sich mit dem Musikmarkt und mit für die Musikproduktion relevanten Organisationen befassen.

Miteinbezogen werden im übrigen nicht nur Komposition und Komponisten von Musik, sondern auch Reproduktion beziehungsweise Interpretation. Diese Abgrenzung deckt sich mit der *Adornos* und setzt sich von *Silbermann* ab, der die Reproduktion der Rezeptionssphäre zuordnet (vgl. z.B. Adorno 1975a, S. 258; Silbermann 1957, S. 98-100; s.a. Kap. 1, Pkt. 2.3). Die hier gewählte Einteilung geschieht vor allem aus der Einschätzung heraus, daß neben der Komposition selbst auch ihre Realisierung von großer Bedeutung für das Klangergebnis ist - als früher Vertreter dieses Standpunktes sei *Johann Joachim Quantz* genannt, der in seinem "Versuch einer Anweisung die Flöte traversiere zu spielen" äußert: "die gute Wirkung einer Musik hängt fast eben so viel von den Ausführern, als von dem Componisten selbst ab" (Quantz, zit. n. Thieme 1984, S. 10).

6.1 Professionelle Produktion: Musikberufe

Zum Produktionsbereich von Musik wären zunächst berufssoziologische Arbeiten zu nennen, die sich mit dem professionellen Teil des Musiklebens befassen. Auf diesen Schwerpunkt musiksoziologischer Forschung wird auch in einigen einführenden Schriften zur Musiksoziologie hingewiesen (vgl. z.B. Rotter 1989, S. 461; Silbermann 1979a, S. 206; s.a. Pkt. 2.3).

Honigsheim geht in seinen einführenden Beiträgen näher auf verschiedene Musikberufe, Typisierungsmöglichkeiten und Statusunterschiede ein, wobei er auch historische Fälle miteinbezieht. Zur Typisierung orientiert sich *Honigsheim* vor allem an der Abgrenzung der Musizierenden von der übrigen Gesellschaft. Im Hinblick auf den Status unterscheidet er verschiedene Typen, die er bestimmten Gesellschaftsformen zuordnet und deren Handeln und Situation er insbesondere in bezug auf ökonomische Aspekte darstellt; er nennt den Ehrlosen, den Protegé eines Mäzenen, den Bohemien, das Zunftmitglied, den Star, den verbeamteten Musiker und das Mitglied der Musikergewerkschaft[185] (vgl. Honigsheim 1975, S. 27-29; s.a. Honigsheim 1958, S. 340-343; Honigsheim 1961, S. 487).

Die Entstehung von Musikberufen, die Professionalisierung, Spezialisierung und Differenzierung des Musiklebens wird in historischer Perspektive bei *Neitzert* und *Schleuning* thematisiert. Unter Bezugnahme auf *Luhmanns* Modernisierungstheorie geht *Neitzert* auf die Kommerzialisierung und Professionalisierung des öffentlichen Konzerts ein, in deren Rahmen sich auch der Beruf des Dirigenten entwickelt. Parallel dazu wächst die Kluft zwischen professionellen Interpreten und Amateuren. Der Konzertsaal wird letztendlich für die Produzierenden zum Arbeitsplatz, während er für das Publikum zur Freizeitsphäre gehört, nicht zur Berufswelt. Asymmetrische Ausdifferenzierung zeigt sich auch in der Emanzipation der Rollen von Komponist, Solist und Dirigent, im Vergleich zu denen die reproduzierende Tätigkeit der Orchestermusiker nicht als künstlerisch-kreativ gewertet wird. Diese wird "letztlich funktionalisiert als Berufsarbeit" (Neitzert 1990, S. 181) und an untergeordneter Position in die differenzierte Hierarchie des bürgerlichen Musiklebens eingeordnet (vgl. Neitzert 1990, S. 74-76, S. 117, S. 163-183). Auch *Schleuning* geht auf die zunehmende Unselbständigkeit und Entfremdung gerade der Orchestermusiker ein und schildert, wie auch die Spezialisierung auf nur ein Instrument bei der Professionalisierung der Orchester und der Entstehung des Instrumentalistenberufs eine Rolle spielt (vgl. Schleuning 1984, S. 115-120, S. 459-474).

Professionalisierung als Bestandteil individueller Biographien wird von *Niketta* und *Volke* für den Bereich der Popularmusik problematisiert. Sie stellen eine vertikale Schichtung des Rockmusikbereichs in verschiedene Professionalisierungsstufen fest, zudem relativ realistische Professionalisierungspläne bei halb- und nichtprofessionellen MusikerInnen, und sie zeigen in mehrfacher Hinsicht große

---

185 Zu den spezifischen Schwierigkeiten gewerkschaftlicher Organisierung von Musikern vgl. Erd 1987, S. 459; zur geringen gewerkschaftlichen Organisierung im Popularmusikbereich vgl. Niketta/Volke 1994a, S. 76 f., S. 82 f. Gerade im Hinblick auf die Gewerkschaften stellt sich die Frage, ob sich Honigsheim vielleicht eher auf US-amerikanische als auf bundesdeutsche Verhältnisse bezieht. Wegen der vermutlich großen Unterschiede wäre eine international vergleichende Forschung über Musikergewerkschaften und eventuelles gewerkschaftlich determiniertes Verhalten von Musikern höchst aufschlußreich.

Unterschiede zwischen professioneller und nichtprofessioneller Produktion von Rock und Pop auf, wobei professionelle Musiker (und erst recht: Musikerinnen) zahlenmäßig nur einen geringen Teil der Rockmusikszene ausmachen (vgl. Niketta/Volke 1994a, S. 15, S. 65-83; s.a. Ebbecke/Lüschper 1987, S. 16; Dollase/Rüsenberg/Stollenwerk 1974, S. 231-255).

Mit spezifischen Problemen künstlerischer Berufe setzt sich *Erd* in seinem Beitrag über Musiker eines Opernorchesters auseinander. Künstlerische Berufsarbeit ist dem Autor zufolge bislang kaum soziologisch untersucht worden, so daß die wissenschaftliche Auseinandersetzung mit der Thematik auch mit Vorurteilen über künstlerisches Schaffen und die Künstler selbst konfrontiert ist. Zentral ist für *Erd* die Doppelrolle von Orchestermusikern als Künstler und abhängig Beschäftigte:

"Weil die Arbeit des Orchestermusikers *zwischen Abhängigkeit und Kreativität* angesiedelt ist, folgt dieser künstlerische Arbeitsprozeß sozialen Regeln, die in der Arbeitssoziologie weithin unerforscht sind" (Erd 1987, S. 439).

Erd betont die schwer vereinbaren Interessen der Orchestermitglieder, die einerseits künstlerische Ansprüche an ihre Arbeit stellen und damit aus ideellen Beweggründen hohe Leistung erbringen müßten, die sich gleichzeitig aber in der Situation der Abhängigkeit als Arbeitnehmer befinden und in ihrem Arbeitsverhältnis entsprechende Interessen haben. Der eigene Anspruch an hohe künstlerische Leistung schränkt die möglichen Druckmittel ein, mit denen Forderungen beim Arbeitgeber durchgesetzt werden könnten, beispielsweise Streiks; andererseits kann der Umstand und das Bewußtsein, daß abhängige Arbeit geleistet wird, das musikalische Engagement für das Orchester langfristig einschränken (vgl. Erd 1987, S. 437-442, S. 459).

Erd ist wohl darin recht zu geben, daß Arbeits- und anscheinend auch Musiksoziologie die angesprochene Problematik bislang kaum untersucht haben. Es ließe sich jedoch eine Verbindung der Fragestellung zur wissenschaftlichen Auseinandersetzung mit dem Dilemma freischaffender Musiker erkennen, ihre künstlerischen und ökonomischen Interessen in Einklang zu bringen. Auch wenn hier kein langfristiges Arbeitsverhältnis zwischen Musiker und Arbeitgeber besteht, müssen zur Sicherung des Lebensunterhalts Anforderungen des kommerziellen Musikmarktes erfüllt werden, die zu den künstlerischen Ansprüchen der Musiker im Widerspruch stehen können. Diese Thematik hat vor allem *Howard S. Becker* behandelt (vgl. Becker 1981, S. 71-108)[186]. Auch *Buchhofer*, *Friedrichs* und *Lüdtke* pro-

---

186 Eine kritische Relativierung der Ergebnisse Beckers findet sich bei Jost (vgl. Jost 1989, S. 240-242).

blematisieren das "Abhängigkeitsverhältnis der Interpreten zum Distributions- und Vermittlungssektor" (Buchhofer/Friedrichs/Lüdtke 1974, S. 136; vgl. Buchhofer/ Friedrichs/Lüdtke 1974, S. 136-138; s.u.). Übrigens nennen auch sie das "Musikbeamtentum" (Buchhofer/Friedrichs/Lüdtke 1974, S. 138), auf das *Erd* eingeht, als ein mögliches Resultat des beschriebenen Zwiespalts von Orchestermusikern, wenn diese sich nämlich auf ihre Rolle als abhängige Arbeitnehmer konzentrieren und die künstlerischen Interessen in den Hintergrund treten: Aus dem Musiker wird ein "Musikvollzugsbeamter" (Erd 1987, S. 459; vgl. ebd.)[187].

Adorno befaßt sich in einer der Vorlesungen zur Einleitung in die Musiksoziologie ebenfalls mit der Produktion von Orchestermusik (vgl. Adorno 1975a, S. 128-143). Er konzentriert sich auf sozialpsychologische Aspekte des Verhältnisses zwischen Dirigent und Orchester; diese Beziehung und die Rolle des Dirigenten werden auch zur Faktur musikalischer Werke in Bezug gesetzt (vgl. Adorno 1975a, v.a. S. 133, S. 141-143). In diesem Beitrag sind, wie bei *Erd* und *Buchhofer*, *Friedrichs* und *Lüdtke* (s.u.), Statusfragen relevant, insbesondere in Verbindung mit der Stellung des Dirigenten, der Herrschaft und Autorität symbolisiert (vgl. Adorno 1975a, v.a. S. 128-131).

Schließlich ist nochmals auf die Studien zu Orchestern als professionellen Organisationen der Musikproduktion hinzuweisen, die *Jutta Allmendinger*, teils mit *J. Richard Hackman* und anderen, verfaßte (vgl. Allmendinger 1993; Allmendinger/Hackman 1994; Allmendinger u.a. 1992). In dem bereits angesprochenen in der KZfSS veröffentlichten Artikel (s.a. Pkt. 4.4, Pkt. 5.5) untersuchen *Allmendinger* und *Hackman* die Auswirkungen, die eine zunehmende Beschäftigung von Frauen auf männliche und weibliche Orchestermitglieder, auf die Beziehungen zwischen ihnen und auf die Organisationsstrukturen hat (vgl. Allmendinger/Hackman 1993, S. 239).

Die international vergleichende Forschung ist wesentlich aufwendiger angelegt als etwa die *Erds* und unterscheidet sich auch in der Methodik: Bei *Allmendinger* und *Hackman* scheint die SpielerInnenbefragung unter Benutzung von standardisierten Fragebögen wohl den grunglegenden Beitrag zur Datengewinnung zu stellen, zudem wurden Informationen über das jeweilige Umfeld der Orchester eingeholt und Gespräche mit MusikerInnen und Administrationen geführt, auf die im vorliegenden Aufsatz aber nicht eingegangen wird. Beobachtungen, sei es teilnehmend oder nicht, wurden nicht eingesetzt - das Material besteht damit aus Einschätzungen und Einstellungen der Orchestermitglieder (vgl. Allmendinger/Hackman 1994, S. 242-247; s.a. Pkt. 5.5). Nachdem die Studie unter anderem auf eine

---

187 Eine ähnliche Aussage impliziert wohl Behne mit dem Hinweis auf den "BAT 2b-Musiker hinter dem zweiten Pult" (Behne, zit. n. Niketta 1987, S. 44).

sich zunächst verschlechternde Situation bei zunehmendem Frauenanteil - für alle Beteiligten - hinweist, die sich nach einem Tiefpunkt wieder leicht verbessert, wird insbesondere auf einen die Zeitlichkeit einbeziehenden Deutungsansatz hingewiesen: Es werden drei Entwicklungsphasen von Organisationsmilieus unterschieden. Der dargestellte Weg führt mit zunehmendem Anteil einer Minderheit - hier am Beispiel Frauen - von einem individualisierten, kollegialen Organisationsmilieu bei relativ homogener Zusammensetzung über eine konfliktträchtige, durch Unsicherheit und Polarisierung gekennzeichnete "'shake-up' Phase" (Allmendinger/ Hackman 1994, S. 256) zu einer in der Beschreibung fast utopisch anmutenden anregenden und produktiven Organisationsstruktur, die

> "durch eine neue, vertikal stehende Dimension des gegenseitigen Respekts und der Akzeptanz von Unterschieden gekennzeichnet ist. Ein neues, responsives Organisationsmilieu hat sich gebildet, die alten Konflikte konnten als neue Chancen begriffen und genutzt werden" (Allmendinger/ Hackman 1994, S. 256).

Mit diesem optimistisch wirkenden Konzept bewegen sich die Verfassenden allerdings auf einer allgemeinen organisationssoziologischen Ebene, es besteht kein direkter Bezug auf Musikproduktion und Geschlechterproblematik mehr. Gerade für Organisationen in der letztgenannten Phase ließen sich in der Studie schon deshalb kaum Beispiele finden, weil es "weltweit keine renommierten und gut budgetierten Symphonieorchester mit hohem Frauenanteil gibt" (Allmendinger/Hackman 1994, S. 252), schon gar nicht solche, die lange genug mit vielen weiblichen Mitgliedern arbeiten, um die dritte Phase zu erreichen (vgl. Allmendinger/Hackman 1994, S. 248-252, S. 255 f.).

In ihrer Rahmenstudie über das bundesdeutsche Musikleben gehen auch *Buchhofer*, *Friedrichs* und *Lüdtke* auf Musikberufe im Bereich Produktion und Reproduktion ein. Zunächst ist hier ein wissenssoziologischer Forschungsansatz vorgesehen, dessen zentrale Fragestellung lautet: "Wie wirkt sich der soziale Status von Komponisten und Interpreten auf die Formen und Inhalte von Produktion und Reproduktion aus" (Buchhofer/Friedrichs/Lüdtke 1974, S. 102)? Untersucht werden sollen hier der soziale Status der Künstler in der Gesellschaft und in ihrer Selbsteinschätzung sowie Erwartungen und Sanktionen, die mit ihrer Rolle verbunden sind (vgl. Buchhofer/Friedrichs/Lüdtke 1974, S. 101-131). Weiter setzen sich die Autoren mit den Produktionsbedingungen von Komponisten und Interpreten auseinander. Dabei werden insbesondere ihre Beziehung zum Bereich der Distribution und Vermittlung und die Verfügungsmöglichkeiten über die Produktionsmittel problematisiert - auch hier wird die Stellung der Institutionen im Bereich Vermittlung und Distribution als zentral beurteilt. Angesichts der sehr heterogenen Arbeitsbedingungen von Interpreten und Komponisten schlagen die Autoren eine

"Gesamtanalyse des Arbeitsmarktes von Musikern aller Art" (Buchhofer/Friedrichs/Lüdtke 1974, S. 138) vor, wobei unter anderem die Verflechtung der Vielzahl von Institutionen am Musikmarkt zu untersuchen wäre (vgl. Buchhofer/Friedrichs/Lüdtke 1974, S. 131-154). Unter den vorgelegten Projektplänen findet sich ebenfalls eine Studie über Berufsmusiker, die in verschiedenen Sparten und Institutionen beschäftigt sind (vgl. Buchhofer/Friedrichs/Lüdtke 1974, S. 246-249).

Wie auch in anderen Bereichen hat ein großer Teil der Literatur zu Musikberufen seinen Ursprung außerhalb der bundesdeutschen Soziologie - auf diese Titel soll nur kurz hingewiesen werden.

Der Wiener Soziologe *Wolfgang Schulz* befaßt sich zunächst in einem Sammelbandbeitrag mit "Musik als Beruf. Zwischen Erfolgszwang und Entfremdung" (Schulz 1992). Die Arbeit bezieht sich auf Untersuchungen in Österreich. Insbesondere geht der Autor auf die Auswirkungen neuer Technologien und Medien ein (vgl. Schulz 1992, S. 385-388). Im Hinblick auf die Situation von Orchestermusikern finden sich einige der auch bei *Erd* angesprochenen Aspekte, so die Schwierigkeit, als Tuttist künstlerische Erfüllung zu finden, oder Gruppenstrukturen, die etwa aufgrund von Binnenhierarchisierung konfliktträchtig oder zumindest problematisch sind (vgl. Schulz 1992, S. 390-395; s.a. Erd 1987, S. 445-450; s.o.).

Als eine relativ frühe Arbeit wäre nochmals die wirtschaftswissenschaftliche Dissertation von *Gerd Materne* "Soziale und wirtschaftliche Probleme des Musikers" (Materne 1953) zu nennen.

Die Stellung der Interpreten im Musikmarkt wird in drei Erhebungen des Instituts für Projektstudien untersucht, deren Ergebnisse *Andreas Johannes Wiesand* in einem Zeitschriftenbeitrag darlegt. Den Ausgangspunkt der Forschung bietet die Diskussion um die urheberrechtliche Position von Musikinterpreten (vgl. Wiesand 1977, S. 409 f.). Die Auswertung von Musikprogrammen in Radio und Fernsehen, die Analyse von Schallplattenhüllen und eine Umfrage bei über 1000 Rezipienten weisen darauf hin, "daß Interpretenleistungen von überragender Bedeutung für die Verbreitung und Bedeutung musikalischer Angebote in der Öffentlichkeit sind" (Wiesand 1977, S. 414). Als Konsequenzen werden die Anerkennung der Interpretenleistungen und eine Integration interpretierender Künstler in den Musikmarkt ohne wertende Abgrenzung von den Urhebern gefordert (vgl. Wiesand 1977, S. 410-414).

Hauptsächlich demographisches Material bietet die Studie "La profession de musicien" von *Jacqueline de Clercq* (vgl. Clercq 1970; Silbermann [Rez.] 1971a). Als Beispiele für Arbeiten zum Jazzbereich seien Beiträge von *Ekkehard Jost, Peter Köhler* und *Peter Schacht* erwähnt (vgl. z.B. Jost 1982; Köhler/Schacht o.J.;

s.a. Becker 1981, S. 71-108; Wiese [Rez.] 1952)[188]. Weitere Untersuchungen gibt es beispielsweise zum Beruf des Dirigenten (vgl. z.B. Jungheinrich 1986), des Konzertagenten (vgl. Steege 1963) oder des Filmmusikkomponisten, mit dem sich der italienische Soziologe *Luciano Fattore* befaßt (vgl. Fattore 1989). Weitere Autoren, vor allem mit musikwissenschaftlichem oder praktisch-musikalischem Hintergrund, haben eine Vielzahl von Arbeiten über Musikberufe veröffentlicht; unter den in soziologischen Zeitschriften rezensierten Büchern finden sich etwa Arbeiten über den Beruf des Komponisten (vgl. Einem 1967; Wiora 1964; Silbermann [Rez.] 1966a; Silbermann [Rez.] 1969a), weiter *Walter Salmens* Dissertation über fahrenden Musiker im Mittelalter (vgl. Salmen 1960; Silbermann [Rez.] 1966b)[189] und *Everett Helms* "Composer, Performer, Public" (vgl. Helm 1970; Silbermann [Rez.] 1971b).

Analysen einzelner Produzenten

Mit den Lebens- und Arbeitsbedingungen individueller Produzenten und mit dem entstehenden Werk befassen sich auch Arbeiten, die auf Biographien einzelner Künstler basieren. In Form von Einzelfallstudien wird hier musikalische Produktion im Hinblick auf Aspekte wie Ökonomie, Psyche und soziales Umfeld analysiert. Anhand von Werk und Leben einzelner Künstler werden soziale Aspekte des musikalischen Produktionsprozesses und seine Beeinflussung durch gesellschaftliche Faktoren thematisiert.

Biographische Literatur findet sich insgesamt zu einer Vielzahl bekannter KünstlerInnen aus allen Bereichen des Musiklebens. Bei den soziologisch orientierten Analysen läßt sich allerdings ein Schwerpunkt bei Komponisten sogenannter Ernster Musik feststellen:

Zunächst sind hier die Monographien *Adornos* zu nennen. Sein "Versuch über Wagner" (Adorno 1952) entstand bereits 1937/38 (vgl. Adorno 1986, S. 9), es folgten Arbeiten über Gustav Mahler und Alban Berg (vgl. Adorno 1960; Adorno 1968)[190]. In kleineren Beiträgen beschäftigt sich der Autor mit mehreren weiteren Komponisten, unter anderem Beethoven, Bach, Schönberg, Schreker,

---

188 Jost kritisiert übrigens im Bezug auf berufssoziologische Arbeiten über Jazzmusiker, daß die Musik selbst meist ausgeklammert bleibt (vgl. Jost 1989, S. 240) - dies verweist wieder auf die angesprochene Debatte über den Gegenstand der Musiksoziologie (vgl. v.a. Pkt. 2.2). Zur Soziologie des Jazz s.a. Jost 1974; Jost 1978; Jost 1982; Miller 1970.

189 Mit fahrenden Musikergruppen in heutiger Zeit befaßt sich François Borel in seinem Sammelbandbeitrag "Musiciens ambulants d'aujourd'hui" (Borel 1979) - hier wird auch kurz auf Salmens Arbeit kritisch eingegangen (vgl. Borel 1979, S. 141).

190 Eine Ausgabe aller drei Monographien erschien 1986 bei Suhrkamp (vgl. Adorno 1986).

Hindemith, Sibelius, Webern und Strawinsky (vgl. z. B. Adorno 1959, S. 121-181; Adorno 1963b, Adorno 1964, S. 13-17, S. 161-185, S. 115-273; Adorno 1976a, c; Adorno 1970, S. 30-92, S. 166-183; Adorno 1989). *Adorno* konzentriert sich dabei in hohem Maß auf die Werke der behandelten Künstler. Der Verlauf ihres Schaffens wird mit vielen Bezügen auf musikalische Inhalte verfolgt, auch auf ihre subjektiven Einstellungen und Zielsetzungen hinsichtlich der Musik wird eingegangen; außermusikalische biographische Daten finden eher am Rand Erwähnung. Die Ausführungen über Strawinsky beispielsweise erfolgen großenteils entlang einer chronologischen Behandlung von Werken des Komponisten (vgl. Adorno 1989, S. 127-196). Dieses Vorgehen entspricht *Adornos* musiksoziologischem Konzept, Bezügen zwischen Musik und Gesellschaft in erster Linie in der Faktur von Werken nachzugehen (s.a. Pkt. 2.2). So wird eher das Produkt selbst als die Einbettung des Produktionsprozesses in einen sozialen Kontext analysiert.

Entsprechend *Adornos* Konzentration auf das Werk, nicht auf die Biographie spezifischer Komponisten, geht in dessen Nachfolge auch *Thomas Müller* in seinen bereits angesprochenen Beiträgen zu Mahler und Berg kaum auf persönliche Daten ein: Bergs unerfüllte Liebe zu Hanna Fuchs wird nur erwähnt, weil sie für die bei *Müller* analysierte Lyrische Suite programmatische Funktion hat (vgl. Müller 1990, S. 129), ansonsten geht der Autor lediglich kurz anhand eines Briefzitats auf Bergs wieder verworfenen Plan ein, eine Symphonie zu schreiben (vgl. Müller 1990, S. 135). In *Müllers* kurzem Beitrag zu Mahler finden sich keinerlei biographische Bezüge (vgl. Müller 1991; s.a Pkt. 3.3, Pkt. 4.3).

Silbermann befaßt sich in einer Monographie und einem Sammelbandbeitrag mit dem Komponisten Jacques Offenbach. Besonders im imaginären Tagebuch Offenbachs wird umfangreiches biographisches Material verarbeitet (vgl. Silbermann 1960). In seinem eher soziologisch orientierten Aufsatz "Offenbachs Verdammung" (Silbermann 1965d) grenzt *Silbermann* sich von der reinen Musikanalyse als Zugang zu Offenbachs Werk ab, der von einigen Wissenschaftlern gewählt wird, wie *Silbermann* schildert:

> "Gemeinsam können sie die ihnen eigene Fach-, um nicht zu sagen Geheimsprache aus dem Koffer packen und nun nach Herzenslust analysieren. Wie bei jedem Komponisten, so wird auch bei Offenbach Werk nach Werk, Note nach Note auseinandergefädelt (...) - und was den Komponisten selbst angeht, warum er so schrieb, wie er schrieb, was er trieb, antrieb oder verstummen machte oder gar, was die Auswirkung seiner Musik auf das Publikum von damals oder das von heute ist? Was kümmert uns denn das! Wer Ohren hat zu hören, der höre..." (Silbermann 1965d, S. 231).

Es wird hier deutlich, daß *Silbermann* einmal eine möglichst allgemeinverständliche Annäherung an die Musik Offenbachs zum Ziel hat, die nicht nur musikwissenschaftlich gebildeten Menschen vorbehalten ist. Hierbei werden auch Aspekte der produzierenden Komponistenpersönlichkeit und der Rezeption als relevant betont, die Trennung von Person und Werk, von Produzent und Produkt wird abgelehnt. *Silbermann* rekurriert weiter auch an dieser Stelle auf das Musikerlebnis als Wechselwirkung zwischen Musik und Publikum; dieser Begriff stellt den Mittelpunkt seines musiksoziologischen Konzepts dar und ist zentral "für unser kulturelles Verständnis und unsere kulturelle Existenz" (Silbermann 1965d, S. 236; vgl. Silbermann 1965d, S. 230-237; s.a. Pkt. 2.2).

Stark biographisch orientiert sind die schon mehrfach angesprochenen Arbeiten über Mozart von *Elias* und *Lipp* (vgl. Elias 1991, Lipp 1992b; s.a. Pkt. 4.4, Pkt. 5.2, Pkt. 5.3). Auch der Beitrag des Wiener Philosophen *Michael Benedikt* zu Mozart im Werk von *Alfred Schütz* bezieht sich stellenweise auf die Biographie des Komponisten (vgl. Benedikt 1992, v.a. S. 139-141, S. 145-147).

In dem von *Lipp* herausgegebenen Sammelband "Gesellschaft und Musik" sind neben den genannten Arbeiten von *Lipp* und *Benedikt* auch Aufsätze zu Bruckner und Hindemith enthalten. *Erwin Horns* "Anton Bruckner in bester Gesellschaft" ist praktisch ausschließlich historisch-biographisch orientiert und beleuchtet die Beziehungen des Komponisten zu seinen Kollegen, zu akademischer und aristokratischer Würde und zur Religion, ohne daß spezifisch soziologische Fragestellungen Berücksichtigung finden (vgl. Horn 1992).

Wolfgang Suppan schildert Hindemiths Bemühen um die Amateurblasmusik und thematisiert dabei auch den Gegensatz zwischen solcher Gebrauchsmusik und der die bürgerliche Musikkultur "beherrschenden L'art pour l'art-Ästhetik" (Suppan 1992, S. 279). Insbesondere wird betont, daß eigenständige Laienmusik, wie Hindemith sie fördern wollte, sich den Menschen direkt zur sozialen Identifikation anbietet, wobei eine größere gesellschaftliche Relevanz dieser Sparte ersichtlich wird, als das L'art pour l'art-Konzept vermuten läßt (vgl. Suppan 1992, v.a. S. 279-281).

Im Bereich der Popularmusik ist als soziologische Einzelfallstudie lediglich die angesprochene Arbeit von *Tennstedt* zu erwähnen, die die Produktion von Rockmusik am Beispiel der Gruppe The Petards mit ausführlichem Bezug auf das soziale Umfeld des Musikschaffens darstellt (vgl. Tennstedt 1979; s.a. Pkt. 5.1).

Auch bei *Troge* werden mit Kraftwerk und Einstürzende Neubauten Gruppen des Popularbereichs kurz angesprochen, jedoch keiner ausführlichen Analyse unterzogen (vgl. Troge 1993, S. 270-272). Die Bemerkungen erfolgen im Rahmen von Einzelstudien zu Zusammenhängen von Gesellschaft und kompositorischem Schaffen, die der Autor über spezifische Operationalisierungen von Zeit, über Sprache, Produktionsverhältnisse, Generationsfaktor, geophysikalische Gegebenheiten und subliminale Lernprozesse vermittelt sieht (vgl. Troge 1993, S. 245-

253). Diese Verknüpfungspunkte von Musikschaffen und gesellschaftlichem Kontext werden zunächst kurz allgemein besprochen, allerdings auf sehr oberflächliche Art. Hinsichtlich der Produktionsverhältnisse wird beispielsweise angeführt, daß bezüglich musikalischer Sozialisation Unterschiede zwischen Bali und Europa und zwischen der schwäbischen Alb und Stuttgart bestehen, daß Musiker und Komponisten heute wie früher abhängig von Auftraggebern sind und daß Rock und Jazz "zumindest teilweise" (Troge 1993, S. 250) stets in der Gruppe, Klaviersonaten von Beethoven und Liszt jedoch in Einsamkeit komponiert werden (vgl. Troge 1993, S. 249 f.). Bei derart allgemeinen Anmerkungen, die eine tiefere Betrachtung der jeweiligen Aspekte vermissen lassen, bleiben die behaupteten Beziehungen zwischen Gesellschaft und Komponieren weitestgehend unklar. Dies gilt auch für *Troges* Einzelstudien zu Dufay, Lasso, Monteverdi, Haydn, Beethoven, Chopin, Liszt, Busoni, Schönberg, Berg, Webern, Varèse, Russolo, Kraftwerk, Einstürzende Neubauten, Stockhausen, Nono, Henze, Nancarrow, Xenakis, Cage und Evangelisti (vgl. Troge 1993, S. 254-278). Der Autor geht auf jeweils kompositorische Besonderheiten ein, ebenso werden biographische Daten genannt - wobei einige der Angaben höchst zwiefelhaft sind, *Troge* läßt zum Beispiel Eindruck entstehen, Dufays Neuerungen seien mit dem Begriff der ars nova gleichzusetzen (vgl. Troge 1993, S. 255)[191]. Zusammenhänge werden jedoch kaum über das völlig Offensichtliche oder schlichte Spekulationen hinaus hergestellt. So stellt *Troge* fest, daß die flexible Materialverwendung bei Dufay "offensichtlich durch die oben erwähnte Bildung Dufay's ermöglicht" wurde (Troge 1993, S. 256). Zu den Parallelen der Musik von Kraftwerk und Einstürzende Neubauten zu Russolo vermutet der Autor, daß sie, wenn nicht auf einem direkten Bezug auf die Futuristen, "auf Grundströmungen des Jahrhunderts beruhen, die sich immer wieder Ausdruck schaffen" (Troge 1993, S. 271). Die Abhandlungen *Troges* gehen so nicht über herkömmliche Musikgeschichtsschreibung hinaus, bleiben in ihrer Undifferenziertheit und fehlenden Quellenbasierung im Gegenteil hinter ihr zurück, und ihr soziologischer Erkenntniswert ist fraglich. Ob die von *Troge* intendierte Umsetzung der

---

191 Dufay ist im Gegensatz zu Troges Darstellung gerade mit der Entwicklung weg von der ars nova in Verbindung zu bringen. Entstanden ist die ars nova, die streng genommen eine Notationsart bezeichnet, etwa 80 Jahre vor Dufays Geburt. Diese neue Notationsart wurde von Philippe de Vitry entwickelt und in der ars nova betitelten Schrift von etwa 1322/23 dargestellt (vgl. Eggebrecht 1989c; Dahlhaus/Eggebrecht (Hgg.) 1989e, f). Die Liste der inhaltlich fraglichen Feststellungen zum früheren und gegenwärtigen Musikleben ließe sich fortsetzen, etwa mit Troges Behauptung, erst bei Haydn ginge Improvisation im Schaffensprozeß der Komposition voraus. Schon viel früher lassen sich Ansätze beobachten, improvisiertes Material in Form von Kompositionen festzuhalten, etwa in der Diminutionsschule von Diego Ortiz (vgl. Notenverzeichnis: Ortiz 1553). Es zeigt sich, daß Troges Arbeit nicht nur eine soziologische Analyse vermissen läßt, sondern auch als Materialsammlung nicht zuverlässig ist (s.a. Pkt. 5.2, Pkt. 5.5, Pkt. 7.3).

Darstellung in ein Computersimulationsmodell zu solcher Erkenntnis führen kann, bliebe abzuwarten (vgl. Troge 1993, v.a. S. 14, S. 21-23, S. 343; s.a. Pkt. 4.3, Pkt. 5.1, Pkt. 5.2, Pkt. 5.5, Pkt. 6.4, Pkt. 7.3).

Nachdem Studien zu einzelnen Komponisten in der Musikwissenschaft sicher als üblich gelten können, findet sich hier eine größere Anzahl von Einzelfalluntersuchungen, auch im Bereich der populären Musik. Explizite gesellschaftliche Bezüge werden zum Beispiel in zwei Arbeiten über Frank Zappa von *Wolfgang Reimers* und *Wolfgang Ludwig* hergestellt (vgl. Reimers 1985; Ludwig 1992)[192].

Auf dem Gebiet der Einzelfallstudien im Bereich der Musikproduktion scheint sich die bundesdeutsche Musiksoziologie nicht nur weitgehend auf den Bereich der sogenannten Ernsten Musik zu beschränken: Innerhalb dieses Gebiets werden die Analysen auch mit relativ großer zeitlicher Distanz durchgeführt - Arbeiten über noch lebende Komponisten wurden nur in einem Fall erfaßt (vgl. Troge 1993, S. 270-275). Dieser Umstand hat auch zur Folge, daß Methoden der Materialerhebung wegfallen, die auf Interaktion mit den untersuchten Menschen beruhen, wie Interviews oder Beobachtung.

Zudem befassen sich alle Einzelfallanalysen mit Produzenten im engen Sinn, mit Autoren von Musikstücken. Der Bereich der Reproduktion ist anscheinend ausgeklammert, selbst berühmte Interpreten, Dirigenten und Solisten oder renommierte Musiker aus dem Jazz- und Rockbereich tauchen als Gegenstand einer Einzelfalluntersuchung kaum auf[193]. Obwohl sich viele Autoren nicht auf *Adorno* beziehen, ist es bemerkenswert, daß durch die Konzentration auf *produzierende* Künstler mit dem behandelten Komponisten jeweils auch ein Werk vorliegt - das *Adornos* Ansatz zufolge Ausgangspunkt musiksoziologischer Forschung sein muß. Bei Interpreten wäre das nicht in gleicher Weise der Fall. Hier bliebe anzumerken, daß ausgerechnet *Adorno* die Ausnahme darstellt, die sich in einigen kleineren Beiträgen auch mit reproduzierenden Musikern befaßt, etwa mit dem Pianisten Steuermann, *Adornos* ehemaligem Klavierlehrer (vgl. Adorno 1970, S. 150-156), oder mit dem Dirigenten Toscanini (vgl. Adorno 1959, S. 72-94). Auch wenn in den meisten der genannten Beiträge anderer Autoren kaum oder gar nicht inhalt-

---

192   Ludwig begründet plausibel, weshalb Zappa trotz seiner "ernsten" Werke eher als Rockmusiker einzuordnen ist (vgl. Ludwig 1992, S. 5).

193   Viele Künstler sind zwar als Interpreten und Komponisten tätig, doch läßt sich meist leicht entscheiden, welcher Rolle sie allgemein zugeordnet werden - es ist kaum überraschend, wenn beispielsweise Adornos Beitrag über Johann Sebastian Bach den Komponisten und nicht den Organisten Bach behandelt (vgl. Adorno 1976c). Die Arbeiten über Mahler und Zemlinsky konzentrieren sich auf die kompositorische Tätigkeit der Künstler, die auch als Dirigenten tätig waren (vgl. Adorno z.B. 1963b, S. 115-180). Zur Hierarchisierung von musikalischer Produktion und Reproduktion s.a. Neitzert 1990, S. 177-179.

167

lich auf das Werk eingegangen wird (s.a. Pkt. 4.4), scheinen doch Künstler, die eigene Werke produzieren, gegenüber den interpretierenden zumindest für musiksoziologische Einzelfallstudien bevorzugt zu werden. Wo explizit Distanz zu *Adornos* musiksoziologischem Konzept besteht, könnte vielleicht spekuliert werden, ob diese Präferenzen mit einem unterschiedlichen Prestige als Künstler zusammenhängen: Möglicherweise gilt das Komponieren bei Wissenschaftlern als kreativer und damit quasi künstlerischer als reproduktives Musizieren, was Komponisten für die Musiksoziologie interessanter erscheinen lassen könnte.

6.2 Amateurmusik

Bei den Arbeiten zur Musikproduktion im Amateurbereich lassen sich zwei Schwerpunkte feststellen, die sich überlappen: Zum einen widmen sich einige Untersuchungen dem Musizieren von Kindern und Jugendlichen, zweitens bewegt sich ein großer Teil der Beiträge im Gebiet der Popularmusik. Zumindest der erste Schwerpunkt ist wohl naheliegend: Wer sich mit musizierenden Kindern und Jugendlichen befaßt, wird in den seltensten Fällen professionellen KünstlerInnen begegnen, da Heranwachsende Musik meist als Hobby betreiben - schon bedingt durch die allgemeine Schulpflicht in der Bundesrepublik. Es ist anzunehmen, daß die AutorInnen auf diesem Gebiet nicht von vornherein den Amateurmusikbereich untersuchen wollen und daraufhin Kinder und Jugendliche als Forschungsgegenstand wählen, sondern daß das primäre Forschungsinteresse den Heranwachsenden gilt und damit zwangsläufig Amateurmusik behandelt wird.

Weshalb außerdem vor allem die *Amateur*produktion von Rock, Pop und anderer Popularmusik behandelt wird, während es auf dem Gebiet der sogenannten Ernsten Musik hauptsächlich Untersuchungen über professionelle Musiker gibt, ist weniger klar. Möglicherweise wird von Seiten der Wissenschaft angenommen, daß Popularmusik leichter zu spielen und damit für Amateure eher zugänglich ist, während die anspruchsvollere Ernste Musik zu dilettantischer Ausführung ungeeignet ist und zu Klangergebnissen führt, die für Musikliebhaber und -soziologen uninteressant sind. Denkbar wäre auch, daß im Popularmusikbereich Amateure mehr Öffentlichkeit in Form von Konzerten, Airplay und Tonträgerveröffentlichungen haben als in der Ernsten Musik. Daß Amateure schlicht keine Ernste Musik spielen, ist unwahrscheinlich. Vergleichszahlen sind in der erfaßten Literatur nicht enthalten, es ist aber fraglich, ob etwa der Markt für Notenausgaben klassischer Musik und für Instrumente, die in der Popularmusik äußerst unüblich sind, nur aus SchülerInnen und Professionellen besteht, ob es also jenseits der Musikschule keine Amateure gibt, die Ernste Musik spielen.

In dem von *Buchhofer, Friedrichs* und *Lüdtke* vorgeschlagenen Forschungsplan zur Laienmusik wird übrigens auch nicht von einer Einschränkung der Hobbyaktivitäten auf Popularmusik ausgegangen. Ansatzpunkt des Projektplanes ist der Musikalieneinzelhandel, dessen Kunden befragt werden sollen (vgl. Buchhofer/Friedrichs/Lüdtke 1974, S. 256-260). Die Autoren beklagen generell ein Forschungsdefizit im Bereich der Laienmusik, das seit 1974 wohl keinesfalls ausgeglichen wurde (vgl. Buchhofer/Friedrichs/Lüdtke 1974, S. 187). Als eine der wenigen allgemeinen Arbeiten zum Thema Amateurmusik, die kaum nach Gattung und Alter differenziert, kann der Sammelwerkbeitrag "Laienmusizieren" des Musikpsychologen *Herbert Bruhn* genannt werden (vgl. Bruhn 1985).

Übrigens konzentriert sich auch *Wolfgang Martin Strohs* ganz allgemein "Zur Psychologie musikalischer Tätigkeit" betitelte Arbeit auf Laienmusik, und auch hier finden sich als Schwerpunkte Jugend und Popularmusik (vgl. Stroh 1984).

Musizieren bei Kindern und Jugendlichen

Zunächst hat sich *Friedrich Klausmeier* mit der Musikausübung von Kindern und Jugendlichen befaßt. In seiner Arbeit "Die Lust, sich musikalisch auszudrücken" (Klausmeier 1978) behandelt er ausführlich Sozialisation und musikalische Enkulturationsprozesse; dabei geht er auf Arten des akustischen Ausdrucks vom Kleinkindalter an ein und beleuchtet den Weg des Individuums zum Singen und Instrumentalspiel, angefangen bei Schreien und Lallen. *Klausmeiers* Konzept verschiedener Entwicklungsphasen beim heranwachsenden Kind ist psychoanalytisch orientiert. Der Autor gibt außerdem an, sich stark auf die Spieltheorie zu beziehen, um die Ausübung von Instrumentalmusik zu analysieren (vgl. Klausmeier 1978, S. 28-72, S. 108-175). Auch äußere soziale Einflüsse wie die moderne Technik werden mit psychologischem Bezug thematisiert[194]. So konstatiert der Autor, daß Beatsänger "laut über technische Verstärkeranlagen (...) singen, um dadurch jugendliche Ausdruckshemmungen und -verdrängungen zu kompensieren" (Klausmeier 1978, S. 71 f.; s.a. Pkt. 4.2, Pkt. 5.4). Die zugrundeliegende psychische Verfassung der musizierenden Jugendlichen rückt *Klausmeier* in die Nähe der Depersonalisation

---

194 In der allgemeinen Thematik ähnlich ist Wolfgang Suppans Beitrag zur Musikanthropologie "Der musizierende Mensch" (Suppan 1984): Er problematisiert "Musik als wesentliches Reagens menschlicher Selbstverwirklichung" (Suppan 1984, S. 26) und bezieht sich dabei maßgeblich auch auf musikethnologische Forschungen - Suppans Ansatz ist differenzierter als der Klausmeiers und sicher weniger mit unreflektiertem Ethnozentrismus belastet (s.u.), aber in hohem Maß evolutionistisch (vgl. Suppan 1984, z.B. S. 31).

(vgl. Klausmeier 1978, S. 64-72). Auch die Benutzung der Stimme beim Beatgesang entspricht für *Klausmeier* nicht reifem musikalischen Ausdruck:

> "Zudem ist eine Entwicklung in den Beatstimmen zu hören, die die Regression in schreiende Stimmen immer mehr steigert zu vorsozialem und damit unmusikalischem Schreien, das über relativ lange Zeit durchgehalten wird" (Klausmeier 1978, S. 65).

Es zeigt sich, daß *Klausmeiers* Vorstellung von nicht-regressiver Musikausübung dem bürgerlich-abendländischen Ideal schöner Musik nahekommt. Daß auch viele Erwachsene mit der sogenannten Beatstimme singen, zeugt dem Autor zufolge von "einem verbreiteten pubertären Verhalten der Erwachsenen" (Klausmeier 1978, S. 65). Durch die Verknüpfung eines bestimmten Klangideals mit einer Phasentheorie der Entwicklung von Individuen würde *Klausmeiers* Argumentation, dies sei noch angemerkt, wohl eine Verkindlichung etwa eines großen Teils der afro-amerikanischen Musikkultur mit sich bringen - der Übergang des Singens in Schreien findet sich etwa in Blues, Soul und Funk. Die Interpretation solchen ekstatischen musikalischen Verhaltens, die eine Verbindung zu Depersonalisationserscheinungen vermutet, könnte sogar auf eine Pathologisierung von Musikstilen und -kulturen hindeuten, deren akustische Ausdrucksformen von *Klausmeier* frühen musikalischen Entwicklungsphasen des Menschen zugeordnet werden.

In den bereits erwähnten Untersuchungen zum Musikinteresse von Kölner Schülern verarbeitet *Klausmeier* empirische Daten auch zur Musikausübung der Jugendlichen (vgl. Klausmeier 1959; Klausmeier 1963; s.a. Pkt. 4.1, Pkt. 5.5). Wahl und Erlernen eines Instrumentes sieht der Autor als einen wichtigen "Gradmesser musikalischer Neigungen und allgemeinen Kulturinteresses, vor allem heute, wo das Klavierspielen nicht mehr notwendiger Bestandteil der bürgerlichen Erziehung ist" (Klausmeier 1959, S. 473).

Neben den tatsächlich gespielten Instrumenten werden bei *Klausmeier* auch unerfüllte Instrumentenwünsche erfaßt, außerdem Instrumentalunterricht, Singen in Verein, Chor oder daheim, letzteres laut oder leise (vgl. Klausmeier 1959, S. 473-478, S. 480 f., S. 483 f., S. 189 f.). Der Fragebogen des 1963 veröffentlichten umfassenden Beitrags des Autors zum gleichen Thema weist zudem Fragen zum Instrumentenbesitz der Familie auf, zu Bitten der Schüler um Instrumente und eventuelle Gründe für eine Ablehnung der Wünsche seitens der Eltern (vgl. Klausmeier 1963, S. 223 f., S. 235-237, S. 250 f., S. 257 f.).

Auch *Josef Eckhardt* und *Helmut E. Lück* erheben in ihrer Studie "Zum Nachwuchsproblem der deutschen Kulturorchester" (Eckhardt/Lück 1976, S. 4-44) unter anderem Daten zum aktiven Musizieren und zu Instrumentenwünschen der nordrhein-westfälischen Schuljugend (vgl. Eckhardt/Lück 1976, S. 16-22). Das Projekt wurde 1972 durchgeführt, also knapp anderthalb Jahrzehnte nach *Klaus-*

170

meiers Erhebung, und die Ergebnisse werden zu seinen in Bezug gesetzt. Zunächst wird eine Abnahme der Zahl der Schüler konstatiert, die ein Instrument spielen, ihr Anteil sank von bei *Klausmeier* festgestellten 48 % auf 33 %. Zudem verringerte sich die "Ausübung klassischer Instrumente" (Eckhardt/Lück 1976, S. 22; vgl. Eckhardt/Lück 1976, S. 21 f.). Hinsichtlich musikalischer Vorlieben scheinen im übrigen maßgebliche Unterschiede zu bestehen zwischen Schülern, die nur den regulären schulischen Musikunterricht besuchen, und solchen, die an Musikschulen eine zusätzliche Ausbildung erhalten (vgl. Eckhardt/Lück 1976, S. 7-14; s.a. Pkt. 4.1, Pkt. 7.3).

In einer späteren Forschung der Autoren zum "Petitum nach dem Schulmusikunterricht" (Eckhardt/Lück 1976, S. 83-129) ist das Instrumentalspiel der Schüler ebenfalls berücksichtigt, zudem wurden in der Auswertung des gesamten Fragebogens Unterschiede zwischen der Gruppe der ein Instrument spielenden und der der übrigen Schüler festgestellt (vgl. Eckhardt/Lück 1976, S. 97-99, S. 101, S. 103). Auch Eltern wurden zum Instrumentalspiel ihrer Kinder befragt (vgl. Eckhardt/Lück 1976, S. 111-113, s.a. S. 123 f., S. 127-129).

Im Rahmen der Shell-Jugendstudien von 1966 und 1985 wird musikalisches Verhalten Jugendlicher ebenfalls über das Instrumentalspiel untersucht, wobei lediglich erfragt wird, ob ein Instrument gespielt wird, und falls ja, welches. Die 1984 durchgeführte Erhebung läßt die Gitarre als typisches Jugendinstrument erscheinen, während die Geige im Gegensatz zu den Untersuchungsergebnissen von 1966 kaum mehr eine Rolle spielt (vgl. Kirchner 1985, S. 128-130). Weiter wird unter anderem die Geschlechtsspezifik von Instrumenten untersucht, wobei sich zeigt, daß E-Gitarre und Schlagzeug tendenziell eher von Jungen, Blockflöte eher von Mädchen gespielt wird. Ebenfalls nach Geschlechtern differenziert werden soziographische Daten dargestellt und die Einstellungen von MusikerInnen mit denen von nicht aktiv musizierenden Jugendlichen verglichen - in diesem Punkt ähnelt das methodische Vorgehen dem von *Eckhardt* und *Lück* (vgl. Kirchner 1985, S. 130-141).

Die Darstellung von *Rolf Kirchner* im Rahmen der Shell-Studie ist knapp gehalten und erhebt explizit nicht den Anspruch einer musiksoziologischen Untersuchung (vgl. Kirchner 1985, S. 129). Die Daten über Instrumentenpräferenzen wären insgesamt sicher interessant im Zusammenhang mit einer kulturhistorischen Betrachtung der einzelnen Instrumente, wie sie etwa in *Hoffmanns* Arbeit über Instrumentalistinnen miteinbezogen wird (vgl. Hoffmann 1991, v.a. S. 91-242). In Verbindung mit Informationen über Geschichte, Bedeutung und Einsatz von Musikinstrumenten könnte es aufschlußreich sein, wer sie in welchem Umfang spielt - die quantitativen Daten sind ohne Zusatzinformationen wohl schwer zu interpretieren und an sich nicht übermäßig aufschlußreich. So ist das Umfrageergebnis, daß

1984 zehn Prozent der Jugendlichen Heimorgel spielen, kaum sehr erhellend; und auch das Wissen, daß hauptsächlich Mädchen Blockflöte spielen, wirft mehr soziologische Fragen auf, als es beantwortet (vgl. Kirchner 1985, S. 130 f.).

Mit der Musikproduktion von Kindern und Jugendlichen, insbesondere mit Lern- und Entwicklungsprozessen, beschäftigen sich im übrigen auch Musikpädagogik und -psychologie (vgl. z.B. Dowling 1985; s.a. Klusen 1978).

Schließlich entstanden außerhalb der Bundesrepublik Deutschland Arbeiten zum Musizieren Jugendlicher. Hier ist beispielsweise für Österreich *Blaukopfs* Beitrag "Neue musikalische Verhaltensweisen der Jugend" (Blaukopf 1974) zu nennen, der auch eine Bibliographie beinhaltet. Die Arbeit befaßt sich unter anderem mit den Auswirkungen von Medien und Technik und den Eigenheiten "jugendlicher Musiziergruppen neuen Typs" (Blaukopf 1974, S. 60; vgl. Blaukopf 1974, v.a. S. 28-30, S. 37-55, S. 60-63). In einem Brief an *Blaukopf* äußert sich *Leo Wilzin* unter anderem zu diesem Buch und macht Anmerkungen zur Musizierpraxis Jugendlicher in der Sowjetunion. Die sowjetische Kulturpolitik, die die Jugend nach *Wilzins* Aussage erfolgreich zum Spielen nationaler Musik statt westlicher Schlager anhält, schildert der Autor als vorbildlich. Er sieht es als "wünschenswert, wenn auch die westlichen Kulturpolitiker Mittel und Wege finden würden, die Jugend vor der Rock-Beat-Popepidemie zu bewahren" (Wilzin 1995, S. 10; s.a. Pkt. 5.5, Pkt. 7.3).

Aufschlußreich ist außerdem vor allem der von *Günter Kleinen* verfaßte Symposionsbericht über "Jugend und musikalische Subkultur. Verhaltensweisen der jungen Generation in der industriellen Gesellschaft" (Kleinen 1973; s.a. Pkt. 7.3), der Ergebnisse einer Tagung des *International Institute for Music, Dance and Theatre in the Audio-visual Media* referiert. Die Teilnehmer kamen aus 23 Ländern (vgl. Kleinen 1973, S. 1 f.), und dieser Beitrag beinhaltet als einer der wenigen Material aus verschiedenen europäischen Staaten, das auch auf nationale Unterschiede und Gemeinsamkeiten hin beleuchtet wird. Neben Überlegungen zu Motivationen und Funktionen musikalischen Verhaltens bei Jugendlichen werden insbesondere Daten über das Vorhandensein und die stilistische Ausrichtung von Beatbands dargestellt, die anhand einer Typologie nach Professionalisierungsgraden eingeordnet werden. Die größten Unterschiede zwischen westlichen und östlichen Ländern werden bei der sozialen Funktion von Musik verortet (vgl. Kleinen 1973, S. 5-8).

Die empirische Forschung von *Reiner Niketta* und *Eva Volke* zu "Rock und Pop in Deutschland" (Niketta/Volke 1994a) behandelt an zentraler Stelle Aspekte der Professionalisierung der Rockmusik (vgl. Niketta/Volke 1994a, S. 21 f.; s.a. Pkt. 6.1). Der Untersuchung zufolge besteht die Popularmusikszene der Bundesrepublik zum kleinsten Teil aus professionellen Musikern, sie ist "überwiegend semi- und non-professionell geprägt" (Niketta/Volke 1994a, S. 67, vgl. S. 66-70, S. 80-82); so machen die Profis auch nur sechs Prozent der hier Befragten aus (vgl. Niketta/Volke 1994a, S. 66). Die weiteren Ergebnisse werden fast durchgehend auch nach Professionalisierungsgrad differenziert, wobei die Unterschiede zwischen Professionellen und anderen Musikern in einigen Aspekten sehr groß sind, etwa beim Thema Einkünfte aus der Musikproduktion (vgl. Niketta/Volke 1994a, S. 81, S. 109 f.). Wo Gesamtergebnisse dargestellt werden, scheinen sie deutlich vom großen nicht professionellen Anteil der befragten Musiker und Bands geprägt, beispielsweise im Hinblick auf Umfang, Art und Bedeutung von Liveauftritten (vgl. Niketta/Volke 1994a, S. 105-114).

Auch in der Dortmunder Untersuchung "Rockmusiker-Szene intern" (Ebbecke/Lüschper 1987) ist die große Mehrheit der Befragten nicht professionell in der Musikproduktion tätig, der Anteil der Profimusiker liegt hier bei drei bis fünf Prozent (vgl. Ebbecke/Lüschper 1987, S. 16, S. 85). Eine durchgehende Differenzierung der Ergebnisse nach Professionalisierungsniveaus fehlt hier jedoch. So kann die Arbeit insgesamt weitestgehend im Bereich der Amateurmusik angesiedelt werden, die Ergebnisse liefern Informationen über die nicht professionelle Produktion von Rockmusik und können über professionelle Musikproduktion nur bedingt oder gar nicht Aufschluß geben - zum Beispiel wäre es eine Überprüfung wert, ob 30 % auch der professionellen RocksängerInnen keinerlei Notenkenntnisse haben (vgl. Ebbecke/Lüschper 1987, S. 45)[195]. Auch große Teile der weiteren Ergebnisse sind wohl in erster Linie auf Amateurmusiker zu beziehen - zu den im Rahmen der Studie thematisierten Aspekten gehören neben soziographischen Daten

---

195 Auch das Bild von professioneller Musikproduktion, das stellenweise zugrundegelegt wird, ist nicht immer plausibel: So scheinen die Autoren anzunehmen, daß professionelles Arbeiten tendenziell besonders häufige Proben beinhaltet (vgl. Ebbecke/Lüschper 1987, S. 214). Es könnte im Gegenteil vermutet werden, daß Profis eher weniger proben, da dies für sie keine freiwillige Freizeitbeschäftigung darstellt, sondern Berufsarbeit, und durch den Zeitaufwand den letztlich erzielten Stundenlohn mindert. Zudem wäre wohl davon auszugehen, daß gut ausgebildete Berufsmusiker ein Programm wesentlich schneller erarbeiten können als Amateure - dies verringert die nötige Probenzeit, ohne daß das musikalische Ergebnis notwendigerweise an Qualität einbüßt, wie es die Autoren bei Amateurgruppen beobachten (vgl. Ebbecke/Lüschper 1987, S. 214).

auch musikalische Sozialisation und Qualifikation, Einstellungen zur Musik, die Strukturen in Rockgruppen, jugendkulturelle Gruppenstile und politische Orientierung sowie inhaltliche, ökonomische und organisatorische Aspekte der musikalischen Aktivitäten (vgl. Ebbecke/Lüschper 1987; s.a. Pkt. 5.1). Die Autoren problematisieren auch die Gleichsetzung von Rockmusik und Jugendmusik: Ein Großteil der Musiker war zum Zeitpunkt der Befragung volljährig, das Durchschnittsalter lag bei fast 23 Jahren (vgl. Ebbecke/Lüschper 1987, S. 21). Trotz dieser wenig eindeutigen Altersstruktur auch im Amateurbereich kann von einer großen Bedeutung von Rockmusik für die Jugend ausgegangen werden, und Jugendlichkeit gilt in Teilen der Literatur wie im Alltag als ein Charakteristikum von Rockmusik. Zur weiteren Diskussion des Zusammenhanges Jugend und Rock schlägt *Ebbecke* die Erweiterung des Begriffs Jugend durch die Phase der Postadoleszenz vor, die zwischen denen der klassischen Jugendlichen und der etablierten Erwachsenen steht. Zudem wird darauf hingewiesen, daß die Brauchbarkeit der Konzepte Jugend und Generationenkonflikt für sozialwissenschaftliche Erklärungen generell kontrovers diskutiert wird (vgl. Ebbecke/Lüschper 1987, S. 35-39)[196].

Schließlich soll nochmals auf die viel frühere Untersuchung von *Dollase, Rüsenberg* und *Stollenwerk* zur Rockszene hingewiesen werden (Dollase/Rüsenberg/Stollenwerk 1974; s.a. Pkt. 5.1, Pkt. 5.3): Sie war ursprünglich als Studie über professionelle Musiker geplant, so daß diese den größeren Teil der Befragten stellen; dabei weisen die Autoren auf die auch bei *Ebbecke* und *Lüschper* sowie *Niketta* und *Volke* angesprochenen Probleme hin, im Popularmusikbereich eindeutige Grenzen zwischen Amateuren und professionellen Musikern zu ziehen (vgl. Dollase/Rüsenberg/Stollenwerk 1974, S. 231 f.; Ebbecke/Lüschper 1987, S. 16; Niketta/Volke 1994a, S. 21 f.). Ihre Ergebnisse über Rockmusiker stellen *Dollase, Rüsenberg* und *Stollenwerk* durchgehend nach Profis und Amateuren differenziert dar (vgl. Dollase/Rüsenberg/Stollenwerk 1974, S. 231-258).

Um populäre Musik im weiteren Sinn handelt es sich bei den Liedern der Arbeiterbewegung, deren Singen Gegenstand der bereits angesprochenen Studie *Adameks* ist (vgl. Adamek 1987; s.a. Pkt. 5.1). Hier stehen Motive und Funktionen des Singens im Vordergrund, Kenntnis und Beliebtheit der Arbeiterlieder werden erfaßt, und es wird untersucht, welcher Kontext und welche individuellen Voraussetzungen bei den Beteiligten das spontane Singen politischer Lieder in Gruppen fördern (vgl. Adamek 1987, v.a. S. 86-197). *Adamek* weist in seinem Beitrag auch auf die volkskundliche Untersuchung zum Liedersingen hin, die

---

196 Frith hebt weniger darauf ab, daß Popularmusik von Jugendlichen gespielt und rezipiert wird, als auf den Beitrag, den diese Musik zur gesellschaftlichen Definition des Begriffes Jugend leistet: "youth music is socially important not because it reflects youth experience (authentically or not), but because it defines for us what 'youthfulness' is" (Frith 1987, S. 143).

Ernst Klusen unter Mitarbeit von *Karbusicky* und *Schepping* durchführte (vgl. Adamek 1987, S. 9). *Klusens* zweibändige Veröffentlichung "Zur Situation des Singens in der Bundesrepublik Deutschland" (Klusen 1976a, b) stellt die Ergebnisse einer Erhebung dar, bei der 1460 Personen befragt wurden (vgl. Klusen 1975a, S. 12 f., S. 26-28); im Gegensatz zu *Adameks* Arbeit werden hier Lieder aller Art miteinbezogen (vgl. Klusen 1975b, S. 173-175). Zum Bereich Arbeiterlieder hat *Antoinette Hellkuhl* einen historischen Beitrag vorgelegt, der sich mit Arbeitergesangsvereinen befaßt (vgl. Hellkuhl 1983).

Vladimir Karbusicky hat sich in weiteren Beiträgen mit Liedern befaßt, etwa in einer Studie zum Komplex Lied und Ideologie. Bemerkenswert ist hier, daß der Autor durchgehend den Bezug zu konkreten musikalischen Strukturen wahrt (vgl. Karbusicky 1973). Weiter erschien ein Aufsatz des Autors zur Volksliedforschung in soziologischer Perspektive (vgl. Karbusicky 1975c).

Zu erwarten war wohl, daß im Bereich der Amateurmusik Einzelfallstudien kaum zu finden sind - sie sind tendenziell eher Personen oder Gruppen gewidmet, die in der Musikproduktion bekannt oder doch zumindest sehr aktiv sind, was eine professionelle Tätigkeit wahrscheinlich macht.

6.3 Distribution: Gate-Keeping, Public Relations

Zwischen dem künstlerisch-kreativen Bereich der Komposition beziehungsweise Interpretation und den Rezipierenden liegt die Ebene der Verteilung und Vermittlung von musikalischen Produkten. Zunächst spielen die Massenmedien durch ihre Programmgestaltung und ihre Verkaufsstrategien eine wichtige Rolle bei der Frage, welche Musik verbreitet wird, wie das geschieht und wie sie rezipiert wird. Auch der komplex organisierte Konzertbetrieb beinhaltet Positionen mit Entscheidungsmacht, welche Musikproduktionen angeboten werden und wie für sie geworben wird. Einzelne KünstlerInnen versuchen, ihre optimale Vertretung auf dem Markt (und damit eben auch bei Massenmedien wie Rundfunk, Fernsehen und Tonträgerindustrie) durch Management und andere Arten der Interessenvertretung zu sichern, oft nicht selbst, sondern durch damit beauftragte Personen oder Organisationen. Diese vermittelnde Ebene dürfte nicht nur relevant dafür sein, ob musikalische Produktionen auf breiter Ebene den RezipientInnen zugänglich gemacht werden; die Art ihrer Vermarktung könnte auch für ihre Einordnung, für Zielgruppen, Identifikationsmöglichkeiten und Bedeutungsgebung des musikalischen Angebots mit entscheidend sein.

Wiewohl in der Literatur auf die Relevanz dieses Bereichs hingewiesen wird, existieren kaum Beiträge, die sich speziell mit dem Distributionsbereich, seiner Auswahl-, Verteilungs- und Einordnungsfunktion befassen.

Die Forschungspläne der Autoren *Buchhofer*, *Friedrichs* und *Lüdtke* enthalten auch Untersuchungen zum Vermittlungsbereich: Eines der vorgeschlagenen Projekte soll etwa über Entscheidungsprozesse beim Schallplattenkauf Aufschluß geben, über "die Bedeutung der gate-keeper in den Massenmedien Rundfunk und Fernsehen, sowie der opinion leader in einzelnen Gruppen von Rezipienten" (Buchhofer/Friedrichs/Lüdtke 1974, S. 235). In weiteren Projektentwürfen werden Zusammenhänge und Machtverhältnisse zwischen verschiedenen Institutionen der Distributionssphäre thematisiert, insbesondere zwischen Schallplattenindustrie, Rundfunk und Konzertleben. Ein Projekt ist eigens den Gate-Keepern gewidmet (vgl. Buchhofer/Friedrichs/Lüdtke 1974, S. 261-266, S. 270-274). In ihren theoretischen Überlegungen gehen die Autoren auf die Verteilungs- und Vermittlungsinstitutionen vor allem in bezug auf die Verfügungsgewalt über musikalische Produktionsmittel ein (vgl. Buchhofer/Friedrichs/Lüdtke 1974, S. 139-154). Insgesamt wird dem Distributionsbereich in der Arbeit relativ viel Platz eingeräumt. Es handelt sich bei den Beiträgen allerdings um Hypothesen und Projektentwürfe; dadurch wird die Bedeutung des Distributionsbereichs unterstrichen, konkrete Erkenntnisse aber werden - der Konzeption der Arbeit entsprechend - nicht vorgelegt.

Auch in *Hettlages* schon angesprochenem Beitrag zur musikalischen Jugendkultur wird die Rolle vermittelnder Medien wie Funk, Fernsehen, Video und Musikpresse für das Musikleben deutlich:

> "Eine besondere Machtposition kommt neben den Veranstaltern hauptsächlich den Massenmedien, den Präsentatoren von Musiksendungen, den Plattenfirmen, Studios und der Werbebranche zu. Wie aus der technischen Hochleistungsapparatur ersichtlich ist, steckt in einem solchen Unternehmen eine Menge Geld; es ist aber auch für manche Leute - nicht nur die Stars - sehr viel Geld zu verdienen" (Hettlage 1992, S. 352).

Neben der Bedeutung der Medien und ihrer Entwicklung für qualitative Veränderungen der Rezeption stellt *Hettlage* so die Verbindung der Distributionssphäre mit kommerziellen Aspekten des Musiklebens heraus (vgl. Hettlage 1992, S. 334, S. 338-341, S. 350-353, S. 358-363; s.a. Pkt. 4.2, Pkt. 5.4).

Weiter sind die Beiträge zu nennen, die sich mit dem Radio als einem zentralen Medium der Musikvermittlung befassen, etwa *Reinolds* bereits erwähnter Kongreßbericht (Reinold 1955; s.a. Pkt. 4.4, Pkt. 5.4) oder *Silbermanns* in Frankreich entstandene Studie "Musik, Rundfunk und Hörer" (Silbermann 1959; s.a. Pkt. 5.4). Sie analysieren zwar nicht ausschließlich die Verteilungs- und Vermittlungsfunktion des Radios, seiner Rolle bei der Verbreitung von Musik wird aber vor allem bei *Silbermann* ausführlich Beachtung geschenkt (vgl. Silbermann 1959, v.a. S. 104-161). Bei *Reinold* wird auf Vorgänge und Strukturen beim Rundfunk selbst weniger eingegangen, es wird eher auf Beziehungen zwischen den bereits produzierten Hörfunkprogrammen und dem Publikum abgehoben (vgl. Reinold 1955, v.a. S. 235-237).

Einige der zum Thema Massenmedien genannten Beiträge berühren auch den Bereich Medienproduktion und Musikvermittlung (s.a. Pkt. 5.4). Besonders wäre in diesem Zusammenhang nochmals auf die Dissertation von *Döben* hinzuweisen, die sich unter anderem mit Auswahl und Einsatz von Musik bei der Produktion politischer Fernsehsendungen befaßt (vgl. Döben 1989, v.a. S. 10-12, S. 48-50; s.a. Pkt. 4.3).

Auf die historische Entwicklung von Distributions- und Bewertungsinstanzen geht *Neitzert* in seinem schon angesprochenen Beitrag ein, etwa auf Musikpresse und -kritik, Verlagswesen und Musikpädagogik (vgl. Neitzert 1990, S. 94-104; s.a. Pkt. 4.3, Pkt. 5.2; s.a. Schleuning 1984, S. 284-293).

Außerhalb der Bundesrepublik Deutschland problematisiert *Blaukopf* in seinem Beitrag "Beethovens Erben in der Mediamorphose" (Blaukopf 1989b) insbesondere die Medien- und Kulturpolitik, die durch die Relevanz der Distributionsebene nötig wird (vgl. Schweizer [Rez.] 1992[197]).

Für den Bereich der Popularmusik ist nochmals die Dissertation von *Simon Frith* zur Soziologie der Rockmusik zu nennen: Der Autor analysiert neben Erzeugung und Rezeption von Rockmusik ausführlich den Bereich der Vermittlung und Verteilung. Auch er rechnet den Bereich der Vermarktung und Distribution der Produktionssphäre zu und berücksichtigt neben Tonträgerindustrie und Funkmedien auch die Musikpresse (vgl. Frith 1978a, S. 76-156). *Frith* schildert unter anderem die unterschiedlichen Positionen und Funktionen in der Vermittlungssphäre und geht in Form von Falldarstellungen auf die Eigenheiten einzelner Radiostationen in verschiedenen Staaten ein (vgl. Frith 1978a, S. 78-96, S. 122-138).

Zum Bereich des Gate-Keeping wäre außerhalb der Soziologie vor allem auf die Arbeit "Massenmusik. Die Befragten Macher" (Kleinen 1983) des Musikwissenschaftlers *Günter Kleinen* hinzuweisen. Der Autor untersucht Strukturen und

---

197 Angesichts der Tatsache, daß Blaukopf sich seit mehreren Jahrzehnten mit Musiksoziologie beschäftigt, scheint es schwer nachvollziehbar, warum es "verblüffend [ist], daß ein Musikwissenschaftler - fern jeglicher mediensoziologischer Paradigmenbildung und soziologischer Begrifflichkeit - so genuin soziologisch zu denken vermag wie Blaukopf" (Schweizer [Rez.] 1992). Es stellt sich die Frage, ob Fähigkeiten zu soziologischer Denkweise nicht eher in der Beschäftigung mit der Materie zu erwerben sind als durch einen formalen Bildungsabschluß - möglicherweise war Blaukopf dem Rezensenten auch bisher unbekannt. Hier wird übrigens auch die Frage nach den fachspezifischen Anforderungen an musiksoziologische Arbeiten berührt, die von den einzelnen mit Musiksoziologie befaßten Disziplinen gestellt werden (s.a. Pkt. 2.4, Pkt. 2.6).

Arbeitsweisen der Distributionsinstanzen Rundfunk, Fernsehen und Tonträgerindustrie aufgrund von vierzig Gesprächen mit Medienmitarbeitern (vgl. Kleinen 1983, S. 6 f.). Über die behandelten Institutionen werden Sachinformationen geliefert (vgl. z.B. zur GEMA: Kleinen 1983, S. 111-114). Ein Großteil der Studie befaßt sich jedoch mit Motiven, Einstellungen und Darstellungen aus Perspektive der Befragten, die in weiterem Sinn mit der Produktion von Musikprogrammen beschäftigt sind; bisher ist der Öffentlichkeit laut *Kleinen* wenig über ihre Arbeit bekannt, deren Produkt doch Bestandteil des Alltags ist (vgl. Kleinen 1983, S. 6, S. 61-357). Abschließend unterzieht der Autor Strukturen und Funktionsweisen der Massenmedien einer kritischen Analyse (vgl. Kleinen 1983, S. 358-399).

Alles in allem scheint sich die bundesdeutsche Soziologie der Bedeutung des Distributionsbereichs für das Musikleben zwar gewahr, allerdings sind Studien rar, die sich ganz oder weitgehend mit der Thematik befassen. Relevante Beiträge finden sich auch hier vor allem bei anderen Disziplinen beziehungsweise außerhalb der Bundesrepublik Deutschland.

6.4 Markt und Organisationen

Die Organisationen und Institutionen des Musiklebens spielen vor allem für die professionelle Musikproduktion eine kaum zu übersehende Rolle; sie sind so auch Gegenstand musiksoziologischer Beiträge. *Silbermann* weist beispielsweise 1957 in seiner einführenden Arbeit auf die Bedeutung von Großorganisationen und Institutionen hin (vgl. Silbermann 1957, S. 115 f., S. 137-140, S. 164-169, S. 172-177). Da in einem Großteil der Veröffentlichungen in verschiedenen Zusammenhängen derartige Organisationen erwähnt werden, soll hier nur auf einige Arbeiten hingewiesen werden, in denen sie eine zentrale Rolle spielen.

Buchhofer, *Friedrichs* und *Lüdtke* gehen in ihrer Rahmenstudie auf Institutionen des Musikmarktes und der Kulturpolitik ein (vgl. Buchhofer/Friedrichs/Lüdtke 1974, v.a. S. 37, S. 208-223, S. 250-252, S. 270-273). Kommerzielle Organisationen des Musikmarktes und Interessenvertretungen sind zentral in *Englerts* erwähnter Dissertation zum Markt für Kompositionen und dem Aufsatz zum gleichen Thema im Sonderheft 17 der KZfSS (vgl. Englert 1972, v.a. S. 68-94, S. 172-291, S. 348-423; Englert 1974, S. 110 f., S. 114-119)[198]. Der Autor problematisiert besonders die Stellung des individuellen Komponisten im Musikmarkt angesichts der großen und einflußreichen Organisationen, zumal er konstatiert: Die

---

198   Der Beitrag im Sonderheft stellt einen Auszug aus Englerts Dissertation dar (vgl. z.B. Englert 1972, S. 496 f., S. 502 f.; Englert 1974, S. 114 f., S. 118 f.).

"Ordnung im Bereich der sozio-musikalischen Verwertung ist momentan deutlich auf Konzentration ausgerichtet" (Englert 1974, S. 112). Die Vermarktungsinstanzen musikalischer Produkte, die kaum individuell beeinflußbar sind, und das zunehmend kommerziell statt kulturell orientierte Denken und Handeln in der Urheberrechtspolitik steht *Englert* zufolge nicht im Einklang mit den Interessen der Komponisten:

> "War es zu Beginn unseres Jahrhunderts der Urheber, der bewußt sein Geschick in die Hand nahm und in der Solidarisierung die Anerkennung der wirtschaftlichen Basis des geistigen Eigentums erzwang, so ist er heute dem Apparat ausgeliefert, den er einst schuf, aber nicht nur diesem. Damals geschah die Konzentration der Urheberinteressen wesentlich auch aus der Einsicht der Mängel öffentlicher Kulturpolitik heraus. Heute scheinen sich die Dinge indes völlig zu verkehren (...)" (Englert 1972, S. 495 f.; vgl. Englert 1974, S. 114).

Englert kommt zu kulturpolitischen Forderungen, insbesondere empfiehlt er, die Monopolstellung der GEMA zugunsten des Konkurrenzprinzips aufzuheben. Die Freiheit künstlerischen Schaffens kann außerdem gefördert werden, indem "Produzent und Konsument zu einem gleichgerichteten Handeln in bezug auf den Apparat kommen" (Englert 1974, S. 118). Der Autor äußert schließlich die Vermutung, daß die Großorganisationen in ihrer jetzigen Form dem Künstler nicht den notwendigen "mitmenschlichen Halt" (Englert 1972, S. 503) geben können (vgl. Englert 1974, S. 117-119; Englert 1972, S. 496-503).

Insgesamt stellt *Englert* vor allem die Einflußkonzentration bei den Institutionen des Musikmarktes heraus, den "intermediären Gewalten" (Englert 1972, S. 501) zwischen Produzenten und Rezipienten, gegen die der individuelle Schöpfer sich schwer behaupten kann.

In seinem Aufsatz "Musik in der verwalteten Welt" (Günther 1964) befaßt sich *Siegfried Günther* vor allem mit staatlicher Einrichtung oder Beeinflussung von Institutionen und Organisationen des Musiklebens. Er beschreibt die steigende finanzielle und organisatorische Beteiligung des Staates am Musikleben und nennt unter anderem Urheberrechts- und Leistungsschutzgesellschaften als Beispiele der "mit der Verstaatlichung herlaufenden Vergesellschaftung von Musik und Musikleben" (Günther 1964, S. 501). Angesichts dieser Entwicklung warnt der Autor vor Gefahren, die die "Mächte des Institutionalismus und der Funktionäre" (Günther 1964, S. 503) mit sich bringen (vgl. Günther 1964, S. 494-503).

Mit Problemen des Urheberrechts im stark durch neue Medien geprägten Musikleben befaßt sich in einem Aufsatz der österreichische Musiksoziologe *Desmond Mark* (vgl. Mark 1989, S. 281, S. 286-288, S. 294-300).

Troge stellt umfangreiches Datenmaterial zu Ausbildungsorganisationen, institutionalisierter Laienmusikausübung und Medienorganisationen dar. Entstehung und Strukturen werden jeweils geschildert, wobei insbesondere die Differenzierung von professioneller Ausbildung und derjenigen für Laien Beachtung findet (vgl. Troge 1993, S. 59-88). Der Autor geht außerdem auf "latente Institutionen" (Troge 1993, S. 49) ein, zu denen er Kunstwollen, das Konzert und die Konzepte von Genie und autonomer Kunst zählt (vgl. Troge 1993, S. 49-58). Dabei wird die Art der Anwendung des Institutionenbegriffs allerdings nicht ganz deutlich, trotz eines vagen Bezugs auf *Durkheim* und einer Abgrenzung von *Gehlen, Parsons, Berger/Luckmann, Luhmann* und *Schelsky* (vgl. Troge 1993, S. 49; s.a. Pkt. 4.3, Pkt. 5.1, Pkt. 5.2, Pkt. 5.5, Pkt. 6.1, Pkt. 7.3).

Auf die Geschichte des Konzerts als Entwicklung einer inzwischen etablierten Institution gehen ausführlicher die schon angesprochenen Beiträge zur Verbürgerlichung der Musikkultur von *Kalisch, Neitzert* und *Schleuning* ein: Sie beschreiben die Entstehung des bürgerlichen Konzerts in seiner heutigen Form, das wohl noch immer den zentralen Rahmen für die nicht massenmediale Darbietung sogenannter Ernster Musik darstellt. Die Geschichte des Konzerts steht von den Vorformen an in engem Zusammenhang mit Organisationen und Verbänden, etwa dem Collegium musicum und den Musikgesellschaften (vgl. Kalisch 1990, S. 65-104; Neitzert 1990, v.a. S. 72-76; Schleuning 1984, S. 29-35, S. 101-209, S. 273-284). Bei *Kalisch* findet sich in der Einleitung auch ein Literaturüberblick, der das Thema der Entstehung des bürgerlichen Konzerts umfaßt und dem weitere Angaben zu Beiträgen aus anderen Disziplinen entnommen werden können (vgl. Kalisch 1990, S. 4-10).

Die Arbeit von *Niketta* und *Volke* zu "Rock und Pop in Deutschland" (Niketta/Volke 1994b) hat übrigens unter anderem Organisationen des Musiklebens, insbesondere öffentliche Einrichtungen, als Zielgruppe; so stellen Informationen und Empfehlungen zu Strategien der Rockförderung einen beträchtlichen Teil der Arbeit dar (vgl. Niketta/Volke 1994a, S. 8, S. 133-182).

Schließlich ist auf eine musikpsychologische Arbeit von *Wolfgang Martin Stroh* über die "Alternative Musikszene" (Stroh 1985) hinzuweisen, die sich mit Strömungen im Musikleben befaßt, die bewußt außerhalb der großen, meist kommerziell ausgerichteten Institutionen und Organisationen Musik produzieren wollen - unter Umständen verknüpft mit politischem Engagement gegen die etablierten Verhältnisse (vgl. Stroh 1985). Zur Thematik Gegenorganisation finden sich auch einige Bemerkungen in *Jochen Zimmers* Dissertation über Popmusik (vgl. Zimmer 1973, S. 156-163).

6.5 Musikproduktion: Zusammenfassung

Bei den Arbeiten zur Produktion von Musik fallen vor allem die Forschungsschwerpunkte auf, die bei den jeweiligen Produktionsbereichen bestehen. Die Untersuchung von professioneller Musikproduktion und einzelnen Künstlern fällt weitgehend mit dem Bereich der bürgerlich-abendländischen Opusmusik und hier wiederum mit der Komposition zusammen, während das Musizieren auf Laienniveau fast durchgehend im populären Bereich erforscht wird. Insbesondere Einzelfallstudien existieren fast ausschließlich zu Komponisten im Bereich der sogenannten E-Musik, und hier wiederum mit wenigen Ausnahmen zu Künstlern, die schon seit geraumer Zeit verstorben sind - zeitgenössischen Komponisten wird kaum Aufmerksamkeit gezollt. Berufssoziologische Arbeiten existieren vor allem zur Orchestermusik.

Dieses Zusammentreffen könnte mit einer unterschiedlichen Bewertung der Sphären U- und E-Musik zusammenhängen, auf die es in der Literatur auch andere Hinweise gibt (etwa bei der Einbeziehung musikalischer Inhalte, vgl. Kap. 4).

Auffallend wenige Beiträge gibt es zu Gate-Keeping und Public Relations, wobei die Wichtigkeit dieses Komplexes für das Musikleben vor allem in der jüngeren Literatur betont wird. Ähnlich verhält es sich mit Forschungen über den Musikmarkt und seine Organisationen. Während in vielen musiksoziologischen Forschungsbereichen umfangreiche Untersuchungen zu Massenmedien entstanden, sind die Auswirkungen der medientechnischen Entwicklungen auf die Produktion von Musik und auf ihre ökonomische Einbindung in die Gesellschaft kaum erforscht.

7 Musikrezeption

Die Rezeption von Musik wird in vielen Darstellungen als ein Schwerpunkt musiksoziologischer Forschung genannt (vgl. z.B. Rotter 1989, S. 460 f.; Silbermann 1979a, S. 206, S. 208, S. 210; s.a. Pkt. 2.3). Außerhalb der Soziologie existiert eine Reihe von Beiträgen, gerade von Seiten der Pädagogik und Psychologie (s.u.). Einige Autoren befassen sich mit Musikrezeption allgemein, daneben zeichnen sich innerhalb der Rezeptionssphäre vor allem zwei Gebiete als Untersuchungsgegenstand ab: Zum einen widmen sich einige Arbeiten dem Bereich spezifischer Rezeptionssituationen; dabei werden hauptsächlich die Benutzung von Massenmedien und Konzertveranstaltungen als spezifische Kontexte von Musikrezeption thematisiert. Den zweiten Schwerpunkt stellt die Jugend- und Sozialisationsforschung dar, wobei es auch mehrere Untersuchungen zum Thema Jugend und Massenmedien oder jugendliche Konzertbesucher gibt - die Themenschwerpunkte überlappen sich also[199].

Weiter finden sich einige Fragestellungen in der Literatur immer wieder: In den Beiträgen wird besonders oft auf musikalische Präferenzen und auf Funktionen der Musikrezeption abgezielt, einschließlich des Zusammenhangs Musik und Identität. Außerdem geht es wohl besonders in empirischen Studien um eine Art Bestandsaufnahme im Bereich Rezeption und Publikum. Es werden Daten erhoben, die für verschiedene Fragestellungen und auch praktische Anwendungsbereiche wie Programmgestaltung, Kulturpolitik oder Musikpädagogik offen sind. Die Ergebnisse verschiedener Untersuchungen könnten sich außerdem als Gegenstand weiterer Interpretation im regionalen und historischen Vergleich anbieten - die Schwierigkeiten der Inbezugsetzung sind allerdings offensichtlich, wenn die Daten

---

199 Es soll hier versucht werden, die entsprechenden Arbeiten gemäß ihrem primären Forschungsinteresse einzuordnen, von dem aus sie sich dann der Verknüpfung der Themenbereiche Jugend und Rezeptionssituation nähern. Ein Autor etwa, der den Musikkonsum Jugendlicher untersucht, wird vielleicht zu dem Schluß kommen, daß die Massenmedien hier zentral sind, und eine Arbeit über Jugend und Massenmedien verfassen (in ähnlicher Weise, wenn auch nicht nur bezüglich des Rezeptionsbereichs, gilt das beispielsweise für Klausmeiers empirische Forschung über Kölner Schüler, vgl. Klausmeier 1963, S. 3-7, S. 194-211; s.u.; s.a. Troge 1993, S. 192-194). Andererseits könnte eine Forschung zum Publikum bei Heavy Metal-Konzerten überwiegend von Jugendlichen handeln, wenn diese den überwiegenden Teil der Konzertbesucher stellen.

unterschiedlichen Forschungen mit mehr oder weniger differierenden Methoden entstammen.

7.1 Zur Musikrezeption allgemein

Mit generellen Fragen der Musikrezeption beschäftigen sich zunächst in hohem Maß die bereits erwähnten Beiträge von *Peter Fuchs* und *Frank Rotter* (Fuchs 1987; Fuchs1992; Rotter 1992; s.a. Pkt. 3.4, Pkt. 4.2, Pkt. 5.5). *Fuchs* geht insbesondere in seinem Aufsatz "Vom Zeitzauber der Musik" (Fuchs 1987) auf Aspekte der Rezeption ein. Anhand des Konzeptes der Autopoiesis, deren Form auch für Musik bestimmend ist, thematisiert der Autor die Unmöglichkeit für Rezipierende, Musik zu beobachten; er stellt die These auf, daß man "Musik nicht hören [kann], wenn man sie hört" (Fuchs 1987, S. 226). Wer sich im Hörvorgang befindet, kann Musik nicht in ihrem Ablauf beobachtend verfolgen. Diese Eigenheit hängt eng zusammen mit der Temporalität von Musik und der Funktionsweise psychischer Systeme, über die rezipiert wird (vgl. Fuchs 1987, v.a. S. 214-218, S. 223-226, S. 232).

Rotters Überlegungen zur emotionalen Basierung von Musik und ihrer Rezeption sind - wie bereits dargestellt - stark psychologisch orientiert und setzen schon bei der Rezeption des "Rhythmus des mütterlichen Herzschlags bereits ab dem vierten Monat" (Rotter 1985, S. 46 f.) durch den Fötus an (vgl. Rotter 1985, S. 45-56; s.a. Rotter 1992, S. 95-98; Lipp 1992a, S. 13; s.a. Pkt. 3.4, Pkt. 4.2, Pkt. 5.5).

Rudolf Heinemann behandelt in einem Zeitschriftenaufsatz die Rezeptionsproblematik bei zeitgenössischer Musik[200]. Dabei geht er von einem zugleich musikalisch, psychisch und gesellschaftlich bedingten Rezeptionsvorgang aus (vgl. Heinemann 1969, S. 560; s.a. Pkt. 7.3). Er diskutiert unterschiedliche Methoden, dem Laienpublikum diese Musik nahezubringen:

> "Da die heutige Musik bei vielen Hörern auf Mißtrauen und Ablehnung stößt, da der Hörvorgang also teilweise gestört ist, bemühen sich Experten immer wieder, dem Publikum Brücken zu bauen" (Heinemann 1969, S. 560).

Kritisch beurteilt er das Vorgehen der Musikwissenschaft, dem Publikum mit Sachinformationen über die Faktur der gehörten Musik aufzuwarten - etwa auf

---

200 Auf diese Problematik gehen auch Beiträge aus der Musikpsychologie und -pädagogik ein (vgl. z.B. La Motte-Haber 1985, S. 98, S. 100 f., S. 141-145, S. 160, S. 164 f., S. 169, S. 186-190, S. 205-208; s.a. Niketta 1987, S. 11).

Schallplattenhüllen und in Büchern oder Programmheften. Sie können den Hörer einschüchtern und eine Distanz zwischen ihm und der Musik schaffen, der quasi ein Podest errichtet wird. Weiter wird auf das Problem der Verschränktheit von Musikanalyse und Interpretation eingegangen, das schon bei der Auswahl der Analysemethoden beginnt (vgl. Heinemann 1969, S. 560-563)[201].

Als eine Erkenntnis der Soziologie betont *Heinemann*, daß musikalischer Geschmack weitgehend sozial und seltener musikalisch bestimmt und auch Genie eine gesellschaftlich konstruierte Erscheinung ist (vgl. Heinemann 1969, S. 563, S. 565). So kritisiert er auch die Kulturkritik, namentlich *Adorno*, für ihre Unterscheidung in richtiges und falsches Hören, die sich zudem auf historisch inadäquate Maßstäbe bezieht und dem heutigen riesigen und heterogenen Publikum nicht gerecht wird (vgl. Heinemann 1969, S. 565-568; s.a. Heinemann 1973, S. 18-23):

"Mithin versündigt sich ein unangemessenes Hören - sofern es dergleichen überhaupt gibt - keineswegs an der Musik; denn der Hörer ist bei seiner freiwilligen Wahrnehmung nur sich selbst verantwortlich, und das Hören bleibt somit seine Privatangelegenheit, die zu respektieren eine pluralistische demokratische Kunstanschauung fordert. (...) Nimmt man die Polemik der Kulturkritik gegen die heutigen Hörer unter die Lupe, so zeigt sich, daß diese Angriffe insofern zumindest ungerecht sind, als das riesige Musikpublikum der heutigen Zeit nicht gegen die Eliten der Vergangenheit ausgespielt werden kann" (vgl. Heinemann 1969, S. 566 f.)[202].

Ob allerdings Hören Privatangelegenheit ist, ob der Auffassung, die der Autor als "pluralistische demokratische Kunstanschauung" (Heinemann 1969, S. 566) ansieht, unbedingt zuzustimmen ist, scheint eher eine ethische oder politische Frage zu sein, als daß *Heinemanns* Standpunkt eine direkt evidente wissenschaftliche Notwendigkeit wäre.

Ausführlicher, wenn auch in der Fragestellung nicht primär soziologisch orientiert, untersucht *Heinemann* die Rezeption von serieller Musik in einer Monographie, die erstmals 1966 erschien. In der stark literaturbezogenen Arbeit geht der Autor unter anderem auf die Gründe für die Isolation dieser zeitgenössischen Musik ein (vgl. Heinemann 1973, v.a. S. 5, S. 153-203).

Eine ähnliche Argumentation hinsichtlich der Wertung von Hörweisen findet sich in *Silbermanns* früher erschienenem Aufsatz "Der Hörer zwischen Gut und Schlecht" (Silbermann 1965e). Hier geht der Autor unter anderem auf gesellschaftliche Werte ein, die Hörerreaktionen bedingen können (vgl. Silbermann

---

201 Heinemann erwähnt hier den Wertfreiheitsstreit (vgl. Heinemann 1969, S. 562) - dies ist wohl auch die Assoziation, die für SoziologInnen bei dieser Problematik naheliegt.

202 Adorno ist sich übrigens dessen bewußt, daß "die erst von der heutigen Massenkommunikation musikalisch erreichten Millionen mit der Hörerschaft der Vergangenheit sich nicht vergleichen lassen" (Adorno 1958, S. 28) - zumindest im Bezug auf diesen Autor geht Heinemanns Einwand also ins Leere.

1965e, S. 216-218). Das Publikum wird unter Umständen durch Sachinformationen, die mit Werturteilen vermengt sind, eingeschüchtert und verwirrt. Wie später *Heinemann* kritisiert *Silbermann* an den Hörer gerichtete Veröffentlichungen wie Schallplattenumschläge und Biographien, zudem Informationen, die über Rundfunk oder Vorträge übermittelt werden, da sie Komponist und Musik in die Position eines unnahbaren Objektes rücken. *Silbermann* favorisiert auch hier eine Erforschung des Hörers, den er als aktiven Teil des Musiklebens sieht: Durch eine wissenschaftliche Berücksichtigung des Publikumsverhaltens wird der Einschüchterung des Hörers begegnet, damit er sich "aufgeschlossen und unbeschränkt demjenigen Musikerlebnis hingeben kann, das ihm zukommt" (Silbermann 1965e, S. 224).

Parallelen der beiden Beiträge in Inhalt und Standpunkt sind wohl deutlich, *Silbermanns* Aufsatz wird so auch bei *Heinemann* zitiert (vgl. Heinemann 1969, S. 560, S. 563; Silbermann 1965e, S. 221 f.)[203].

Eine zu *Heinemann* und *Silbermann* gegensätzliche Einschätzung der Musikrezeption im Spätkapitalismus vertritt *Adorno*, der in seinem Beitrag "Über den Fetischcharakter in der Musik und die Regression des Hörens" (Adorno 1958, S. 9-45) Zusammenhänge zwischen dem Fetischcharakter der Ware Musik, der marktorientierten Musikproduktion und ihrer Reproduktion und dem "Bewußtsein der Hörermassen" (Adorno 1958, S. 27) beleuchtet.

Adorno geht auf die Spaltung der Musik in den Ernsten und den Unterhaltungsbereich ein, wobei beide Sphären der Fetischisierung anheim fallen und über "Waren-Hören" (Adorno 1958, S. 16) konsumiert werden. Geschmack wird dort irrelevant, wo sich die Menschen in einer von Entfremdung geprägten Gesellschaft "von standardisierten Musikwaren umzingelt" (Adorno 1958, S. 10) finden (vgl. Adorno 1958, S. 9-16):

"die Existenz des Subjekts selbst, das solchen Geschmack bewähren könnte, ist so fragwürdig geworden wie am Gegenpol das Recht zur Freiheit einer Wahl, zu der es empirisch ohnehin nicht mehr kommt" (Adorno 1958, S. 9).

---

203 Wie Silbermann äußert sich auch Heinemann gegen das unreflektierte Benutzen des Genie-Begriffs - in diesem Zusammenhang nennt Heinemann allerdings Silbermann nicht namentlich (vgl. Heinemann 1969, S. 563; Silbermann 1965e, S. 222). Während sich weiter Heinemann im Zusammenhang mit der Kulturkritik explizit auf Adorno bezieht (vgl. Heinemann 1969, S. 566 f.), kritisiert Silbermann im selben Kontext die "Haltung gewisser von Ideologien Besessenen (sic)" (Silbermann 1965e, S. 221), was zumindest vermuten läßt, daß unter anderem Adorno gemeint sein könnte - viele andere Schriften Silbermanns legen diesen Gedanken nahe (vgl. z.B. Silbermann 1979a, S. 203; s.a. Pkt. 2.2).

Die Warenfetischisierung bringt *Adorno* unter Bezugnahme auf *Marx* mit dem Verhältnis von Tauschwert und Gebrauchswert in Verbindung: An die Stelle des Gebrauchswertes von Musik tritt der Tauschwert, wobei gerade dem Bereich der Kunst zugesprochen wird, sich substanziell außerhalb des Tauschmarktes zu befinden - durch eben diesen Schein der Unmittelbarkeit erhält Kunst erst ihren Tauschwert. Der Tauschwert ist es auch, der den Verbraucher musikalische Produkte kaufen läßt, denn "recht eigentlich betet der Konsument das Geld an, das er selber für die Karte zum Toscaninikonzert ausgegeben hat" (Adorno 1958, S. 19). Der Gebrauchswert wird so durch den Tauschwert ersetzt:

> "In diesem quid pro quo konstituiert sich der spezifische Fetischcharakter der Musik: die Affekte, die auf den Tauschwert gehen, stiften den Schein des Unmittelbaren, und die Beziehungslosigkeit zum Objekt dementiert ihn zugleich. Sie gründet in der Abstraktheit des Tauschwertes. Von solcher gesellschaftlicher Substitution hängt alle spätere 'psychologische', alle Ersatzbefriedigung ab" (Adorno 1958, S. 20).

Hier wird unter anderem deutlich, daß *Adorno* einen gesellschaftlichen Schein als primär und Voraussetzung der fetischisierenden Musikrezeption ansetzt, wodurch er sich etwa von *Rotters* Konzept der Fetischisierung von Musik abhebt, das sich auf generell-anthropologische Prämissen wie Geburt und weitere Ablösung des Kindes von der Mutter gründet, also vom Ansatzpunkt her gesellschaftsunabhängig ist (vgl. Adorno 1958, S. 13-22; Rotter 1989, S. 457-459; s.a. Pkt. 3.4, Pkt. 4.2, Pkt. 5.5, Pkt. 7.1)[204].

Insbesondere in Verbindung mit dem regressiven Hörverhalten wird weiter die Rezeption der "Massenmusik" (Adorno 1958, S. 29) einer kritischen Betrach-

---

204   Schwer nachvollziehbar ist - gerade in Anbetracht des hier besprochenen Beitrags von Adorno - Rotters Darstellung, Adorno bewerte "den Fetischcharakter, den er aller Kunst zuschrieb, als widerständiges Moment der Verdinglichung gegenüber jeglichem gesellschaftlichen Status quo emphatisch positiv" (Rotter 1989, S. 458 f.). In Adornos Darstellung erscheint der Fetischcharakter zumindest an dieser Stelle eher als negativ, bisweilen sogar heimtückisch, etwa wenn er schreibt: "Der Fetischcharakter der Musik produziert durch Identifikation der Hörer mit den Fetischen seine eigene Verdeckung. Diese Identifikation erst verleiht den Schlagern die Gewalt über ihre Opfer" (Adorno 1958, S. 31), oder: "Technisierung als solche kann in den Dienst der kruden Reaktion treten, sobald sie sich als Fetisch etabliert und durch ihre Perfektion die versäumte gesellschaftliche als schon geleistet hinstellt. (...) Das Positive, das der neuen Massenmusik und dem regressiven Hören nachgerühmt wird (...) ist negativ: Einbruch einer katastrophischen Phase der Gesellschaft in die Musik. Positives liegt beschlossen allein in ihrer Negativität. Die fetischisierte Massenmusik bedroht die fetischisierten Kulturgüter" (Adorno 1958, S. 42). Rotter gibt keine konkreten Literaturhinweise für diesen Punkt seiner Darstellung, der hier besprochene Aufsatz ist allerdings nicht in seiner Literaturliste aufgeführt; möglicherweise äußert sich Adorno in verschiedenen Veröffentlichungen entsprechend gegensätzlich, was die Darstellung Rotters erklären könnte (vgl. Rotter 1989, S. 458 f., S. 462). Allerdings wäre in diesem Fall wohl eine explizite Bezugnahme auf konkrete Einzelschriften Adornos angebracht. Die andere Möglichkeit ist, daß Rotter Adorno hier schlicht mißversteht.

tung unterzogen: Die Regression des Hörens bringt atomistische Wahrnehmung und die Unmöglichkeit von Konzentration mit sich und ist zeitgemäß, indem sie der gesellschaftlichen Situation und den gebotenen musikalischen Produkten entspricht:

> "Die hörenden Subjekte büßen mit der Freiheit der Wahl und der Verantwortung nicht bloß die Fähigkeit zur bewußten Erkenntnis von Musik ein, (...) sondern trotzig negieren sie die Möglichkeit solcher Erkenntnis überhaupt. (...) Sie offenbaren, wann immer es ihnen erlaubt wird, den verkniffenen Haß dessen, der eigentlich das andere ahnt, aber es fortschiebt, um ungeschoren leben zu können, und der darum am liebsten die mahnende Möglichkeit ausrotten möchte. Es ist die (...) Möglichkeit einer anderen und oppositionellen Musik, vor der eigentlich regrediert wird" (Adorno 1958, S. 28 f.).

Die Rezipierenden hören so nur das, was den bestehenden Verhältnissen entspricht; sie hören Musik nicht synthetisch, sondern in isolierten Reizen, und lehnen Musiken ab, die nicht ihrer Gewohnheit entsprechen (vgl. Adorno 1958, S. 28-34). Den regredierten Hörern gemäß ist auch in Notenveröffentlichungen der sogenannten Massenmusik eine Schreibweise für Spielanweisungen zu finden, die keine Kenntnisse im Notenlesen erfordert:

> "Für sie wird eine Art musikalischer Kindersprache präpariert, die sich von der echten dadurch unterscheidet, daß ihr Vokabular ausschließlich aus Trümmern und Entstellungen der musikalischen Kunstsprache besteht. In den Klavierauszügen der Schlager finden sich sonderbare Diagramme. Sie beziehen sich auf Gitarre, Ukelele und Banjo - ebenso wie die Ziehharmonika der Tangos, verglichen mit dem Klavier, infantile Instrumente - und sind Spielern zugedacht, die nicht Noten lesen können. Sie stellen graphisch die Griffe auf den Saiten der Zupfinstrumente dar. Der rational aufzufassende Notentext wird durch optische Kommandos ersetzt, gewissermaßen durch musikalische Verkehrssignale" (Adorno 1958, S. 34).

Unklar bleibt bei dieser Argumentation, weshalb es nicht möglich sein soll, einen durch solche Aktionsschrift fixierten musikalischen Verlauf auch rational zu erfassen - was allerdings die Kenntnis des Instrumentes voraussetzt, für das die Aktionsschrift gilt. Die Infantilität der betreffenden Instrumente dürfte es aber, folgt man der Sichtweise *Adornos*, recht leicht machen, sie zu erlernen, womit einem rationalen Erfassen der musikalischen Faktur nichts mehr im Wege stünde. Es scheint, daß der Autor Belege für die Regressivität eines ganzen musikalischen Bereichs anführt, die durchaus auch anders interpretiert werden könnten. Im übrigen bleibt unklar, ob *Adorno* die Lautentabulaturen, die seit dem frühen 16. Jahrhundert überliefert sind, ebenso als Kindersprache verurteilt, oder wo andernfalls der wesentliche Unterschied dieser Aktionsschrift zu der von *Adorno* angeführten liegen soll (vgl. Dahlhaus/Eggebrecht (Hgg.) 1989g). Unbegründet bleibt weiter, was die Infantilität eines Instrumentes ausmacht. In der zitierten Passage werden wohl einige Apriorismen *Adornos* deutlich, der unter anderem nur die Notenschrift und Instrumente der etablierten bürgerlichen Musik als rational und entwickelt anzusehen scheint.

Das regressive Hören von Massenmusik erfüllt nach *Adorno* spezifische Funktionen, es macht zunächst das Leben der einzelnen erträglicher, die Unterhaltungsmusik "bewohnt die Lücken des Schweigens, die sich zwischen den von Angst, Betrieb und einspruchsloser Fügsamkeit verformten Menschen bilden" (Adorno 1958, S. 10). Durch Identifikation mit der Massenmusik nehmen die Rezipierenden als Belohnung an, was ihnen aufoktroyiert ist; durch diese Umdefinierung bewältigen Menschen das "Gefühl der Ohnmacht, das sie im Angesicht der monopolistischen Produktion beschleicht" (Adorno 1958, S. 30).

Vor allem aber hat das regressive Hören nach *Adorno* Effekte, die den Menschen zumindest auf lange Sicht zum Nachteil gereichen: Er nennt zunächst die "Passivität der Massen, welche den Konsum der leichten Musik in Widerspruch zu den objektiven Interessen derer bringt, die sie konsumieren" (Adorno 1958, S. 15; vgl. Adorno 1958, S. 29). Zudem werden die regredierten Hörer "in ihrer neurotischen Dummheit konfirmiert" (Adorno 1958, S. 29); die Hörweise beinhaltet keine Ansatzpunkte zur Weiterentwicklung, die bestehende Situation wird gefestigt. Der Regression des Hörens entsprechen Eigenheiten musikalischen Materials, besonders isolierte Reizeffekte, die momentan und vereinzelt die Sinne anregen (vgl. Adorno 1958, S. 29-35). *Adorno* wertet die Regression des Hörens primär negativ und als hoher Musik unangemessen:

"Ohren aber, die bloß noch fähig sind, von Gebotenem das zu hören, was man von ihnen verlangt, und die den abstrakten Reiz registrieren, anstatt die Reizmomente zur Synthese zu bringen, sind schlechte Ohren" (Adorno 1958, S. 34).

Allerdings sieht der Autor gleichzeitig die vage Möglichkeit, daß aus der Verfallserscheinung des regressiven Hörens radikale und freiheitliche Neuansätze hervorgehen könnten (vgl. Adorno 1958, S. 43-45).

Aufschlußreich in bezug auf *Adornos* Ansichten zum Hören sind auch seine "Typen musikalischen Verhaltens" (Adorno 1975a, S. 14-34), eine Hörertypologie, die idealtypisch unterscheidet in den Experten, den guten Zuhörer, den Bildungskonsumenten, den emotionalen Hörer, den Ressentimenthörer, den Jazz-Experten oder -fan, den Unterhaltungshörer und den Gleichgültigen, Un- oder Antimusikalischen (vgl. Adorno 1975a, S. 15-32). Auf diese Typologie wird in der Literatur häufig rekurriert[205], sie zählt sicher auch zu den Arbeiten Adornos, die außerhalb der Musiksoziologie einem recht breiten Publikum bekannt sind.

---

205 Vgl. z.B. Behne 1986, S. 24 f.; Casimir 1991, S. 161-164; Frauchinger 1982, S. 29-36; Nauck-Börner 1980, S. 16-61; Niketta 1987, S. 37; Thienen 1988a, S. 157.

Erneut sei auf die Studie von *Buchhofer, Friedrichs* und *Lüdtke* eingegangen, die auch Überlegungen und Vorschläge zur Rezeptionsforschung beinhaltet[206]. Zentrale Fragestellungen sind hier, wie und von welchen Gruppen musikalische Werturteile und Präferenzen bestimmt werden, welchen Einfluß die Massenmedien auf das Rezeptionsverhalten haben und welche Funktionen Musik für die Rezipierenden hat. Im Bezug auf Rezeptionsforschung, die meist an den Präferenzen der HörerInnen orientiert ist, gehen die Autoren auf damit verbundene Schwierigkeiten ein: Zunächst ist es schwer, Gattungsbegriffe mit eindeutigem Inhalt zu finden; außerdem ist die musiksoziologische Diskussion über die Relevanz innermusikalischer Qualitätsmerkmale beziehungsweise die Konzentration auf außermusikalische Aspekte des Rezeptionsverhaltens nach Ansicht der Autoren immer noch so unumgänglich wie ungeklärt. Sie schlagen als Ansatz, der auch musikalische Strukturen miteinbezieht, Verfahren der Informationsästhetik vor (vgl. Buchhofer/Friedrichs/ Lüdtke 1974, S. 155-164).

Zum Thema des sozialen Kontextes der Rezeption wird zunächst auf die Sozialisation eingegangen, hier werden drei relevante Elemente angegeben: Zunächst ist die strukturelle Komplexität der im Elternhaus gehörten Musik wichtig, wobei Musikgattungen nicht sehr zentral sind, da sie nicht eindeutig mit einem bestimmten Maß an Differenziertheit in Zusammenhang stehen. Weiter ist die Art relevant, wie in der Familie über Musik gesprochen wird, ob hauptsächlich ästhetische oder semantische Aspekte thematisiert werden; schließlich spielt auch der situative Kontext des Hörens eine Rolle (vgl. Buchhofer/Friedrichs/Lüdtke 1974, S. 165-169). Die Autoren erläutern außerdem die Relevanz des Lebenskontextes für die musikalische Prädisposition der Rezipierenden, problematisieren die Thematik von Gruppeneinflüssen auf musikalische Meinungsbildung und gehen auf schichtenspezifische Hörtraditionen ein, wobei allerdings keine eindeutigen Zusammenhänge zwischen Musikpräferenzen und Schichtzugehörigkeit festzustellen sind (vgl. Buchhofer/Friedrichs/Lüdtke 1974, S. 170-176, S. 185 f.; s.a. Pkt. 5.5). Zur Erforschung des Rezeptionsverhaltens werden vier Aspekte in den Vordergrund gestellt: Neben kurz- und langfristigen Effekten von Massenmedien und Zusammenhängen zwischen demographischen Variablen und Rezeptionsmustern sind das die Spezifikation einzelner Rezeptionsmedia wie Massenmedien oder Konzert und die Thematisierung des situativen Kontextes. Dieser scheint ein Ansatzpunkt dafür zu sein, Musikrezeption auch als aktives Verhalten zu analysieren, denn "der Rezipient schafft jeder Komposition einen situativen Kontext und bestimmt

---

206 Da die Arbeit als theoretische Rahmenstudie mit Forschungsplänen zum gesamten Musikleben konzipiert ist, enthält sie Ausführungen zu mehreren, hier getrennt dargestellten Bereichen und Aspekten und wird daher notwendigerweise mehrfach angesprochen (s.a. Pkt. 4.1, Pkt. 4.4, Pkt. 5.5, Pkt. 6.1, Pkt. 6.2, Pkt. 6.3, Pkt. 6.4).

dadurch mit über die sozialen Funktionen der Musik" (Buchhofer/Friedrichs/Lüdtke 1974, S. 177; vgl. Buchhofer/Friedrichs/Lüdtke 1974, S. 176 f.). Insbesondere weisen die Autoren auf die Möglichkeit hin, daß Musik als eskapistisches Material genutzt werden kann, und fordern außerdem eine Verbindung der Rezeptionsforschung mit der Untersuchung musikalischer Laienaktivität (vgl. Buchhofer/Friedrichs/Lüdtke 1974, S. 185-188). Unter den Projektvorschlägen schließlich befinden sich unter anderem Pläne zur Erforschung des situativen Kontextes der Rezeption, zu Entscheidungsprozessen beim Schallplattenkauf und zum Konzertverhalten, wobei verschiedene qualitative und quantitative Methoden vorgesehen sind (vgl. Buchhofer/Friedrichs/Lüdtke 1974, S. 232-239).

Hervorzuheben wäre, daß als Beispiele für situative Kontexte Konzert und Massenmedien genannt werden, also eben die Rezeptionssituationen, die sich als bevorzugte Themen der hier erfaßten Literatur herausgestellt haben, und daß auch die anscheinend zentralen Fragestellungen nach Zusammenhängen zwischen sozialen Variablen und Rezeption und nach Präferenzen des Musikpublikums für die Autoren wichtig zu sein scheinen (vgl. Buchhofer 1974, S. 178-187; s.a. Kap. 7, Pkt. 7.2).

Zur Musikrezeption wurden mehrere psychologische oder teilweise psychologisch orientierte Arbeiten veröffentlicht, schon 1953 erschien etwa ein Zeitschriftenbeitrag *Hans P. Richters*, "Zur Soziologie und Psychologie des Musikhörens" (Richter 1953), weiter legte der Psychologe *Wilhelm Josef Revers* die Monographie "Das Musikerlebnis" (Revers 1970) vor. Es existieren mehrere Sammelbandbeiträge wie *Siegfried Bimbergs* Anmerkungen zum Thema "Musikhörer und Gesellschaft" (Bimberg 1985a) oder *Wilhelm Bäthges* Aufsatz "Besonderheiten der Musikrezeption" (Bäthge 1983) - letzterer erschien in einem Sammelband zur Literatursoziologie in der DDR. Besonders soll auf einige Arbeiten *Nikettas* hingewiesen werden, die sich mit dem Zusammenhang von musikalischer Komplexität und Rezeption, insbesondere der Urteilsbildung, befassen (vgl. Niketta 1982a, b; Niketta 1985b, c; Niketta 1986b, c; Niketta 1987; Niketta 1988; Niketta 1990a, b; Niketta 1991a; Niketta/Stiensmeier 1983).

Nicht ausschließlich der Rezeption sind die kommunikationstheoretischen Arbeiten von *Torsten Casimir* und *Rolf Großmann* gewidmet, der Thematik wird aber einige Aufmerksamkeit zuteil (vgl. Casimir 1991, v.a. S. 134-169; Großmann 1991, S. 125-137, S. 169-184; s.a. Pkt. 3.4). Einen stark historisch orientierten Beitrag zum Musikhören, der die sich wandelnden Hörweisen von Beginn der Neuzeit bis zum 20. Jahrhundert beleuchtet, stellt *Bernhard Dopheides* Buchveröffentlichung "Musikhören, Hörerziehung" (Dopheide 1978) dar.

Größtenteils mit Musikrezeption befaßt sich ein Sammelbandbeitrag der in Wien lehrenden Soziologin *Walburga Gáspár-Ruppert* zum Thema "Musik verstehen" (Gáspár-Ruppert 1992). Bei musikalischem Verhalten unterscheidet die Autorin drei Ebenen: Musik als selbstreferenzielles System, soziale Bezüge und Musik als symbolisches Material, durch das gesellschaftliche Werte signalisiert werden können. *Gáspár-Ruppert* geht davon aus, daß die Sinnstrukturen dieser verschiedenen Ebenen zunächst verstanden werden müssen, um sie dann im Rahmen musiksoziolgischer Analyse zueinander in Bezug setzen zu können (vgl. Gáspár-Ruppert 1992, S. 55 f.). In ihrem vor allem an *Alfred Schütz* und *Umberto Eco* orientierten Aufsatz führt die Autorin zunächst grundlegende Überlegungen zu Zeichensystemen und ihrem Verstehen aus und berührt dann die Frage nach Möglichkeiten zum Fremdverstehen (vgl. Gáspár-Ruppert 1992, S. 56-60). Insbesondere wird auf Probleme eingegangen, die durch große kulturelle oder zeitliche Entfernung zwischen Sinnsetzendem und Deutendem entstehen. Rezipierende sind auf gültige Konzepte zur Sinndeutung angewiesen, gerade bei sogenannter absoluter Musik, die sich nach keinem programmatischen Sujet richtet; wenn "dem Klang bereits Zeichencharakter (...) zugeschrieben wird, müssen auch Deutungsmuster für die musikalischen Inhalte zur Verfügung stehen" (Gáspár-Ruppert 1992, S. 60). Problematisch ist nach *Gáspár-Ruppert* die Übertragung solcher Deutungsmuster auf Musiken, denen sie nicht entsprechen, denen ein anderes Schema der Sinndeutung zuzuordnen wäre - etwa die Musik anderer Kulturen als der, in der ein Deutungsmuster entwickelt wurde. In diesem Zusammenhang nennt die Autorin konkret *Adornos* Umgangsweise mit dem Jazz (vgl. Gáspár-Ruppert 1992, S. 60-62). Bei diesem Genre müßten *Gáspár-Ruppert* zufolge neben der rationalen auch eine emotionale und eine körperlich-sinnliche Verstehensebene miteinbezogen werden (vgl. Gáspár-Ruppert 1992, S. 62-65).

Es bleibt anzumerken, daß die These *Gáspár-Rupperts*, die Körperlichkeit sei aus der europäischen Musikkultur weitgehend ausgeschlossen, darauf hindeutet, daß das Hauptaugenmerk doch der sogenannten Ernsten Musik gilt: In großen Teilen der musikalischen Populärkultur ist exzessives Tanzen durchaus etabliert und nicht durch einen Kanon an "erlaubten Bewegungsabläufen" (Gáspár-Ruppert 1992, S. 64) begrenzt; und in den Massenveranstaltungen der Technoszene wird beispielsweise eine Musik gehört, die schon durch die Abmischung einer ganzkörperlichen Rezeption entspricht[207]: Im Baßbereich etwa wird auch mit sehr tiefen Frequenzen gearbeitet, die teilweise unter der Hörgrenze von zwanzig Hertz lie-

---

207 Bei Techno handelt es sich zudem um ein originär europäisches Genre und nicht um einen Import afroamerikanischer Musik, was andernfalls zugunsten Gáspár-Rupperts hätte eingewendet werden können.

gen. Das menschliche Ohr nimmt diese Frequenzen nicht mehr wahr, so daß sie nicht gehört, sondern in Form von Vibrationen körperlich gespürt werden[208]. Es ist die Frage, ob von großen Teilen der Popularmusik als marginalen Bereichen der Kultur gesprochen werden kann - und die Antwort hängt wohl weitgehend von der Perspektive ab, worauf fast gegenteilige Befunde etwa in *Hettlage* Aufsatz zur Discokultur hinweisen (vgl. Hettlage 1992, S. 348 f., S. 361 f.)[209]. *Von Thienen* weist übrigens darauf hin, daß sich die neuere U-Musik zumindest teilweise Prozessen der Entkörperlichung entgegenstellt, und auch *Peter Zimmermann* nennt die Auflehnung gegen Tendenzen der Entsinnlichung als einen Aspekt der Rockmusik (vgl. Thienen 1988a, S. 171; Zimmermann 1984, S. 9; s.a. Pkt. 7.3)[210].

7.2 Rezeptionssituationen

Die Rezeption in einem spezifischen Kontext wird in der Literatur hauptsächlich in zwei Fällen untersucht: Dem des öffentlichen Konzerts und dem des Musikhörens über Massenmedien, also der Benutzung von Tonträgern und Funkmedien.

Musikrezeption im Konzert

Wie bereits angesprochen, wird in den vorliegenden Studien zur Entstehung der bürgerlichen Musikkultur auch die Entwicklung des öffentlichen Konzerts behandelt (s.a. Pkt. 6.4). Dabei gehen die Autoren *Kalisch*, *Neitzert* und *Schleuning* unter anderem auf die Genese und Eigenheiten des bürgerlichen Konzertpublikums ein. *Schleuning* schildert anhand von umfassendem Quellenmaterial neben der Gliederung des Publikums in Kenner und Liebhaber vor allem Entstehung und Wandel von Verhaltensnormen für die Zuhörenden - so waren entgegen heutigen Gepflogenheiten auch bei Darbietungen sogenannter Ernster Musik noch im 18. Jahrhundert Reden, Herumlaufen, Essen, Trinken, Rauchen und Kartenspielen

---

208   Diese Aussage bestätigten die Dolphin Studios, Mörfelden, die auch Technomusik produzieren (Telefongespräch Dolphin Studios, 14. 6. 1995).

209   In diesem Zusammenhang wäre zudem auf die auch in unserer Kultur vorhandenen Bezüge von Musik und Sexualität hinzuweisen, die auch Körperlichkeit implizieren (vgl. z.B. Frith/Goodwin (Hgg.) 1990, S. 369-424; s.a. Pkt. 5.5). Besonders zum auch bei Gáspár-Ruppert angesprochenen Tanzen müßten Verbindungen hergestellt werden, Frith etwa konstatiert 1978: "The most obvious feature of dancing as an activity is its sexuality" (Frith 1978a, S. 180; vgl. Gáspár-Ruppert 1992, S. 64).

210   Für die These, daß Tanzen auf emischer Ebene als eine adäquate Rezeptionsform für Popularmusik angesehen wird, sprechen übrigens auch die häufigen Aufforderungen von Musikern an das Publikum, im Konzert zu tanzen.

während des Konzerts üblich (vgl. Schleuning 1984, S. 169, S. 180-182). Daß durch bauliche Maßnahmen, Verbote und sogar Empfehlungen, das Klatschen zu unterlassen, eine stille und weitgehend reglose Rezeption von Musik erreicht wurde, bringt der Autor in Zusammenhang mit einer "Erziehung zur Körperlosigkeit, zur völligen Vergeistigung beim Aufnehmen der Musik" (Schleuning 1984, S. 184):

> "Das Publikum wurde so lange zum Schweigen beim Konzert aufgefordert, bis die Volkserzieher und Musiker im Umkehrschluß selbst glaubten: 'Durch die gänzliche Stille bemerkt man das Gefallen der Zuhörer an dem schönen Vortrag' (Hiller 1770 (...)). (...) Die Einführung von festen Sitzreihen gegen Jahrhundertende verhinderte das Umhergehen und erschwerte das Miteinandersprechen, und die Installierung einer Konzertpause forderte zur zeitlichen Scheidung von Aufmerksamkeit und Zerstreuung auf" (Schleuning 1984, S. 185 f.).

Weiterhin gab es Tendenzen, das Liebhaberpublikum hinsichtlich seines Musikurteils zu bilden, seinen Geschmack also durch Experten zu beeinflussen (vgl. Schleuning 1984, S. 183-197).

Das von *Schleuning* angeführte Material scheint interessant auch im Hinblick auf die Problematisierung einer etablierten Hörweise - es verdeutlicht die Historizität der heute weithin als adäquat angesehenen Rezeptionsweise; als angemessen gilt sie heute bemerkenswerterweise auch für Musiken, die wesentlich älter sind als diese Art des Zuhörens (s.a. Pkt. 7.1).

Bei *Neitzert* stehen die Funktionen im Zentrum, die Konzerte für das bürgerliche Publikum erfüllten oder die ihnen zugedacht wurden. Als Extrempositionen nennt er die Forderung der Entspannung einerseits, die der Erbauung andererseits. In jedem Fall stand als "wesentlichste Aufgabe der Kunst unbestritten die Rekreation und Erhaltung der Lebenskräfte des tätigen Bürgers" (Neitzert 1990, S. 77) im Vordergrund; die Frage war allerdings, ob dies durch unterhaltsame, anspruchslose oder durch komplexere, kunstvolle, eben erbauliche Musik geschehen könne. *Neitzert* weist an einigen Beispielen auf, wie in Kompositionen die Forderungen nach Unterhaltung und auch nach Erbauung erfüllt wurden und wie so das zunehmend heterogene Publikum zufriedengestellt werden konnte - eine Zielsetzung, die aufgrund der Verlagerung des Musiklebens auf den freien Markt immer zentralere Bedeutung bekam (vgl. Neitzert 1990, S. 78-88). Wie *Schleuning* geht auch *Neitzert* auf den Entfremdungsprozeß zwischen Kenner und Liebhaber ein, den er in den Zusammenhang einer zunehmenden Ausdifferenzierung des Publikums bringt, hier insbesondere der Werkmusikhörer und derer, die sich durch Musik unterhalten lassen. In diesem Kontext wäre auch die Spaltung in die Sparten U- und E-Musik zu sehen, also in Unterhaltungsmusik und Ernste Musik (vgl. Neitzert 1990, S. 89-94; s.a. Kalisch 1990, v.a. S. 81-87, S. 92-101).

194

Im Rahmen seiner schon genannten Darstellung zur Pluralisierung des Musiklebens nach dem Zweiten Weltkrieg beschäftigt sich *Siegfried Günther* auch mit der Zusammensetzung von Konzertpublika (s.a. Pkt. 4.1, Pkt. 5.4, Pkt. 5.5). Im Vordergrund stehen hier demographische Aspekte wie Bildung, Alter oder Wohnort, die das Musikpublikum gliedern. Der Autor legt dar, wie Konzert, Oper und Theater und auch Abonnentenkreise Zuwachs durch immer mehr Publikumsschichten finden (vgl. Günther 1967, S. 69-81). Auch auf die durch diese Pluralisierung hervorgerufenen Änderungen in der Programmzusammensetzung der Konzerte wird eingegangen (vgl. Günther 1967, S. 81-83).

Zum heutigen Konzertpublikum existieren empirische Untersuchungen weiter vor allem von *Dollase, Rüsenberg* und *Stollenwerk*. Sie basieren zum großen Teil auf Umfragen bei KonzertbesucherInnen, die demographische Aspekte, spezifische psychische Probleme, musikalische Einstellungen und Präferenzen und Funktionen des Konzertbesuchs für die Rezipierenden erfassen - diese Ausrichtung wird etwa in dem Buchtitel "Demoskopie im Konzertsaal" (Dollase/Rüsenberg/Stollenwerk 1986) deutlich. In dieser Studie werden die Publika verschiedener Konzertveranstaltungen hinsichtlich demographischer Aspekte und Einstellungen untersucht und unterschiedliche wissenschaftliche Erklärungsansätze dargestellt (vgl. Dollase/Rüsenberg/Stollenwerk 1986, v.a. S. 21-24, S. 28-75, S. 123-143, S. 179-229). Speziell dem Jazzpublikum ist eine frühere Arbeit der Autoren gewidmet (vgl. Dollase/Rüsenberg/Stollenwerk 1978a). In Arbeiten zur Rockszene fließen ebenfalls Publikumsbefragungen ein sowie Überlegungen zu der Beziehung zwischen Musikern und Publikum bei Konzerten, etwa zu eventuellen Kommunikationsvorgängen (vgl. Dollase/Rüsenberg/Stollenwerk 1974, S. 23-231; Dollase/Rüsenberg/Stollenwerk 1978b).

Musikrezeption über Massenmedien

Der Bereich der Massenmedien wurde bereits mehrmals angesprochen (s.a. Pkt. 2.3, Pkt. 4.1, Kap. 5, Pkt. 5.4, Pkt. 6.3); auch im Rahmen der Rezeptionsforschung beschäftigen sich viele Arbeiten mit den Spezifika massenmedial vermittelter Musik.

Mit dem Radiohören beschäftigen sich zunächst die bereits genannten Arbeiten von *Reinold* und *Silbermann* (vgl. Reinold 1955; Silbermann 1959; s.a. Pkt. 4.4, Pkt. 5.4). *Reinold* berichtet zunächst von Kongreßergebnissen zum Thema Radiohören, wobei hörphysiologische, ästhetische und musiktheoretische Aspekte berücksichtigt werden (vgl. Reinold 1955, S. 57-59). Weiter wird der individuelle Radiohörer thematisiert, wobei die zentrale Fragestellung lautet: "Welche Mög-

lichkeiten des Verhaltens hat der Hörer dem Radio gegenüber?" (Reinold 1955, S.
2). Die Radionutzung bewegt sich auf der Skala von gänzlich konzentriertem Zuhören bis zur Berieselung mit unbeachteter Hintergrundmusik - der Hörer ist damit nicht notwendigerweise passiv, es wird aber eine Tendenz zur Passivität beim
Hören von Radiomusik konstatiert. Von einer Wertung dieses Trends wird allerdings abgesehen; Ursachen werden auf technischem und psychischem Gebiet ge-
sucht. Generell ist eine Reihe von Hörarten zu unterscheiden, für die sich der Hörer duch bewußte oder unbewußte Wahl entscheidet (vgl. Reinold 1955, S. 62-67).

Silbermanns Studie "Musik, Rundfunk und Hörer" (Silbermann 1959)[211] konzentriert sich in ihrer praktischen Ausrichtung zum größeren Teil auf die Rund-
funkstationen, da nach *Silbermann* hier kulturpolitische Maßnahmen anzusetzen
haben:

> "Man lasse doch diejenigen in Frieden, denen das Radio und seine Musik wie ein helfender En-
> gel erscheint, wenn sie auch nur hören und nicht zuhören, und werfe darum keine Steine auf das
> Haus der Hörer, geschehe dies nun durch Anklagen, Statistiken oder verfehlte Psychologie. Viel
> wichtiger ist es, unser eigenes Haus, das Haus des Rundfunks, in Ordnung zu bringen (...)"
> (Silbermann 1959, S. 51).

Die Untersuchung enthält allerdings auch einige Ausführungen über Radiohörer.
Silbermann unterscheidet zunächst *die* Radiohörer von *dem* Radiohörer: Aus der
Perspektive des Senders erscheinen die Hörer als Masse, aus Sicht des Empfän-
gers ist von einzelnen Hörern auszugehen, was schon durch die oft räumlich vereinzelte Hörsituation naheliegt (vgl. Silbermann 1959, S. 41-44). Ohne eine Wertung vornehmen zu wollen, erläutert der Autor weiter verschiedene Arten und
Gründe des Radiohörens und bringt es letztlich in Zusammenhang mit einer Strategie zur Überwindung von Einsamkeit - dabei fordert *Silbermann* Toleranz gegenüber den Hörern und nicht ihre Verurteilung für bestimmte Hörweisen, die den
Vorstellungen von Musikexperten als nicht angemessen erscheinen (vgl. Silbermann 1959, S. 44-51)[212].

---

211 Die französische Originalausgabe der Untersuchung erschien 1954 und wurde bei dem von Reinold referierten Kongreß vorgelegt (vgl. Reinold 1955, S. 55).
212 Mit der Massenkultur und der hierarchisierenden Behandlung verschiedener Sparten von Kunst
und Kultur setzt sich Umberto Eco in seinem Text "Massenkultur und 'Kultur-Niveaus'" (Eco
1986, S. 37-58) auseinander. Nach der Diskussion verschiedener Standpunkte konstatiert er
schließlich: "Erst wenn man akzeptiert, daß die verschiedenen Niveaus komplementär sind und
daß sie von allen Mitgliedern derselben Nutzungsgemeinschaft betreten werden können (sollten),
läßt sich ein Weg zur kulturellen Verbesserung der Massenmedien öffnen. (...) Niemand sollte
indes glauben, daß dies friedlich und in institutionellen Bahnen vor sich gehen könnte. Der Konflikt zwischen der 'Kultur des Neuen' und der 'Unterhaltungskultur' ist stets hoch explosiv; er
ist der (...) Kampf der Kultur mit sich selbst" (Eco 1986, S. 55 f.).

Günther stellt, wie bereits ausgeführt, in seiner Thematisierung der Massenmedien in den Vordergrund, daß sie Musik für ein wesentlich breiteres Publikum
zugänglich machen als etwa Konzertveranstaltungen. Quantitativ ist massenmediale
Übertragung vor allem für die Popularmusik relevant (vgl. Günther 1967, S. 283;
s.a. Pkt. 5.4). Ähnlich wie *Silbermann* und *Reinold* unterscheidet *Günther* mehrere Arten des Zuhörens hinsichtlich des Grades der Aufmerksamkeit und Konzentration, Aktivität oder Passivität des Hörers; dabei geht er auf Hörtypologien in
früherer Literatur ein. Verschiedene Hörweisen werden weiter zu musikalischen
Gattungspräferenzen in Bezug gesetzt, ebenso wie die Schulbildung (vgl. Günther
1967, S. 287-289, S. 298 f.). Für die Popularmusik unterscheidet *Günther* zwei
Hörergruppen: Eine ist eher motorisch orientiert, die andere sucht "mehr die auditiven und emotionalen Substanzen" (Günther 1967, S. 292). Auch dieser Autor
verteidigt insgesamt die Hörerschaft der Popularmusik gegen Vorwürfe inadäqua-
ter Rezeption von Musik als Berieselung, selbst wenn gerade diese Hörerschicht
Musik meist ohne Konzentration hört (vgl. Günther 1967, S. 292 f.):

"Umgrenzt wird dieser Gesamtbereich an Verbrauch von Populärmusik jedoch durch die Gleich-
heit der musikalischen Interaktionen dieser Schicht, die jenseits aller Reflexion, als unreflektierte
sensorische Eindrücke unterhalb der Bewußtseinsschwelle, oft an der Schwelle des Vorbewußten
und indirekt begrenzt in ihrer mangelnden sozialen Geltung, dem rein individuellen Genießen im
isolierten Prozeß wie im Kollektiv gezogen sind (sic)" (Günther 1967, S. 292).

Dabei hat *Günther* durchaus auch die musikalische Bildung der Hörer im Auge,
wenn er konstatiert:

"Der Schlager greift ja heutzutage mit seiner gesteigerten Harmonik, der angereicherten Rhythmik, der instrumentalen Differenziertheit und der technischen Raffinesse der Produktion weit
hinaus über die Schlichtheit und Anspruchslosigkeit des Volksliedes und die Primitivität des
'Küchenliedes'. Er zwingt schon mit diesen Akzidentien die Masse der naiven Hörer, sich in einer formal höheren ästhetischen Sphäre zu etablieren" (Günther 1967, S. 285).

Auch generell äußert der Autor, daß die Massenmedien Rundfunk und Schallplatte
"zur Steigerung der Musikalität und des kritischen Urteilsvermögens der großen
Masse" (Günther 1967, S. 289) beigetragen haben. Gerade beim Beispiel des
Schlagers bleibt allerdings unklar, wie dieser den Rezipierenden Bildung quasi
aufzwingen kann, wenn der Hörvorgang ein so unreflektiertes, unbewußtes Genießen ist, wie *Günther* es ausführt - hier würde sich die Frage stellen, ob Lernen allein durch Berieselung des Unterbewußtseins möglich ist (ihre Beantwortung müßte wohl Psychologie und Pädagogik überlassen bleiben). Abgesehen davon läßt
sich sicher darüber streiten, ob der Schlager der späten 60er Jahre in seiner Be-
schaffenheit geeignet ist, ein anspruchsvolles musikalisches Bewußtsein heranzu-
bilden.

Wie besonders durch die Erwähnung von Produktionstechniken deutlich wird (vgl. Günther 1967, S. 285), ist hier eine Problematik berührt, die sich gerade bei Arbeiten zu Massenmedien zu stellen scheint: Beim Vergleich älterer und neuerer Beiträge zu diesem Bereich entsteht der Eindruck, daß die Untersuchungen recht schnell veralten. Diese Tendenz erscheint naheliegend angesichts der raschen technologischen Entwicklung, bei der ein Jahrzehnt immense Unterschiede ausmachen kann. Wer sich beispielsweise heute ein Radio kauft, wird das erworbene Gerät wohl kaum als "Holzkasten(s) mit (...) Drähten und Birnen" (Silbermann 1959, S. 48) bezeichnen - am allerwenigsten, wenn es sich um einen Tuner oder Receiver für eine Stereoanlage handelt. Augenfällig wird der Wandel - und damit die Schwierigkeiten der aktuellen Gültigkeit - auch bei der Gegenüberstellung der Arbeiten von *Klausmeier* und *Hettlage*, die beide auf den Bereich Jugend und Massenmedien eingehen (s.a. Pkt. 5.4; s.u.). *Hettlage* beschreibt exzessive Multimedia-Ereignisse einer Jugendkultur, die in Zeit- und Raumempfinden unter anderem stark durch das Fernsehen und seine spezifische Berichterstattung geprägt ist, weiterhin eine umfangreiche Musikpresse für Jugendliche, die ganz selbstverständlich auch über leistungsfähige HiFi-Anlagen verfügen, und immer schneller aufeinanderfolgende und sich gegenseitig überbietende Angebote der Musikindustrie, wobei zu jedem Hit ein Videoclip gehört; Musik erscheint als "medientechnische Organisation" (Hettlage 1992, S. 351; vgl. Hettlage 1992, S. 338-341, S. 344 f., S. 350-364). Die Darstellung scheint einer anderen Welt zu entstammen als der *Klausmeiers*, in der ein beträchtlicher Anteil der Schülerinnen und Schüler sich Opern im Radio anhört oder auf Schallplatte wünscht und in der die Protestanten unter ihnen lieber Jazz, "Negerlieder" (Klausmeier 1959, S. 477) und Instrumentalmusik, die Katholiken lieber Oper, Operette, Unterhaltungsmusik und Sololieder hören (vgl. Klausmeier 1959, S. 477 f., S. 491 f.). Es ist wohl anzunehmen, daß die Zahl der Schüler, die sich heute im Radio Opern anhören, auch unabhängig von der Konfession verschwindend gering ist; größte Relevanz haben dagegen sicher Gattungen, die bei *Klausmeier* noch keine Erwähnung finden können, da es sie in den 50er Jahren ebensowenig gab wie MTV oder CD-Verleih.

Eine Arbeit, die in ihrer Themenstellung vor vierzig Jahren wohl auch nicht so naheliegend gewesen wäre, ist im übrigen der Aufsatz zum Musikhören im privaten PKW von den Wiener SoziologInnen *Renate Casagrande* und *Ralf Risser*. Die Thematik ist von aktuellem Interesse durch die hohe Verbreitung von Privatautos und den damit verbundenen gesellschaftlichen Interessenkonflikten; weiter verbinden sich beim Musikhören im Auto zwei zentrale Bereiche unserer Kultur, das Autofahren und der Kulturkonsum, wobei letzterer auch zur Motivation zum PKW-Gebrauch beitragen kann (vgl. Casagrande/Risser 1992, v.a. S. 373).

Auf neue Entwicklungen auch im Zusammenhang mit Technik geht weiter *Bernhard Winterer* in einem Zeitschriftenbeitrag zum "Hören im Zeitalter des Computers" (Winterer 1990, S. 4) ein. Von Computern und anderen Massenmedien ist in diesem fast durchgehend salopp und assoziativ vorgehenden Artikel allerdings nur am Rande die Rede. Eher zielt *Winterer*, neben allgemeinen Überlegungen zur Musikrezeption, auf eine "Übervisualisierung" (Winterer 1990, S. 8) der Welt ab. Nach Ansicht des Autors ist "die Hypostase des Optischen (...) in manchen Bereichen zur Metastase geworden, die die anderen Sinne regelrecht auffrißt" (Winterer 1990, S. 8). Entgegen den Zielen *Joachim E. Berendts*, der einer polemischen Kritik unterzogen wird, betont *Winterer* die notwendige Einheit und das Zusammenspiel der verschiedenen Sinne, wodurch der überforcierten Visualisierung zu begegnen wäre (vgl. Winterer 1990, S. 7-9; s.a. Pkt. 4.2).

Speziell mit dem "Einfluß übertragungstechnischer Faktoren auf das Musikhören" (Kötter 1968) befaßt sich ansonsten eine ältere musikpsychologische Studie aufgrund von Hörexperimenten von *Eberhard Kötter* (vgl. Kötter 1968, S. 5-7).

Von Seiten der österreichischen Musiksoziologie wäre weiter auf einen Beitrag *Blaukopfs* in der KZfSS hinzuweisen über die "qualitative Veränderung musikalischer Mitteilungen in den technischen Medien der Massenkommunikation" (Blaukopf 1969, S. 510). Im Hinblick auf die Rezeption geht der Autor auf psychologische Hörbedingungen ein, insbesondere auf eine Änderung des Raumempfindens durch den Einsatz von Massenmedien. Bei der Erforschung von Wirkungen, die die Musik auf Rezipierende hat, ist nach *Blaukopf* die medienspezifische Veränderung des akustischen Reizes zu berücksichtigen, die durch technische Verfahrensweisen und Manipulationen der Musik bei massenmedialer Vermittlung entsteht (vgl. Blaukopf 1969, S. 511-515). Im Hinblick auf diesen Punkt wäre im übrigen wohl anzunehmen, daß die qualitativen Änderungen bei massenmedialer Musikvermittlung seit 1969 noch wesentlich umfassender geworden sind, vor allem sofern Musik nicht live übertragen wird, sondern im Studio speziell zur Reproduktion über Massenmedien aufgenommen wurde: Durch die immense Entwicklung der Computertechnologie und insbesondere der digitalen Audiotechnik sind inzwischen substanzielle Eingriffe in die Musik möglich. Bereits von Instrumenten eingespielte Musik kann beispielsweise rhythmisch quantisiert, Tonhöhen können nachträglich verändert werden, alle Arten von Collagen und Koppelungen sind machbar; auch wenn von rein elektronisch erzeugter Musik abgesehen wird, sind also durch Produktion für die Massenmedien Klangergebnisse möglich, die bei direkt dargebotener Musik kaum machbar sind[213].

Weiter soll noch auf zwei neuere Titel hingewiesen werden, in denen auch Aspekte der Rezeption von Musik über Massenmedien problematisiert werden: Neben *Blaukopfs* bereits angesprochener Arbeit "Beethovens Erben in der Mediamorphose" (Blaukopf 1989b; s.a. Pkt. 6.3) ist dies *Irmgard Bontincks* Beitrag "Versuche zur Typologie musikalischer Manifestationen" (Bontinck 1989). Hier werden unter anderem die Folgen thematisiert, die der Einsatz technischer Medien für die musikalische Kommunikation und das soziale Umgehen mit Musik hat. Die Autorin stellt weiter ein steigendes Bedürfnis der Rezipierenden nach aktiver Teilnahme am musikalischen Geschehen fest (vgl. Bontinck 1989, S. 225 f.; InformationsZentrum Sozialwissenschaften 1994, Dokumentnr. 171784).

Schließlich stellen zum Bereich Musikrezeption und Massenmedien auch die empirischen Studien relevantes Material dar, die im Auftrag von Sendeanstalten als letztlich anwendungsorientierte Rezeptionsforschung entstanden. Zu nennen wären hier etwa die Veröffentlichungen von *Renate Ehlers* zu Untersuchungen im Auftrag des Süddeutschen Rundfunks sowie eine durch die ARD initiierte Studie von *Jo Gröbel* und *Uli Gleich* (vgl. Ehlers 1985; Ehlers 1989; Gröbel/Gleich 1989; s.a. Pkt. 4.1, Pkt. 5.4). In diesen Untersuchungen sind vor allem Fragen nach Hörgewohnheiten, nach Funktionen und Wirkungen der rezipierten Musik und nach musikalischen Präferenzen zentral, auch in Abhängigkeit von sozialen Variablen (vgl. Ehlers 1989, S. 379-390; InformationsZentrum Sozialwissenschaften 1994, Dokumentnr. 063063, Dokumentnr. 122742).

7.3 Jugend- und Sozialisationsforschung

Unter den musiksoziologischen Studien, die in der Bundesrepublik Deutschland entstanden, wird die Musikrezeption Jugendlicher allgemein wohl am umfassendsten in den schon angesprochenen Untersuchungen *Klausmeiers* behandelt. Die Materialgrundlage für seine Buchveröffentlichung von 1963 wurde durch eine Befragung von 1040 höheren SchülerInnen und 1892 BerufsschülerInnen gewonnen (vgl. Klausmeier 1963, S. 8-10); der 1959 in der KZfSS erschienene Beitrag, der

---

213 Auch bei live-Darbietungen kann umfangreiche Technik Einsatz finden, durch die auch am Instrument erzeugter Klang wesentlich manipuliert werden kann - durch die bei Konzerten notwendige zeitliche Beschränkung für eventuelle Eingriffe besteht aber wahrscheinlich noch ein wesentlicher Unterschied zur Studioproduktion und auch zur Produktion von Tonträgeraufnahmen konzertant dargebotener Musik, wie sie zum Beispiel im Bereich der sinfonischen Musik üblich sind.

sich mit Zusammenhängen zwischen Konfession und musikalischen Vorlieben und Aktivitäten befaßt, behandelt nur die höheren SchülerInnen, basiert aber auf der selben Befragung (vgl. Klausmeier 1959, S. 460 f.).

Klausmeier geht in seinen Überlegungen besonders auf die durch die Verbreitung der Massenmedien veränderte musikalische Umwelt ein, die schon das Aufwachsen der Kinder bestimmt; zentral ist deshalb auch die Frage nach dem Verhältnis der Benutzung technischer Medien zu traditionellen musikalischen Aktivitäten der Heranwachsenden. Auch *Klausmeier* betrachtet dabei die Benutzung von Medien, das Musikhören mittels Radio oder Schallplatte, als Aktivität, ordnet es also nicht von vornherein als passiv ein. Wie später bei *Buchhofer*, *Friedrichs* und *Lüdtke* gefordert, setzt der Autor die Musikrezeption in Bezug zum Laienmusizieren (vgl. Klausmeier 1963, S. 1-5; Buchhofer/Friedrichs/Lüdtke 1974, S. 187 f.):

"Demnach wird hier der Einfluß von technischen Musikgeräten, das bedeutet Hörzeiten, Benutzung von Radiomusik bei der Arbeit, vor dem Einschlafen, bei den Mahlzeiten, Verwendung von Schallplatten, statistisch nachgewiesen, um ihn mit dem Spiel eines Instruments, dem Singen daheim und in einem Chor und dem Besuch von Konzert und Oper, d.h. den traditionellen Musizierformen zu vergleichen. Hier interessiert somit in gleichem Maße der jugendliche Musikant wie auch der jugendliche Musikhörer, der Musikkonsument" (Klausmeier 1963, S. 5).

Die von *Klausmeier* einbezogenen Bereiche der Musikrezeption umfassen zunächst Hörzeiten sowie Gelegenheiten und Gewohnheiten, in welcher Situation und mit wem Musik gehört wird, insbesondere über ein Radio (vgl. Klausmeier 1963)[214]. Einen weiteren Schwerpunkt stellen Gattungs- und Klangpräferenzen und Sender- beziehungsweise Programmwahl dar (vgl. Klausmeier 1963)[215]. Außerdem wird der Schallplattenbesitz der befragten SchülerInnen und ihrer Familien erfaßt (vgl. Klausmeier 1963, S. 35 f., S. 55, S. 71, S. 75, S. 86 f., S. 102, S. 119 f., S. 135, S. 186 f., S. 222 f., S. 234, S. 241 f.); welch geringe Rolle das Fernsehen zum Zeitpunkt der Untersuchung gespielt hat, vergleicht man es mit der heutigen Situation, wird schon dadurch deutlich, daß den Fernsehgewohnheiten der Befrag-

---

214 Dies wird auf folgenden Seiten behandelt: Klausmeier 1963, S. 13 f., S. 18 f., S. 26 f., S. 34 f., S. 49-52, S. 63 f., S. 67, S. 71-73, S. 75, S. 82 f., S. 87, S. 89-91, S. 93 f., S. 100 f., S. 116-118, S. 132-135, S. 145 f., S. 148, S. 151, S. 154 f., S. 165 f., S. 175, S. 177 f., S. 183-185, S. 219-222, S. 233 f., S. 238-241, S. 249 f., S. 253-256.

215 Hörpräferenzen werden auf folgenden Seiten thematisiert: Klausmeier 1963, S. 16 f., S. 39 f., S. 56-60, S. 67-73, S. 75 f., S. 90 f., S. 95-97, S. 103 f., S. 122 f., S. 126 f., S. 138, S. 141, S. 146 f., S. 149-164, S. 166 f., S. 169-172, S. 179, S. 183 f., S. 189-193, S. 200-203, S. 226-231, S. 234, S. 239-242, S. 248-251, S. 254-256, S. 260, S. 264 f., S. 267 f., S. 270, S. 272, S. 274, S. 277, S. 284, S. 287, S. 289 f., S. 293 f.

ten nur zwei kurze Fragen gewidmet sind (vgl. Klausmeier 1963, S. 223, S. 256, S. 279)[216].

Die genannten Aspekte der Rezeption werden für SchülerInnen der höheren Schule und der Berufsschule getrennt untersucht und zu einer Reihe persönlicher Variablen in Bezug gesetzt: Geschlechtsspezifika werden konkret thematisiert, wobei die Ergebnisse aber praktisch durchgehend nach Jungen und Mädchen differenziert werden (vgl. Klausmeier 1963, v.a. S. 13-17, S. 93-97; s.a. Klausmeier 1959; s.a. Pkt. 5.5). Weitere Differenzierungskritierien sind Alter (vgl. Klausmeier 1963, S. 18-25, S. 98-107), Konfession (vgl. Klausmeier 1963, S. 26-43, S. 108-127; s.a. Klausmeier 1959), Familiensituation (vgl. Klausmeier 1963, S. 44-60, S. 128-141) und verschiedene erworbene Eigenschaften (vgl. Klausmeier 1963, S. 61-80, S. 142-172). Außerdem werden Aspekte der Schulen und der Berufe der Befragten untersucht (vgl. Klausmeier 1963, S. 81-91, S. 173-193).

Der Autor betont schließlich, daß sich durch die Verbreitung der Massenmedien eine neue Situation ergibt, für deren spezifische Probleme gerade im musikpädagogischen Bereich neue Lösungen gefunden werden müssen (vgl. Klausmeier 1963, S. 198-211). Wie bereits angesprochen hat sich allerdings eine relativ schnelle technische Entwicklung weiter fortgesetzt, und was zum Zeitpunkt von *Klausmeiers* Erhebung noch eine neue Situation war, ist längst nicht mehr aktuell. Die Ergebnisse dieser relativ umfassend angelegten Untersuchung sind für das musikalische Rezeptionsverhalten Jugendlicher wohl kaum noch aussagekräftig, jedoch wäre zu überlegen, inwieweit das umfangreiche Datenmaterial zu vergleichenden Untersuchungen verwendbar wäre.

Es existiert eine neuere empirische Arbeit zur Musikrezeption von Jugendlichen, die ebenfalls nach Schulart und anderen Variablen differenziert, *Wolf-Christoph von Schönburg-W.*s "Ein Beitrag zur Musikrezeption von Berufsschülern und Gymnasiasten. Versuch der Ermittlung 'kompensierenden' Musikhörens" (Schönburg-W. 1976). In dieser psychologisch orientierten Studie steht besonders die eskapistische Funktion im Vordergrund, die das Musikhören für Rezipierende haben kann; der Autor rekurriert mit dieser Fragestellung auf *Adornos* Darstellungen zur ideologischen Funktion von Musik als Kompensationsmöglichkeit in einer durchrationalisierten, entfremdeten Welt: Nach *Rauhe* kann Musik Trost und die Überwindung von Einsamkeit vermitteln und durch Traum und Illusion die Situation des Individuums erträglicher machen (vgl. Schönburg-W. 1976, S. 9 f.)[217]. Als Musikbeispiele für die Erhebung dienen verschiedene Popularmusikgattungen und

---

216 Quantitative Daten zum Verhältnis der Benutzungszeiten von Hörfunk, Fernsehen und anderen Medien im zeitlichen Wandel finden sich etwa bei von Thienen (vgl. Thienen 1988a, S. 143 f.).

217 Dies entspricht wohl in etwa der Rezeptionsweise, die von Günther, Heinemann und Silbermann gegen Vorwürfe der Inadäquanz in Schutz genommen wird (s.o.).

ein Beispiel von Schönberg, ausgewählt sind die Stücke unter anderem nach zunehmender Komplexität (vgl. Schönburg-W. 1976, S. 21-23). Die Ermittlung von Hörweisen erfolgt unter Verwendung von Affinitätenprofilen und Faktorenanalysen (vgl. Schönburg-W. 1976, z.B. S. 44-73, S. 84-91, S. 100-106, S. 116-123). Daß sich der Modus des kompensatorischen Musikhörens letztlich nicht als sehr einflußreich erweist, kann nach Meinung des Autors mit "einer für die Problematik unzureichenden Auswahl der experimentellen Bedingungen und Methoden" (Schönburg-W. 1976, S. 127) zusammenhängen (vgl. Schönburg-W. 1976, S. 126 f.).

Eine weitere Untersuchung zur Musikrezeption Jugendlicher allgemein liegt außerdem von *Wolfgang W. Weiss* vor: Sein Beitrag "Identität und Musikgeschmack bei Jugendlichen. Versuch einer Typologie" (Weiss 1984) basiert auf den Ergebnissen einer Befragung von 556 Jugendlichen. Es zeigen sich hier unter anderem Zusammenhänge zwischen Variablen wie Geschlecht, Alter und Schichtzugehörigkeit einerseits und musikalischen Präferenzen andererseits; Unterschiede im Musikgeschmack bringt *Weiss* zudem in Verbindung mit einer erwachsenen- oder jugendzentrierten Einstellung der befragten SchülerInnen. Hinsichtlich der Funktion von Musik für Rezipierende ist nach *Weiss* die Abgrenzung Jugendlicher von der Erwachsenensphäre zentral (vgl. InformationsZentrum Sozialwissenschaften 1994, Dokumentnr. 035564).

Mit Musikrezeption im Jugendalter befaßt sich auch die bereits angesprochene psychologisch ausgerichtete Untersuchung *Behnes* zum Musikgeschmack Jugendlicher (vgl. Behne 1986, s.a. Pkt. 4.1). Ansonsten scheint sich die Mehrzahl der Beiträge zur Musikrezeption von Kindern und Jugendlichen etwas spezielleren Fragestellungen zu widmen; als hauptsächlich behandelte Themen zeichnen sich musikalische Sozialisation und Musikpädagogik ab sowie der Bereich der Popularmusik, der Rock-, Pop- oder Discokultur, der sicher einen quantitativen Schwerpunkt für jugendliches Musikhören darstellt.

Auch *von Thienen* betont übrigens den hohen Anteil der Jugendlichen an der massenmedialen Musikrezeption und stellt eine Verbindung zur Sozialisationsforschung her (vgl. Thienen 1988a, S. 145 f., S. 162 f.).

Außerhalb der Soziologie zeichnet sich das Thema Jugend und Neue Musik als Themenschwerpunkt ab: Es geht hier vor allem darum, wie Jugendliche Neue Musik beurteilen und wie sie ihnen nahegebracht werden kann. Mit dieser Problematik befaßt sich etwa eine musikwissenschaftliche Arbeit von *Hans Günther Bastian*, "Neue Musik im Schülerurteil. Eine empirische Untersuchung zum Einfluß von Musikunterricht" (Bastian 1980) und eine Arbeit aus der Psychologie mit sehr ähnlicher Themenstellung, *Hans-Christian Schmidts* "Jugend und Neue Musik. Auswirkungen von Lernprozessen auf die Beurteilung Neuer Musik durch Jugendliche" (Schmidt o.J.). Auch in anderen psychologischen Beiträgen wird auf diese praxisbezogene Fragestellung eingegangen (vgl. z.B. La Motte-Haber 1985, S. 194-199, S. 205-207, S. 338).

Musikalische Sozialisation und Geschmacksbildung

Die frühkindliche musikalische Sozialisation findet sich, wie bereits dargestellt, in der Soziologie vor allem bei *Rotter* thematisiert, der dabei unter anderem auf *Talcott Parsons* und dessen Einbeziehung der primären Sozialisation rekurriert[218]. Auch *Troge* geht - allerdings sehr summarisch - auf die primäre musikalische Sozialisation in der Familie und hierbei auch auf schichtspezifische Unterschiede ein (vgl. Troge 1993, S. 181-184). Andere Arbeiten zur musikalischen Sozialisation bei Säuglingen und Kleinkindern scheinen sich eher im Bereich der Psychologie zu finden (vgl. z.B. Shuter-Dyson 1985, S. 195-199; Zimmerman/Bruhn 1985; Dowling 1985, S. 216-219[219]; La Motte-Haber 1985, v.a. S. 374-401).

Von Seiten der Soziologie existieren dagegen mehrere Arbeiten zur sekundären musikalischen Sozialisation und Geschmacksbildung, vor allem in der Schule. Zunächst soll auf einige Arbeiten *Silbermanns* hingewiesen sein, etwa auf den empirisch basierte Beitrag "Der musikalische Sozialisierungsprozeß. Eine soziologische Untersuchung bei Schülern - Eltern - Musiklehrern" (Silbermann 1976a); im selben Jahr veröffentlichte der Autor auch einen Zeitschriftbeitrag zum schulischen Musikunterricht (vgl. Silbermann 1976b), der auf der selben Erhebung basiert (s.u.). Weiter ist *Silbermanns* Beitrag zur "Individualisierung und Sozialisierung im Unterricht" zu nennen, der in einem musikpädagogischen Sammelband erschien (vgl. Silbermann 1974). Ebenfalls in einem Sammelband zur Musikerziehung erschien schon früher *Klausmeiers* Aufsatz "Musikpädagogik aus soziologischer Sicht" (Klausmeier 1965). In einem Sammelband zur Musikpädagogik wurde im übrigen der von *Silbermannn* für die KZfSS rezensierte Beitrag "Music and Education" (Mueller 1958) des amerikanischen Soziologen *John H. Mueller* veröffentlicht, der Überlegungen zur Geschmacksbildung und auch Empfehlungen für die Musikerziehung beinhaltet (vgl. Silbermann [Rez.] 1958a, S. 523; s.a. Mueller 1963).

---

218 Im einzelnen finden sich die Ausführungen Rotters vor allem an folgenden Stellen: Rotter 1985, S. 44-76, S. 81-90; Rotter 1989, S. 457 f.; Rotter 1992, S. 90, S. 95-100; s.a. Pkt. 2.3, Pkt. 2.4, Pkt. 3.4, Pkt. 4.2, Pkt. 5.1, Pkt. 5.5.

219 Bei den beiden letztgenannten Beiträgen finden sich unterschiedliche Schreibweisen der Autorennamen, hier findet jeweils die häufigere Version Verwendung, also "Zimmerman" statt "Zimmermann" und "W. Jay Dowling" statt "M. Jay Dowling" (vgl. Bruhn/Oerter/Rösing (Hgg.) 1985, S. VIII, S. 215, S. 222, S. 576, S. 582).

Hier ist nochmals die Veröffentlichung "Jugend und Musik. Drei musiksoziologische Untersuchungen in Nordrhein-Westfalen" (Eckhardt/Lück 1976; s.a. Pkt. 4.1, Pkt. 6.2) von *Eckhardt* und *Lück* zu nennen. Anstoß zur ersten dieser empirischen Untersuchungen über Einstellungen der Schuljugend zur Musik war ein Nachwuchsmangel deutscher Orchester; der Studie von 1972 schlossen sich 1974 und 1976 Erhebungen an, die sich speziell mit dem schulischen Musikunterricht, mit seiner Relevanz für den musikalischen Werdegang von Jugendlichen und mit seitens der Schüler, Eltern und Lehrer an ihn gestellten Erwartungen befassen. Insgesamt wurden etwa 2400 Personen befragt (vgl. Eckhardt/Lück 1976, S. 1 f.). Ein Praxisbezug läßt sich hier schon darin erkennen, daß die erste der drei Forschungen auch eine Reaktion auf ein bestehendes Nachwuchsproblem bei Berufsorchestern darstellte. Insbesondere in den Zusammenfassungen versuchen die Autoren außerdem, Konsequenzen der Ergebnisse für eine Verbesserung der Musikpädagogik anzudeuten (vgl. Eckhardt/Lück 1976, S. 44, S. 81 f., S. 128 f.)[220].

Es ist bemerkenswert, daß anscheinend ein Großteil auch der soziologischen Beiträge zur musikalischen Sozialisation anwendungsorientiert ist beziehungsweise in einem musikpädagogischen Kontext erscheint[221]. Zu überlegen wäre, ob diese in der Soziologie wohl nicht unbedingt übliche praktische Ausrichtung mit organisatorischen oder forschungspolitischen Umständen zusammenhängt. Möglicherweise sind Veröffentlichungsmöglichkeiten und Forschungsgelder eher für eine praktisch-pädagogische Zielsetzung zu bekommen als für eine rein wissenschaftlich-theoretische Analyse musikalischer Sozialisation - im Grunde würde es die Praxisorientierung schon zumindest teilweise erklären, wenn durch sie bei den Wissenschaftlern nur eine größere Hoffnung auf Forschungsmittel bestünde. Nachdem die

---

220 Speziell mit dem Schulmusikunterricht befaßt sich auch ein Zeitschriftenbeitrag von Michael Jenne (vgl. Jenne 1970).

221 Außerhalb der Soziologie ist eine solche Anwendungsorientierung ebenfalls zu beobachten, wenn sie auch vielleicht hier weniger überrascht; als Beispiel mag die schon genannte Arbeit von Christa Nauck-Börner dienen, die schon im Titel auf musikerzieherische Anwendungsmöglichkeiten ihrer Ergebnisse hinweist: "Logische Analyse von Hörertypologien und ihre Anwendung in der Musikpädagogik" (Nauck-Börner 1980; s.a. Pkt. 4.1). Zahlreiche weitere Titel finden sich im übrigen in einer kommentierten Bibliographie zur musikpädagogischen Psychologie (vgl. Kraemer/Schmidt-Brunner (Hgg.) 1983).
Kulturpolitische Ziele werden übrigens auch deutlich im bereits erwähnten Brief Leo Wilzins, ein Motiv für kulturpolitische Forderungen bildet hier eine große Distanz zu und Unverständnis gegenüber den Hörpräferenzen Jugendlicher für den "Radau" (Wilzin 1995, S. 8) elektroakustischer Instrumente: Der Autor findet es "völlig unbegreiflich (...), dass sich so viele Leute (und vor allem Jugendliche) finden, die sich das mit Begeisterung anhören, schön finden und sogar als Musik bezeichnen" (Wilzin 1995, S. 8; vgl. Wilzin 1995, S. 7-10; s.a. Blaukopf 1995, S. 3).

Musiksoziologie insgesamt eine Art Schattendasein führt, werden die wenigen Möglichkeiten zur Forschungstätigkeit vielleicht dort genutzt, wo sie sich anbieten. *Silbermanns* Studie über Sozialisation im Musikunterricht etwa, deren Ergebnisse in der Schriftenreihe des Kultusministers Nordrhein-Westfalens veröffentlicht wurden, scheint eine Auftragsarbeit für das nordrhein-westfälische Kultusministerium zu sein (vgl. Musikerziehung in Nordrhein-Westfalen 1976, S. 5; Silbermann 1976a, z.B. S. 26; Silbermann 1976b, S. 248). Auch in der Zeitschrift Das Orchester erschien ein Artikel zu den Ergebnissen der Forschung, der ebenso praxisbezogene Hinweise und Verbesserungsvorschläge zum Schulmusikunterricht beinhaltet (vgl. Silbermann 1976b, S. 250 f.).

Andererseits könnte auch eine praktische Orientierung bei der Beschäftigung mit musikalischer Sozialisation rein thematisch besonders naheliegen. Insgesamt wäre sicher ein Vergleich mit Literatur zu anderen Bereichen der Sozialisation aufschlußreich: Sind auch soziologische Arbeiten beispielsweise zur sprachlichen, künstlerischen, geschlechtsspezifischen oder allgemeinen Sozialisation zu einem wesentlichen Teil anwendungsorientiert?

Als etwas mehr theoretisch orientierte Arbeit mit starkem Literaturbezug ist eine psychologische Veröffentlichung von *Günter Kleinen* zur Sozialisation durch Musik zu nennen, der Sammelbandbeitrag "Musik als Mittel der Erziehung" (Kleinen 1985). Auf problematische Aspekte musikpädagogischer Praxis wird jedoch auch in diesem Beitrag abschließend eingegangen (vgl. Kleinen 1985, S. 336 f.). Zu einer späten Phase musikalischer Sozialisation, dem Musikstudium, wurde schließlich eine empirische Untersuchung durchgeführt, deren Ergebnisse in der Schriftenreihe "Musik und Gesellschaft" veröffentlicht wurden; sie beschäftigt sich mit der Analyse der "klanglichen Erfahrung bei Musikstudierenden" (Bestimmung 1968; vgl. Silbermann [Rez.] 1969b).

Popularmusik

Beiträge zum Rezeptionsverhalten Jugendlicher beschäftigen sich in einigen Fällen ausschließlich mit Popularmusik - der Grund hierfür ist wohl darin zu sehen, daß diese gegenüber der sogenannten Ernsten Musik einen wesentlich größeren Anteil an der von Jugendlichen rezipierten Musik ausmacht (vgl. z.B. Kleinen 1973, S. 3). Einen relativ frühen Beitrag zu diesem Thema stellt *Felix Oberborbecks* Zeitschriftenaufsatz "Zur Soziologie der Jugendmusik" (Oberborbeck 1955) dar. Die hier zum Gegenstand gemachte Musik wäre wohl im populären Bereich anzusiedeln, der Autor spricht sich allerdings gegen die übliche und wertbehaftete Spartentrennung aus (vgl. Oberborbeck 1955, S. 128).

Von den bereits angesprochenen soziologischen Arbeiten ist hier vor allem auf *Hettlages* Aufsatz nochmals hinzuweisen, der im Zusammenhang mit jugendlicher Musikkultur vor allem auf die *Rezeption* von Popularmusik abhebt: Laienmusik*produktionen* von jugendlichen Bands werden kaum thematisiert (vgl. Hettlage 1992, v.a. S. 351). Der Autor betont unter anderem den Multimediacharakter der rezipierten Musikereignisse - nicht nur das Hören spielt eine Rolle, auch visuelle Aspekte, etwa Bühnen- und Lichtshow, und sensuelle Elemente wie Tanzen und Drogen werden thematisiert (vgl. Hettlage 1992, S. 348-352, S. 354 f.; s.a. Pkt. 7.1).

Weiter ist auf einen Beitrag von *Hartmut Lüdtke* zur Methodik empirischer Musiksoziologie hinzuweisen, auf den Sammelbandbeitrag "Was ist Popmusik? Musikalische Rezeptionsforschung mit dem 'klingenden Fragebogen'" (Lüdtke 1986). Hier geht es um den Einsatz von Musikbeispielen bei der Erhebung von musikalischem Wahrnehmen sowie Kompetenz und Geschmacksurteilen Jugendlicher in bezug auf Popularmusik (vgl. InformationsZentrum Sozialwissenschaften 1994, Dokumentnr. 089270; s.a. Lüdtke 1986).

Auch in früheren Arbeiten, die außerhalb der Bundesrepublik entstanden, wird, wie etwa bei *Hettlage*, auf die Mehrschichtigkeit von Popmusikrezeption Jugendlicher eingegangen, die nicht nur auditive Aspekte hat. In *Kleinens* bereits erwähntem Symposionsbericht wird dieser Punkt für Produktion und Rezeption betont:

> "Es geht um eine Totalerfahrung, die nicht nur den Gehörsinn, sondern auch Berührungs- und Lichtempfindungen einschließt. Musik ist unmittelbar mit körperlicher Bewegung verknüpft, gleich, ob man die Musik selber produziert oder ob man sie hörend miterlebt" (Kleinen 1973, S. 4).

Weiter wird die Lautstärke als spezifische Eigenheit von Beat thematisiert, die wiederum Auswirkungen auf die Rezipierenden hat. Neben möglichen gesundheitlichen Folgeschäden und psychoakustischen Aspekten werden auch das Soziale betreffende Resultate angesprochen: Die Lautstärke verhindert zum einen weitgehend verbale Kommunikation zwischen den Rezipierenden, auf der anderen Seite wird durch die laute Musik ein Gefühl der Zusammengehörigkeit erzeugt, indem "der klingende Raum die Zuhörer mit einer Klangwolke umgibt und ihnen eine gemeinsame Erfahrung vermittelt" (Bácskai u.a., zit. n. Kleinen 1973, S. 9; vgl. Kleinen 1973, S. 8 f.).

Statistische Untersuchungen mehrerer Länder zum Musikpublikum, die bei *Kleinen* dargestellt sind, weisen im übrigen auf die wichtige Rolle hin, die das Alter für die Rezeption von Pop- oder Hitparadenmusik spielt: Auf der Rezeptionsseite scheint es sich um eine ausgesprochene Jugendmusik zu handeln (vgl. Kleinen 1973, S. 11 f.)[222].

Auf Tanz und Show als für die Musikrezeption wesentliche Elemente weist auch *Frith* mehrmals hin (vgl. Frith 1978a, z.B. S. 37, S. 41, S. 47 f., S. 66 f., S. 93 f.). Zudem geht er auf mit verschiedenen Musikstilen verknüpfte Subkulturen der Jugend ein, die für deren soziale Identifikation von großer Wichtigkeit sind (vgl. Frith 1978a, S. 41-58). Bei der Analyse des Rezeptionsverhaltens unterschiedlicher Kategorien von Jugendlichen erläutert *Frith* auch Geschlechtsunterschiede; er beschreibt die spezifische "culture of the bedroom" der Mädchen und hebt die Funktion hervor, die gerade das Tanzengehen für die Lebensplanung junger Frauen hat (vgl. Frith 1978a, S. 59-70)[223]:

> "It has been claimed that more 16- to 24-year-old brides met their husbands at a dance than in any other way, and one of the more dramatic leisure statistics is the abruptness with which girls stop dancing on marriage (...) a girl's leisure *is* her work. It is leisure activities that are the setting for the start of her career, for the attraction of a man suitable for marriage" (Frith 1978a, S. 66).

Schließlich betont *Frith* den doppelten Bezug, den das Freizeit- und Rezeptionsverhalten Jugendlicher zur Sphäre der Produktion hat: Zum einen hat die Position der arbeitenden Jugendlichen als Produzenten einen Einfluß auf den von dieser Tätigkeit abgegrenzten Freizeitbereich, zudem ist aber auch die Produktion der von den Jugendlichen rezipierten Musik von Relevanz. Diese Zusammenhänge sind bei der Analyse von musikbezogenem Verhalten Jugendlicher zu berücksichtigen (vgl. Frith 1978a, S. 71).

Mit der Jugendkultur als umfassendem Zusammenhang der Popularmusikrezeption beschäftigen sich auch Arbeiten im Bereich der Pädagogik. Von *Werner Mezger, Horst F. Neißer* und *Günter Verdin* liegen mit "Jugend in Trance? Discotheken in Deutschland" (Neißer/Mezger/Verdin 1979) und "Discokultur. Die jugendliche Superszene" (Mezger 1980) Analysen der Discokultur vor. Phänomene abseits des populären Mainstream auch auf internationaler Ebene werden von *Ansgar Jerrentrup* in seiner Arbeit "Aspekte der Entstehung übernationaler Alternativ- und Gegenkulturen und ihr Verhältnis zur Popularmusik" (Jerrentrup 1986) thematisiert. Dabei wird auch auf die Kommerzialisierung von ursprünglich Auflehnung

---

222 An dieser Stelle finden sich in Tabellen zu Musikpräferenzen auch Angaben zur sogenannten E-Musik, im Text wird darauf aber nur insoweit eingegangen, als auf die Relevanz der Schichtzugehörigkeit bei der Beurteilung dieser Sparte hingewiesen wird (vgl. Kleinen 1973, S. 11 f.).

223 Es muß in Erinnerung behalten werden, daß die Untersuchungen von Frith sich auf Großbritannien und schwerpunktmäßig auf die siebziger Jahre beziehen.

ausdrückenden Musikrichtungen hingewiesen (vgl. InformationsZentrum Sozialwissenschaften 1994, Dokumentnr. 062692; s.a. Jerrentrup 1986).

Auch der Zeitschriftenbeitrag von *Wolfgang W. Weiss* zu "Jugend und Musikkultur" (Weiss 1980), der unter anderem auf jugendliches Rezeptionsverhalten eingeht, hebt wesentlich auf die Abgrenzungsfunktion jugendlichen Musiklebens von der Welt der Erwachsenen ab (vgl. InformationsZentrum Sozialwissenschaften 1994, Dokumentnr. 023424) - *Kleinen* sieht übrigens für alle industriellen Gesellschaften in Musik den "Kristallisationspunkt (...), an dem die Unterschiede der Generationen besonders augenscheinlich werden" (Kleinen 1973, S. 1).

Schließlich soll auf die Arbeiten von *Peter Zimmermann* zu Rockmusik und Sozialisation hingewiesen sein: Auch hier deutet sich die angesprochene Problematik von Aktivität oder Passivität jugendlicher MusikrezipientInnen an, die gerade von den historisch relativ neuen Massenmedien aufgeworfen wird; von diesem Punkt aus stellt der Autor eine Verbindung her zu Aspekten der Abgrenzung und jugendlichen Aufbegehrens (vgl. Zimmermann 1984, S. 8-11, S. 33-40; s.a. Zimmermann 1983):

> "Es ist wahr, Kindheit heute ist Medienkindheit, aber sind die Heranwachsenden wirklich nur wie ein Schwamm zu verstehen, der alles aufsaugt, was von der Musikindustrie angeboten wird? Ich meine nicht. Es lassen sich andere Bewegungen im musikalischen Aneignungsprozeß beobachten. Gegenbewegungen mit Versuchen, Warenzusammenhänge zu durchbrechen. Kultur kann, wie Pier Paolo Pasolini einmal schrieb, Auflehnung, Freibeuterei sein. Rockmusik ist seit jeher eine solche Auflehnung. Freibeuterisch wird versucht, den Trend der Entsinnlichung zu durchbrechen. Und Rockmusik ist auch immer Ausdruck von Lebensgefühlen, wobei diese Musik andererseits auch verändertes Lebensgefühl schaffen kann" (Zimmermann 1984, S. 9).

Passives Konsumieren von Rockmusik wird allerdings bei *Zimmermann* auch problematisiert und mit der "Eigendynamik der Massenkultur" (Zimmermann 1984, S. 44) in Verbindung gebracht (vgl. Zimmermann 1984, S. 20-45). In den praktisch-pädagogischen Überlegungen, die sich dem historischen Teil der Studie anschließen, empfiehlt der Autor daraufhin unter anderem "Eigentätigkeit als eine fortschrittliche Aneignungsform" (Zimmermann 1984, S. 127), die einem aktiven Umgang Jugendlicher mit Rockmusik entgegen einer passiven Konsumhaltung Vorschub geben soll (vgl. Zimmermann 1984, S. 121-131).

Insgesamt stellen die Aspekte der Aktivität und Passivität und der Abgrenzungs- und Auflehnungsfunktion von musikalischer Jugendkultur gegenüber der Erwachsenenwelt zentrale Fragestellungen in Forschungen dar, die sich mit dem Bereich Jugend und Popularmusik befassen[224].

Hinzuweisen wäre in diesem Zusammenhang noch auf eine Thematik, der bislang anscheinend keine eigenständigen Arbeiten seitens der bundesdeutschen Musiksoziologie gewidmet wurden: Fans und Groupies bilden einen Teil des Publikums, dessen Rezeptionsweise ein Höchstmaß an Aktivität und Initiative mit sich bringen kann. Der Bezug auf die jeweiligen Idole bleibt nicht auf gängige Rezeptionssituationen beschränkt, bei denen tatsächlich Musik gehört wird, sondern hat oft Auswirkungen auf fast alle Lebensbereiche - etwa wenn eine 39jährige ihr Leben so sparsam einrichtet, daß sie die finanziellen Möglichkeiten hat, Peter Maffay jahrelang auf jeder Tournee zu begleiten (vgl. Farin/Kuckuck 1987, S. 199-201), oder wenn Teenager nur noch an die verehrten Stars denken und Bilder der Musiker auch während des Schulunterrichts in Sichtweite haben (vgl. Farin/ Kuckuck 1987, S. 195-198; Vermorel/Vermorel 1990, S. 487). In wissenschaftlichen Veröffentlichungen werden Fans nur in einigen Fällen erwähnt, etwa bei *Dollase, Rüsenberg* und *Stollenwerk* oder bei *Wiechell* (vgl. Dollase/Rüsenberg/ Stollenwerk 1986, S. 85-88; Wiechell 1977, S. 171-174). Auf Seiten der Soziologie geht vor allem *Tennstedt* in seiner Fallstudie über die Beatband The Petards ausführlich auf Einzelfans und Fanclubs ein (vgl. Tennstedt 1979, S. 18-20, S. 24-28, S. 30-33, v.a. S. 61-87; s.a. Pkt. 5.1) - gerade die Clubs als Organisationen weisen wohl auf den aktiven Charakter des Fandaseins hin. Fans und Groupies scheinen Phänomene zu sein, an denen aktives Verhalten auf der Rezeptionsseite deutlich werden kann, auch insofern könnte sich ein Aufgreifen des Gegenstandsbereichs durch die Musiksoziologie lohnen. Auch *Troge* äußert sich übrigens kurz zu Groupies (vgl. Troge 1993, S. 156) und "Fans und Freaks" (Troge 1993, S. 158), wobei seine Darstellung eher Klischees heranzieht als eine solide Datenbasis, und der einzige Literaturbeleg ein Text von *Kneif* ist, der im Literaturverzeichnis nicht aufgeführt ist (vgl. Troge 1993, S. 158 f., S. 356). Besonders der mit Bezug auf *Kneif* eingeführte Terminus "Freak" bleibt unklar. Er soll eine Weiterführung des Fans bezeichnen, eine Person, die ihren gesamten Lebensstil an den Bezugsgruppen im Musikbereich ausrichtet; ob es sich aber um einen etischen oder emischen Begriff handelt, ist unsicher. Zwar deutet die Erläuterung des Begriffs auf die emische Ebene hin, aber es ist unwahrscheinlich, daß sich ein Fantypus dieses Namens als "die zentrale Figur aller sog. Sub- oder Protestkulturen"

---

224 In seiner sozialpsychologischen Habilitationsschrift unterscheidet Niketta übrigens nach Ingarden bei ästhetischen Erlebnissen "emotionale, aktiv-schöpferische und passive, hinnehmende Elemente" (Niketta 1987, S. 25). Rezeption wird also auch hier als nicht rein passiv gesehen.

(Troge 1993, S. 158; vgl. Troge 1993, S. 158 f.) nachweisen läßt[225]. Eine derart unfundierte Behandlung des Themas "Fans" ist keinesfalls zureichend, da die wenigen Feststellungen, die gemacht werden, recht zweifelhaft sind (s.a. Pkt. 4.3, Pkt. 5.1, Pkt. 5.2, Pkt. 5.5, Pkt. 6.1, Pkt. 6.4).

7.4 Musikrezeption: Zusammenfassung

Gerade in der Literatur zur Musikrezeption zeigen sich Tendenzen zu deutlichen Wertungen von Musikstilen. Explizit wird dies - als Teil des Problems der Werturteilsfreiheit - bei *Adorno* und *Silbermann* diskutiert. Wertungen musikalischen Handelns liegen letztlich auch den Befunden und Empfehlungen der praxisbezogenen Arbeiten zugrunde, die den größten Teil der Literatur zu Jugend und Musikrezeption stellen. Wo vorgeblich ohne wertende Differenzierung von Musikrezeption allgemein gesprochen wird, zeigt sich mehrfach, daß im Grunde nur bürgerlich-abendländische Musik gemeint ist. Dies gilt nicht zuletzt für den Befund der Entkörperlichung musikalischer Rezeption. In Arbeiten zur Popularmusik wird dagegen neben dem aktiven Charakter von Rezeption gerade die Einbeziehung des ganzen Körpers betont, der neben der auditiven Wahrnehmung mindestens auch über das Tanzen und den Sehsinn am musikalischen Erleben beteiligt ist.

Die Musikpräferenzen Jugendlicher werden hauptsächlich in bezug auf demographische Variablen untersucht, ein Schwerpunkt besteht hier bei der Popularmusik, die oft der Jugendmusik gleichgesetzt wird. Spezifische Rezeptionssituationen werden anhand der Entwicklung des Konzerts als mittlerweile selbstverständlicher Rezeptionsform untersucht sowie anhand der massenmedialen Rezeption. Während die Produktion musikalischer Medien kaum erforscht ist, gibt es für den Rezeptionsbereich über den gesamten Erfassungszeitraum hinweg Arbeiten zum Thema, wobei sie durch die rasante Entwicklung der Medientechnologie relativ schnell veralten. Eine Vergleichbarkeit dieser älteren Arbeiten mit neuerem Material wird durch die differierende Methodik erschwert.

---

225 Bei meinen Recherchen in der "Subkultur" des Hardcore etwa bin ich dem Ausdruck "Freak" für Mitglieder der Subkultur nie begegnet.

8   Zusammenfassung und Ausblick

In der vorliegenden Analyse wurden einige Schwerpunkte deutlich, die sich in der bundesdeutschen musiksoziologischen Literatur herausgebildet haben. Auch theoretische und methodische Probleme sowie Forschungslücken zeigen sich in den Beiträgen zur Musiksoziologie als Disziplin, bei der Literatur zu (musik-)soziologischen Klassikern und bei der Behandlung von Musik, gesellschaftlichem Kontext, Musikproduktion und -rezeption.

Eine quantitative Einschätzung der 169 erfaßten soziologischen Beiträge, von denen 65 Rezensionen sind, und die in der allgemeinen Literatur wiederholt getroffenen Aussagen weisen zunächst auf den marginalen Status der Musiksoziologie innerhalb der bundesdeutschen Soziologie hin (vgl. Pkt. 1.3, Pkt. 2.5, Anhang). Im Vergleich zu anderen Bindestrich-Soziologien ist die Musiksoziologie quantitativ schwach entwickelt und qualitativ isoliert, fragmentiert und lückenhaft. Die Anzahl einführender und problemorientierter Beiträge ist gering, die Forschung deckt das Gesamtspektrum von Problemstellungen im Hinblick auf das Musikleben nur zu einem kleinen Teil ab. Von musiksoziologischer Schulenbildung kann kaum gesprochen werden, da sich nur eine sehr begrenzte Anzahl einzelner Wissenschaftler mit dem Bereich befaßt; auch in Übersichten werden immer wieder die gleichen wenigen Namen genannt (vgl. Pkt. 1.1, Pkt. 1.3, Pkt. 2.1, Pkt. 2.5, Pkt. 2.6).

Die marginale Stellung der Musiksoziologie läßt sich auf folgende Ursachen zurückführen: Möglicherweise hebt sich die Musik als Gegenstand etwa von Politik, Familie oder anderen etablierten Inhalten der Soziologie dadurch ab, daß die Alltagskommunikation über und die alltägliche Beschäftigung mit Musik sich grundlegend vom wissenschaftlichen Umgang mit ihr unterscheidet. Es existieren qualitative Unterschiede zwischen alltäglicher und wissenschaftlicher Auseinandersetzung, die bei anderen Gegenstandsbereichen kaum in diesem Maß vorhanden sind. Ohne fachliche musikalische Ausbildung wird so schon die Rezeption mancher musiksoziologischer Arbeiten schwierig, musiksoziologische Forschung sehr problematisch.

Vor diesem Hintergrund wird nicht nur die Randstellung der Musiksoziologie innerhalb der Soziologie verständlicher, auch die mit ihr verbundene Interdisziplinarität wird plausibel - als Forderung in allgemeinen Beiträgen wie als Ergebnis der Literaturanalyse: Sie zeigt unter anderem, daß viele Disziplinen an Musiksoziologie im weitesten Sinn beteiligt sind, daß die Integration der Fächer jedoch nur stellenweise glückt. Zudem wird mehrfach deutlich, daß die Zugehörigkeit der Musiksoziologie zur Soziologie keinesfalls selbstverständlich ist: In nicht-soziologischen Beiträgen ist sie oft als Teildisziplin der Musikwissenschaft ausgewiesen (vgl. Pkt. 1.1). Insgesamt zeigt sich auch bei vielen inhaltlichen Fragestellungen, daß ein relevanter, oft sogar der größere Teil der Beiträge zum jeweiligen Thema außerhalb des Faches Soziologie entstand.

In Arbeiten verschiedener fachlicher Herkunft wird explizit eine interdisziplinäre Vorgehensweise der Musiksoziologie gefordert, wobei hauptsächlich Musikwissenschaft und Soziologie, aber auch Psychologie, Pädagogik, Ethnologie und andere Fächer genannt werden. Deutlich wird diese Haltung auch dadurch, daß wiederholt sowohl musiktheoretische als auch soziologische Fachkundigkeit als Notwendigkeiten gesehen werden.

Tatsächlich weist diese Forderung auf ein Problem hin, das auch bei einigen soziologischen Beiträgen existiert: Bei mehreren Arbeiten zeigen sich eklatante Mängel durch zu schwache empirische Fundierung, aber auch durch augenscheinlich fehlende musiktheoretische Kenntnisse. Insbesondere im Bereich der Popularmusik drängt sich die Vermutung auf, daß verschiedene Autoren den Bereich für so wenig komplex und so leicht verständlich halten, daß er auch weitgehenden musikalischen Laien für soziologische Analysen zugänglich ist. Die empirischen Erfordernisse musiksoziologischer Forschung werden anscheinend leicht unterschätzt - möglicherweise bedingt durch die Ubiquität von Musik, auch im Leben der Wissenschaftler, die zu der Annahme verleitet werden können, durch den dauernden Kontakt mit Musik hätten sie auch hinreichendes sachbezogenes Wissen. Neben musikalisch und musikgeschichtlich falschen oder sinnlosen Aussagen finden sich unsachliche und sichtlich unkundige Wertungen bestimmter Gattungen durch soziologische Autoren. Bei Arbeiten musikwissenschaftlichen oder anderen nicht-soziologischen Ursprungs, die unter der Bezeichnung Musiksoziologie veröffentlicht werden, kann dagegen die soziologische Fachkundigkeit und Relevanz fraglich sein. Wenig plausibel sind außerdem Beiträge, in denen Theorien und Ansätze verschiedener Fächer unausgewiesen vermischt und die mit ihnen verbundenen Argumentationsebenen nicht durchgehalten werden (vgl. Pkt. 2.4, Pkt. 4.2, Pkt. 4.3, Pkt. 5.4).

Die Analyse der Klassikerliteratur (vgl. Kap. 3) weist zunächst auf eine Forschungslücke hin: Speziell zu den musikbezogenen Arbeiten *Georg Simmels* findet sich kein einziger Beitrag in der bundesdeutschen Soziologie. Auch die Studien *Max Webers* scheinen in bezug auf Musik nur in geringem Maß rezipiert zu werden - die einzige umfassende Untersuchung zu seinem musiksoziologischen Fragment entstand als politikwissenschaftliche Dissertation (vgl. Pkt. 3.1, Pkt. 3.2). Mehrere interpretierende und weiterführende Arbeiten finden sich zum Werk *Theodor W. Adornos*. Trotz ihrer kleinen absoluten Anzahl machen sie einen relevanten Teil der Literatur aus, die kritische Musiksoziologie gehört anscheinend nicht der Vergangenheit an (vgl. Pkt. 3.3). Weiter werden die Konzepte und Überlegungen von *Niklas Luhmann* mehrfach aufgegriffen, wobei hier ein Schwerpunkt bei der Behandlung von Prozessen zwischen Produzierenden und Rezipierenden beziehungsweise vom Verhältnis zwischen Musik und Rezeption besteht (vgl. Pkt. 3.4).

An der Thematisierung von Musik in soziologischer Forschung machte sich schon die ausführliche Debatte zwischen *Adorno* und *Silbermann* fest, bei der die Einbeziehung musikalischer Inhalte in soziologische Analysen einen zentralen Streitpunkt darstellte (vgl. v.a. Pkt. 2.2). Es zeigt sich, daß Musik in ihrer Faktur keinesfalls der selbstverständliche Gegenstand der Musiksoziologie ist.

In der vorliegenden Literatur lassen sich verschiedene Arten der Einbeziehung von Musik in die musiksoziologischen Arbeiten unterscheiden (vgl. Kap. 4): der Bezug auf musikalische Stiltypologien; der Bezug auf Eigenschaften von Musik allgemein; der Einsatz von Werkanalyse; die Untersuchung von musikalischem Material bestimmter Gesellschaften und Epochen. Hinzu kommt eine Anzahl von Arbeiten, in denen Musik gar nicht thematisiert wird.

Musikalische Stiltypologien werden häufig in Umfrageuntersuchungen eingesetzt, ihre Erstellung und ihr Einsatz sind allerdings problematisch. Zunächst ist die Bildung trennscharfer Kategorien angesichts der Vielfalt, der fließenden Übergänge und der häufigen Vermischung von Musikstilen schwierig. Die Unterschiede zwischen den vorliegenden Typologien mindern weiter die Vergleichbarkeit der einzelnen Untersuchungen. In einigen Fällen ist die Einbeziehung von Stiltypologien in die Argumentation fragwürdig, da durch die Verwendung vorgeblich selbstverständlicher Stilkategorien das explizite Eingehen auf musikalische Strukturen, auf die Faktur von Musikstücken übergangen wird, obwohl diese musikalischen Inhalte implizit den interpretierenden Ausführungen zugrundeliegen: Hier wird mit strukturellen Eigenheiten der Stilkategorien argumentiert, obwohl diese Charakteristika nie explizit und nachvollziehbar eingeführt wurden (vgl. Pkt. 4.1).

Ein ausdrückliches inhaltliches Einbeziehen von Musik findet nur in einem relativ kleinen Teil musiksoziologischer Analysen statt. Für die soziologische Analyse einzelner Musikwerke spielt nach wie vor *Adorno* die größte Rolle, der in verschiedener Hinsicht auch ausführlich kritisiert wurde (vgl. v.a. Pkt. 4.2).

Musikalisches Material wird in Form von Tonsystemen, Musikinstrumenten sowie Kompositionstechnik und Epochenstilistik thematisiert. Hier ist auch das Vorgehen *Max Webers* einzuordnen, in dessen musikbezogenen Arbeiten sich übrigens zeigt, welches musiktheoretische Niveau auch für Musiksoziologen ohne professionelle musikalische Ausbildung möglich und angemessen sein sollte.

Wo Musik inhaltlich thematisiert wird, zeigen sich fast durchgehend die großen Schwierigkeiten, musikalische Sachverhalte nachvollziehbar und mit einem Gewinn an Erkenntnis zu gesellschaftlichen Tatbeständen und Prozessen in Beziehung zu setzen. Während einerseits weitgehend Konsens darüber besteht, daß rein subjektive Spekulationen über Zusammenhänge zwischen Musik und Gesellschaft vermieden werden sollen, besteht auf der anderen Seite die Gefahr, daß die Schilderung musikalischer Phänomene völlig unvermittelt neben gesellschaftlichen Befunden steht (vgl. Pkt. 4.3).

Einige Autoren, die selbst nicht auf musikalische Inhalte eingehen, scheinen die Beschäftigung mit angesprochenen Werken den LeserInnen zu überlassen. *Norbert Elias* etwa fordert offensichtlich einen intuitiven Nachvollzug seiner Bezugnahmen zu Mozarts Werk, die nie konkret werden, als könne seine der Argumentation zugrundeliegende, aber nie formulierte Auffassung von Mozarts Kompositionen als selbstverständlich und allgemeingültig vorausgesetzt werden. In diesem Fall wie in einigen anderen ist es erklärtes Ziel, soziologische Erkenntnisse zum besseren Verständnis des Schaffens bestimmter Komponisten zu geben, wobei die Explananda, wie sie die jeweiligen Autoren selbst verstehen, unklar bleiben (vgl. Pkt. 4.4).

Der gesellschaftliche Kontext von Musik und ihrer Produktion und Rezeption wird schwerpunktmäßig behandelt im Hinblick auf die Aspekte Gruppe, Wandel und Vergleich von Gesellschaften, Ökonomie und Charakteristika der modernen westlichen Gesellschaft (vgl. Kap. 5).

Für gruppensoziologische Untersuchungen bietet sich der Bereich der Popularmusik besonders an, da die Produktion hier größtenteils in kleinen Gruppen (Bands, Combos) stattfindet, die oftmals über Jahre hinweg zusammen musizieren (vgl. Pkt. 5.1).

Als Fall von gesellschaftlichem Wandel innerhalb eines Landes oder geographischen Bereichs ist insbesondere die Entstehung der bürgerlichen Musikkultur analysiert worden - vier Monographien zu einem Thema machen innerhalb der bundesdeutschen Musiksoziologie schon eine deutliche Häufung aus. Eine Forschungslücke stellt dagegen der internationale Vergleich von Musikkulturen in verschiedenen Gesellschaften dar, und hierbei besonders die Einbeziehung außereuropäischer Musikkulturen (vgl. Pkt. 5.2).

Arbeiten, die sich ausschließlich mit ökonomischen Aspekten des Musiklebens befassen, sind selten. Dennoch spielen wirtschaftliche Fragen in vielen Untersuchungen eine Rolle; das Hauptaugenmerk gilt dabei der Musikproduktion
(vgl. Pkt. 5.3).

Als für die Musiksoziologie zentraler Aspekt der Moderne kristallisieren sich
zunächst die Massenmedien heraus. Über den gesamten Erfassungszeitraum hinweg spielt die Entwicklung der Massenmedien und ihre Folgen für die Musik und
deren Rezeption eine wichtige Rolle - Auswirkungen auf die Produktion von Musik werden dagegen kaum angesprochen, dies gilt auch für neu entstehende Bereiche des Musiklebens wie das Gate-Keeping. Immer wieder werden Vor- und
Nachteile der massenmedialen Verbreitung und allgemeinen Verfügbarkeit aller
Arten von Musik erörtert: Demokratisierung und Pluralisierung sowie Inflationierung und Unausweichlichkeit von Musik. Kontrovers diskutiert wird auch die These zunehmender musikalischer Passivität durch die Rezeption über technische Medien.

Mobilität, Globalisierung, Pluralisierung und Individualisierung sowie ein
sich wandelndes Verhältnis zur Zeit werden als weitere Spezifika des Lebens in
modernen Gesellschaften behandelt. Mehrfach wird der Vorgang der Reizinflation
thematisiert, der auch das Musikleben in vielfacher Hinsicht prägt (vgl. Pkt. 5.4).

Demographische Variablen werden in mehreren empirischen Untersuchungen
berücksichtigt - was in Studien, die auf Umfragen mit großem Sample basieren,
ohnehin üblich ist. Inhaltliche Interpretation erfährt vor allem die Schicht- beziehungsweise Klassenvariable (vgl. Pkt. 5.5).

In Anbetracht der umfangreichen Forschung zu Frauen und Geschlechterver-
hältnis in fast allen denkbaren Bereichen erweist es sich als erstaunliche Forschungslücke, daß aus der gesamten bundesdeutschen Soziologie bislang anscheinend nur ein einziger Beitrag hervorging, der sich speziell mit der Thematik Geschlecht und Musik befaßt. In anderen Disziplinen und insbesondere in den USA
und Großbritannien wurde diesem Themenbereich bereits einige Aufmerksamkeit
zuteil. Der Komplex Musik und Geschlecht ist für die künftige Forschung aus
mehreren Gründen interessant. Insbesondere die professionelle Produktion von
Musik (und hier wiederum von Popularmusik) ist nicht nur eine weitgehende Män-
nerdomäne geblieben; die wenigen beteiligten Frauen treten zudem hauptsächlich
als Sängerinnen und in Repräsentationsfunktionen auf. Es existiert eine auffällig
strikte Rollenteilung. Hinzu kommt, daß vor allem in der Popularmusik das Ge-
schlechterverhältnis und Sexualität als zentrale Themen fast durchgängig verhan-
delt werden, explizit in Texten und visueller Darbietung, die live und in audiovi-
suellen Medien eine große Rolle spielt, implizit auch in musikalischen Inhalten.

Auch wurde festgestellt, daß der Frauenanteil unter den musiksoziologischen Autoren verschwindend gering ist.

Im Bereich der Musikproduktion lassen sich zunächst Arbeiten zur professionellen Produktion und zur Amateurmusik unterscheiden, wobei sich in beiden Bereichen spezifische Schwerpunkte bilden. Zum Produktionsbereich werden hier auch Verbreitung und Vermittlung sowie Organisationen und Institutionen des Musikmarktes gerechnet (vgl. Kap. 6).

Zur professionellen Musikproduktion existiert eine Reihe berufs- und organisationssoziologischer Arbeiten, wobei hier fast ausschließlich die sogenannte Ernste Musik Beachtung findet, insbesondere bei Einzelfallstudien. Hier wurden zudem beinahe ausnahmslos Arbeiten zu Komponisten erfaßt, Interpreten werden in diesen biographischen Untersuchungen weitgehend ausgeklammert. Weiter ist unter den Musikern, denen sich die Studien widmen, kein Zeitgenosse. Dadurch ist auch die Wahl der Erhebungsmethoden eingeschränkt, solche, die Interaktion mit den Untersuchten erfordern, bleiben ausgeschlossen. Ein zentrales Thema einiger berufssoziologischer Arbeiten ist die spezifische Problematik künstlerischer Berufe, auf die Widersprüche zu reagieren zwischen eigenen künstlerischen Ansprüchen und den Erfordernissen, innerhalb eines kommerziellen Musikmarktes seinen Lebensunterhalt zu verdienen. Mehrere Studien beleuchten weiter die Entstehung und Ausdifferenzierung von Musikberufen. Für das Orchester als Organisation werden vor allem Statusfragen thematisiert (vgl. Pkt. 6.1).

Im Bereich der Amateurmusik sind Schwerpunkte für die Bereiche Jugend und Musik sowie Popularmusik festzustellen (vgl. Pkt. 6.2).

Bemerkenswert gering ist die Zahl der Beiträge zur Distribution von Musik, zu Vermittlung und Verteilung von Musikproduktionen an die Rezipierenden über Gate-Keeper und Public Relations. Die Relevanz der Vermittlung, insbesondere der Massenmedien, wird zwar immer wieder betont, die Funktion der Medien für die Rezeption auch thematisiert, mit den Vermittlungsinstanzen selbst beschäftigen sich aber kaum eingehende Untersuchungen (vgl. Pkt. 6.3).

Auf Organisationen und Institutionen des Musiklebens wird in vielen Beiträgen rekurriert, wohingegen Einzeluntersuchungen auch hier selten sind. Einige Beachtung findet der Leistungs- und Urheberrechtsschutz und seine Organisationen wie die GEMA. Auch das Konzert als Institution mit den ihm zugeordneten Organisationen wird hinsichtlich seiner Entstehung und Funktionen untersucht (vgl. Pkt. 6.4).

Musiksoziologische Rezeptionsforschung beschäftigt sich zunächst mit allgemeinen Fragen der Musikrezeption, weiter werden schwerpunktmäßig Massenmediennutzung und Konzert als Rezeptionssituationen untersucht. Eine Anzahl von Beiträgen ist mit Jugend- und Sozialisationsforschung befaßt, wobei auch hier Massenmedien und Konzertveranstaltungen von Relevanz sind. Im Blickpunkt der Untersuchungen stehen hauptsächlich Stilpräferenzen und Funktionen der Rezeption (vgl. Kap. 7).

Bei der allgemeinen Beschäftigung mit Musikrezeption lassen sich gegensätzliche Positionen in der Literatur hinsichtlich der Frage feststellen, ob Hörweisen und Musikpräferenzen gewertet werden sollen oder ob Hörvorlieben Privatsache sind und nach demokratisch-pluralistischen Grundsätzen ohne Kritik betrachtet werden müssen. Insbesondere *Adorno* hebt auf die gesellschaftlichen Funktionen regressiven Hörens ab, das im Grunde menschenfeindliche Zustände erträglicher macht und so die verbesserungswürdige Gesellschaft stabilisiert.

Mehrere Autoren legen weiter dar, daß Musikrezeption erstens kein rein passives Hinnehmen, sondern meist eine aktive Tätigkeit ist, und daß zweitens nicht nur der Verstand und die Ohren, sondern auch andere Sinne, möglicherweise der ganze Körper einbezogen sind. Die These einer generellen Entkörperlichung der Musik muß relativiert werden (vgl. Pkt. 7.1, s.a. Pkt. 7.3). Es zeigte sich weiter in einigen Beiträgen gerade zur Musikrezeption ein maßgebliches Rekurrieren auf die Musikpsychologie (vgl. Pkt. 7.1).

Die Rezeptionssituationen Konzert und Mediengebrauch werden in ihren historischen Veränderungen dargestellt. Für die Massenmedien werden auch die qualitativen Veränderungen des Musikhörens im Gegensatz zur direkten Übermittlung angesprochen. In diesem Bereich ist die Notwendigkeit aktueller Forschungen sehr deutlich, da durch die schnellen technischen Entwicklungen Untersuchungen innerhalb weniger Jahrzehnte veralten (vgl. Pkt. 7.2).

Innerhalb der Jugend- und Sozialisationsforschung, die die frühkindliche Phase und das Schulalter abdeckt, wird in empirischen Studien zur Musikrezeption nach demographischen Variablen, vor allem nach Schulart, differenziert. Besonders auffällig ist, daß die Beiträge fast durchweg anwendungsorientiert sind, rein theoretisch motivierte und argumentierende Arbeiten wurden nicht erfaßt. Ein Grund für diese Praxisorientierung könnte sein, daß ein Teil der Untersuchungen Auftragsarbeiten mit vorgegebener Fragestellung waren.

Beim Schwerpunkt Jugend und Popularmusik findet der Zusammenhang zwischen Musikpräferenzen und -rezeption und Jugendkulturen besondere Beachtung. Kaum untersucht wurden bisher allerdings Fans und Groupies, obgleich sie sich als interessanter Forschungsgegenstand anbieten würden: Hier sind im höchstem Maß aktive Rezeptionsweisen zu beobachten, die nicht nur aktuelle Hörerlebnisse betreffen. Die Selbstdefinition als Fan und die damit zusammenhängenden Aktivitäten können auch das Alltagsleben sehr weitgehend prägen und sind für die

Wahl von sozialen Kontakten und Freundschaften wie von Bezugsgruppen relevant (vgl. Pkt. 7.3).

Wenn die Darstellung und Einschätzung der in dieser Arbeit vorgelegten Analyse zur Musiksoziologie in der Bundesrepublik Deutschland hier beendet wird, bleiben Fragen unbeantwortet und Diskussionspunkte ungeklärt. Dies entspricht insofern der Intention dieser Arbeit, als auch Ansatzpunkte und Fragestellungen für zukünftige musiksoziologische Forschung offengelegt werden sollten. Zu denken wäre dabei an fast schon traditionelle Streitpunkte wie die musiksoziologische Methodik oder die Thematisierung musikalischer Inhalte, eine Problematik, die sicher noch immer von Belang ist (vgl. z.B. Gáspár-Ruppert 1992, S. 55). Auch auf Forschungslücken sollte hingewiesen werden, auf Gebiete, mit denen sich die bundesdeutsche Soziologie noch nicht eigens befaßt hat - dies gilt etwa für den Bereich Frau und Musik beziehungsweise Geschlecht und Musik, für die Distributionsinstanzen und Fans.

Weiter bietet die Literatur - und sicher auch ein spontansoziologischer Blick auf das Musikleben - interessantes Material zur Diskussion der Trennung von sogenannter Ernster und Unterhaltungsmusik. Erwähnt seien hierzu die gegensätzlichen Standpunkte von *Adorno*, der konstatiert: "Nach der 'Zauberflöte' haben ernste und leichte Musik sich nicht mehr zusammenzwingen lassen" (Adorno 1958, S. 12), und *Bühl*, der fast vierzig Jahre später feststellt, daß ein neuer Hörmodus in Verbindung mit minimalistischer Musikproduktion "die bisher so peinlich gepflegten Distinktionen zwischen Unterhaltungsmusik und Ernster Musik spielend überwindet" (Bühl 1994, S. 343). Eine Diskussion über die Stichhaltigkeit dieser Thesen, auch im Hinblick auf die zwischen ihnen liegende Entwicklung des Musiklebens, könnte wohl aufschlußreich sein.

In der vorliegenden Literatur selbst zeigt sich allerdings, daß bis auf wenige Ausnahmen die Trennung in Ernste und Unterhaltungsmusik durch die Musiksoziologen fortgesetzt wird, oft implizit, und tendenziell verbunden mit einer Abwertung der sogenannten Leichten Sphäre.

Mehrfach wird dies zunächst deutlich, wenn AutorInnen allgemein von Musik sprechen, sich aber in ihren Ausführungen nur auf Eigenheiten der bürgerlich-abendländischen "Ernsten" Musik beziehen. Indem Populärmusik stillschweigend aus dem Begriff "Musik" ausgeschlossen und sie nicht einmal als abweichender und unberücksichtigter Teilbereich gekennzeichnet wird, wird ihr völlige Nichtbeachtung zuteil. Diese Weigerung, populäre Musik auch nur zur Kenntnis zu nehmen, kann sicher als eine Form der Abwertung betrachtet werden. Auch die These einer Entkörperlichung der Musik scheint an der Ernsten Sphäre orientiert zu sein (vgl. Pkt. 2.4, Pkt. 3.4, Pkt. 4.2, Pkt. 7.1).

Explizite Abwertungen bestimmter Popularmusikgenres finden sich unter anderem bei *Adorno* und *Hettlage*: Letzterer wartet mit moralisierenden Klischees auf, die eher von entnervten Eltern zu erwarten wären, die den lautstarken Hobbies ihrer Sprößlinge völlig fassungslos gegenüber stehen, als von einem professionalisierten Musiksoziologen. Eine wissenschaftliche Annäherung, in diesem Fall an die Punkkultur, wird gar nicht erst versucht (vgl. Pkt. 4.2, Pkt. 4.3, Pkt. 5.4). *Klausmeier* ist so stark am klassisch-bürgerlichen Schönheitsideal orientiert, daß er mit bestimmten Charakteristika der Popularmusik Regression und Persönlichkeitsstörungen verbindet (vgl. Pkt. 6.2).

Es zeigt sich auch bei den jeweiligen Forschungsschwerpunkten hinsichtlich der Ernsten und der populären Sphäre, daß sie mit stark unterschiedlichen Fragestellungen und Methoden untersucht werden: Studien zur professionellen Musikproduktion beschäftigen sich fast ausschließlich mit sogenannter Ernster Musik, nur hier finden sich Arbeiten zu einzelnen Künstlern, hauptsächlich hier werden musikalische Inhalte thematisiert. Im Bereich der populären Musik sind in erster Linie Amateure und die rezipierende Jugend Gegenstand der Forschung (vgl. Pkt. 6.1, Pkt. 6.2).

Zwar werden die abwertenden Umgangsweisen der Musiksoziologie mit der Popularmusik vor allem in letzter Zeit mehrfach kritisiert, zu einer musiksoziologischen Forschung ohne die Trennung der Sphären gibt es jedoch höchstens erste Ansätze (vgl. v.a. Pkt. 5.4). Es bliebe übrigens zu prüfen, inwieweit eine derartige integrale Musiksoziologie überhaupt machbar ist, wenn das Musikleben selbst durch eine Spaltung in Ernsten und Unterhaltungsbereich geprägt ist - empirisch vorliegende Unterschiede sollten nicht in der Forschung übergangen werden. Wertungen aufgrund eines bürgerlich-abendländischen Musikideals und das spartenabhängige Selektieren von Fragestellungen und Methoden wären jedoch in jedem Fall zu hinterfragen.

Insgesamt scheint sich in der bundesdeutschen Musiksoziologie eine dreifache Bias anzudeuten:

Erstens beeinflußt das bürgerlich-abendländische Musikideal die Forschungsinhalte und -methoden maßgeblich, was eine abwertende und sehr lückenhafte Auseinandersetzung mit der Popularmusik mit sich bringt.

Neben dem Rock-, Pop- und Jazzbereich, der afroamerikanischen Ursprungs ist, sind auch (in viel höherem Maß) für die zeitgenössischen Musiken Afrikas, Lateinamerikas und Asiens Forschungslücken festzustellen (vgl. Pkt. 4.3, Pkt. 5.2). Zusammen mit der häufig mangelhaften Rezeption musiksoziologischer Literatur nicht-deutschen Ursprungs kann dies auf eine Einschränkung auf die heimische Wissenschaft und Musikkultur hindeuten.

Schließlich bleibt nochmals festzuhalten, daß in der bundesdeutschen Musiksoziologie fast ausschließlich Männer über Männer forschen.

Was die vorliegende Arbeit nicht leistet, ist ein ausführlicher Vergleich der bundesdeutschen Musiksoziologie mit anderen Bereichen der Wissenschaft. Eine solche Gegenüberstellung wäre in dreifacher Hinsicht durchzuführen:

Erstens käme ein Vergleich der soziologischen Beiträge zur Musiksoziologie mit denen anderer Fachrichtungen wie Musikwissenschaft, Psychologie, Publizistik oder Pädagogik in Frage. Ein solcher Vergleich könnte sich auch auf Einzelbereiche wie die Musikrezeption beschränken, für die beispielsweise eine Gegenüberstellung soziologischer mit psychologischen und pädagogischen Beiträgen besonders ergiebig sein könnte. Möglicherweise könnte diese Untersuchung zunächst auf die Bundesrepublik Deutschland beschränkt bleiben, wobei sich jedoch das Problem stellt, daß die bundesdeutsche Soziologie in bezug auf Musik für inhaltliche Vergleiche dieser Art nur dürftiges Material bietet.

Von Interesse wäre zweitens auch ein Vergleich der Musiksoziologie mit anderen Bindestrich-Soziologien, also eine Gegenüberstellung innerhalb der Soziologie. Dies gilt einmal für benachbarte Bereiche wie die Soziologie der bildenden Kunst, aber auch in kontrastierender Hinsicht für anders gelagerte Gegenstandsgebiete, mit denen sich etablierte Disziplinen wie Familien- oder Industriesoziologie befassen. Zu erfragen wären soziologische Besonderheiten der Musiksoziologie, etwa hinsichtlich der Methodik, der Streitpunkte, der Schulenbildung, aber auch in bezug auf wissenschaftsorganisatorische Belange, auf Etablierung und Lehrangebote an den Hochschulen, Forschungsgelder und Veröffentlichungsmöglichkeiten.

Drittens könnte ein internationaler Vergleich musiksoziologischer Forschung interessant sein. Neben einer Gegenüberstellung der Musiksoziologie in verschiedenen Ländern und Systemen, etwa in der Bundesrepublik und der DDR, wäre auch nach der internationalen Vernetzung der Musiksoziologie zu fragen: Inwieweit wird welche Literatur wo rezipiert, wo besteht Zusammenarbeit, wo wird parallel, aber unvermittelt und isoliert zu ähnlichen Themen geforscht, und was sind die Gründe für Fehlen oder Vorhandensein solcher internationalen Bezüge?

Wie bereits angesprochen, fielen bei der Bearbeitung der Literatur mehrfach unbegründete, unbelegte und schwer nachvollziehbare Aussagen und Ungenauigkeiten hinsichtlich musikalischer Details auf, etwa beim Eingehen auf Eigenheiten spezieller Gattungen oder Instrumente. Zu fragen bliebe diesbezüglich, ob es sich bei diesen oft willkürlich wirkenden Behauptungen um ein Spezifikum der Musiksoziologie handelt - in diesem Fall könnte weiter untersucht werden, ob nicht durch einen Nimbus von Irrationalität, Subjektivität und Unverbindlichkeit, den die Musik eventuell auch für Soziologen hat, einem besonders laxen Umgang mit dem Gegenstand und seiner methodischen Erfassung Vorschub geleistet wird.

Trotz der keinesfalls erschöpfenden Behandlung der Musiksoziologie dürfte mit dieser Arbeit ein Einblick in den Stand der Disziplin gegeben, eine Anzahl von Streitpunkten und Widersprüchen kritisch beleuchtet und auf Schwerpunkte und Forschungslücken hingewiesen worden sein.

Die Musiksoziologie muß innerhalb der bundesdeutschen Soziologie als marginales Gebiet bezeichnet werden. Sie ist zahlenmäßig klein, weitgehend fragmentiert, bietet Material nur zu punktuellen Fragestellungen und weist systematische Forschungslücken und ganze Komplexe unbearbeiteter Fragestellungen auf. Eine Materialbasis für aufbauende Untersuchungen und Sekundäranalysen ist nur in wenigen Bereichen vorhanden, so daß aufwendige explorative Forschungen ausstehen. Trotzdem finden sich hier interessante und anspruchsvolle Fragestellungen, die nicht zuletzt auch durch ihren Bezug eben zur Musik faszinieren können - und Musik, so die recht einstimmige Aussage der Literatur, ist ubiquitär und spielt damit sicher auch im Leben von SoziologInnen bisweilen eine große Rolle. Es steht zu hoffen, daß die Soziologie dieser kleinen Teildisziplin künftig zunehmende Aufmerksamkeit schenkt, die wohl an die Musiksoziologie nicht vergeudet wäre.

Anhang

Quantitative Auswertung

Die Veröffentlichungsformen musiksoziologischer Beiträge

Von den insgesamt 169 erfaßten Beiträgen, die den Kriterien der Literaturauswahl entsprechen, sind sechs Arbeiten unveröffentlicht, wobei es sich um einen Forschungsbericht und fünf Dissertationen handelt (vgl. Döben 1989; Englert 1972; Friederich 1980; Kalisch 1990; Lentz 1984; Thienen 1988b). Von den übrigen Beiträgen sind 24 Zeitschriftenaufsätze, 34 Bücher (Monographien oder Sammelwerke eines einzigen Verfassers), einer ein Sammelband mit Beiträgen unterschiedlicher Autoren, 31 Sammelbandbeiträge und acht Lexikonartikel. Von den Sammelbandbeiträgen entstammen sieben dem ebenfalls in die Zählung aufgenommenen Sammelband. Der Grund für diese Vorgehensweise, durch die einige Texte quasi doppelt in die Zählung eingehen, liegt darin, daß sowohl der Sammelband durch Thematik, Erscheinungsort und Herausgeberschaft wie auch die betreffenden Aufsätze den Kriterien der Literaturauswahl unabhängig voneinander entsprechen. Da der Sammelband auch Beiträge anderer fachlicher und geographischer Herkunft enthält, ist er mit den sieben Einzelbeiträgen nicht deckungsgleich. Außerdem wurden 65 Rezensionen in Zeitschriften erfaßt. Dabei muß darauf aufmerksam gemacht werden, daß für die Berücksichtigung von Rezensionen andere Kriterien als bei der übrigen Literatur galten: Da es bei Buchbesprechungen als zentral erachtet wurde, daß LeserInnen soziologischer Zeitschriften auf musikbezogene Werke hingewiesen werden, wurden alle Rezensionen erfaßt, die in den ausgewerteten Zeitschriften veröffentlicht wurden, unabhängig von Fachzugehörigkeit und geographischer Herkunft der Rezensierenden und der AutorInnen. Allerdings ist die Mehrzahl der Rezensionen von bundesdeutschen SoziologInnen verfaßt und wäre somit auch nach den dargestellten Kriterien der Literaturauswahl berücksichtigt worden - so kann wohl davon ausgegangen werden, daß das Bild, wie die Veröffentlichungsarten verteilt sind, nicht zu stark verzerrt ist.

Die prozentualen Anteile der verschiedenen Veröffentlichungsarten sind aus Abbildung 1 ersichtlich:

Abb. 1   Anteile der einzelnen Veröffentlichungsarten

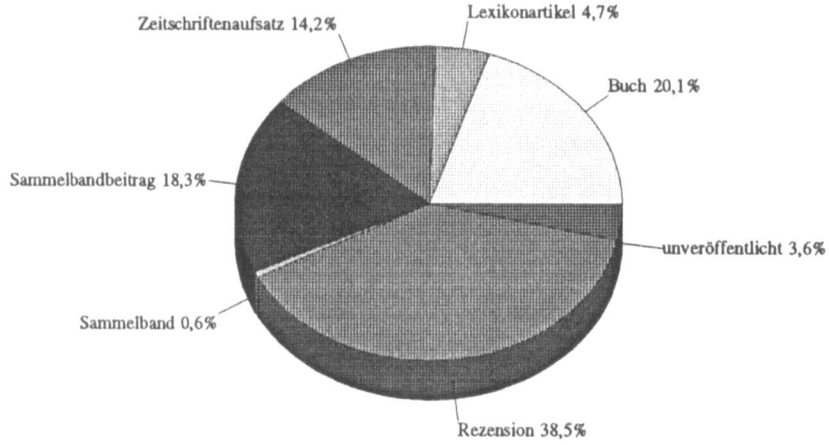

Zeitliche Veränderungen bei Anzahl und Arten der Veröffentlichungen

Bei der Betrachtung der Veränderungen, die im Verlauf der Zeit bei Anzahl und Veröffentlichungsarten musiksoziologischer Beiträge zu beobachten sind, muß zunächst berücksichtigt werden, daß möglicherweise um so mehr relevante Arbeiten übersehen wurden, je länger der Veröffentlichungszeitpunkt zurückliegt. Die Nachweise aus der SOLIS-Recherche etwa sind in den ersten Jahren nach 1945 weniger umfassend, da die Datenbank erst wesentlich später angelegt wurde (vgl. Lossow 1994). Trotz der daraus resultierenden möglichen Verzerrung sind einige Auffälligkeiten ersichtlich, wenn die zeitliche Entwicklung musiksoziologischer Veröffentlichung betrachtet wird. Der besseren Übersichtlichkeit halber wird der Erfassungszeitraum von 1945 bis 1994 in fünf Abschnitte von je zehn Jahren unterteilt.

Für zwei Bücher *Adornos* wurde in dieser Zählung, entgegen dem Erscheinungsjahr der im Literaturverzeichnis angeführten Ausgaben, der Zeitpunkt der Erstausgabe (vgl. Adorno 1989, [1: 1949]) beziehungsweise des ersten Erscheinens der berücksichtigten erweiterten Fassung (vgl. Adorno 1975a, [1: 1968]) angesetzt. Alle anderen Beiträge wurden gemäß dem Literaturverzeichnis eingeordnet, auch Sammelbandbeiträge, die zuvor (oft schwer zugänglich) in Zeitschriften erschienen sind. Sie wurden auch als Sammelbandbeiträge behandelt (s.a. Abb. 1).

Die folgenden Graphiken zeigen die zeitliche Entwicklung der Beiträge. Im Säulendiagramm (Abb. 2) sind zunächst die Anteile der Rezensionen an den gesamten Beiträgen im zeitlichen Ablauf dargestellt - hier fällt am stärksten der Rückgang im Zusammenhang mit den personellen und strukturellen Veränderungen in der KZfSS auf (s. Abb. 2).

Abb. 2   Anteile der Rezensionen im zeitlichen Verlauf

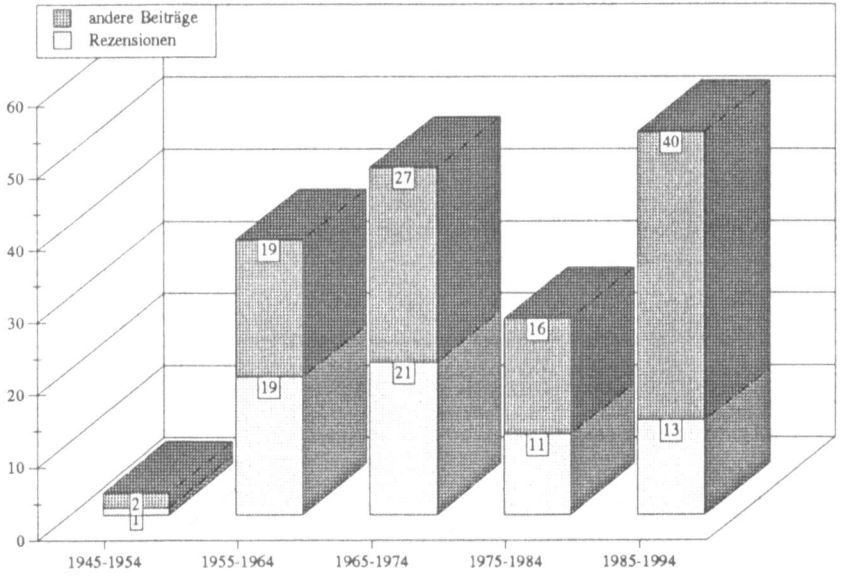

Die nächste Graphik (Abb. 3) zeigt die jeweiligen Anteile aller Veröffentlichungs-arten. Hier ist vor allem der jeweils große Anteil der Rezensionen ersichtlich (s. Abb. 3):

Abb. 3   Anteile der einzelnen Veröffentlichungsarten im zeitlichen Verlauf

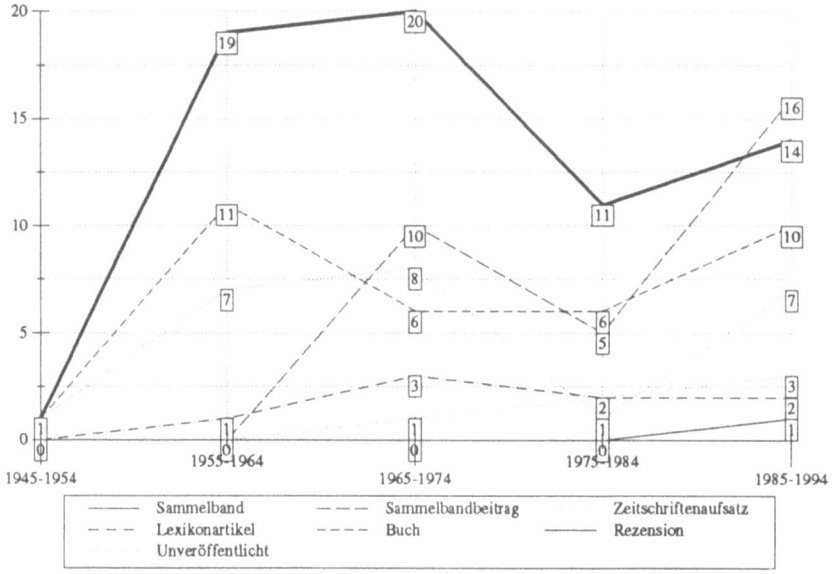

Aus der folgenden Graphik wird ersichtlich ist, daß in den drei Jahrzehnten von 1955 bis 1984 jeweils der mit Abstand größte Teil der Beiträge in der KZfSS von *Alphons Silbermann* stammte (s. Abb. 4):

Abb. 4   Anteile Silbermanns an den musiksoziologischen Veröffentlichungen in der KZfSS im zeitlichen Verlauf

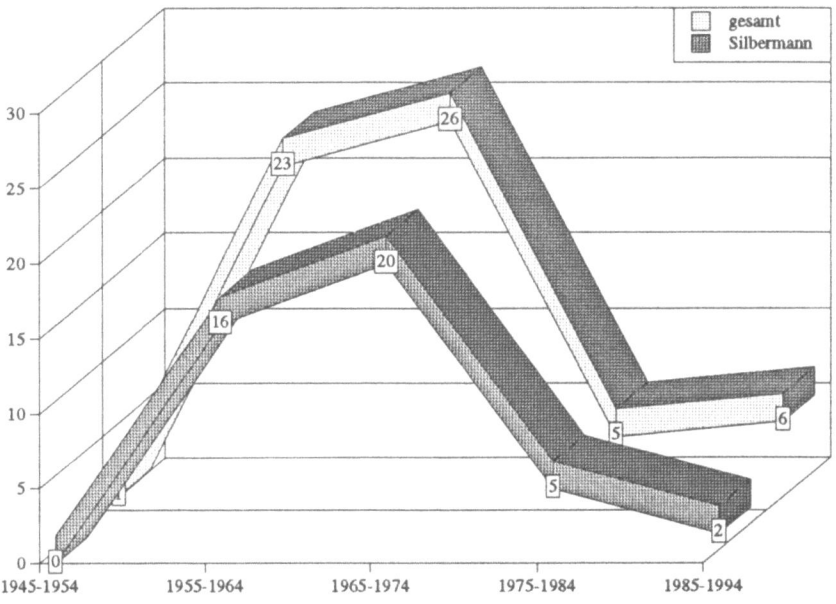

Literaturverzeichnis

Das folgenden Verzeichnis enthält die in der Auswahl bundesdeutscher, soziologischer Arbeiten berücksichtigte Literatur (vgl. Pkt. 1.1), die auch in die quantitative Auswertung eingeht, sowie Beiträge, die im Text zitiert oder erwähnt werden.

VerfasserInnen und Jahreszahlen erscheinen:
fett gedruckt: bei in der Auswahl berücksichtigten Titeln,
dünn gedruckt: bei in der Auswahl nicht berücksichtigten Titeln.

Abkürzungen:
IRASM: International Review of the Aesthetics and Sociology of Music
KZfSS: Kölner Zeitschrift für Soziologie und Sozialpsychologie

Abraham, Lars Ulrich, 1983: Musik für die Hitlerjugend. Herkunft und Wirkung, in: Neue Zeitschrift für Musik 144 (1983), H. 2, S. 10-13.

Adamek, Karl, 1987: Politisches Lied heute. Zur Soziologie des Singens von Arbeiterliedern, empirischer Beitrag mit Bildern und Noten, (Forschungen zur Arbeiterliteratur, Bd. 4), zugl. Diss. Universität Münster, Essen: Klartext, 1987.

Adorno, Theodor W., 1952: Versuch über Wagner, Berlin: Suhrkamp, 1952.

Adorno, Theodor W., 1957: Die Funktion des Kontrapunkts in der neuen Musik, (Anmerkungen zur Zeit, Bd. 4), Berlin: o. V., 1957.

Adorno, Theodor W., 1958: Dissonanzen. Musik in der verwalteten Welt, 2., erw. Ausg., [1: 1956], (Kleine Vandenhoek-Reihe, Bd. 28/29), Göttingen: Vandenhoek & Ruprecht, 1958.

Adorno, Theodor W., 1959: Klangfiguren. Musikalische Schriften, Bd. 1, Frankfurt am Main: Suhrkamp, 1959.

Adorno, Theodor W., 1960: Mahler. Eine musikalische Physiognomik, Frankfurt am Main: Suhrkamp, 1960.

Adorno, Theodor W., 1963a: Der getreue Korrepetitor. Lehrschriften zur musikalischen Praxis, Frankfurt am Main: Fischer, 1963.

Adorno, Theodor W., 1963b: Quasi una fantasia, Musikalische Schriften, Bd. 2, Frankfurt am Main: Suhrkamp, 1963.

Adorno, Theodor W., 1964: Moments musicaux. Neu gedruckte Aufsätze, 1928 - 1962, (edition suhrkamp, Bd. 54), Frankfurt am Main: Suhrkamp, 1964.

Adorno, Theodor W., 1967a: Thesen zur Kunstsoziologie, in: KZfSS 19 (1967), S. 87-93.

Adorno, Theodor W., 1967b: Ohne Leitbild. Parva Aesthetica, (edition suhrkamp, Bd. 201), Frankfurt am Main: Suhrkamp, 1967.

Adorno, Theodor W., 1968: Alban Berg. Der Meister des kleinsten Übergangs, (Österreichische Komponisten des 20. Jahrhunderts, Bd. 15), Wien: Lafite/Österreichischer Bundesverlag, 1968.

Adorno, Theodor W., 1970: Impromptus. Zweite Folge neu gedruckter musikalischer Aufsätze, 3. Aufl., [1: 1968], (edition suhrkamp, Bd. 267), Frankfurt am Main: Suhrkamp, 1970.

Adorno, Theodor W., 1975a: Einleitung in die Musiksoziologie. Zwölf theoretische Vorlesungen, [1: 1968], (suhrkamp taschenbuch wissenschaft, Bd. 142), Frankfurt am Main: Suhrkamp, 1975.

Adorno, Theodor W., 1975b: Ideen zur Musiksoziologie, [1: 1958], in: Kneif, Tibor (Hg.): Texte zur Musiksoziologie, Köln: Arno Volk, 1975, S. 67-77.

Adorno, Theodor W., 1976a: Arnold Schönberg (1874-1951), [1: 1953], in: Ders.: Prismen. Kulturkritik und Gesellschaft, (suhrkamp taschenbuch wissenschaft, Bd. 178), Frankfurt am Main: Suhrkamp, 1976, S. 180-214.

Adorno, Theodor W., 1976b: Zeitlose Mode. Zum Jazz, [1: 1953], in: Ders.: Prismen. Kulturkritik und Gesellschaft, (suhrkamp taschenbuch wissenschaft, Bd. 178), Frankfurt am Main: Suhrkamp, 1976, S. 144-161.

Adorno, Theodor W., 1976c: Bach gegen seine Liebhaber verteidigt, [1: 1951], in: Ders.: Prismen. Kulturkritik und Gesellschaft, (suhrkamp taschenbuch wissenschaft, Bd. 178), Frankfurt am Main: Suhrkamp, 1976, S. 162-179.

Adorno, Theodor W., 1984a: Musikalische Schriften V (Gesammelte Schriften, Bd. 18), Frankfurt am Main: Suhrkamp, 1984.

Adorno, Theodor W., 1984b: Musikalische Schriften VI (Gesammelte Schriften, Bd. 19), Frankfurt am Main: Suhrkamp, 1984.

Adorno, Theodor W., 1986: Die musikalischen Monographien, (suhrkamp taschenbuch wissenschaft, Bd. 640), Frankfurt am Main: Suhrkamp, 1986.

Adorno, Theodor W., 1989: Philosophie der neuen Musik, 5. Aufl., [1: 1949], (suhrkamp taschenbuch wissenschaft, Bd. 239), Frankfurt am Main: Suhrkamp, 1989.

Adorno, Theodor W. und Hanns Eisler, 1969: Kompositionen für den Film, München: Rogner & Bernhard, 1969.

Aeckerle, Susanne 1980: Wild Women Don't Get The Blues. Frauenmusik in Amerika und in Deutschland, in: Humann, Klaus und Carl-Ludwig Reichert (Hgg.): Rock Session 4. Magazin der Populären Musik, Reinbek bei Hamburg: Rowohlt Taschenbuch, S. 332-343.

Allmendinger, Jutta, 1993: Staatskultur und Marktkultur. Ostdeutsche Orchester im Vergleich, in: Mitteldeutscher Kulturrat (Hg.): Analysen. Kultur und Kulturträger in der DDR, Berlin: Akademie Verlag, 1993, S. 215-281.

Allmendinger, Jutta und J. Richard Hackman, 1994: Akzeptanz oder Abwehr? Die Integration von Frauen in professionellen Organisationen, in: KZfSS 46 (1994), S. 238-258.

Allmendinger, Jutta u.a., 1992: Methods and Mesures for the Cross-national Study of Symphony Orchestras, (Cross-national Study of Symphony Orchestras, Report Nr. 4), Cambridge: Harvard University, 1992.

Altendorf, Marion, 1993: Bisexualität. Zweigeschlechtliches Begehren und zweigeteiltes Denken, (Schnittpunkt Zivilisation, Bd. 1), zugl. Dipl.arb. FU Berlin, Pfaffenweiler: Centaurus, 1993.

Amann, Anton, 1992: Kunst zwischen Einmaligkeit und Massenware, in: Lipp, Wolfgang (Hg.): Gesellschaft und Musik. Wege zur Musiksoziologie, Festgabe für Robert H. Reichardt z. 65. Geb., Sociologia internationalis, Beih. 1, Berlin: Duncker & Humblot, 1992, S. 429-442.

Assafjew, Boris W., 1975: Die musikalische Form als Prozeß. III. Teil, Kap. 12: Suite, [1: 1930], a. d. Russ. v. Vladimir Karbusicky, in: Kneif, Tibor (Hg.): Texte zur Musiksoziologie, Köln: Arno Volk, 1975, S. 177-181.

Balet, Leo und E. Gerard, 1979: Die Verbürgerlichung der deutschen Kunst, Literatur und Musik im 18. Jahrhundert, mit einem Nachwort von Eberhard Rebling, [1: 1936], Neuausg. d. Originalausg., (Fundus-Bücher, Bd. 61/62), Dresden: Verlag der Kunst, 1979.

Baron, Stephen W., 1989: The Canadian west coast punk subculture. A field study, in: Canadian Journal of Sociology/Cahiers canadiens de sociologie 14 (1989), S. 289-316.

Baruch, Gerth-Wolfgang und Edmund Nick, 1958: Musik im Rundfunk, in: Eisner, Lotte H. und Heinz Friedrich (Hgg.): Film, Rundfunk, Fernsehen, Frankfurt am Main: Fischer, 1958, S. 185-200.

Bastian, Hans Günther, 1980: Neue Musik im Schülerurteil. Eine empirische Untersuchung zum Einfluß von Unterricht, Mainz: Schott, 1980.

Bäthge, Wilhelm, 1983: Besonderheiten der Musikrezeption, in: Sommer, Dietrich u.a. (Hgg.): Leseerfahrung Lebenserfahrung. Literatursoziologische Untersuchungen, Berlin usw.: Aufbau, 1983, S. 353-380.

Bayton, Mavis, 1989: Women in Music, Ph.D. Diss. Warwick University, 1989.

Bayton, Mavis, 1990: How Women Become Musicians, [1: 1988], in: Frith, Simon und Andrew Goodwin (Hgg.): On Record. Rock, Pop And The Written Word, London: Routledge, 1990, S. 238-257.

Becker, Howard S., 1981: Außenseiter. Zur Soziologie abweichenden Verhaltens, a. d. Amerik. v. Norbert Schultze, ungekürzte Ausg., Frankfurt am Main: Fischer Taschenbuch, 1981.

Behne, Klaus-Ernst, 1986: Hörertypologien. Zur Psychologie des jugendlichen Musikgeschmacks, (Perspektiven zur Musikpädagogik und Musikwissenschaft, Bd. 10), Regensburg: Bosse, 1986.

Bender, Wolfgang, 1985: Sweet Mother. Moderne afrikanische Musik, München: Trickster, 1985.

Bender, Wolfgang, 1990: Sängerinnen in Afrika, in: Neue Züricher Zeitung, Nr. 157 vom 10. Juli 1990, S. 23.

Bender, Wolfgang, 1992a: Gemeinschaftsgeist unter Schwestern. Sängerinnen in Ostafrika, in: Neue Züricher Zeitung, Nr. 40 vom 19. Februar 1992, S. 21.

Bender, Wolfgang, 1992b: La Musique Africaine Contemporaire. Sweet Mother, a. d. Deutsch., version actualisée, Paris: L'Harmattan, 1992.

Bender, Wolfgang, 1993: "Leave me alone". Musikerinnen und Sängerinnen im südöstlichen Afrika, in: Neue Züricher Zeitung, Nr. 41 vom 19. Februar 1993, S. 25.

Benedikt, Michael, 1992: Eine Begegnung. Alfred Schütz besinnt sich auf Mozart, in: Lipp, Wolfgang (Hg.): Gesellschaft und Musik. Wege zur Musiksoziologie, Festgabe f. Robert H. Reichardt z. 65. Geb., Sociologia internationalis, Beih. 1, Berlin: Duncker & Humblot, 1992, S. 139-160.

Benz, Rolf, 1961: Unfreie Menschen als Musiker und Schauspieler in der römischen Welt, Diss. Universität Tübingen, unveröff., 1961.

Berten, Walter Michael, 1951: Musik und Mikrophon. Zur Soziologie und Dramaturgie der Musikweitergabe durch Rundfunk, Tonfilm, Schallplatte und Fernsehen, Düsseldorf: Schwann, 1951.

Bestimmung, 1968: Zur Bestimmung der klanglichen Erfahrung der Musikstudierenden. Ein Forschungsbericht, (Musik und Gesellschaft, Bd. 2), Karlsruhe: Braun, 1968.

Biermann, Pieke und Guy St. Louis, 1979: Frauen im Rock sind Frauen in Hosen. Ein Beitrag zum Thema "Außenseiter", in: Humann, Klaus und Carl-Ludwig Reichert (Hgg.): Rock Session 3. Magazin der Populären Musik, Reinbek bei Hamburg: Rowohlt Taschenbuch, 1979, S. 192-230.

Bimberg, Siegfried, 1985a: Musikhörer und Gesellschaft, in: Bruhn, Herbert und Rolf Oerter und Helmut Rösing (Hgg.): Musikpsychologie. Ein Handbuch in Schlüsselbegriffen, München/Wien/ Baltimore: Urban & Schwarzenberg, 1985, S. 302-307.

Bimberg, Siegfried, 1985b: Komponist und Gesellschaft, in: Bruhn, Herbert und Rolf Oerter und Helmut Rösing (Hgg.): Musikpsychologie. Ein Handbuch in Schlüsselbegriffen, München/Wien/ Baltimore: Urban & Schwarzenberg, 1985, S. 307-312.

Blaukopf, Kurt, 1969: Die qualitative Veränderung musikalischer Mitteilung in den technischen Medien der Massenkommunikation, in: KZfSS 21 (1969), S. 510-516.

Blaukopf, Kurt, 1970: Tonsysteme und ihre gesellschaftliche Geltung in Max Webers Musiksoziologie, in: IRASM 1 (1970), S. 159-167.

Blaukopf, Kurt, 1972a: Musiksoziologie. Eine Einführung in die Grundbegriffe mit besonderer Berücksichtigung der Soziologie der Tonsysteme, 2., ergänzte Aufl., [1: 1950], Niederteufen: Niggli, 1972.

Blaukopf, Kurt, 1972b: Der Gegenstand der musiksoziologischen Forschung, in: Musik und Bildung 4 (1972), S. 67 f.

Blaukopf, Kurt, 1974: Neue musikalische Verhaltensweisen der Jugend. Mit einer Bibliographie von Dieter Gaisbauer, (Musikpädagogik. Forschung und Lehre, Bd. 5), Mainz: Schott, 1974.

Blaukopf, Kurt, 1975: Musiksoziologie. Bindung und Freiheit bei der Wahl von Tonsystemen, [1: 1952], in: Kneif, Tibor (Hg.): Texte zur Musiksoziologie, Köln: Arno Volk, 1975, S. 140-157.

Blaukopf, Kurt, 1984: Musik im Wandel der Gesellschaft. Grundzüge der Musiksoziologie, im Text ungekürzte Ausg., [1: 1982], München usw.: dtv/Bärenreiter, 1984.

Blaukopf, Kurt, 1989a: Der Sondercharakter der abendländischen Musik in der Soziologie Max Webers, in: Annali di sociologia 5 (1989), S. 113-122.

Blaukopf, Kurt, 1989b: Beethovens Erben in der Mediamorphose. Kultur- und Medienpolitik für die elektronische Ära, Heiden: Niggli, 1989.

Blaukopf, Kurt, 1992: Musik als Musiksoziologie im Werk Karl Poppers, in: Lipp, Wolfgang (Hg.): Gesellschaft und Musik. Wege zur Musiksoziologie, Festgabe für Robert H. Reichardt z. 65. Geb., Sociologia internationalis, Beih. 1, Berlin: Duncker & Humblot, 1992, S. 161-183.

Blaukopf, Kurt, 1995: Leo Wilzin (1914-1981). Der Begründer der Musikstatistik in Österreich, in: Archiv für die Geschichte der Soziologie in Österreich: Newsletter, Nr. 12, November 1995, S. 3-6.

Blaukopf, Kurt, 1996: Musik im Wandel der Gesellschaft. Grundzüge der Musiksoziologie, 2., erw. Aufl., [1: 1982], Darmstadt: Wissenschaftliche Buchgesellschaft, 1996.

Blaukopf, Kurt [Rez.], 1986a: Christian Kaden: Musiksoziologie, Wilhelmshaven, 1985 (Rez.), in: Soziologische Revue 9 (1986), S. 437 f.

Blaukopf, Kurt [Rez], 1986b: Frank Rotter: Musik als Kommunikationsmedium. Soziologische Medientheorie und Musiksoziologie, Berlin, 1985 (Rez.), in: Soziologische Revue 9 (1986), S. 438 f.

Boehmer, Konrad, 1975: Adorno, Musik, Gesellschaft, [1: 1969], in: Kneif, Tibor (Hg.): Texte zur Musiksoziologie, Köln: Arno Volk, 1975, S. 227-238.

Boettcher, Hans, 1975: Musiksoziologie, [1: 1931], in: Kneif, Tibor (Hg.): Texte zur Musiksoziologie, Köln: Arno Volk, 1975, S. 10-13.

Bontinck, Irmgard, 1989: Versuche zur Typologie musikalischer Manifestationen, in: Annali di sociologia 5 (1989), S. 217-226.

Bontinck, Irmgard [Rez.], 1989: Kurt Blaukopf: Beethovens Erben in der Mediamorphose. Kultur- und Medienpolitik für die elektronische Ära, Heiden, 1989 (Rez.), in: Annali di sociologia 5 (1989), S. 401 f.

Borel, François, 1979: Musiciens ambulants d'aujourd'hui, in: Institut d'ethnologie de l'Université et Musée d'ethnographie de la Ville Neuchâtel (Hgg.): être nomade aujourd'hui. Musée d'ethnographie, Neuchâtel, Suisse, 23 juin - 31 décembre 1979, Neuchâtel, 1979.

Borris, Siegfried, 1975: Soziologische Musikbetrachtung. Vom Wesen der Musik, [1: 1950], in: Kneif, Tibor (Hg.): Texte zur Musiksoziologie, Köln: Arno Volk, 1975, S. 14-20.

Borris, Siegfried [Rez.], 1958: Alphons Silbermann: Wovon lebt die Musik. Die Prinzipien der Musiksoziologie, Regensburg, 1957 (Rez.), in: KZfSS 10 (1958), S. 525-527.

Borris, Siegfried [Rez.], 1960: Alphons Silbermann: Musik, Rundfunk und Hörer. Die soziologischen Aspekte der Musik am Rundfunk, Köln/Opladen, 1959 (Rez.), in: KZfSS 12 (1960), S. 359-361.

Bowers, Jane und Judith Tick (Hgg.), 1986: Women Making Music. The Western Art Tradition 1150 - 1950, Urbana/Chicago: University of Illinois Press, 1986.

Braun, Christoph, 1990 (in Zusammenarbeit mit Reinhard Mehring): Torso und Synthese. Zu Max Webers "Musiksoziologie", in: Musiktheorie 5 (1990), S. 237-245.

Braun, Christoph, 1992: Max Webers "Musiksoziologie", (Neue Heidelberger Studien zur Musikwissenschaft, Bd. 20), zugl. Diss. Universität Freiburg im Breisgau 1989, Laaber: Laaber, 1992.

Braun, Christoph, 1995: Vom Clavichord zum Clavinova. Kulturanthropologische Anmerkungen zu Max Webers Musik-Studie, in: Historische Anthropologie. Kultur, Gesellschaft, Alltag 3 (1995), S. 242-266.

Brenner, Helmut, 1992: Musik als Waffe? Theorie und Praxis der politischen Musikverwendung, dargestellt am Beispiel der Steiermark 1938-1945, mit einem Vorwort v. Wolfgang Suppan, Graz: Weishaupt, 1992.

Brett, Philip und Elizabeth Wood und Gary C. Thomas (Hgg.), 1993: Queering the Pitch. The New Gay and Lesbian Musicology, London: Routledge, 1993.

Brünger, Peter, 1984: Geschmack für Belcanto- und Pop-Stimme. Eine repräsentative Untersuchung unter Jugendlichen in einer norddeutschen Großstadt, Diss. Universität Hannover, unveröff., 1984.

Bruhn, Herbert, 1985: Laienmusizieren, in: Bruhn, Herbert und Rolf Oerter und Helmut Rösing (Hgg.): Musikpsychologie. Ein Handbuch in Schlüsselbegriffen, München/Wien/Baltimore: Urban & Schwarzenberg, 1985, S. 399-406.

Bruhn, Herbert und Rolf Oerter und Helmut Rösing (Hgg.), 1985: Musikpsychologie. Ein Handbuch in Schlüsselbegriffen, München/Wien/Baltimore: Urban & Schwarzenberg, 1985.

Buchhofer, Bernd und Jürgen Friedrichs und Hartmut Lüdtke, 1974: Musik und Sozialstruktur. Theoretische Rahmenstudie und Forschungspläne, mit einer Vorbemerkung von Hans-Peter Reinecke, Köln: Arno Volk, 1974.

Bühl, Walter L., 1994: Musiksoziologie an der postmodernen Wende, in: Soziale Welt 45 (1994), S. 338-362.

Burchill, Julie, 1994: Sex nach Madonna. Was Miss Ciccone mit Männern, Frauen und ihren Töchtern anstellte, in: Pop & Politik. Spiegel Spezial 2 (1994), S. 124-128.

Burde, Wolfgang, 1972: Was ist eine musiksoziologische Tatsache? in: Musik und Bildung 4 (1972), S. 57-61.

Butler, Judith, 1991: Unbehagen der Geschlechter, a. d. Amerik. v. Kathrina Menke, (edition suhrkamp, Bd. 1722, Neue Folge Bd. 722), Frankfurt am Main: Suhrkamp, 1991.

Casagrande, Renate und Ralf Risser, 1992: Musikhören im Privat-Pkw. Demonstration des persönlichen Lebensstils oder Bedürfnis des musikinteressierten Menschen? in: Lipp, Wolfgang (Hg.): Gesellschaft und Musik. Wege zur Musiksoziologie, Festgabe für Robert H. Reichardt z. 65. Geb., Sociologia internationalis, Beih. 1, Berlin: Duncker & Humblot, 1992, S. 369-383.

Casimir, Torsten, 1991: Musikkommunikation und ihre Wirkungen. Eine systemtheoretische Kritik, zugl. Diss. Universität Münster/Westfalen 1989, Wiesbaden: Deutscher Universitäts-Verlag, 1991.

Clercq, Jacqueline de, 1970: La profession de musicien, Brüssel: Editions de l'Institut de Sociologie de l'Université Libre de Bruxelles, 1970.

Cornell, Drucilla, 1993: Gender, Geschlecht und gleichwertige Rechte, a. d. Amerik. v. Vincent Vogelvelt, in: Benhabib, Seyla u.a.: Der Streit um Differenz. Feminismus und Postmoderne in der Gegenwart, Frankfurt am Main: Fischer Taschenbuch, 1993, S. 80-104.

Csipák, Károly, 1975: Zur Stellung der Musik in der gegenwärtigen Gesellschaft, [1: 1963], in: Kneif, Tibor (Hg.): Texte zur Musiksoziologie, Köln: Arno Volk, 1975, S. 194-199.

Dahlhaus, Carl, 1989: Artikel "Romantik", in: Dahlhaus, Carl und Hans Heinrich Eggebrecht (Hgg.): Brockhaus Riemann Musiklexikon, Bd. 4, erweiterte Tb.ausg., Mainz/München: Schott/Piper, 1989, S. 60-62.

Dahlhaus, Carl und Hans Heinrich Eggebrecht (Hgg.), 1989a: Brockhaus Riemann Musiklexikon, Bd. 4, erweiterte Tb.ausg., Mainz/München: Schott/Piper, 1989, Artikel "Temperatur", S. 233 f.

Dahlhaus, Carl und Hans Heinrich Eggebrecht (Hgg.), 1989b: Brockhaus Riemann Musiklexikon, Bd. 2, erweiterte Tb.ausg., Mainz/München: Schott/Piper, 1989, Artikel "Karbusický, Vladimir", S. 280.

Dahlhaus, Carl und Hans Heinrich Eggebrecht (Hgg.), 1989c: Brockhaus Riemann Musiklexikon, Bd. 4, erweiterte Tb.ausg., Mainz/München: Schott/Piper, 1989, Artikel "reine Stimmung", S. 30.

Dahlhaus, Carl und Hans Heinrich Eggebrecht (Hgg.), 1989d: Brockhaus Riemann Musiklexikon, Bd. 4, erweiterte Tb.ausg., Mainz/München: Schott/Piper, 1989, Artikel "Werk", S. 347.

Dahlhaus, Carl und Hans Heinrich Eggebrecht (Hgg.), 1989e: Brockhaus Riemann Musiklexikon, Bd. 1, erweiterte Tb.ausg., Mainz/München: Schott/Piper, 1989, Artikel "Dufay", S. 343 f.

Dahlhaus, Carl und Hans Heinrich Eggebrecht (Hgg.), 1989f: Brockhaus Riemann Musiklexikon, Bd. 4, erweiterte Tb.ausg., Mainz/München: Schott/Piper, 1989, Artikel "Vitry", S. 317 f.

Dahlhaus, Carl und Hans Heinrich Eggebrecht (Hgg.), 1989g: Brockhaus Riemann Musiklexikon, Bd. 3, erweiterte Tb.ausg., Mainz/München: Schott/Piper, 1989, Artikel "Lautentabulatur", S. 17 f.

Dannecker, Martin, 1991: Der Homosexuelle und die Homosexualität, (eva-Taschenbuch, Bd. 74), Hamburg: Europäische Verlagsanstalt, 1991.

Del Grosso Destreri, Luigi, 1989a: Musik oder Musiken? Polysemie des Begriffes oder Inexistenz des Gegenstandes? a. d. Ital., in: Annali di sociologia 5/1 (1989), S. 152-172.

Del Grosso Destreri, Luigi, 1989b: Bibliographische Hinweise zur Musiksoziologie in Italien, a. d. Ital. v. Ralph Raschen, in: Annali di sociologia 5/1 (1989), S. 398-400.

Del Grosso Destreri, Luigi (Hg.), 1989: Annali di sociologia/Soziologisches Jahrbuch 5. 1989 - I. Atti del Convegno/Berichte der Tagung SOCIOLOGIA DELLA MUSICA / MUSIKSOZIOLOGIE (Rovereto, 19 - 20.9.1987), zugl. Annali di sociologia 5/1 (1989), Trento: Temi, 1989.

Deltgen, Florian, 1977: Der Neger im deutschen Kinder- und Jugendlied, in: KZfSS 29 (1977), S. 118-136.

Demarchi, Franco, 1989: Vorwort, a. d. Ital. v. Meike Behrmann, in: Annali di sociologia 5/1 (1989), S. 13-19.

Demarchi, Franco [Rez.], 1989: Luigi Del Grosso Destreri: La sociologia, la musica e le musiche, Milano, 1988 (Rez.), a. d. Ital. v. Franz L. Nover, in: Annali di sociologia 5/1 (1989), S. 407-409.

Denselow, Robin, 1991: The Beat Goes On. Popmusik und Politik, Geschichte einer Hoffnung, a. d. Engl. v. Hubert Mania, Reinbek bei Hamburg: Rowohlt Taschenbuch, 1991.

Döben, Dieter, 1989: Musik und Information. Zur Verwendung und Funktion von Musik in Fernsehsendungen mit politischer Aussage, Diss. Universität Paderborn, unveröff., 1989.

Dörr, Felicitas, 1993: Die Kunst als Gegenstand der Kulturanalyse im Werk Georg Simmels, (Sozialwissenschaftliche Abhandlungen der Görres-Gesellschaft, Bd. 21), zugl. Diss. Universität München 1992, Berlin: Duncker & Humblot, 1993.

Dollase, Rainer und Michael Rüsenberg und Hans J. Stollenwerk, 1974: Rock People oder Die befragte Szene, Frankfurt am Main: Fischer Taschenbuch, 1974.

Dollase, Rainer und Michael Rüsenberg und Hans J. Stollenwerk, 1977: Legenden über Rockmusik und ihre Ursachen, in: jazzforschung (Jg. 1976), 1977, S. 101-117.

Dollase, Rainer und Michael Rüsenberg und Hans J. Stollenwerk, 1978a: Das Jazzpublikum. Zur Sozialpsychologie einer kulturellen Minderheit, Mainz usw.: Schott, 1978.

Dollase, Rainer und Michael Rüsenberg und Hans J. Stollenwerk, 1978b: Kommunikation zwischen Rockmusikern und Publikum, in: jazzforschung (Jg. 1977), 1978, S. 89-108.

Dollase, Rainer und Michael Rüsenberg und Hans J. Stollenwerk, 1978c: Konsum und Wirkung von Rockmusik. Zur Sozialpsychologie der Rockszene, in: jazzforschung (Jg. 1977), 1978, S. 67-83.

Dollase, Rainer und Michael Rüsenberg und Hans J. Stollenwerk, 1979: Rockmusik und Massenkultur, in: jazzforschung (Jg. 1978), 1979, S. 197-208.

Dollase, Rainer und Michael Rüsenberg und Hans J. Stollenwerk, 1986: Demoskopie im Konzertsaal, Mainz usw.: Schott, 1986.

Dopheide, Bernhard, 1978: Musikhören, Hörerziehung, (Erträge der Forschung, Bd. 91), Darmstadt: Wissenschaftliche Buchgesellschaft, 1978.

Dowling, W. Jay, 1985: Entwicklung von Melodie-Erkennen und Melodie-Produktion, in: Bruhn, Herbert und Rolf Oerter und Helmut Rösing (Hgg.): Musikpsychologie. Ein Handbuch in Schlüsselbegriffen, München/Wien/Baltimore: Urban & Schwarzenberg, 1985, S. 216-222.

Drinker, Sophie, 1955: Die Frau in der Musik. Eine soziologische Studie, a. d. Amerik. v. Karl und Irene Geiringer, Zürich: Atlantis, 1955.

Drosdowski, Günther (Hg.), 1989: Duden "Etymologie". Herkunftswörterbuch der deutschen Sprache, 2., völlig neu bearb. u. erw. Aufl., (Der Duden, Bd. 7), Mannheim usw.: Dudenverlag, 1989.

Dümling, Albrecht und Peter Girth (Hgg.), 1993: Entartete Musik. Dokumentation ud Kommentar zur Düsseldorfer Ausstellung von 1938, 3., überarb. u. erw. Aufl, [1: 1988], Düsseldorf: der kleine verlag, 1993.

Dyer, Richard, 1990: In Defense of Disco, [1: 1979], in: Frith, Simon und Andrew Goodwin (Hgg.): On Record. Rock, Pop And The Written Word, London: Routledge, 1990, S. 410-418.

Ebbecke, Klaus und Pit Lüschper, 1987: Rockmusker-Szene intern. Fakten und Anmerkungen zum Musikleben einer industriellen Großstadt, (Musik im Ruhrgebiet, Bd. 4), Stuttgart/Witten: Marohl, 1987.

Eberle, Gottfried, 1983: Neuropathien und Verwesungssymptome. Zur Musikbetrachtung im Stalinismus und Nationalsozialismus, in: Neue Zeitschrift für Musik 144 (1983), H. 10, S. 9-12.

Eckhardt, Josef und Helmut E. Lück, 1976: Jugend und Musik. Drei musiksoziologische Untersuchungen in Nordrhein-Westfalen, (Sozialwissenschaftliche Schriften, Bd. 11), Duisburg: Sozialwissenschaftliche Kooperative, 1976.

Eco, Umberto, 1986: Apokalyptiker und Integrierte. Zur kritischen Kritik der Massenkultur, a. d. Ital. v. Max Looser, ungekürzte Ausg., Frankfurt am Main: Fischer Taschenbuch, 1986.

Eggebrecht, Hans Heinrich, 1989a: Artikel "Barock", in: Dahlhaus, Carl und Hans Heinrich Eggebrecht (Hgg.): Brockhaus Riemann Musiklexikon, Bd. 1, erweiterte Tb.ausg., Mainz/München: Schott/Piper, 1989, S. 100 f.

Eggebrecht, Hans Heinrich, 1989b: Artikel "Trecento", in: Dahlhaus, Carl und Hans Heinrich Eggebrecht (Hgg.): Brockhaus Riemann Musiklexikon, Bd. 4, erweiterte Tb.ausg., Mainz/München: Schott/Piper, 1989, S. 259 f.

Eggebrecht, Hans Heinrich, 1989c: Artikel "Ars nova", in: Dahlhaus, Carl und Hans Heinrich Eggebrecht (Hgg.): Brockhaus Riemann Musiklexikon, Bd. 1, erweiterte Tb.ausg., Mainz/München: Schott/Piper, 1989, S. 58 f.

Ehlers, Renate, 1985: Zur Rezeption des Musikangebots der Medien, in: Rundfunk und Fernsehen 33 (1985), S. 171-186.

Ehlers, Renate, 1989: Musik im Alltagsleben. Ergebnisse einer Studie im Auftrag des SDR, in: KZfSS, Sh. 30 (1989), S. 379-391.

Einem, Gottfried von, 1967: Komponist und Gesellschaft, (Musik und Gesellschaft, Bd. 1), Karlsruhe: Braun, 1967.

Eisermann, Gottfried, 1979: Georg Simmel (1864 - 1920), in: Silbermann, Alphons (Hg.): Klassiker der Kunstsoziologie, (Beck'sche Schwarze Reihe, Bd. 197), München: Beck, 1979, S. 64-84.

Eisner, Lotte H., 1958: Musik im Film, in: Eisner, Lotte H. und Heinz Friedrich (Hgg.): Film, Rundfunk, Fernsehen, Frankfurt am Main: Fischer, 1958, S. 179-185.

Elias, Norbert, 1991: Mozart. Zur Soziologie eines Genies, hg. v. Michael Schröter, 3. Aufl., (Bibliothek Suhrkamp, Bd. 1071), Frankfurt am Main: Suhrkamp, 1991.

Elste, Martin, 1975: Verzeichnis deutschsprachiger Musiksoziologie 1848 - 1973, 2 Bde., Hamburg: Wagner, 1975.

Engel, Gerhard, 1990: Zur Logik der Musiksoziologie. Ein Beitrag zur Philosophie der Musikwissenschaft, Geleitwort v. Gerhard Vollmer, (Die Einheit der Gesellschaftswissenschaften, Bd. 62), zugl. Diss. Universität Heidelberg 1988, Tübingen: Mohr, 1990.

Engel, Hans, 1955: Was ist eigentlich Musiksoziologie?, in: Musikleben 1955, S. 124 f.

Engel, Hans, 1960: Musik und Gesellschaft. Bausteine zu einer Musiksoziologie, (Stimmen des 20. Jahrhunderts, Bd. 3), Berlin-Halensee/Wunsiedel/Ofr.: Hesses, 1960.

Engel, Hans, 1975: Rhythmus der Zeit, in: Kneif, Tibor (Hg.): Texte zur Musiksoziologie, Köln: Arno Volk, 1975, S. 170-172.

Englert, Hans, 1972: Der Markt für musikalische Kompositionen. Die Ordnung des "Musikmarktes" unter besonderer Berücksichtigung der sozio-ökonomischen Situation der Urheber und ihrer Organisationen sowie deren Position im Zusammenspiel der für den Musikmarkt relevanten Medien, eine wirtschafts- und kunstsoziologische Studie über die Situation in der Bundesrepublik Deutschland, Diss. Universität Köln, unveröff., 1972.

Englert, Hans, 1974: Der Markt für musikalische Kompositionen. Vom Beruf des Komponisten, Anregungen und Thesen für eine Neuordnung, in: KZfSS, Sh. 17 (1974), S. 110-119.

Erd, Rainer, 1987: Kunst als Arbeit. Organisationsprobleme eines Opernorchesters, in: Soziale Welt 38 (1987), S. 437-459.

Etzkorn, K. Peter, 1964: Georg Simmel and the sociology of music, in: Social Forces 43 (1964/65), S. 101-107.

Etzkorn, K. Peter, 1985: Sociological demystification of arts and music, Max Weber and beyond, in: Murvar, Vatro (Hg.): Theory of liberty, legitimacy and power. New directions in the intellectual and scientific legacy of Max Weber, London usw.: Routledge & Kegan Paul, 1985, S. 125-138.

Etzkorn, K. Peter [Rez.], 1984: Kurt Blaukopf: Musik im Wandel der Gesellschaft. Grundzüge der Musiksoziologie, München, 1982 (Rez.), in: Soziologische Revue 7 (1984), S. 76-78.

Etzkorn, K. Peter [Rez.], 1993: Gerhard Engel: Die Logik der Musiksoziologie. Ein Beitrag zur Philosophie der Musikwissenschaft, Tübingen, 1990 (Rez.), in: KZfSS 45 (1993), S. 811 f.

Farin, Klaus und Anke Kuckuck, 1987: proEmotion. Frauen im Rock-Business, Begegnungen, Gespräche, Reportagen, Reinbek bei Hamburg: Rowohlt Taschenbuch, 1987.

Farnsworth, Paul R., 1976: Sozialpsychologie der Musik, a. d. Amerik. v. Helmut Jensen, (Kunst und Gesellschaft, Bd. 6), Stuttgart: Enke, 1976.

Fattore, Luciano, 1989: Der Beruf des Filmmusikkomponisten im heutigen Italien, a. d. Ital. v. Ralph Raschen, in: Annali di sociologia 5/1 (1989), S. 337-349.

Fellerer, Karl Gustav, 1963: Soziologie der Kirchenmusik. Materialien zur Musik- und Religionssoziologie, (Kunst und Kommunikation. Schriften zur Kunstsoziologie und Massenkommunikation, Bd. 9), Köln/Opladen: Westdeutscher Verlag, 1963.

Feuchtner, Bernd, 1989: Auf der Suche nach der verlorenen Revolution. Anmerkungen zu Adornos Begriff des Fortschritts in der Musik, in: Münkler, Herfried und Richard Saage (Hgg.): Kultur und Politik. Brechungen der Fortschrittsperspektive heute, für Iring Fetscher, zugl. Kongreßbericht des Symposiums "Kultur und Politik", Frankfurt am Main 1987, Opladen: Westdeutscher Verlag, 1990, S. 106-112.

Feuchtner, Bernd, 1991: Musikalische Interpretationsstandards als kulturindustrielle Warenmuster, in: Glatzer, Wolfgang (Hg.): 25. Deutscher Soziologentag "Die Modernisierung moderner Gesellschaften". Sektionen, Arbeits- und Ad hoc-Gruppen, Ausschuß für Lehre, Opladen: Westdeutscher Verlag, 1991, S. 890-893.

Finscher, Ludwig, 1975: Zur Sozialgeschichte des klassischen Streichquartetts, in: Kneif, Tibor (Hg.): Texte zur Musiksoziologie, Köln: Arno Volk, 1975, S. 173-176.

Foucault, Michel, 1992: Sexualität und Wahrheit, Bd. 1: Der Wille zum Wissen, a. d. Franz. v. Ulrich Raulff und Walter Seitter, 6. Aufl., [1: 1983], (suhrkamp taschenbuch wissenschaft, Bd. 716), Frankfurt am Main: Suhrkamp, 1992.

Franco-Lao, Meri, 1979: Hexen-Musik. Zur Erforschung der weiblichen Dimension in der Musik, a. d. Ital. v. Ilse Zambonini, München: Frauenoffensive, 1979.

Frauchinger, Urs, 1982: Was zum Teufel ist mit der Musik los? Eine Art Musiksoziologie für Kenner und Liebhaber, Bern: Zytglogge, 1982.

Friederich, Franz Josef, 1980: Soziale Implikationen der Musiktherapie. Eine soziologische Untersuchung zur Situation des psychisch Kranken, Diss. Universität Köln, unveröff., 1980.

Frith, Simon, 1978a: The sociology of rock, London: Constable, 1978.

Frith, Simon, 1978b: Zur Ideologie des Punk, a. d. Engl. v. Klaus Humann, in: Gülden, Jörg und Klaus Humann (Hgg.): Rock Session 2. Magazin der Populären Musik, Reinbek bei Hamburg: Rowohlt Taschenbuch, 1978, S. 25-32.

Frith, Simon, 1980: Wir brauchen eine neue Sprache für den Rock der 80er Jahre, a. d. Engl. v. Klaus Humann, in: Humann, Klaus und Carl-Ludwig Reichert (Hgg.): Rock Session 4. Magazin der Populären Musik, Reinbek bei Hamburg: Rowohlt Taschenbuch, 1980, S. 94-104.

Frith, Simon, 1981: Jugendkultur und Rockmusik. Soziologie der englischen Musikszene, a. d. Engl. v. Hans-Hinrich Harbort, Reinbek bei Hamburg: Rowohlt, 1981.

Frith, Simon, 1983: Sound Effects. Youth, Leisure, and the Politics of Rock. A New, Totally Revised Version of "The sociology of rock", London: Constable, 1983.

Frith, Simon, 1987: Towards an aesthetic of popular music, in: Leppert, Richard und Susan McClary (Hgg.): Music and Society. The politics of composition, performance and reception, Cambridge usw.: Cambridge University Press, 1987, S. 133-149.

Frith, Simon und Andrew Goodwin (Hgg.), 1990: On Record. Rock, Pop And The Written Word, London: Routledge, 1990.

Fritscher, Wolfgang [Rez.], 1994: Wolfgang Lipp (Hg.): Gesellschaft und Musik. Wege zur Musiksoziologie, Berlin, 1992 (Rez.), in: KZfSS 46 (1994), S. 156 f.

Fuchs, Peter, 1987: Vom Zeitzauber der Musik. Eine Diskussionsanregung, in: Bäcker, Dirk u.a. (Hgg.): Theorie als Passion. Niklas Luhmann zum 60. Geburtstag, Frankfurt am Main: Suhrkamp, 1987, S. 214-237.

Fuchs, Peter, 1992: Die soziale Funktion der Musik, in: Lipp, Wolfgang (Hg.): Gesellschaft und Musik. Wege zur Musiksoziologie, Festgabe für Robert H. Reichardt z. 65. Geb., Sociologia internationalis, Beih. 1, Berlin: Duncker & Humblot, 1992, S. 67-86.

Fügen, Hans Norbert, 1969: Triviallyrik - Küchenlieder, in: KZfSS 21 (1969), S. 106-122.

Fügen, Hans Norbert, 1970: Antwort auf die Kritik von Schenda, in: KZfSS 22 (1970), S. 135-139.

Gaar, Gillian G., 1994: Rebellinnen. Die Geschichte der Frauen in der Rockmusik, a. d. Amerik. v. Heike Brühl, Hamburg: Argument, 1994.

Gabriel, Manfred, 1992: Der Komponist und das Musiktheater. Bestimmungsgründe musikalischen Handelns zeitgenössischer Musiktheaterkomponisten, in: Lipp, Wolfgang (Hg.): Gesellschaft und Musik. Wege zur Musiksoziologie, Festgabe für Robert H. Reichardt z. 65. Geb., Sociologia internationalis, Beih. 1, Berlin: Duncker & Humblot, 1992, S. 289-307.

Gáspár-Ruppert, Walburga, 1992: Musik verstehen. Annäherungen an ein Problem, in: Lipp, Wolfgang (Hg.): Gesellschaft und Musik. Wege zur Musiksoziologie, Festgabe für Robert H. Reichardt z. 65. Geb., Sociologia internationalis, Beih. 1, Berlin: Duncker & Humblot, 1992, S. 55-66.

Geck, Martin, 1973: Musiktherapie als Problem der Gesellschaft. Aus Anlaß der von Mauricio Kagel geleiteten Kölner Kurse für Neue Musik 1972, Stuttgart: Klett, 1973.

Geertz, Clifford, 1991: Dichte Beschreibung. Beiträge zum Verstehen kultureller Systeme, 2. Aufl., (suhrkamp taschenbuch wissenschaft, Bd. 696), Frankfurt am Main: Suhrkamp, 1991.

Gehmacher, Ernst, 1992: Musik als Kulturaktivität, in: Lipp, Wolfgang (Hg.): Gesellschaft und Musik. Wege zur Musiksoziologie, Festgabe für Robert H. Reichardt z. 65. Geb., Sociologia internationalis, Beih. 1, Berlin: Duncker & Humblot, 1992, S. 399-414.

Gesamthochschule Kassel (Hg.), 1985: Eröffnung. Kasseler Beiträge zur Kunst und Wissenschaft, Kassel: Stauda, 1985.

Giessen, Hans W., 1993: "Ich sing' ein deutsches Lied". Chauvinistische Poptexte und der neue Rechtsradikalismus, in: Soziale Welt 44 (1993), S. 555-569.

Girtler, Roland, 1992: Mitgliedsaufnahme in den noblen Bund der Wiener Philharmoniker als Mannbarkeitsritual. Kulturanthropologische und kultursoziologische Überlegungen, in: Lipp, Wolfgang (Hg.): Gesellschaft und Musik. Wege zur Musiksoziologie, Festgabe für Robert H. Reichardt z. 65. Geb., Sociologia internationalis, Beih. 1, Berlin: Duncker & Humblot, 1992, S. 497-504.

Goebbels, Heiner, 1989: Prince and the Revolution, in: Argument 31 (1989), S. 421-425.

Goslich, Siegfried, 1971: Musik im Rundfunk, Tutzing: Schneider, 1971.

Greig, Charlotte, 1991: Will You Still Love Me Tomorrow? Mädchenbands von den 50er Jahren bis heute, a. d. Engl. v. Markus Schröder, dt. Erstausg., leicht gekürzte Fassung, Reinbek bei Hamburg: Rowohlt Taschenbuch, 1991.

Gröbel, Jo und Uli Gleich, 1989: ARD Forschungsdienst. Musik: Attraktivität und Wirkung, in: Media Perspektiven, H. 9 (1989), S. 581-584.

Großmann, Rolf, 1991: Musik als 'Kommunikation'. Zur Theorie musikalischer Kommunikationshandlungen, (Konzeption Empirische Literaturwissenschaft, Bd. 14), zugl. Diss. Universität Gießen 1990, Braunschweig: Vieweg, 1991.

Grün, Rita von der (Hg.), 1983: Venus Weltklang. Musikfrauen - Frauenmusik, Berlin (West): Elefanten Press, 1983.

Günther, Siegfried, 1964: Die Musik in der verwalteten Welt. Die gesellschaftliche Situation der Musik in Deutschland seit dem 1. Weltkrieg, in: KZfSS 16 (1964), S. 491-506.

Günther, Siegfried, 1967: Die Musik in der pluralistischen Massengesellschaft. Über die soziale Mobilität im deutschen Musikleben des 20. Jahrhunderts, in: KZfSS 19 (1967), S. 64-86 u. 283-305.

Hänseroth, Albin, 1984: Artikel "Silbermann, Alphons", in: Bernsdorf, Wilhelm und Horst Knospe (Hgg.): Internationales Soziologenlexikon, Bd. 2: Beiträge über lebende oder nach 1969 verstorbene Soziologen, 2., neu bearb. Aufl., Stuttgart: Enke, 1984, S. 793 f.

Hartfiel, Günter, 1972: Artikel "Musiksoziologie", in: Ders.: Wörterbuch der Soziologie, Stuttgart: Kröner, 1972, S. 461.

Haselauer, Elisabeth, 1977: Musiksoziologische Studie nach Emile Durkheim, (Fragmente als Beiträge zur Musiksoziologie, Bd. 1), Wien/München: Doblinger, 1977.

Haselauer, Elisabeth, 1980: Handbuch der Musiksoziologie, Wien/Köln/Graz: Hermann Böhlaus Nachf., 1980.

Haselauer, Elisabeth [Rez.], 1991: Gerhard Engel: Zur Logik der Musiksoziologie. Ein Beitrag zur Philosophie der Musikwissenschaft, Tübingen, 1990 (Rez.), in: Soziologische Revue 14 (1991), S. 461 f.

Heine, Heinrich, 1973: Historisch-kritische Gesamtausgabe der Werke, hg. v. Manfred Windfuhr, Bd. 6: Briefe aus Berlin, Über Polen, Reisebilder I/II (Prosa), bearb. v. Jost Hermand, Hamburg: Hoffmann und Campe, 1973.

Heinemann, Rudolf, 1969: Der Hörer zwischen Musikwissenschaft, Soziologie und Kulturkritik. Ein musiksoziologisches Akrostichon, in: KZfSS 21 (1969), S. 560-568.

Heinemann, Rudolf, 1973: Untersuchungen zur Rezeption der seriellen Musik, (Kölner Beiträge zur Musikforschung, Bd. 43), 2., unveränd. Aufl., [1: 1966], Regensburg: Bosse, 1973.

Heinemann, Rudolf [Rez.], 1964: John Henry Mueller: Fragen des musikalischen Geschmacks, Köln/ Opladen 1963 (Rez.), in: KZfSS 16 (1964), S. 818-820.

Helle, Horst Jürgen, 1992: Musik als Thema bei Georg Simmel und Max Weber, in: Lipp, Wolfgang (Hg.): Gesellschaft und Musik. Wege zur Musiksoziologie, Festgabe für Robert H. Reichardt z. 65. Geb., Sociologia internationalis, Beih. 1, Berlin: Duncker & Humblot, 1992, S. 133-138.

Hellkuhl, Antoinette, 1983: Empor zum Licht. Arbeitergesangvereine im westfälischen Ruhrgebiet 1878 - 1914, (Musik im Ruhrgebiet, Bd. 1), Stuttgart/Witten: Marohl, 1983.

Helm, Everett, 1970: Composer, Performer, Public. A Study in Communication, Florenz: Olschki, 1970.

Helms, Siegmund (Hg.), 1972: Schlager in Deutschland. Beiträge zur Analyse der Popularmusik und des Musikmarktes, Wiesbaden: Breitkopf & Härtel, 1972.

Henius, Carla, 1974: Das undankbare Geschäft mit neuer Musik, München: Piper, 1974.

Hettlage, Robert, 1992: Musik-"Szene". Über den Zusammenhang von jugendlicher Musikkultur, Modernität und sozialer Inflation, in: Lipp, Wolfgang (Hg.): Gesellschaft und Musik. Wege zur Musiksoziologie, Festgabe für Robert H. Reichardt z. 65. Geb., Sociologia internationalis, Beih. 1, Berlin: Duncker & Humblot, 1992, S. 333-367.

Hoffmann, Freia, 1991: Instrument und Körper. Die musizierende Frau in der bürgerlichen Kultur, (insel taschenbuch 1274), zugl. Habil. Universität Oldenburg 1987, Frankfurt am Main/Leipzig: Insel, 1991.

Homans, George Caspar, 1965: Theorie der sozialen Gruppe, 2. Aufl., Köln/Opladen: Westdeutscher Verlag, 1965.

Honigsheim, Paul, 1958: Artikel "Soziologie der Kunst, Musik und Literatur", in: Eisermann, Gottfried (Hg.): Die Lehre von der Gesellschaft. Ein Lehrbuch der Soziologie, Stuttgart: Enke, 1958, S. 338-373.

Honigsheim, Paul, 1961: Artikel "Musiksoziologie", in: Beckerath, Erwin v. u.a. (Hgg.): Handwörterbuch der Sozialwissenschaften. Zugleich Neuauflage des Handwörterbuchs der Staatswissenschaften, Bd. 7, Stuttgart/Tübingen/Göttingen: Fischer/Mohr/Vandenhoek & Ruprecht, 1961, S. 485-494.

Honigsheim, Paul, 1964: Die Ähnlichkeit von Musik und Drama in primitiven und totalitären Gesellschaften, in: KZfSS 16 (1964), S. 481-490.

Honigsheim, Paul, 1970: Sociology of music. Bibliography of titles selected by Paul Honigsheim, prepared by K. Peter Etzkorn, St. Louis: University of Missouri, Dept. of Sociology, 1970.

Honigsheim, Paul, 1973: Music and Society. The Later Writings of Paul Honigsheim, edited, with additional material and bibliographies, by K. Peter Etzkorn, Foreword by J. Allen Beegle, New York usw.: Wiley & Sons, 1973.

Honigsheim, Paul, 1975: Musikformen und Gesellschaftsformen [1: 1955], in: Kneif, Tibor (Hg.): Texte zur Musiksoziologie, Köln: Arno Volk, 1975, S. 26-36.

Horn, Erwin, 1992: Anton Bruckner in bester Gesellschaft, in: Lipp, Wolfgang (Hg.): Gesellschaft und Musik. Wege zur Musiksoziologie, Festgabe für Robert H. Reichardt z. 65. Geb., Sociologia internationalis, Beih. 1, Berlin: Duncker & Humblot, 1992, S. 227-278.

Hustwitt, Mark, 1985: Videoclip, Musikvideo, in: Bruhn, Herbert und Rolf Oerter und Helmut Rösing (Hgg.): Musikpsychologie. Ein Handbuch in Schlüsselbegriffen, München/Wien/Baltimore: Urban & Schwarzenberg, 1985, S. 288-293.

Imorde, Johannes, 1987: Folkmusiker, Liedermacher und Massenmedien, in: Studienkreis Rundfunk und Geschichte, Mitteilungen 13 (1987), Nr. 1, S. 66-73.

InformationsZentrum Sozialwissenschaften, 1994: Recherche Musiksoziologie, Bonn, unveröff., 1994.

Institut für Sozialforschung, 1956: Kunst- und Musiksoziologie, in: Dass.: Soziologische Exkurse. Nach Vorträgen und Diskussionen, (Frankfurter Beiträge zur Soziologie, Bd. 4), Frankfurt am Main: Europäische Verlagsanstalt/basis, 1956, S. 93-105.

Jähnichen, Gisa, 1990: Gegenwärtiges Liedschaffen in Südvietnam. Musikalisches Denken und gesellschaftliches Musikverständnis, Diss. Humboldt-Universität Berlin, unveröff., 1990.

Jelinek, Elfriede und Ferdinand Zellwecker und Wilhelm Zobl, 1972: Materialien zur Musiksoziologie, Wien/München: Jugend und Volk, 1972.

Jenne, Michael, 1970: Soziologische Thesen zum Musikunterricht. Funktion von Kunst und Musik in der Gesellschaft, in: Neue Musikzeitung 14 (1970).

Jensen, Helmut, 1979: Theodor W. Adorno (1903 - 1969), in: Silbermann, Alphons (Hg.): Klassiker der Kunstsoziologie, (Beck'sche Schwarze Reihe, Bd. 197), München: Beck, 1979, S. 223-241.

Jerrentrup, Ansgar, 1986: Aspekte der Entstehung übernationaler jugendlicher Alternativ- und Gegenkulturen und ihr Verhältnis zur Popularmusik, in: Zeitschrift für Kulturaustausch 36 (1986), S. 108-119.

Jones, Robert T., 1987: Introduction, in: Glass, Philip: Music by Philip Glass, edited and with supplementary material by Robert T. Jones, New York usw.: Harper & Row, 1987, S. I-XX.

Jost, Ekkehard, 1974: Zum Problem des politischen Engagements im Jazz, in: jazzforschung (Jg. 1973), 1974, S. 33-43.

Jost, Ekkehard, 1978: Zur Ökonomie und Ideologie der sogenannten Fusion Music, in: jazzforschung (Jg. 1977), 1978, S. 9-24.

Jost, Ekkehard, 1982: Jazzmusiker. Materialien zur Soziologie der afro-amerikanischen Musik, (Ullstein Buch, Bd. 35129), Frankfurt am Main: Ullstein, 1982.

Jost, Ekkehard, 1989: Reflexionen über die Soziologie des Jazz, in: Annali di sociologia 5/1 (1989), S. 237-244.

Jungheinrich, Hans-Klaus, 1986: Der Musikdarsteller. Zur Kunst des Dirigenten, Frankfurt am Main: Fischer, 1986.

Jungheinrich, Hans-Klaus (Hg.), 1987: Nicht versöhnt. Musikästhetik nach Adorno, Kassel: Bärenreiter, 1987.

Jungheinrich, Hans- Klaus und Luca Lombardi (Hgg.), 1977: Musik im Übergang. Von der bürgerlichen zur sozialistischen Musikkultur, München: Damnitz, 1977.

Kaden, Christian, 1985: Musiksoziologie, Lizenzaufl., [1: 1984], Wilhelmshaven: Heinrichshofen, 1985.

Kaden, Christian, 1989: Musikethnologische Erfahrung als Quelle soziologischer Theoriebildung, in: Annali di sociologia 5/1 (1989), S. 351-372.

Kaden, Christian, 1992: Abschied von der Harmonie der Welt. Zur Genese des neuzeitlichen Musikbegriffs, in: Lipp, Wolfgang (Hg.): Gesellschaft und Musik. Wege zur Musiksoziologie, Festgabe für Robert H. Reichardt z. 65. Geb., Sociologia internationalis, Beih. 1, Berlin: Duncker & Humblot, 1992, S. 27-53.

Kaden, Christian [Rez.], 1990: Volker Kalisch: Entwurf einer Wissenschaft von der Musik. Guido Adler, Baden-Baden, 1988 (Rez.), in: Soziologische Revue 13 (1990), S. 214-216.

Kalisch, Volker, 1981: Zur Rezeption der Max Weberschen Musiksoziologie - aus musiksoziologischer Sicht, in: IRASM 12 (1981), S. 165-180.

Kalisch, Volker, 1988: Max Webers Studie "Die rationalen und soziologischen Grundlagen der Musik" - wi(e)dergelesen, in: Leviathan 16 (1988), S. 563-574.

Kalisch, Volker, 1989: Autonomer Mensch und autonome Musik. Die bürgerliche Musikkultur, in: Annali di sociologia 5/1 (1989), S. 45-61.

Kalisch, Volker, 1990: Studien zur "bürgerlichen Musikkultur", Diss. Universität Tübingen, unveröff., 1990.

Kannonier, Reinhard, 1992: Gesellschaftliche Moderne und künstlerische Avantgarde, in: Lipp, Wolfgang (Hg.): Gesellschaft und Musik. Wege zur Musiksoziologie, Festgabe für Robert H. Reichardt z. 65. Geb., Sociologia internationalis, Beih. 1, Berlin: Duncker & Humblot, 1992, S. 115-130.

Karallus, Manfred, 1983: Editorial. Musik im Faschismus - Faschismus in der Musik, in: Neue Zeitschrift für Musik 144 (1983), H. 3, S. 1.

Karbusicky, Vladimir, 1973: Ideologie im Lied - Lied in der Ideologie. Kulturanthropologische Strukturanalyse, (Musikalische Volkskunde. Materialien und Analysen, Bd. 2), Köln: Gerig, 1973.

Karbusicky, Vladimir, 1974: Ein Ende der System-Ästhetiken? Zum Widerspiegelungsmodell der Musik in Lukács' "Ästhetik", in: KZfSS, Sh. 17 (1974), S. 68-92.

Karbusicky, Vladimir, 1975a: Empirische Musiksoziologie. Erscheinungsformen, Theorie und Philosophie des Bezugs "Musik-Gesellschaft", Wiesbaden: Breitkopf & Härtel, 1975.

Karbusicky, Vladimir, 1975b: Zur empirisch-soziologischen Musikforschung, [1: 1965], in: Kneif, Tibor (Hg.): Texte zur Musiksoziologie, Köln: Arno Volk, 1975, S. 253-267.

Karbusicky, Vladimir, 1975c: Soziologische Aspekte der Volksliedforschung, in: Brednich, Rolf Wilhelm und Lutz Röhrich und Wolfgang Suppan (Hgg.): Handbuch des Volksliedes, Bd. 2: Historisches und Systematisches - Interethnische Beziehungen - Musikethnologie, (Motive. Freiburger Folkloristische Forschungen, Bd. 1/II), München: Fink, 1975, S. 45-88.

Karbusicky, Vladimir, 1977: Musikwerk und Gesellschaft, (Fragmente als Beiträge zur Musiksoziologie, Bd. 2), Wien/München: Doblinger, 1977.

Karbusicky, Vladimir (Hg.), 1987: Das Musikleben in einer Stadt. Berichte aus dem Seminar "Zur Methode der 'Beobachtung' in der Musiksoziologie" im Sommersemester 1982, musikwissenschaftliches Institut der Universität Hamburg, 2. Aufl. m. e. Anhang, [1: 1983], Hamburg: Musikwissenschaftliches Institut der Universität Hamburg, 1987.

Kayser, Dietrich, 1975: Schlager - Das Lied als Ware. Untersuchungen zu einer Kategorie der Illusionsindustrie, Stuttgart: Metzler, 1975.

Keiter, Friedrich, 1956: Leben und Ordnung der Gesellschaft, in: Ziegenfuß, Werner (Hg.): Handbuch der Soziologie, Stuttgart: Enke, 1956, S. 716-780.

Khadiri, Said, 1963: Das Musikinteresse deutscher Gymnasiasten. Eine Untersuchung an Gymnasien der Stadt Heidelberg, Diss. Universität Heidelberg, unveröff., 1963.

Kinkel, Johanna, 1980: Musik als Mode [1: 1852], in: Rieger, Eva (Hg.): Frau und Musik. Mit Beiträgen von Nina d'Aubigny, Adele Gerhard, Johanna Kinkel, Alma Mahler-Werfel, Clara Schumann u. a., Frankfurt am Main: Fischer Taschenbuch, 1980, S. 48-50.

Kirchner, Rolf, 1985: Von der Geige zur Gitarre. Zur Musizierpraxis von Jugendlichen, in: Fischer, Arthur und Werner Fuchs und Jürgen Zinnecker / Jugendwerk d. Dt. Shell (Hgg.): Jugendliche und Erwachsene '85. Generationen im Vergleich, Bd. 2: Freizeit und Jugendkultur, Leverkusen: Leske und Budrich, 1985, S. 127-141.

Klassen, Ralf und Christian Seidl, 1994: Die Rechten und die Gerechten, in: Pop & Politik. Spiegel Spezial 2 (1994), S. 28-33.

Klausmeier, Friedrich, 1959: Das Musikinteresse der höheren Schüler in Köln und sein Bezug zur Konfession, in: KZfSS 11 (1959), S. 460-495.

Klausmeier, Friedrich, 1963: Jugend und Musik im technischen Zeitalter. Eine repräsentative Befragung in einer westdeutschen Großstadt, Bonn: Bouvier, 1963.

Klausmeier, Friedrich, 1965: Musikpädagogik aus soziologischer Sicht, in: Kraus, Egon (Hg.): Fortschritt und Rückbildung in der deutschen Musikerziehung. Vorträge der sechsten Bundesschulmusikwoche Bonn 1965, Mainz: Schott, 1965, S. 94-105.

Klausmeier, Friedrich, 1967: Motivationen des Singens und des Liedes in unserer Gesellschaft, in: Bundeszentrale für politische Bildung (Hg.): Das Politische im Lied. Politische Momente in Liedpflege und Musikerziehung, (Schriftenreihe der Bundeszentrale für politische Bildung, Bd. 76), Bonn: Bundeszentrale für politische Bildung, S. 10-19.

Klausmeier, Friedrich, 1972a: Vorurteile in den Einstellungen zur Musik, in: Musik und Bildung 4 (1972), S. 69-74.

Klausmeier, Friedrich, 1972b: Musik als Mittel sozialer Integration in Israel. Bericht nach einer Studienreise, in: Musik und Bildung 4 (1972), S. 20-24.

Klausmeier, Friedrich, 1978: Die Lust, sich musikalisch auszudrücken. Eine Einführung in sozio-musikalisches Verhalten, Reinbek bei Hamburg: Rowohlt, 1978.

Kleinen, Günter, 1973: Jugend und musikalische Subkultur. Verhaltensweisen der jungen Generation in der industriellen Gesellschaft, Bericht über ein Symposion des IMDT, unveränd. Nachdruck, [1: 1972], Regensburg: Bosse, 1973.

Kleinen, Günter, 1983: Massenmusik. Die befragten Macher, (Schriften zur Musikpädagogik, Bd. 11), Wolfenbüttel/Zürich: Möseler, 1983.

Kleinen, Günter, 1985: Musik als Mittel der Erziehung, in: Bruhn, Herbert und Rolf Oerter und Helmut Rösing (Hgg.): Musikpsychologie. Ein Handbuch in Schlüsselbegriffen, München/Wien/Baltimore: Urban & Schwarzenberg, 1985, S. 331-338.

Klotz, Volker, 1983: Ersehnter Gleichklang von Liberté und Fraternité. Antibürgerliche Aufrührerei in der bürgerlichen Operette, an Beispielen von Strauss und Suppè, in: Argument - Sonderband, Bd. 101, S. 17-34.

Klusen, Ernst, 1975a (unter Mitarbeit von Vladimir Karbusicky und W. Schepping): Zur Situation des Singens in der Bundesrepublik Deutschland, Bd. 1: Der Umgang mit dem Lied, (Musikalische Volkskunde, Materialien und Analysen, Bd. 4), Köln: Gerig, 1975.

Klusen, Ernst, 1975b (unter Mitarbeit von Vladimir Karbusicky und W. Schepping): Zur Situation des Singens in der Bundesrepublik Deutschland, Bd. 2: Die Lieder, (Musikalische Volkskunde, Materialien und Analysen, Bd. 5), Köln: Gerig, 1975.

Klusen, Ernst, 1978: Elektronische Medien als Stimulans musikalischer Laienaktivitäten, in: Rösing, Helmut (Hg.): Symposium Musik und Massenmedien. Referate gehalten am 10./11. Juni in Saarbrücken, München/Salzburg: Katzbichler, 1978, S. 21-28.

Kneif, Tibor, 1968: Zeichen und Gleichnis. Über zwei Anschauungsmodelle der Musiksoziologie, in: Neue Zeitschrift für Musik 129 (1968), S. 444-446.

Kneif, Tibor, 1971: Musiksoziologie, (Musik-Taschen-Bücher Theoretica, Bd. 9), Köln: Gerig, 1971.

Kneif, Tibor, 1975: Der Gegenstand musiksoziologischer Erkenntnis, [1: 1966], in: Ders. (Hg.): Texte zur Musiksoziologie, Köln: Arno Volk, 1975, S. 78-102.

Kneif, Tibor (Hg.), 1975: Texte zur Musiksoziologie, Köln: Arno Volk, 1975.

Kneif, Tibor [Rez.], 1966: E. D. Mackerness: A Social History of English Music, London/Toronto, 1964 (Rez.), in: KZfSS 18 (1966), S. 384 f.

Knoll, Reinhard, 1992a: Für Robert H. Reichardt, in: Lipp, Wolfgang (Hg.): Gesellschaft und Musik. Wege zur Musiksoziologie, Festgabe für Robert H. Reichardt z. 65. Geb., Sociologia internationalis, Beih. 1, Berlin: Duncker & Humblot, 1992, S. 21-24.

Knoll, Reinhard, 1992b: Die Wiedergeburt der Triebe aus der Musik, in: Lipp, Wolfgang (Hg.): Gesellschaft und Musik. Wege zur Musiksoziologie, Festgabe für Robert H. Reichardt z. 65. Geb., Sociologia internationalis, Beih. 1, Berlin: Duncker & Humblot, 1992, S. 209-225.

Koch, Albrecht, 1987: Angriff auf's Schlaraffenland. 20 Jahre deutschsprachige Popmusik, (Ullstein-Buch, Bd. 36540), Frankfurt am Main/Berlin: Ullstein, 1987.

Koch, Lars Christian, 1986: Rolle und Funktion der Musik in außereuropäischen Heilungsriten, in: Curare 9 (1986), S. 45-50.

Köhler, Peter und Peter Schacht, o.J.: Die Jazzmusiker. Zur Soziologie einer kreativen Randgruppe, Freiburg: Roter Punkt, o.J.

Kötter, Eberhard, 1968: Der Einfluß übertragungstechnischer Faktoren auf das Musikhören. Eine experimentelle Untersuchung, (Veröffentlichungen des staatlichen Instituts für Musikforschung, Preussischer Kulturbesitz, Bd. 3), Köln: Arno Volk, 1968.

Kohler, Stephan, 1983: "Ich als 'Verfemter des Geistes' ...": Richard Strauss und das Dritte Reich. Zur Legendenbildung in der Musikgeschichtsschreibung, in: Neue Zeitschrift für Musik 144 (1983), H. 1, S. 4-6.

Kolland, Dorothea, 1979: Die Jugendmusikbewegung. Gemeinschaftsmusik, Theorie und Praxis, zugl. Diss. Technische Universität Berlin 1978, Stuttgart: Metzler, 1979.

Kolleritsch, Otto (Hg.), 1979: Adorno und die Musik, Graz: Universal-Edition, 1979.

Kolneder, Wolfgang, 1961: Pädagogisch-soziologische Betrachtungen zur Neuen Musik, in: Stilkriterien der Neuen Musik, (Veröffentlichungen des Instituts für Neue Musik und Musikerziehung Darmstadt, Bd. 1), Berlin: Merseburger, 1961, S. 82-93.

Korn, Peter Jona, 1975: Musikalische Umweltverschmutzung. Polemische Variationen über ein unerquickliches Thema, Wiesbaden: Breitkopf & Härtel, 1975.

Koskoff, Ellen, 1987: An Introduction to Women, Music, and Culture, in: Koskoff, Ellen (Hg.): Women and music in cross-cultural perspective, (Contributions in women's Studies, Bd. 79), New York usw.: Greenwood Press, 1987, S. 1-23.

Koskoff, Ellen (Hg.), 1987: Women and music in cross-cultural perspective, (Contributions in women's Studies, Bd. 79), New York usw.: Greenwood Press, 1987.

Koster, Ernst, 1958: Musik im Fernsehen, in: Eisner, Lotte H. und Heinz Friedrich (Hgg.): Film, Rundfunk, Fernsehen, Frankfurt am Main: Fischer, 1958, S. 175-179.

Kraemer, Rudolf-Dieter und Wolfgang Schmidt-Brunner (Hgg.), 1983: Musikpsychologische Forschung und Musikunterricht. Eine kommentierte Bibliographie zu Forschungsbereichen musikpädagogischer Psychologie, Mainz usw.: Schott, 1983.

Krappmann, Lothar, 1989: Artikel "Interaktion", in: Endruweit, Günter und Gisela Trommsdorff (Hgg.): Wörterbuch der Soziologie, Bd. 2, Stuttgart: Enke, 1989, S. 310.

Kubik, Gerhard, 1983: Verstehen in afrikanischen Musikkulturen, in: Simon, Arthur (Hg.): Musik in Afrika. 20 Beiträge zur Kenntnis traditioneller afrikanischer Musikkulturen, (Veröffentlichungen des Museums für Völkerkunde Berlin. Neue Folge, Bd. 40), Berlin: Staatliche Museen Preußischer Kulturbesitz, Museum für Völkerkunde, 1983, S. 313-326.

Kühn, Volker, 1983: Man muß das Leben nehmen, wie es eben ist... Anmerkungen zum Schlager und seiner Fähigkeit, mit der Zeit zu gehen, in: Neue Zeitschrift für Musik 144 (1983), H. 11, S. 4-10.

Kuna, Milan, 1993: Musik an der Grenze des Lebens. Musikerinnen und Musiker aus böhmischen Ländern in nationalsozialistischen Konzentrationslagern und Gefängnissen, a. d. Tschech. v. Eliška Nováková, Frankfurt am Main: Zweitausendeins, 1993.

Kürschner, 1987: Kürschners Deutscher Gelehrten-Kalender 1987. Bio-bibliographisches Verzeichnis deutschsprachiger Wissenschaftler der Gegenwart, hg. v. Werner Schuder, 15. Ausg., 3 Bde., Berlin/New York: de Gruyter, 1987.

Kürschner, 1992: Kürschners Deutscher Gelehrten-Kalender 1992. Bio-bibliographisches Verzeichnis deutschsprachiger Wissenschaftler der Gegenwart, 16. Ausg., 3 Bde., Berlin/New York: de Gruyter, 1992.

Lahusen, Christian, 1991: "Unsere Stimme erwacht...". Populäre Musikkultur und nationale Frage im heutigen Spanien, (Forschungen zu Spanien, Bd. 5), Saarbrücken/Fort Lauderdale: breitenbach, 1991.

Lahusen, Christian, 1996: The Rhetoric of Moral Protest. Public Campaigns, Celebrity Endorsement and Political Mobilization, (de Gruyter Studies in Organization, Bd. 76), Berlin/New York: de Gruyter, 1996.

Laing, Dave, 1985: One Chord Wonders. Power and Meaning in Punk Rock, Milton Keynes/Philadelphia: Open University Press, 1985.

La Motte-Haber, Helga de, 1985: Handbuch der Musikpsychologie. Mit 85 Abbildungen, 19 Notenbeispielen und 39 Tabellen, Laaber: Laaber, 1985.

Langer, Susanne K., 1984: Philosophie auf neuem Wege. Das Symbol im Denken, im Ritus und in der Kunst, a. d. Amerik. v. Ada Löwith, ungekürzte Taschenbuchausg., Frankfurt am Main: Fischer Taschenbuch, 1984.

Leitner, Olav, 1984: Stimmungskanonen für die Kämpfe der Zeit. Die Unterhaltungskunst der DDR 1984 zwischen Resignation und Reorganisation, in: Aus Politik und Zeitgeschichte (1984), B 21, S. 3-16.

Leitner, Olav, 1985: "Tanze, Kanzler, tanze" - oder: Was bleibt, sind die Politiker. Die Regierenden als Objekt heimischer Rock-Poesie, in: Aus Politik und Zeitgeschichte (1984), B 1, S. 16-19.

Lentz, Vera, 1984: Zur Vermittlungsanalyse neuer Musikproduktionen, Diss. Universität Frankfurt am Main, unveröff., 1984.

Leppert, Richard und Susan McClary (Hgg.), 1987: Music and Society. The politics of composition, performance and reception, Cambridge usw.: Cambridge University Press, 1987.

Lipp, Wolfgang, 1992a: Gesellschaft und Musik. Zur Einführung, in: Lipp, Wolfgang (Hg.): Gesellschaft und Musik. Wege zur Musiksoziologie, Festgabe für Robert H. Reichardt z. 65. Geb., Sociologia internationalis, Beih. 1, Berlin: Duncker & Humblot, 1992, S. 9-19.

Lipp, Wolfgang, 1992b: Mozarts "Ehre". Genie und Gesellschaft, in: Lipp, Wolfgang (Hg.): Gesellschaft und Musik. Wege zur Musiksoziologie, Festgabe für Robert H. Reichardt z. 65. Geb., Sociologia internationalis, Beih. 1, Berlin: Duncker & Humblot, 1992, S. 187-208.

Lipp, Wolfgang (Hg.), 1992: Gesellschaft und Musik. Wege zur Musiksoziologie, Festgabe für Robert H. Reichardt z. 65. Geb., Sociologia internationalis, Beih. 1, Berlin: Duncker & Humblot, 1992.

Lisa 1995: Lisa. Die Freiheit nehme ich mir 1 (1995), Nr. 1.

Lossow, Wilfried von, 1994: Brief zur SOLIS-Recherche Musiksoziologie, 12.10.1994, unveröff.

Lüdtke, Hartmut, 1986: Was ist Popmusik? Musikalische Rezeptionsforschung mit dem "klingenden Fragebogen", in: Lüdtke, Hartmut und Sigurd Agricola und Uwe Volker Karst (Hgg.): Methoden der Freizeitforschung, Opladen: Leske und Budrich, 1986, S. 229-271.

Ludwig, Wolfgang, 1992: Untersuchungen zum musikalischen Schaffen von Frank Zappa. Eine musiksoziologische und -analytische Studie zur Bestimmung des musikalischen Stils, (Europäische Hochschulschriften, Reihe XXXVI, Musikwissenschaft, Bd. 88), zugl. Diss. Universität Berlin 1991, Frankfurt am Main usw.: Lang, 1992.

Lunatscharskij, Analolij W., 1975a: Musik und Revolution, [1: 1927], a. d. Russ. v. Vladimir Karbusicky, in: Kneif, Tibor (Hg.): Texte zur Musiksoziologie, Köln: Arno Volk, 1975, S. 103-105.

Lunatscharskij, Analolij W., 1975b: Eine Veränderung in der Kunstwissenschaft, [1: 1927], a. d. Russ. v. Vladimir Karbusicky, in: Kneif, Tibor (Hg.): Texte zur Musiksoziologie, Köln: Arno Volk, 1975, S. 106-108.

McClary, Susan, 1991: Feminine Endings. Music, Gender and Sexuality, Minneapolis: University of Minnesota Press, 1991.

Maier, Joseph, 1980: Artikel "Honigsheim, Paul", in: Bernsdorf, Wilhelm und Horst Knospe (Hgg.): Internationales Soziologenlexikon, Bd. 1: Beiträge über bis Ende 1969 verstorbene Soziologen, 2., neu bearb. Aufl., Stuttgart: Enke, 1984, S. 186.

Malabe, Frank und Bob Weiner, 1990: Afro-Cuban Rhythms For Drumset, New York: Manhattan Music, 1990.

Mark, Desmond, 1989: Die Veränderung der Musiklandschaft durch neue Medien und Probleme des Urheberrechts, in: Annali di sociologia 5/1 (1989), S. 281-302.

Materne, Gerd, 1953: Soziale und wirtschaftliche Probleme des Musikers, zugl. Diss. Universität Mannheim 1953, München: Bauer, 1953.

Mayer, Günter, 1975: Zur Dialektik des musikalischen Materials, [1: 1966], in: Kneif, Tibor (Hg.): Texte zur Musiksoziologie, Köln: Arno Volk, 1975, S. 200-226.

Meier-Dallach, Hans-Peter und Hanna Meier, 1992: Die Stadt als Tonlandschaft. Beobachtungen und soziologische Überlegungen, in: Lipp, Wolfgang (Hg.): Gesellschaft und Musik. Wege zur Musiksoziologie, Festgabe für Robert H. Reichardt z. 65. Geb., Sociologia internationalis, Beih. 1, Berlin: Duncker & Humblot, 1992, S. 415-428.

Mersmann, Hans, 1975: Soziologie als Hilfswissenschaft der Musikgeschichte, [1: 1953], in: Kneif, Tibor (Hg.): Texte zur Musiksoziologie, Köln: Arno Volk, 1975, S. 52-66.

Mertens, Wim, 1983: American Minimal Music. La Monte Young, Terry Riley, Steve Reich, Philip Glass, preface by Michael Nyman, a. d. Niederländ. v. J. Hautekiet, London/New York: Kahn & Averill/Alexander Broude, 1983.

Meyer, Detlev, 1991: Ein letzter Dank an den Leichtathleten. Biographie der Bestürzung, Bd. 3, ungekürzt. Lizenzausg., [1: 1989], Frankfurt am Main: Fischer Taschenbuch, 1991.

Mezger, Werner, 1980: Discokultur. Die jugendliche Superszene, Heidelberg: Quelle & Meyer, 1980.

Mierendorff, Marta [Rez.], 1959: Alphons Silbermann: Wovon lebt die Musik? Die Prinzipien der Musiksoziologie, Regensburg, 1957 (Rez.), in: Soziale Welt 10 (1959), S. 180-182.

Mierendorff, Marta [Rez.], 1961: Alphons Silbermann: Musik, Rundfunk und Hörer. Die soziologischen Aspekte der Musik am Rundfunk, Köln/Opladen, 1959 (Rez.), in: Soziale Welt 12 (1961), S. 190 f.

Miller, Manfred, 1970: Die zweite Akkulturation. Ein musiksoziologischer Versuch zur Entstehung des Swing, in: jazzforschung (Jg. 1969), 1970, S. 148-159.

Mörth, Ingo [Rez.], 1993: Norbert Elias: Mozart. Zur Soziologie eines Genies, Frankfurt am Main, 1991 (Rez.), in: Soziologische Revue 16 (1993), S. 33-35.

Mueller, John Henry, 1958: Music and Education. A Sociological Approach, in: Henry, Nelson B. (Hg.): Basic Concepts in Music Education, Part 1, Chicago: University of Chicago Press, 1958, S. 88-122.

Mueller, John Henry, 1963: Fragen des musikalischen Geschmacks. Eine musiksoziologische Studie, a. d. Amerik. v. Hans Gerd Schütte, (Kunst und Kommunikation. Schriften zur Kunstsoziologie und Massenkommunikation, Bd. 8), Köln/Opladen: Westdeutscher Verlag, 1963.

Mueller, John Henry [Rez.], 1964: Alphons Silbermann: The Sociology of Music, a. d. Deutsch. v. Corbet Stewart, London, 1963 (Rez.), in: KZfSS 16 (1964), S. 186-189.

Müller, Thomas, 1990: Die Musiksoziologie Theodor W. Adornos. Ein Modell ihrer Interpretation am Beispiel Alban Bergs, (Campus Forschung, Bd. 642), zugl. Diss. Universität Frankfurt am Main 1988, Frankfurt am Main: Campus, 1990.

Müller, Thomas, 1991: Mimesis und Musik. Zum Verhältnis von Natur(-Material) und Kompositions-(Technik) bei Gustav Mahler, in: Glatzer, Wolfgang (Hg.): 25. Deutscher Soziologentag "Die Modernisierung moderner Gesellschaften". Sektionen, Arbeits- und Ad hoc-Gruppen, Ausschuß für Lehre, Opladen: Westdeutscher Verlag, 1991, S. 918-921.

Müller-Doohm, Stefan, 1993: Visuelles Verstehen. Konzepte kultursoziologischer Bildhermeneutik, in: Jung, Thomas und Stefan Müller-Doohm (Hgg.): "Wirklichkeit" im Deutungsprozeß. Verstehen und Methoden in den Kultur- und Sozialwissenschaften, (suhrkamp taschenbuch wissenschaft, Bd. 1048), Frankfurt am Main: Suhrkamp, 1993, S. 438-457.

Münkler, Herfried, 1987: Mythos und Politik. Aischylos' "Orestie" und Wagners "Ring", in: Leviathan 15 (1987), S. 562-580.

Mund, Frank, 1993: Überlegungen zu J. S. Bachs lebensgeschichtlichem Wandel am Ende der 1730er Jahre. Eine psychologisch-biographische Studie in Grenzgebieten, Diss. Humboldt-Universität Berlin, unveröff., 1993.

Musik und Bildung, 1972: Musiksoziologie heute, Musik und Bildung 4 (1972), H. 2.

Musikerziehung in Nordrhein-Westfalen, 1976: Musikerziehung in Nordrhein-Westfalen, (Strukturförderung im Bildungswesen des Landes Nordrhein-Westfalen, eine Schriftenreihe des Kultusministers, Bd. 29), Köln: Greven, 1976.

Nauck-Börner, Christa, 1980: Logische Analyse von Hörertypologien und ihrer Anwendung in der Musikpädagogik, (Beiträge zur Systematischen Musikwissenschaft, Bd. 5), zugl. Diss. PH Rheinland, Hamburg: Wagner, 1980.

Neißer, Horst F. und Werner Mezger und Günter Verdin, 1979: Jugend in Trance? Diskotheken in Deutschland, Heidelberg: Quelle & Meyer, 1979.

Neitzert, Lutz, 1990: Die Geburt der Moderne, der Bürger und die Tonkunst. Zur Physiognomie der ver-öffentlichten Musik, zugl. Diss. Universität Marburg 1989, Stuttgart: Steiner, 1990.

Neuenschwander, Leni (Hg.), o.J.: Die Frau in der Musik. Die internationalen Wettbewerbe für Komponistinnen 1950-1989, eine Dokumentation, o.O.:o.V., o.J.

Niketta, Reiner, 1979: Experimentelle Untersuchungen zum Einfluß explorationstheoretischer Variablen auf das ästhetische Verhalten bei Rock-Musik, Diss. Universität Mannheim, unveröff., 1979.

Niketta, Reiner, 1982a: Konstrasteffekte in der Rezeption von Rockmusik mit unterschiedlicher Komplexität, in: Gigerenzer, Gerd und Viktor Sarris: Psychophysik heute. Aktuelle Probleme und Ergebnisse, (Psychologische Beiträge, Bd. 24), S. 340-342.

248

Niketta, Reiner, 1982b: Zum Einfluß explorationstheoretischer Variablen auf die Rezeption von Rockmusik, (Bielefelder Arbeiten zur Sozialpsychologie, Bd. 85), Bielefeld: Universität Bielefeld, 1982.

Niketta, Reiner, 1984a: Musik und Gruppenstrukturen von Rockmusikgruppen, (Bielefelder Arbeiten zur Sozialpsychologie, Bd. 111), Bielefeld: Universität Bielefeld, 1984.

Niketta, Reiner, 1984b: Skalierung der Komplexität von Rockmusikstücken, (Bielefelder Arbeiten zur Sozialpsychologie, Bd. 116), Bielefeld: Universität Bielefeld, 1984.

Niketta, Reiner, 1985a: Rockmusikgruppen, in: Bruhn, Herbert und Rolf Oerter und Helmut Rösing (Hgg.): Musikpsychologie. Ein Handbuch in Schlüsselbegriffen, München/Wien/Baltimore: Urban & Schwarzenberg, 1985, S. 385-389.

Niketta, Reiner, 1985b: Skalierung der Komplexität von Rockmusikstücken, in: Bastian, Hans Günther (Hg.): Musikpädagogische Forschung, Bd. 6, Laaber: Laaber, 1985, S. 235-252.

Niketta, Reiner, 1985c: Urteils- und Meinungsbildung, in: Bruhn, Herbert und Rolf Oerter und Helmut Rösing (Hgg.): Musikpsychologie. Ein Handbuch in Schlüsselbegriffen, München/Wien/Baltimore: Urban & Schwarzenberg, 1985, S. 312-323.

Niketta, Reiner, 1986a: Musik und Gruppenstrukturen von Rockmusikgruppen, in: Gruppendynamik 17 (1986), S. 95-105.

Niketta, Reiner, 1986b: Selbstaufmerksamkeit und Erleben von Musik unterschiedlicher Komplexität, (Bielefelder Arbeiten zur Sozialpsychologie, Bd. 128), Bielefeld: Universität Bielefeld, 1986.

Niketta, Reiner, 1986c: Selbstaufmerksamkeit und Erleben von Rockmusik unterschiedlicher Komplexität, in: Behne, Klaus-Ernst und Günter Kleinen und Helga de la Motte-Haber (Hgg.): Musikpsychologie. Empirische Forschungen - Ästhetische Experimente, Jahrbuch der Deutschen Gesellschaft für Musikpsychologie, Bd. 3 (1986), Wilhelmshaven: Noetzel, 1986, S. 153-175.

Niketta, Reiner, 1987: Determinanten ästhetischer Urteilsbildung. Theoretische und experimentelle Untersuchungen zu einer Sozialpsychologie der Ästhetik, Habil. Universität Bielefeld, unveröff., 1987.

Niketta, Reiner, 1988: Zum Einfluß kognitiver Belastung auf die Beurteilung von Musikstücken unterschiedlicher Komplexität, (Bielefelder Arbeiten zur Sozialpsychologie, Bd. 142), Bielefeld: Universität Bielefeld, 1988.

Niketta, Reiner, 1990a: Komplexität und Prototypikalität als Determinanten der ästhetischen Urteilsbildung, Projektendbericht Universität Bielefeld, unveröff., 1990.

Niketta, Reiner, 1990b: Zum Einfluß kognitiver Belastung auf die Beurteilung von Musikstücken unterschiedlicher Komplexität, in: Zeitschrift für experimentelle und angewandte Psychologie 37 (1990), S. 226-280.

Niketta, Reiner, 1991a: Was ist prototypische Rockmusik? Zum Zusammenhang zwischen Prototypikalität, Komplexität und ästhetischem Urteil, in: Behne, Klaus-Ernst und Günter Kleinen und Helga de la Motte-Haber (Hgg.): Musikpsychologie. Empirische Forschungen - Ästhetische Experimente, Jahrbuch der Deutschen Gesellschaft für Musikpsychologie, Bd. 7 (1991), Wilhelmshaven: Noetzel, 1991, S. 35-60.

Niketta, Reiner, 1991b: Sozialpsychologie der Ästhetik. Der Stand der Dinge, in: Frey, Dieter (Hg.): Bericht über den 37. Kongreß der Deutschen Gesellschaft für Psychologie in Kiel 1990, Göttingen: Hogreve, 1991, S. 365-370.

Niketta, Reiner und Uwe Niepel und Sabine Nonninger, 1983: Gruppenstrukturen in Rockmusikgruppen, in: Klüppelholz, Werner (Hg.): Musikpädagogische Forschung, Bd. 4, Laaber: Laaber, 1983, S. 144-161.

Niketta, Reiner und Hans-Joachim Stiensmeier, 1983: Zum Einfluß der Erregung auf die Beurteilung von Musikstücken unterschiedlicher Komplexität, (Bielefelder Arbeiten zur Sozialpsychologie, Bd. 102), Bielefeld: Universität Bielefeld, 1983.

249

Niketta, Reiner und Eva Volke, 1992a: "Das Spielen von Heavy Metal ist Präzisionsarbeit". Einstellungen von Rockmusikern und Rockmusikerinnen zum Musizieren, (Arbeitsberichte aus dem Forschungsprojekt "Popularmusik in Deutschland", Report Nr. 8), Wuppertal: Sekretariat für gemeinsame Kulturarbeit NRW / Zentrum für Musik und Kommunikationstechnologie, 1992.

Niketta, Reiner und Eva Volke, 1992b: Medienaktivitäten von Rockmusikgruppen, (Arbeitsberichte aus dem Forschungsprojekt "Popularmusik in Deutschland", Report Nr. 7), Wuppertal: Zentrum für Musik und Kommunikationstechnologie, 1992.

Niketta, Reiner und Eva Volke, 1993a: rocksie! auf dem Prüfstand. Evaluation der rocksie!-Workshops, Dortmund: Kultur Kooperative Ruhr, 1993.

Niketta, Reiner und Eva Volke, 1993b: Weiterbildungsbedarf von Rockmusikern und Rockmusikerinnen, in: Schulten, Maria Luise (Hg.): Musikpädagogische Forschung, Bd. 14, Essen: Die Blaue Eule, 1993, S. 120-130.

Niketta, Reiner und Eva Volke, 1994a: Rock und Pop in Deutschland. Ein Handbuch für öffentliche Einrichtungen und andere Interessierte, Essen: Klartext, 1994.

Niketta, Reiner und Eva Volke, 1994b: Lebensstile von Rockmusikern, (Bielefelder Arbeiten zur Sozialpsychologie, Bd. 169), Bielefeld: Universität Bielefeld, 1994.

Niketta, Reiner und Eva Volke, 1994c: Öffentliche Selbstaufmerksamkeit bei Rockmusikern. Förderlich für die Karriere? in: Pawlik, Kurt (Hg.): 39. Kongreß der Deutschen Gesellschaft für Psychologie, Hamburg: Psychologisches Institut I der Universität Hamburg, 1994, S. 506 f.

Niketta, Reiner und Eva Volke und Stefanie Denger, 1994: Frauen lernen Rockmusik. Zur Evaluation der rocksie!-Workshops, in: Olias, Günter (Hg.): Musiklernen. Aneignung des Unbekannten, (Musikpädagogische Forschung, Bd. 15), Essen: Die Blaue Eule, 1994, S. 54-68.

Nutz, Walter (Hg.), 1989: Kunst, Kommunikation, Kultur. Festschrift zum 80. Geburtstag von Alphons Silbermann, Frankfurt am Main usw.: Lang, 1989.

Oberborbeck, Felix, 1955: Zur Soziologie der Jugendmusik, in: Musikleben (1955), S. 126-128.

Obrecht, Andreas J., 1992: Die Täler der Flöten. Eine ethnosoziologische Abhandlung über die symbolische, rituelle und mythologische Bedeutung der Flöten in den traditionellen Hochlandethnien Papua Neuguineas, in: Lipp, Wolfgang (Hg.): Gesellschaft und Musik. Wege zur Musiksoziologie, Festgabe für Robert H. Reichardt z. 65. Geb., Sociologia internationalis, Beih. 1, Berlin: Duncker & Humblot, 1992, S. 475-495.

O'Brien, Lucy, 1995: She Bop. The Definitive History of Women in Rock, Pop and Soul, New York usw.: Penguin Books, 1995.

Osterhammel, Jürgen [Rez.], 1993: Christoph Braun: Max Webers "Musiksoziologie", Laaber, 1992 (Rez.), in: KZfSS 45 (1993), S. 812 f.

Parsons, Tony, 1994: Gott schütze die Königin, in: Pop & Politik. Spiegel Spezial 2 (1994), S. 38-43.

Pfau, Dieter, 1991: Artikel "Musiksoziologie", in: Reinhold, Gerd (Hg.) (unter Mitarbeit von Siegfried Lamnek und Helga Recker): Soziologie-Lexikon, München/Wien: Oldenbourg, 1991, S. 409-414.

Placksin, Sally, 1989: Frauen im Jazz. Von der Jahrhundertwende bis zur Gegenwart, ihre Worte, ihr Leben, ihre Musik, a. d. Amerik. v. Lore Boas, Wien: Hannibal, 1989.

Prieberg, Fred, 1952: Das Fernsehkonzert, in: Rundfunk und Fernsehen 6 (1958), S. 140-143.

Prinz, Mario, 1992: Irische Volksmusik - Musik ohne Grenzen? in: Lipp, Wolfgang (Hg.): Gesellschaft und Musik. Wege zur Musiksoziologie, Festgabe für Robert H. Reichardt z. 65. Geb., Sociologia internationalis, Beih. 1, Berlin: Duncker & Humblot, 1992, S. 463-474.

Ptak-Wiesauer, Eva, 1989: Wer die Flöten hat, hat die Macht. Matriarchatsmythen südamerikanischer Indianer, in: Kossek, Brigitte und Dorothea Langer und Gerti Seiser (Hgg.): Verkehren der Geschlechter. Reflexionen und Analysen von Ethnologinnen, (Reihe Frauenforschung, Bd. 10), Wien: Wiener Frauenverlag, 1989, S. 127-158.

Pusch, Luise F., 1991: Das Deutsche als Männersprache. Aufsätze und Glossen zur feministischen Linguistik, (suhrkamp taschenbuch, Bd. 1915), Frankfurt am Main: Suhrkamp, 1991.

Raphael, Amy, 1995: never mind the bollocks. Women Rewrite Rock, Foreword By Deborah Harry, London: Virago, 1995.

Reimann, Horst, 1992: Die Funktion der Musik in der Opera dei Pupi, in: Lipp, Wolfgang (Hg.): Gesellschaft und Musik. Wege zur Musiksoziologie, Festgabe für Robert H. Reichardt z. 65. Geb., Sociologia internationalis, Beih. 1, Berlin: Duncker & Humblot, 1992, S. 445-462.

Reimers, Wolfgang, 1985: Sozialkritik in der Rockmusik am Beispiel Frank Zappa, (Reihe Medienwissenschaft, Bd. 2), Pfaffenweiler: Centaurus, 1985.

Reininghaus, Frieder, 1983: Den Präsidenten der Reichsmusikkammer gemimt. Richard Strauss am Höhepunkt seiner Karriere: 1933, in: Neue Zeitschrift für Musik 144 (1983), H. 1, S. 7-10.

Reinold, Helmut, 1955: Musik im Rundfunk. Ein kultursoziologisches Problem unserer Zeit, in: KZfSS 7 (1955), S. 55-69 u. 233-246.

Reinold, Helmut, 1975: Zur Bedeutung musiksoziologischen Denkens für die Musikgeschichte, [1: 1952], in: Kneif, Tibor (Hg.): Texte zur Musiksoziologie, Köln: Arno Volk, 1975, S. 21-25.

Revers, Wilhelm Josef, 1970: Das Musikerlebnis, Düsseldorf/Wien: Econ, 1970.

Richter, Hans P., 1953: Zur Soziologie und Psychologie des Hörens, in: Rufer und Hörer 7 (1952/53), S. 621-629.

Rieger, Eva, 1988: Frau, Musik & Männerherrschaft. Zum Ausschluß der Frau aus der deutschen Musikpädagogik, Musikwissenschaft und Musikausübung, 2. Aufl., Kassel: Furore, 1988.

Rieger, Eva (Hg.), 1980: Frau und Musik. Mit Beiträgen von Nina d'Aubigny, Adele Gerhard, Johanna Kinkel, Alma Mahler-Werfel, Clara Schumann u. a., Frankfurt am Main: Fischer Taschenbuch, 1980.

Rittelmeyer, Christian, 1969: Dogmatismus, Intoleranz und die Beurteilung moderner Kunstwerke, in: KZfSS 21 (1969), S. 93-105.

Rittner, Volker [Rez.], 1987: Dieter Hildebrandt: Pianoforte. Der Roman des Klaviers, München, 1985 (Rez.), in: Soziologische Revue 10 (1987), S. 234.

Robertson, Carol E., 1987: Power and Gender in the Musical Experiences of Women, in: Koskoff, Ellen (Hg.): Women and music in cross-cultural perspective, (Contributions in women's Studies, Bd. 79), New York usw.: Greenwood Press, 1987, S. 225-244.

Rösing, Helmut, 1985: Musik und Massenmedien, in: Bruhn, Herbert und Rolf Oerter und Helmut Rösing (Hgg.): Musikpsychologie. Ein Handbuch in Schlüsselbegriffen, München/Wien/Baltimore: Urban & Schwarzenberg, 1985, S. 293-301.

Rösing, Helmut, 1992: Musik als Lebenshilfe? Funktionen und Alltagskontexte, in: Lipp, Wolfgang (Hg.): Gesellschaft und Musik. Wege zur Musiksoziologie, Festgabe für Robert H. Reichardt z. 65. Geb., Sociologia internationalis, Beih. 1, Berlin: Duncker & Humblot, 1992, S. 311-331.

Rösing, Helmut (Hg.), 1978: Symposium Musik und Massenmedien. Referate gehalten am 10./11. Juni in Saarbrücken, München/Salzburg: Katzbichler, 1978.

Roghmann, Klaus, 1970: Ein Diskussionsbeitrag zur Arbeit "Dogmatismus, Intoleranz und die Beurteilung moderner Kunstwerke", in: KZfSS 22 (1970), S. 140-144.

Rohkohl, Brigitte, 1979: Rockfrauen, Reinbek bei Hamburg: Rowohlt Taschenbuch, 1979.

Rospek, Birgit, 1991: Untersuchungen zum kulturellen und politischen Funktionswandel der Gruppe Inti Illimani im Rahmen der Nueva Canción Chilena, Diss. Universität Bremen, unveröff., 1991.

Rotter, Frank, 1985: Musik als Kommunikationsmedium. Soziologische Medientheorie und Musikso-ziologie, (Soziologische Schriften, Bd. 43), Berlin: Duncker & Humblot, 1985.

Rotter, Frank, 1989: Artikel "Musiksoziologie", in: Endruweit, Günter und Gisela Trommsdorff (Hgg.): Wörterbuch der Soziologie, Bd. 2, Stuttgart: Enke, 1989, S. 457-462.

Rotter, Frank, 1992: Kultursoziologische Perspektiven musikalischen Ausdrucks, in: Lipp, Wolfgang (Hg.): Gesellschaft und Musik. Wege zur Musiksoziologie, Festgabe für Robert H. Reichardt z. 65. Geb., Sociologia internationalis, Beih. 1, Berlin: Duncker & Humblot, 1992, S. 87-114.

Rotter, Frank und Heinz Rudolf (Hgg.), 1977: Musik und Psychoanalyse. Dokumentation und Refle-xion eines Experiments psychoanalytischer Musikinterpretation in der Gruppe, Rohrdorf: Rohr-dorfer Musikverlag [früher: Herrenberg: Döring], 1977.

Ruf, Wolfgang, 1989: Artikel "Soziologie der Musik, Musiksoziologie", in: Dahlhaus, Carl und Hans Heinrich Eggebrecht (Hgg.): Brockhaus Riemann Musiklexikon, Bd. 4, erweiterte Tb.ausg., Mainz/München: Schott/Piper, 1989, S. 176-178.

Rummenhöller, Peter, 1978: Einführung in die Musiksoziologie, (Taschenbücher zur Musikwissen-schaft, Bd. 31), Wilhelmshaven: Heinrichshofen, 1978.

Rundbrief 1994: Rundbrief Frauen Machen Musik (1994), Nr. 27.

Sadie, Julie Ann und Rhian Samuel (Hgg.), 1994: The New Grove Dictionary of Women Composers, London/New York: Macmillan/Grove's Dictionaries of Music, 1994.

Salmen, Walter, 1960: Der fahrende Musiker im europäischen Mittelalter, (Die Musik im alten und neuen Europa, Bd. 4), Kassel: Hinnenthal, 1960.

Scaglia, Antonio [Rez.], 1989: Desmond Mark: John H. Mueller. Ein Pionier der Musiksoziologie, 1985 (Rez.), a. d. Ital., in: Annali di sociologia 5/1 (1989), S. 410 f.

Schaal, Richard, 1963: Verzeichnis deutschsprachiger musikwissenschaftlicher Dissertationen 1861 - 1960, (Musikwissenschaftliche Arbeiten, Bd. 19), Kassel usw.: Bärenreiter, 1963.

Schaal, Richard, 1974: Verzeichnis deutschsprachiger musikwissenschaftlicher Dissertationen 1961-1970. Mit Ergänzungen zum Verzeichnis 1861 - 1960, (Musikwissenschaftliche Arbeiten, Bd. 25), Kassel usw.: Bärenreiter, 1974.

Schädler, Stefan, 1986: Das Zyklische und das Repetitive. Zur Struktur populärer Musik, in: Prokop, Dieter (Hg.): Analysen, Kritiken, Ästhetik. Medienforschung, Bd. 3, (Fischer Taschenbücher, Bd. 6553), Frankfurt am Main: Fischer Taschenbuch, 1986, S. 302-331.

Schelsky, Detlev, 1991: Kultur auf Wanderschaft. Die Música Nordestina in Brasilien, (Europäische Hochschulschriften, Reihe XXII, Soziologie, Bd. 20), zugl. Diss. Universität Erlangen-Nürn-berg 1989, Frankfurt am Main usw.: Lang, 1991.

Schenda, Rudolf, 1970: Noch einmal: Triviallyrik - Küchenlieder, in: KZfSS 22 (1970), S. 129-134.

Schering, Arnold, 1959: Artikel "Musik", in: Vierkandt, Alfred (Hg.): Handwörterbuch der Soziolo-gie, unveränd. Neudruck, [1: 1931], Stuttgart: Enke, 1959, S. 393-399.

Schleuning, Peter, 1984: Das 18. Jahrhundert. Der Bürger erhebt sich, (Geschichte der Musik in Deutschland, (Bd. 1)), Reinbek bei Hamburg: Rowohlt Taschenbuch, 1984.

Schmidt, Hans-Christian, 1976: Musik in den Massenmedien Rundfunk und Fernsehen. Perspektiven und Materialien, Mainz: Schott, 1976.

Schmidt, Hans-Christian, o.J.: Jugend und Neue Musik. Auswirkungen von Lernprozessen auf die Be-urteilung Neuer Musik durch Jugendliche, Köln: Arno Volk, o.J.

Schmitz, Ulrich, 1978: Artikel "Musiksoziologie", in: Fuchs, Werner u.a. (Hg.): Lexikon der Sozio-logie, 2., verbesserte u. erweiterte Aufl., Opladen: Westdeutscher Verlag, 1978, S. 522.

Schoeck, Helmut, 1969: Artikel "Musiksoziologie", in: Ders.: Kleines soziologisches Wörterbuch, Freiburg/Basel/Wien: Herder, 1969, S. 236.

Schönburg-W., Wolf-Christoph von, 1976: Ein Beitrag zur Musikrezeption von Berufsschülern und Gymnasiasten. Versuch der Ermittlung "kompensierenden" Musikhörens, (Schriftenreihe zur Musik, Bd. 9), Hamburg: Wagner, 1976.

Schramm, Adelaida Reyes, 1979: Ethnic music, the urban area, and ethnomusicology, in: Sociologus 29 (1979), S. 1-21.

Schramm, Alfred, 1989: Artikel "Falsifikation und Verifikation", in: Endruweit, Günter und Gisela Trommsdorff (Hgg.): Wörterbuch der Soziologie, Bd. 1, Stuttgart: Enke, 1989, S. 190-192.

Schüller, Dietrich, 1992: Phonographische Dokumentationsmethoden in der Ethnomusikologie. Ein historisch-technisch-quellenkritischer Überblick, in: Lipp, Wolfgang (Hg.): Gesellschaft und Musik. Wege zur Musiksoziologie, Festgabe für Robert H. Reichardt z. 65. Geb., Sociologia internationalis, Beih. 1, Berlin: Duncker & Humblot, 1992, S. 505-517.

Schünemann, Georg, 1929: Zur Soziologie des Chorgesangs, in: Interessengemeinschaft für das deutsche Chorgesangwesen und Zentralinstitut für Erziehung und Unterricht (Hgg.): Organisationsfragen des Chorgesangwesens in Essen, Vorträge, Berlin/Leipzig: Quelle & Meyer, 1929, S. 9-17.

Schütte, Wilfried, 1988: Scherzkommunikation unter Orchestermusikern, Diss. Universität Bielefeld, unveröff., 1988.

Schulz, Wolfgang, 1992: Musik als Beruf. Zwischen Erfolgszwang und Entfremdung, in: Lipp, Wolfgang (Hg.): Gesellschaft und Musik. Wege zur Musiksoziologie, Festgabe für Robert H. Reichardt z. 65. Geb., Sociologia internationalis, Beih. 1, Berlin: Duncker & Humblot, 1992, S. 385-397.

Schumacher, Joachim, 1980: Organisierte Geräusche. Anmerkungen zur Nationalisierung der Musik und Musikwissenschaft in Deutschland, in: Freibeuter 6 (1980), S. 15-34.

Schweizer, Herbert [Rez.], 1992: Kurt Blaukopf: Beethovens Erben in der Mediamorphose. Kultur- und Medienpolitik für die elektronische Ära, Heiden, 1990 (Rez.), in: Soziologische Revue 15 (1992), S. 94.

Serauky, Walter, 1975: Wesen und Aufgabe der Musiksoziologie, [1: 1934], in: Kneif, Tibor (Hg.): Texte zur Musiksoziologie, Köln: Arno Volk, 1975, S. 37-51.

Serravezza, Antonio, 1989: Für eine Soziologie der Musikästhetik, a. d. Ital., in: Annali di sociologia 5/1 (1989), S. 94-111.

Shepherd, John, 1987: Music and male hegemony, in: Leppert, Richard und Susan McClary (Hgg.): Music and Society. The politics of composition, performance and reception, Cambridge usw.: Cambridge University Press, 1987, S. 151-172.

Shepherd, John u.a., 1977: Whose Music? A Sociology of Musical Languages, Foreword by Howard S. Becker, London: Latimer New Dimensions, 1977.

Shuter-Dyson, Rosamund, 1985: Sozialisation durch Elternhaus und Schule, in: Bruhn, Herbert und Rolf Oerter und Helmut Rösing (Hgg.): Musikpsychologie. Ein Handbuch in Schlüsselbegriffen, München/Wien/Baltimore: Urban & Schwarzenberg, 1985, S. 195-204.

Sichtermann, Barbara, 1987: FrauenArbeit. Über wechselnde Tätigkeiten und die Ökonomie der Emanzipation, (Wagenbachs Taschenbücherei, Bd. 144), Berlin: Wagenbach, 1987.

Siegmeister, Elie, 1948: Musik und Gesellschaft, a. d. Amerik., Berlin: Dietz, 1948.

Siegmeister, Elie, 1975: Musik und Gesellschaft, a. d. Amerik., in: Kneif, Tibor (Hg.): Texte zur Musiksoziologie, Köln: Arno Volk, 1975, S. 184-193.

Silbermann, Alphons, 1955: Introduction à une sociologie de la musique, Paris: Presses Universitaires de France, 1955.

Silbermann, Alphons, 1957: Wovon lebt die Musik? Die Prinzipien der Musiksoziologie, Regensburg: Bosse, 1957.

Silbermann, Alphons, 1958: Die Stellung der Musiksoziologie innerhalb der Soziologie und der Musikwissenschaft, in: KZfSS 10 (1958), S. 102-115.

Silbermann, Alphons, 1959: Musik, Rundfunk und Hörer. Die soziologischen Aspekte der Musik am Rundfunk, (Kunst und Kommunikation. Schriften zur Kunstsoziologie und Massenkommunikation, Bd. 1), Köln/Opladen: Westdeutscher Verlag, 1959.

Silbermann, Alphons, 1960: Das imaginäre Tagebuch des Herrn Jaques Offenbach, Berlin: Bote & Bock, 1960.

Silbermann, Alphons, 1962: Die Ziele der Musiksoziologie, in: KZfSS 14 (1962), S. 322-335.

Silbermann, Alphons, 1963a: Die Pole der Musiksoziologie, in: KZfSS 15 (1963), S. 425-448.

Silbermann, Alphons, 1963b: Max Webers musikalischer Exkurs, in: KZfSS, Sh. 7 (1963), S. 448-469.

Silbermann, Alphons, 1965a: Ketzereien eines Soziologen. Kritische Äußerungen zu Fragen unserer Zeit, Düsseldorf: Econ, 1965.

Silbermann, Alphons, 1965b: Hände weg vom Schlager, in: Ders.: Ketzereien eines Soziologen. Kritische Äußerungen zu Fragen unserer Zeit, Düsseldorf: Econ, 1965, S. 89-119.

Silbermann, Alphons, 1965c: Schallplatte und Gesellschaft, in: Ders.: Ketzereien eines Soziologen. Kritische Äußerungen zu Fragen unserer Zeit, Düsseldorf: Econ, 1965, S. 165-187.

Silbermann, Alphons, 1965d: Offenbachs Verdammung, in: Ders.: Ketzereien eines Soziologen. Kritische Äußerungen zu Fragen unserer Zeit, Düsseldorf: Econ, 1965, S. 225-237.

Silbermann, Alphons, 1965e: Der Hörer zwischen Gut und Schlecht, in: Ders.: Ketzereien eines Soziologen. Kritische Äußerungen zu Fragen unserer Zeit, Düsseldorf: Econ, 1965, S. 215-224.

Silbermann, Alphons, 1965f: Musikdiagnostik, in: Ders.: Ketzereien eines Soziologen. Kritische Äußerungen zu Fragen unserer Zeit, Düsseldorf: Econ, 1965, S. 153-164.

Silbermann, Alphons, 1965g: Von der musikalischen Eitelkeit, in: Ders.: Ketzereien eines Soziologen. Kritische Äußerungen zu Fragen unserer Zeit, Düsseldorf: Econ, 1965, S. 203-213.

Silbermann, Alphons, 1965h: Musikalische Haßgesänge, in: Ders.: Ketzereien eines Soziologen. Kritische Äußerungen zu Fragen unserer Zeit, Düsseldorf: Econ, 1965, S. 271-287.

Silbermann, Alphons, 1967: Anmerkungen zur Musiksoziologie. Eine Antwort auf Theodor W. Adornos 'Thesen zur Kunstsoziologie', in: KZfSS 19 (1967), S. 538-545.

Silbermann, Alphons, 1969a: Artikel "Musik", in: Bernsdorf, Wilhelm (Hg.): Wörterbuch der Soziologie, 2., neu bearb. u. erweiterte Ausg., Stuttgart: Enke, 1969, S. 725-727.

Silbermann, Alphons, 1969b: Theodor W. Adornos kunstsoziologisches Vermächtnis, in: KZfSS 21 (1969), S. 712-716.

Silbermann, Alphons, 1972: Theoretische Stützpunkte der Musiksoziologie, in: Musik und Bildung 4 (1972), S. 61-67.

Silbermann, Alphons, 1974: Individualisierung und Sozialisierung im Unterricht, in: Kraus, Egon (Hg.): Musik und Individuum. Musikpädagogische Theorie und Unterrichtspraxis, Vorträge der zehnten Bundesschulmusikwoche München 1974, Mainz: Schott, 1974, S. 53-59.

Silbermann, Alphons, 1975: Theoretische Stützpunkte der Musiksoziologie, [1: 1972], in: Dopheide, Bernhard (Hg.): Musikhören, (Wege der Forschung, Bd. 429), Darmstadt: Wissenschaftliche Buchgesellschaft, 1975, S. 387-403.

Silbermann, Alphons, 1976a: Der musikalische Sozialisierungsprozeß. Eine soziologische Untersuchung bei Schülern - Eltern - Musiklehrern, in: Musikerziehung in Nordrhein-Westfalen, (Strukturförderung im Bildungswesen des Landes Nordrhein-Westfalen, eine Schriftenreihe des Kultusministers, Bd. 29), Köln: Greven, 1976, S. 9-197.

Silbermann, Alphons, 1976b: Beat oder Beethoven? Befragung zum Musikunterricht, in: Das Orchester 24 (1976), S. 248-251.

Silbermann, Alphons, 1979a: Artikel "Soziologie der Künste", in: König, René (Hg.): Handbuch der empirischen Sozialforschung, Bd. 13: Sprache, Künste, 2., völlig neubearb. Aufl., Stuttgart: Enke, 1979, S. 117-345.

Silbermann, Alphons, 1979b: Max Weber (1864 - 1920), in: Silbermann, Alphons (Hg.): Klassiker der Kunstsoziologie, (Beck'sche Schwarze Reihe, Bd. 197), München: Beck, 1979, S. 85-113.

Silbermann, Alphons, 1981: Einführung in die Literatursoziologie, München: Oldenbourg, 1981.

Silbermann, Alphons, 1987: Zu Paul Honigsheims musiksoziologischen Arbeiten, in: Silbermann, Alphons und Paul Röhrig (Hgg.): Kultur, Volksbildung und Gesellschaft. Paul Honigsheim zum Gedenken seines 100. Geburtstages, Beiträge zum Werk, ausgewählte Texte und ein Verzeichnis der Schriften von Paul Honigsheim, zugl. Kongreßbericht des Symposiums zur 100. Wiederkehr des Geburtstages von Paul Honigsheim, Köln 1985, Frankfurt am Main: Lang, 1987, S. 67-84.

Silbermann, Alphons, 1989a: Verwandlungen. Eine Autobiographie, Bergisch Gladbach: Lübbe, 1989.

Silbermann, Alphons, 1989b: Positionen und Provokationen zur Massenkommunikation und Kunstsoziologie. Aufsätze und Abhandlungen aus vier Jahrzehnten, (Bochumer Abhandlungen zur Publizistik- und Kommunikationswissenschaft, Bd. 60), Bochum: Studienverlag Brockmeyer, 1989.

Silbermann, Alphons, 1989c: Zur Stellung der Musiksoziologie, [1: 1958], in: Ders.: Positionen und Provokationen zur Massenkommunikation und Kunstsoziologie. Aufsätze und Abhandlungen aus vier Jahrzehnten, (Bochumer Abhandlungen zur Publizistik- und Kommunikationswissenschaft, Bd. 60), Bochum: Studienverlag Brockmeyer, 1989, S. 291-304.

Silbermann, Alphons (Hg.), 1979: Klassiker der Kunstsoziologie, (Beck'sche Schwarze Reihe, Bd. 197), München: Beck, 1979.

Silbermann, Alphons und Paul Röhrig (Hgg.), 1987: Kultur, Volksbildung und Gesellschaft. Paul Honigsheim zum Gedenken seines 100. Geburtstages, Beiträge zum Werk, ausgewählte Texte und ein Verzeichnis der Schriften von Paul Honigsheim, zugl. Kongreßbericht des Symposiums zur 100. Wiederkehr des Geburtstages von Paul Honigsheim, Köln 1985, Frankfurt am Main: Lang, 1987.

Silbermann, Alphons [Rez.], 1958a: John H. Mueller: Music and Education. A Sociological Approach, in: Henry, Nelson B. (Hg.): Basic Concepts in Music Education, Part 1, Chicago, 1958, S. 88-122 (Rez.), in: KZfSS 10 (1958), S. 522 f.

Silbermann, Alphons [Rez.], 1958b: Paul R. Farnsworth: The Social Psychology of Music, New York, 1958 (Rez.), in: KZfSS 10 (1958), S. 521 f.

Silbermann, Alphons [Rez.], 1958c: Paul Riesenfeld: Politik und Musik, Tel Aviv, 1958 (Rez.), in: KZfSS 10 (1958), S. 694.

Silbermann, Alphons [Rez.], 1959a: Joachim E. Behrendt und Jürgen Uhde (Hgg.): Prisma der Gegenwärtigen Musik, Hamburg, 1959 (Rez.), in: KZfSS 11 (1959), S. 540 f.

Silbermann, Alphons [Rez.], 1959b: Paul Honigsheim: Soziologie der Kunst, Musik und Literatur, in: Eisermann, Gottfried (Hg.): Die Lehre von der Gesellschaft. Ein Lehrbuch der Soziologie, Stuttgart, 1958, S. 338-373 (Rez.), in: KZfSS 11 (1959), S. 537 f.

Silbermann, Alphons [Rez.], 1959c: Helmut Kirchmeyer: Igor Strawinsky. Zeitgeschichte im Persönlichkeitsbild, Regensburg, 1958 (Rez.), in: KZfSS 11 (1959), S. 542.

Silbermann, Alphons [Rez.], 1959d: H. R. Teirich (Hg.): Musik in der Medizin, Gustav Fischer Verlag, 1958 (Rez.), in: KZfSS 11 (1959), S. 541 f.

Silbermann, Alphons [Rez.], 1960: Hans Engel: Musik und Gesellschaft. Bausteine zu einer Musiksoziologie, Berlin/Wunsiedel 1960 (Rez.), in: KZfSS 12 (1960), S. 349-352.

Silbermann, Alphons [Rez.], 1961a: Theodor W. Adorno: Klangfiguren. Musikalische Schriften I, Frankfurt am Main, 1959 (Rez.), in: KZfSS 13 (1961), S. 347 f.

Silbermann, Alphons [Rez.], 1961b: Theodor W. Adorno: Mahler. Eine musikalische Physiognomik, Frankfurt am Main, 1960 (Rez.), in: KZfSS 13 (1961), S. 347 f.

Silbermann, Alphons [Rez.], 1962a: René Bonnot: Sociologie de la musique, in: Gurvitch, Georges (Hg.): Traité de sociologie, Bd. 2, Paris, 1960 (Rez.), in: KZfSS 14 (1962), S. 575-577.

Silbermann, Alphons [Rez.], 1962b: Hans Engel: Musik und Gesellschaft. Bausteine zu einer Musiksoziologie, Berlin/Wunsiedel 1960 (Rez.), in: Soziale Welt 13 (1962), S. 84 f.

Silbermann, Alphons [Rez.], 1964: Theodor W. Adorno: Einleitung in die Musiksoziologie. Zwölf theoretische Vorlesungen, Frankfurt am Main, 1962 (Rez.), in: KZfSS 16 (1964), S. 179 f.

Silbermann, Alphons [Rez.], 1966a: Walter Wiora: Komponist und Mitwelt, Kassel, 1964 (Rez.), in: KZfSS 18 (1966), S. 185 f.

Silbermann, Alphons [Rez.], 1966b: Walter Salmen: Der fahrende Musiker im europäischen Mittelalter, Kassel, 1960 (Rez.), in: KZfSS 18 (1966), S. 602 f.

Silbermann, Alphons [Rez.], 1966c: Wilfried Mellers: Musik und Gesellschaft, Frankfurt am Main, 1964 (Rez.), in: KZfSS 18 (1966), S. 601 f.

Silbermann, Alphons [Rez.], 1967: François Lesure: Musik und Gesellschaft im Bild, Kassel, 1966 (Rez.), in: KZfSS 19 (1967), S. 793 f.

Silbermann, Alphons [Rez.], 1968: Max Kaplan: Foundations and Frontiers of Music Education, New York, 1966 (Rez.), in: KZfSS 20 (1968), S. 389 f.

Silbermann, Alphons [Rez.], 1969a: Gottfried von Einem: Komponist und Gesellschaft, Karlsruhe, 1967 (Rez.), in: KZfSS 21 (1969), S. 418.

Silbermann, Alphons [Rez.], 1969b: Zur Bestimmung der klanglichen Erfahrung der Musikstudierenden. Ein Forschungsbericht, Karlsruhe, 1968 (Rez.), in: KZfSS 21 (1969), S. 418 f.

Silbermann, Alphons [Rez.], 1969c: Gunnar Sonstevold und Kurt Blaukopf: Musik der "einsamen Massen", Karlsruhe, 1968 (Rez.), in: KZfSS 21 (1969), S. 419.

Silbermann, Alphons [Rez.], 1969d: Kurt Blaukopf: Werktreue und Bearbeitung, Karlsruhe, 1968 (Rez.), in: KZfSS 21 (1969), S. 419.

Silbermann, Alphons [Rez.], 1970a: Theodor W. Adorno und Hanns Eisler: Kompositionen für den Film, München, 1969 (Rez.), in: KZfSS 22 (1970), S. 809 f.

Silbermann, Alphons [Rez.], 1970b: Jack Bornoff (Hg.): Music Theatre in a Changing Society, Paris, 1968 (Rez.), in: KZfSS 22 (1970), S. 810 f.

Silbermann, Alphons [Rez.], 1971a: Jacqueline de Clercq: La profession de musicien, Brüssel, 1970 (Rez.), in: KZfSS 23 (1971), S. 418 f.

Silbermann, Alphons [Rez.], 1971b: Everett Helm: Composer, Performer, Public. A Study in Communication, Florenz, 1970 (Rez.), in: KZfSS 23 (1971), S. 846 f.

Silbermann, Alphons [Rez.], 1971c: LeRoi Jones: Blues People. Schwarze und ihre Musik im weißen Amerika, Darmstadt, 1969 (Rez.), in: KZfSS 23 (1971), S. 419.

Silbermann, Alphons [Rez.], 1971d: Tibor Kneif: Musiksoziologie, Köln, 1971 (Rez.), in: KZfSS 23 (1971), S. 847 f.

Silbermann, Alphons [Rez.], 1971e: Wilhelm Josef Revers: Das Musikerlebnis, Düsseldorf/Wien, 1970 (Rez.), in: KZfSS 23 (1971), S. 847.

Silbermann, Alphons [Rez.], 1973a: Ivo Supičić: Musique et Société. Perspectives pour une sociologie de la musique, Zagreb, 1971 (Rez.), in: KZfSS 25 (1973), S. 659 f.

Silbermann, Alphons [Rez.], 1973b: Jack Bornoff with Lionel Salter: Music and the Twentieth Century Media, Florenz, 1972 (Rez.), in: KZfSS 25 (1973), S. 210.

Silbermann, Alphons [Rez.], 1973c: Elfriede Jelinek und Ferdinand Zellwecker und Wilhelm Zobl: Materialien zur Musiksoziologie, Wien/München, 1972 (Rez.), in: KZfSS 25 (1973), S. 210.

Silbermann, Alphons [Rez.], 1979a: Irmgard Keldany-Mohr: "Unterhaltungsmusik" als sozio-kulturelles Phänomen des 19. Jahrhunderts, Regensburg, 1977 (Rez.), in: KZfSS 31 (1979), S. 818.

Silbermann, Alphons [Rez.], 1979b: Friedrich Klausmeier: Die Lust, sich musikalisch auszudrücken. Eine Einführung in sozio-musikalisches Verhalten, Reinbek bei Hamburg, 1978 (Rez.), in: KZfSS 31 (1979), S. 818 f.

Silbermann, Alphons [Rez.], 1981a: Elisabeth Haselauer: Handbuch der Musiksoziologie, Wien/ Köln/Graz, 1980 (Rez.), in: KZfSS 33 (1981), S. 186 f.

Silbermann, Alphons [Rez.], 1981b: Bruno Brévan: Les changements de la vie musicale parisienne de 1774 à 1799, Paris, 1980 (Rez.), in: KZfSS 33 (1981), S. 187.

Silbermann, Alphons [Rez.], 1981c: Lucia Sziborsky: Adornos Musikphilosophie, München, 1979 (Rez.), in: KZfSS 33 (1981), S. 187.

Silbermann, Alphons [Rez.], 1987a: Frank Rotter: Musik als Kommunikationsmedium. Soziologische Medientheorie und Musiksoziologie, Berlin, 1985 (Rez.), in: KZfSS 39 (1987), S. 173 f.

Silbermann, Alphons [Rez.], 1987b: Christian Kaden: Musiksoziologie, Wilhelmshaven, 1985 (Rez.), in: KZfSS 39 (1987), S. 172 f.

Silbermann, Alphons und Udo Michael Krüger, 1971: Abseits der Wirklichkeit. Das Frauenbild in deutschen Lesebüchern, eine soziologische Untersuchung, Köln: Wissenschaft und Politik, 1971.

Simmel, Georg, 1882: Psychologische und ethnologische Studien über Musik, in: Zeitschrift für Völkerpsychologie und Sprachwissenschaft 13 (1882), S. 261-305.

Simmel, Georg, 1922: Der Bildrahmen, in: Ders.: Philosophie der Kunst, Potsdam: Kiepenheuer, 1922, S. 46-55.

Simmel, Georg, 1975: Psychologische und ethnologische Studien über Musik, [1: 1882], in: Kneif, Tibor (Hg.): Texte zur Musiksoziologie, Köln: Arno Volk, 1975, S. 110-139.

Simmel, Georg, 1984: Die Großstädte und das Geistesleben, in: Ders.: Das Individuum und die Freiheit, Berlin: Wagenbach, 1984, S. 192-204.

Simmel, Georg, 1990: Das Problem des Stils, in: Ders.: Vom Wesen der Moderne. Essays zur Philosophie und Ästhetik, Hamburg: Junius, 1990, S. 295-310.

Simmel, Georg, 1997: Psychologische und ethnologische Studien über Musik, [1: 1882], in: Georg Simmel - Gesamtausgabe, hg. v. Otthein Rammstedt, Bd. 1, Frankfurt am Main: Suhrkamp, (erscheint 1997).

Sochor, Arnold, 1985: Soziologie und Musikkultur, a. d. Russ. v. Dieter Lehmann, hg. v. Jochen Hahn und Dieter Lehmann, Berlin (Ost): Verlag Neue Musik, 1985.

Sommerer, Heinz, 1993: Zur Musikrezeption und zur Veränderung des Musikurteils von Realschülern im Verlauf von zwei Schuljahren in Abhängigkeit vom Unterrichtsstil, von soziologischen und Persönlichkeitsvariablen, Diss. Universität Würzburg, unveröff., 1993.

Stechpalme 1990: Stechpalme. Die Erlanger Frauenzeitung für Nordbayern, Juni/Juli 1990.

Steege, Fritz, 1963: Der Beruf des Konzertagenten, in: Der Jung-Musikhandel. Beilage zum "Musikhandel" und Mitteilungsblatt zur Berufsförderung 14 (1963), Nr. 6, o. S. (S. 1 f.).

Steegmann, Monica, 1973: Das Solistenkonzert im rheinischen Musikleben der Gegenwart. Eine musiksoziologische Untersuchung, Diss. Universität Köln, unveröff., 1973.

Stellberg, Rüdiger, 1979: Die Chansons von Georges Brassens und ihr Publikum. Vom Erfolg der kleinbürgerlichen Ideologie, (Europäische Hochschulschriften, Reihe XIII: französische Sprache und Literatur, Bd. 58), zugl. Diss. Universität Düsseldorf 1977, Frankfurt am Main/Bern/Las Vegas: Lang, 1979.

Stephani, Reinhart, 1952: Die deutsche musikalische Jugendbewegung, Diss. Universität Marburg, unveröff., 1952.

Stroh, Wolfgang Martin, 1975: Zur Soziologie der elektronischen Musik, Berg a.I./Zürich: Amadeus, 1975.

Stroh, Wolfgang Martin, 1984: Leben ja. Zur Psychologie musikalischer Tätigkeit, Musik in Kellern, auf Plätzen und vor Natodraht, Stuttgart: Marohl, 1984.

257

Stroh, Wolfgang Martin, 1985: Alternative Musikszene, in: Bruhn, Herbert und Rolf Oerter und Helmut Rösing (Hgg.): Musikpsychologie. Ein Handbuch in Schlüsselbegriffen, München/Wien/ Baltimore: Urban & Schwarzenberg, 1985, S. 394-399.

Stuckenschmied, Hans-Heinz, 1969: Die Musik, der Mensch und die Menschen, in: KZfSS 21 (1969), S. 484-497.

Supičić, Ivo, 1971: Musique et Société. Perspectives pour une sociologie de la musique, Zagreb: Institut de musicologie, Académie de musique, 1971.

Suppan, Wolfgang, 1984: Der musizierende Mensch. Eine Anthropologie der Musik, (Musikpädagogik. Forschung und Lehre, Bd. 10), Mainz usw.: Schott, 1984.

Suppan, Wolfgang, 1992: Donaueschingen 1926: Paul Hindemiths Bemühungen um eine amateurgerechte Blasmusik, in: Lipp, Wolfgang (Hg.): Gesellschaft und Musik. Wege zur Musiksoziologie, Festgabe für Robert H. Reichardt z. 65. Geb., Sociologia internationalis, Beih. 1, Berlin: Duncker & Humblot, 1992, S. 279-288.

Sziborsky, Lucia, 1979: Adornos Musikphilosophie. Genese - Konstitution - Pädagogische Perspektiven, zugl. Diss. PH Rheinland 1977, München: Fink, 1979.

Tenbruck, Friedrich H., 1989: Die Musik zwischen europäischer Kultur und globaler Zivilisation, in: Annali di sociologia 5/1 (1989), S. 21-32.

Tennstedt, Florian, 1979: Rockmusik und Gruppenprozesse. Aufstieg und Abstieg der Petards, mit musikalischen Analysen von Günter Kleinen, München: Fink, 1979.

Thieme, Ulrich, 1984: Die Affektenlehre im philosophischen und musikalischen Denken des Barock. Vorgeschichte, Ästhetik, Physiologie, Sonderdruck aus TIBIA, "Magazin für Freunde alter und neuer Bläsermusik", Celle: Moeck, 1984.

Thienen, Volker von, 1988a: Die soziale Bindung und funktionale Vielfalt von technikvermittelten Musiken. (Technik)soziologische Annäherungen an ein von der Medienforschung vernachlässigtes Medium: die Tonträger, in: Bohn, Rainer und Eggo Müller und Rainer Ruppert (Hgg.): Ansichten einer künftigen Medienwissenschaft, (Sigma Medienwissenschaft, Bd. 1), Berlin: Edition Sigma, 1988, S. 143-180.

Thienen, Volker von, 1988b: Die soziale Bindung und funktionale Vielfalt von technikvermittelten Musiken, (Papers / Wissenschaftszentrum Berlin für Sozialforschung, Forschungsschwerpunkt Technik - Arbeit - Umwelt, Abteilung Organisation und Technikgenese, Bd. 88 - 106), Berlin: Wissenschaftszentrum Berlin für Sozialforschung, 1988.

Thurn, Hans Peter [Rez.], 1980a: Meri Franco-Lao: Hexen-Musik. Zur Erforschung der weiblichen Dimension in der Musik, München, 1977 (Rez.), in: Soziologische Revue 3 (1980), S. 221.

Thurn, Hans Peter [Rez.], 1980b: Florian Tennstedt: Rockmusik und Gruppenprozesse. Aufstieg und Abstieg der Petards, mit musikalischen Analysen von Günter Kleinen, München, 1979 (Rez.), in: Soziologische Revue 3 (1980), S. 220.

Thurn, Hans Peter [Rez.], 1981a: Daniel Charles: John Cage oder Die Musik ist los, Berlin, 1979 (Rez.), in: Soziologische Revue 4 (1981), S. 434.

Thurn, Hans Peter [Rez.], 1981b: Hans Werner Henze (Hg.): Zwischen den Kulturen. Neue Aspekte der musikalischen Ästhetik I, Frankfurt am Main, 1979 (Rez.), in: Soziologische Revue 4 (1981), S. 433.

Thurn, Hans Peter [Rez.], 1981c: Dorothea Kolland: Die Jugendmusikbewegung. "Gemeinschaftsmusik" - Theorie und Praxis, Stuttgart, 1979 (Rez.), in: Soziologische Revue 4 (1981), S. 433.

Traber, Jürgen Habakuk und Frieder Reininghaus, 1983: Emigrierte Musik. Über den Alltag deutscher Komponisten 1933 - 1945, in: Neue Zeitschrift für Musik 144 (1983), H. 5, S. 4-13.

258

Trapp, Klaus, 1989: Artikel "Neue Musik", in: Dahlhaus, Carl und Hans Heinrich Eggebrecht (Hgg.): Brockhaus Riemann Musiklexikon, Ergänzungsband, erweiterte Tb.ausg., Mainz/München: Schott/Piper, 1989, S. 78.

Treuheit, Klaus [Rez.], 1989: Helmut Voullième: Die Faszination der Rockmusik. Überlegungen aus bildungstheoretischer Perspektive, Opladen, 1987 (Rez.), in: Soziologische Revue 12 (1989), S. 300 f.

Troge, Thomas Alexander, 1993: Zwischen Gesangverein und Musikcomputer. Strukturen und Entwicklungstendenzen des Musiklebens in Mitteleuropa, (Europäische Hochschulschriften, Reihe XXII, Soziologie, Bd. 246), zugl. Diss. Universität Karlsruhe 1993, Frankfurt am Main usw.: Lang, 1993.

Valverde, Mariana, 1994: Sex, Macht und Lust, a. d. kanad. Engl. v. Michaela Huber, Lizenzausg., [1: 1989], Frankfurt am Main: Fischer Taschenbuch, 1994.

Vermorel, Fred und Judy Vermorel, 1990: Starlust, [1: 1985], in: Frith, Simon und Andrew Goodwin (Hgg.): On Record. Rock, Pop And The Written Word, London: Routledge, 1990, S. 481-490.

viva voce 1994: viva voce (1994), Nr. 32.

Voullième, Helmut, 1987: Die Faszination der Rockmusik. Überlegungen aus bildungstheoretischer Perspektive, zugl. Diss. Hochschule Lüneburg 1985 u. d. T.: Ästhetische Faszination und Bildung. Funktion und Bedeutung der Rezeption von Rockmusik für die Konstitution moderner Subjektivität, Opladen: Leske + Budrich, 1987.

Walton, Ortiz M., 1972: Music: Black, White and Blue. A Sociological Survey of the Use and Misuse of Afro-American Music, New York: Morrow, 1972.

Weber, Max, 1924: Die rationalen und soziologischen Grundlagen der Musik. Mit einer Einleitung von Prof. Dr. Theodor Kroyer, 2. Aufl., [1: 1921], München: Drei Masken, 1924.

Weber, Max, 1972: Die rationalen und soziologischen Grundlagen der Musik, [1: 1921], (Uni-Taschenbücher, Bd. 122), Tübingen: Mohr/UTB, 1972.

Weedon, Chris, 1991: Wissen und Erfahrung. Feministische Praxis und poststrukturalistische Theorie, a. d. Engl. v. Elke Hentschel, 2. Aufl, Zürich: eFeF, 1991.

Weiss, Wolfgang W., 1980: Jugend und Musikkultur, in: Gegenwartskunde, Sh. 2 (1980), S. 107-123.

Weiss, Wolfgang W., 1984: Identität und Musikgeschmack bei Jugendlichen. Versuch einer Typologie, in: Gegenwartskunde 33 (1984), Nr. 3, S. 301-312.

Wendt, Gunna (Hg.), 1992: Die Jazz-Frauen, (Sammlung Luchterhand, Bd. 1082), Hamburg/Zürich: Luchterhand, 1992.

Werlhof, Claudia von, 1983: Der Proletarier ist tot. Es lebe die Hausfrau?, in: Werlhof, Claudia von und Maria Mies und Veronika Bennholdt-Thomsen: Frauen, die letzte Kolonie. Zur Hausfrauisierung der Arbeit, Reinbek bei Hamburg: Rowohlt Taschenbuch, 1983, S. 113-136.

Wessling, Berndt W., 1983: Bayreuth und das Dritte Reich, in: Neue Zeitschrift für Musik 144 (1983), H. 7/8, S. 15-18.

Wick, Rainer, 1969: Pop und Happening aus soziologischer Sicht, Dipl. Arbeit, Köln, 1969.

Wick, Rainer, 1975: Zur Soziologie der Intermedia. Happening, Fluxus, Aktionen, Köln, 1975.

Wiechell, Dörte, 1977: Musikalisches Verhalten Jugendlicher. Ergebnisse einer empirischen Studie, alters-, geschlechts- und schichtspezifisch interpretiert, Frankfurt am Main/Berlin/München: Diesterweg, 1977.

Wiesand, Andreas Johannes, 1977: Interpreten im Musikmarkt, in: Das Orchester 6 (1977), S. 409-415.

Wiese, Leopold von [Rez.], 1952: Howard S. Becker: The Professional Dance Musician and his Audience, in: American Journal of Sociology (1951) (Rez.), in: KZfSS 4 (1951/52), S. 391.

259

Wille, Günther, 1953: Die Bedeutung der Musik im Leben der Römer, Diss. Universität Tübingen, unveröff., 1953.

Wilzin, Leo, 1937: Musikstatistik. Logik und Methodik gesellschaftsstatistischer Musikforschung, zugl. Diss. Universität Wien, Wien: Deuticke, 1937.

Leo Wilzin, 1995: Und der Tag ist zu Ende ... Musiksoziologische Überlegungen aus dem Exil. Ein Brief von Leo Wilzin an Kurt Blaukopf, in: Archiv für die Geschichte der Soziologie in Österreich: Newsletter, Nr. 12, November 1995, S. 6-10.

Winterer, Bernhard, 1990: Wer hören will, muß fühlen. Reflexionen zum Hören im Zeitalter des Computers, in: Medien und Erziehung 34 (1990), S. 4-12.

Wiora, Walter, 1964: Komponist und Mitwelt, Kassel: Bärenreiter, 1964.

Wiora, Walter, 1975: Die musikalische Gattung und ihr sozialer Hintergrund, in: Kneif, Tibor (Hg.): Texte zur Musiksoziologie, Köln: Arno Volk, 1975, S. 158-169.

Witte, Erich H. und Elisabeth Ardelt, 1989: Artikel "Gruppe", in: Endruweit, Günter und Gisela Trommsdorff (Hgg.): Wörterbuch der Soziologie, Bd. 1, Stuttgart: Enke, 1989, S. 254-258.

Wulf, Joseph, 1963: Kunst und Kultur im Dritten Reich, Bd. 2: Musik im Dritten Reich. Eine Dokumentation, Gütersloh: Mohn, 1963.

Wulf, Joseph, 1983: Musik im Dritten Reich. Eine Dokumentation, ungekürzte Ausg., [1: 1963], (Ullstein-Buch, Bd. 33032), Frankfurt am Main/Berlin/Wien: Ullstein, 1983.

Wüsthoff, Klaus, 1978 (unter Mitarbeit von Gisela Wüsthoff): Die Rolle der Musik in der Film-, Funk- und Fernsehwerbung. Mit einer Instrumententabelle der Gebrauchsmusik, einer Einführung in die Studiopraxis und Kompositionsanleitungen für Werbespots, (Edition Merseburger, Bd. 1192), Berlin: Merseburger, 1978.

Zapotoczky, Klaus, 1984: Artikel "Blaukopf, Kurt", in: Bernsdorf, Wilhelm und Horst Knospe (Hgg.): Internationales Soziologenlexikon, Bd. 2: Beiträge über lebende oder nach 1969 verstorbene Soziologen, 2., neu bearb. Aufl., Stuttgart: Enke, 1984, S. 78.

Zelinsky, Hartmut, 1983: Das erschreckende "Erwachen", und wie man Wagner von Hitler befreit, in: Neue Zeitschrift für Musik 144 (1983), H. 9, S. 9-16.

Ziegenfuß, Werner (Hg.), 1956: Handbuch der Soziologie, Stuttgart: Enke, 1956.

Zimmer, Jochen, 1973: Popmusik. Zur Theorie und Sozialgeschichte. Mit Diskographie, (theorie und praktische kritik, Bd. 15), zugl. Diss. Universität Marburg 1973 u. d. T.: Popmusik als Ware und schöpferischer Ausdruck. Zur Dialektik der Popmusikentwicklung, Giesen/Lollar: Bundesjugendleitung der Naturfreundejugend Deutschland mit dem Verlag Andreas Achenbach, 1973.

Zimmer, Jochen, 1981: Rock-Soziologie. Theorie und Sozialgeschichte der Rockmusik, 2. Aufl., Text vollständig neu bearb., erweitert u. aktualisiert, [1:1973 u. d. T.: Popmusik. Zur Theorie und Sozialgeschichte. Mit Diskographie], Hamburg: VSA-Verlag, 1981.

Zimmerman, Marilyn Pflederer, 1985: Entwicklungsforschung, in: Bruhn, Herbert und Rolf Oerter und Helmut Rösing (Hgg.): Musikpsychologie. Ein Handbuch in Schlüsselbegriffen, München/Wien/Baltimore: Urban & Schwarzenberg, 1985, S. 210-215.

Zimmermann, Peter, 1983: Aufgewachsen mit Rockmusik. Rockgeschichte und Sozialisation, in: Kriegskinder, Konsumkinder, Krisenkinder, Weinheim usw.: Beltz, 1983, S. 107-126.

Zimmermann, Peter, 1984: Rock'n Roller, Beats und Punks. Rockgeschichte und Sozialisation, (Studien zur Jugendforschung, Bd. 2), Essen: Rigodon, 1984.

Zingerle, Arnold [Rez.], 1988: Wolfgang Reimers: Sozialkritik in der Rockmusik am Beispiel Frank Zappa, Pfaffenweiler, 1985 (Rez.), in: Soziologische Revue 11 (1988), S. 110 f.

Zwilgmeyer, Franz, 1956: Kultur, in: Ziegenfuß, Werner (Hg.): Handbuch der Soziologie, Stuttgart: Enke, 1956, S. 1102-1196.

Notenverzeichnis

Bach, Johann Sebastian, 1958: Drei Sonaten und drei Partiten für Violine solo. BWV 1001 - 1006, in: Johann Sebastian Bach: Neue Ausgabe sämtlicher Werke, Serie VI: Kammermusikwerke, Bd. 1, hg. v. Günter Hausswald, (Bärenreiter-Ausgabe 5012), Kassel usw.: Bärenreiter, 1958, S. 1-62.

Ortiz, Diego, 1553: Tratado de glosas sobre cláusulas y otros géneros de puntos en la música de violones, Rom, 1553.

Scherer, Johann, 1959: Zwei Sonaten für drei Altblockflöten in f. Op. 1 No. 1 u. 2, hg. v. F. J. Giesbert, (Originalmusik für Blockflöte, Bd. 84), Mainz usw.: Schott, 1959.

Telemann, Georg Philipp, 1955: Konzert D-Dur für vier Violinen, in: Georg Philipp Telemann: Musikalische Werke, Bd. 6: Kammermusik ohne Generalbaß, hg. v. Günter Hausswald, (Bärenreiter-Ausgabe 2956), Kassel/Basel: Bärenreiter, 1955, S. 71-76.

Abbildungsverzeichnis

Stichwortverzeichnis

269

273

MIX
Papier aus verantwortungsvollen Quellen
Paper from responsible sources
FSC® C105338

FSC
www.fsc.org

If you have any concerns about our products,
you can contact us on
ProductSafety@springernature.com

In case Publisher is established outside the EU,
the EU authorized representative is:
Springer Nature Customer Service Center GmbH
Europaplatz 3, 69115 Heidelberg, Germany

Printed by Libri Plureos GmbH
in Hamburg, Germany